KB092376

Data Mesh

데이터 메시

| 표지 설명 |

표지 동물은 그레이트스나이프(학명: *Gallinago media*)입니다. 기록된 자료 중 가장 빠른 철새입니다. 6,760km에 이르는 거리를 시속 97km의 속도로 날아다닙니다. 날개 길이는 43~50cm이며, 몸무게는 200g 미만입니다. 그레이트스나이프의 깃털은 얼룩덜룩한 갈색으로, 풀밭과 습지에 서식하기에 효과적인 보호색을 지니고 있습니다. 그레이트스나이프의 눈가 주변에는 어두운 줄무늬가 있으며, 진흙이나 갯벌을 파 지렁이와 곤충을 먹을 수 있는 긴 부리를 가지고 있습니다. 세계자연보전연맹(IUCN)은 그레이프스나이프를 '준위협 대상'으로 분류했습니다. 오라일리 표지에 있는 동물들은 대부분 멸종위기종이며, 이들은 모두 소중한 존재입니다. 표지 그림은 『British Birds』에 실린 흑백 판화를 기반으로 캐런 몽고메리[Karen Mongomery]가 그린 작품입니다.

데이터 메시

효과적인 데이터 활용을 위한 데이터 메시 도입 가이드

초판 1쇄 발행 2023년 12월 4일

지은이 세막 데그하니 / **옮긴이** 이현효 / **펴낸이** 전태호
펴낸곳 한빛미디어(주) / **주소** 서울시 서대문구 연희로2길 62 한빛미디어(주) IT출판2부
전화 02-325-5544 / **팩스** 02-336-7124
등록 1999년 6월 24일 제25100-2017-000058호 / **ISBN** 979-11-6921-170-3 93000

총괄 송경석 / **책임편집** 박민아 / **기획 · 편집** 김지은
디자인 표지 박정화 내지 박정화 / **전산편집** 강창효
영업 김형진, 장경환, 조유미 / **마케팅** 박상용, 한종진, 이행은, 김선아, 고광일, 성화정, 김한솔 / **제작** 박성우, 김정우

이 책에 대한 의견이나 오탈자 및 잘못된 내용에 대한 수정 정보는 한빛미디어(주)의 홈페이지나 아래 이메일로
알려주십시오. 잘못된 책은 구입하신 서점에서 교환해드립니다. 책값은 뒤표지에 표시되어 있습니다.
한빛미디어 홈페이지 www.hanbit.co.kr / **이메일** ask@hanbit.co.kr

지금 하지 않으면 할 수 없는 일이 있습니다.
책으로 펴내고 싶은 아이디어나 원고를 메일(writer@hanbit.co.kr)로 보내주세요.
한빛미디어(주)는 여러분의 소중한 경험과 지식을 기다리고 있습니다.

Data Mesh

데이터 메시

O'REILLY® ⅡB 한빛미디어
Hanbit Media, Inc.

수십 년 동안 대기업에서 소프트웨어 개발에 참여하면서 데이터 관리는 항상 아키텍처의 주요 이슈였습니다. 일을 시작한 지 얼마되지 않았을 때는 단일 전사적single enterprise-wide 데이터 모델에 대해 관심이 많아, 종종 모든 데이터를 전사적 데이터베이스 하나에 저장하는 경우가 많았습니다. 하지만 수많은 애플리케이션이 전사적 데이터베이스 하나에 임시로 결합ad-hoc coupling하면서 과다하게 액세스하는 것은 곧 재앙이라는 것을 알게 되었습니다. 이 문제뿐만 아니라 더 심각한 다른 문제들도 존재했습니다. 바로 기업의 핵심 아이디어(고객customer[1] 등)를 구현할 때 비즈니스 단위마다 서로 다른 데이터 모델이 필요했다는 것입니다.[2] 설상가상으로 기업 인수 과정에서 타 기업으로부터 도입된 데이터에 의해 기존 데이터 모델의 복잡성이 증가하여 데이터를 관리하는 게 더 어려워졌습니다.

이에 몇몇 기업들은 데이터 스토리지, 데이터 모델링, 데이터 관리 기능을 여러 가지 비즈니스 도메인domain별로 탈중앙화시킴으로써 현명하게 대처했습니다. 이렇게 하면 도메인별로 데이터를 가장 잘 이해하는 사람이 데이터를 관리할 책임을 갖게 됩니다. 이들은 잘 정의된 API를 통해 다른 도메인과 협업합니다. 이러한 API로 다른 도메인과 정보를 주고받음으로써 데이터가 공유되는 방식과 데이터를 관리하는 방식에 대한 유연성을 확보할 수 있습니다.

이러한 방식이 일상적인 운영에서 점점 더 많이 사용되고 있지만, 데이터 분석은 여전히 중앙 집중식으로 운영되고 있습니다. 데이터 웨어하우스data warehouse는 선별된 중요 정보의 엔터프라이즈 리포지토리enterprise repository를 큐레이팅하는 것을 목표로 했습니다. 그러나 이러한 중앙 집중식 그룹centralized group은 데이터나 소비자의 요구 사항을 잘 이해하지 못하는 경우가 많아 고객이 원하는 결과를 전달하는 데 어려움을 겪었습니다. 이러한 해결책으로 당시 차세대 아키텍처인 데이터 레이크data lake는 미가공 데이터raw data에 대한 액세스를 대중화하여 분석가가 소스에 더 가까이 다가갈 수 있게 해주었습니다. 그런데 정형화되지 않은 데이터가 들어온 탓일까요? 데이터가 관리되지 않아 출처가 불명확했고 이해하기 어려운 데이터 스왐프data swamp가 되어버

---

1 옮긴이_ 여기서 말하는 '고객'은 소스 데이터부터 최종 데이터에 이르는 데이터를 제공받는 사람이나 시스템을 말합니다.
2 옮긴이_ 반대로 말하면 기존의 단일 데이터 모델로는 다양한 기업의 핵심 아이디어를 구현하기 어렵다는 의미입니다.

렸습니다.

데이터 메시^{data mesh}는 운영 데이터에서 얻은 교훈을 분석 데이터의 세계에도 적용하고 있습니다. 비즈니스의 각 도메인은 운영 데이터와 동일한 방식으로 API를 통해 분석 데이터를 퍼블리싱합니다. 이때 데이터를 **일급 프로덕트**^{first class product}처럼 취급하면서 데이터의 의미와 출처를 소비자에게 전달함으로써 데이터 소비자가 데이터 메시를 원활하게 사용할 수 있도록 합니다. 이러한 과정을 실현하려면 기업은 데이터 프로덕트를 빌드하고 퍼블리싱할 수 있는 플랫폼과 함께 **연합된 거버넌스 구조**^{federated governance structure}를 제공해야 합니다. 데이터 메시의 바탕에는 비즈니스의 니즈가 변화함에 따라 플랫폼과 프로덕트가 신속하게 변화할 수 있을 만큼 기술적으로 우수해야 한다는 인식이 깔려 있습니다.

데이터 메시란 본질적으로 기존에 잘 정립된 데이터 관리 원칙을 꽤나 단순한, 어쩌면 당연한 방식으로 분석 데이터의 세계에 적용한 것입니다. 그러나 대다수의 벤더는 여전히 중앙 집중식 모델에 집중적으로 투자하고 있습니다. 중앙 집중식 모델에서는 운영 시스템^{operation system3} 개발자에게 건전한 소프트웨어를 만들기 위해 필요한 관행(테스트^{testing}, 추상화 빌드^{abstraction building}, 리팩터링^{refactoring} 등)을 지원하지 않습니다. 그렇기에 데이터 메시를 구현하는 데에는 더욱 많은 노력이 수반됩니다.

데이터 메시를 구현하는 과정에서 겪은 수많은 성공과 실패가 이 책 한 권에 모두 담겨 있습니다. 데이터 메시를 채택하는 얼리 어답터 단계에서 세막과 동료들이 일궈낸 지식을 엿볼 수 있습니다. 이 책을 검토하면서 실용적인 어려움을 극복하는 과정에 대해 많은 것을 배울 수 있었습니다. 조직의 데이터 리소스를 최대한으로 활용하는 것에 관심이 있는 사람에게 이 책은 최적의 방법과 방향을 제시해주는 가이드가 되어줄 것입니다.

마틴 파울러^{Martin Fowler}

쏘우트웍스 수석 과학자

---

3 옮긴이_ 조직에서 일일 트랜잭션(day-to-day transaction)을 프로세싱하는 데 사용되는 시스템을 가리킵니다(출처: 위키백과). 운영 체제(operating system)와는 다른 의미입니다.

이 책은 데이터 기반 회사가 회사 규모에 상관없이 가치를 계속 전달할 수 있도록 문화적으로, 조직적으로, 구조적으로 그리고 기술적으로 데이터 메시를 어떻게 구현해야 하는지에 대해 상세히 설명합니다. 데이터 관련 종사자라면 이 책을 몇 번이고 반복해서 읽어보길 바랍니다. 마치 황금알을 낳는 거위처럼, 귀중한 정보를 계속해서 발견하게 될 것입니다.

앤디 페트렐라 Andy Petrella, **켄스**Kensu[4] 설립자

매력적인 아이디어를 보여주거나 복잡한 조직 내의 데이터를 활용할 수 있는 실용적인 전략을 위주로 데이터 메시의 미묘하고 세부적인 사항을 상세히 설명합니다.

크리스 포드 Chris Ford, **쏘우트웍스**Thoughtworks 스페인 지사 기술 책임자

세막은 데이터 메시를 통해 조직적인 설계 관행을 가져와 엔지니어링 조직을 확장할 수 있었습니다. 덤으로 데이터 분석 공간data and analytic space[5]도 구성할 수 있었죠.

대닐로 사토 Danilo Sato, 쏘우트웍스 영국 지사 데이터 및 인공지능 책임자

이 책은 데이터 실무자들이 데이터 메시라는 새로운 아키텍처 개념을 적절한 방식으로 설계할 수 있도록 이론과 실습을 골고루 설명합니다. 더불어 데이터 메시에 대한 접근 방식을 상세히 다루며, 다양한 다이어그램을 활용하여 천 단어보다 더 값진 정보를 쉽게 습득할 수 있습니다. 이를 통해 여러분은 데이터 메시를 명확하게 이해하고 활용할 수 있게 될 것입니다.

그웬 사피라 Gwen Shapira, NILE 플랫폼 공동 설립자 및 CPO/『카프카 핵심 가이드』(제이펍, 2018) 공저자

---

4 옮긴이_ 실시간 데이터 감독 기능, 트러블슈팅 등을 지원하는 데이터 관찰 플랫폼 회사입니다.
5 옮긴이_ 문제 공간(problem space)의 일종으로, 데이터 분석 전의 초기 상태에서 데이터 분석 후의 목표 상태에 이르기까지의 과정에서 모든 상태(경로, 알고리즘)를 아우르는 말입니다.

이 책은 우리가 이전에 왜 데이터 메시를 도입하지 않았을까에 대한 의문을 해결해주는 혁신적인 안내서입니다.

제시 앤더슨 Jesse Anderson, 빅데이터 협회 관리 감독/『Data teams』(Apress, 2020) 저자

데이터 커뮤니티에서 데이터 메시만큼 논의가 많이 이루어진 개념은 없습니다. 이 책은 데이터 메시의 원리를 명확히 설명하고 있어서 모든 실무자가 데이터 메시에 대한 궁금증을 해소할 수 있습니다.

줄리앙 르 뎀 Julien Le Dem, 데이터킨Datakin CTO 및 오픈리니지OpenLineage 프로젝트 리더

이 책에는 데이터 메시를 구현하고 지속적으로 유지하기 위해 데이터 컬처, 프로세스, 기술, 그리고 팀이 결정적으로 어떻게 변해야 하는지에 대한 내용이 담겨 있습니다. 데이터 기반 조직은 중앙 집중식 데이터 레이크나 파이프라인이 아니라, 비즈니스 요구에 유연하게 대응 가능한 데이터 프로덕트와 팀으로 이루어진 데이터 메시 생태계가 필요합니다.

마누엘 페이스 Manuel Pais, 『팀 토폴로지』(에이콘출판사, 2020) 공저자

새로운 패러다임의 출현을 보는 것은 언제나 흥미진진한 일입니다. 특히 마이크로서비스와 이에 기반한 아이디어가 주류가 되면서 데이터 메시의 구성 요소가 등장하는 것을 지켜보는 일 또한 매우 영광스러운 일이기도 합니다. 데이터 메시가 신생 아키텍처인 만큼 아직 점진적인 개선이 필요합니다. 데이터 메시는 범분야적인 분석 데이터를 마이크로서비스 여러 개로 구현하여 출시해야 한다는 난제를 아이디어로 전환시키는 과정에서 고안한 결과라는 점에서 의의가 있습니다. 누군가는 마이크로서비스가 단순히 기술적인 솔루션이라고 생각할 수 있습니다. 하지만 마이크로서비스는 비즈니스의 니즈와 기술적인 해결 방법 사이의 오랜 문제를 해결하

는 그 이상의 의미를 지닙니다. 데이터 메시는 복잡하지만 모든 부분에 영향을 미치는 다면적인 특성을 지닙니다. 이 책을 통해 이러한 다면적 특성이 현대 소프트웨어 개발의 모든 부분과 수많은 미래 혁신의 지향점으로 나아가길 바랍니다.

닐 포드 Neal Ford, 쏘우트웍스 이사이자 소프트웨어 아키텍트이자 밈 랭글러meme wrangler[6] /
『소프트웨어 아키텍처 The Hard Parts』(한빛미디어, 2022) 공저자

이 책에서 세막은 도메인 중심 사고를 분석 데이터와 데이터 프로덕트에 적용하여 데이터에서 가치를 창출하는 데 필요한 기술과 인적 자원을 포함하는 패러다임을 소개합니다.

프라모드 세달라지 Pramod Sadalage, 쏘우트웍스 데이터 및 데브옵스 디렉터

데이터 프로덕트는 코드와 데이터 사이의 관계를 뒤집어, 데이터를 제공하는 코드를 그 데이터와 함께 캡슐화합니다. 분석에 사용되는 데이터 프로덕트와 운영에 사용되는 마이크로서비스의 차이를 구별하는 데 데이터 메시만큼 명확한 방법이 있을까요?

레베카 퍼슨 박사 Dr. Rebecca Parsons, 쏘우트웍스 CTO

---

6 옮긴이_ 길고 복잡한 토론(다툼이 아니라 '열정적인 대화')을 통해 아이디어를 생각으로 바꾸는 사람을 의미합니다(https://nealford.com/memeagora/2011/05/01/meme_wrangler_origins.html).

기업의 데이터 아키텍처는 어떻게 변화해야 할까요? 이제는 모든 기업이 전통적인 중앙 집중식 아키텍처에서 벗어나 탈중앙화된 도메인 기반의 데이터 메시 모델로 전환해야 할 때입니다. 이러한 전환 시점에 맞춰 새로운 데이터 전략을 수립하는 데 꼭 필요한 책이 세상에 나왔습니다. 이 책은 각 도메인 영역이 자율적으로 데이터를 관리하고 발전하도록 도와주며, 도메인 간에 데이터들이 제품으로써 활발하게 상호작용하고 거버넌스를 이루는 방법을 상세히 다루고 있습니다. 여러분의 기업과 실무에 바로 적용할 수 있는 지식을 얻을 수 있기를 바랍니다.

김삼영, 카카오 엔터프라이즈 검색 클라우드 개발자

토머스 S. 쿤Thomas Samuel Kuhn은 『과학혁명의 구조』(까치, 2013)에서 패러다임 전환을 단절적인 혁명으로 설명했습니다. 그러나 소프트웨어 개발에서 패러다임은 선택적으로 적용될 수 있으면서 동시에 공존할 수 있습니다. 이 책에서 설명하는 데이터 메시라는 패러다임은 데이터 운영 방식에 있어 매력적인 새로운 관점을 제공합니다. 이 책이 데이터를 다루는 모든 분에게 또 하나의 청사진을 제공할 수 있기를 바랍니다.

이선두, 데이터 엔지니어

저자는 구체적인 경험과 예시, 이론을 통해 데이터 메시라는 복잡하고 추상적인 개념을 이해하기 쉽게 설명하고 있습니다. 실제 업무 환경에서 데이터를 효과적으로 사용하기 위해 고군분투하고 있는 데이터 프로덕트 매니저, 데이터 엔지니어, 데이터 사용자들이 읽어보면 좋은 책입니다.

전현준, 카카오페이 데이터플랫폼 엔지니어

지은이 세막 데그하니^{Zhamak Dehghani}

데이터 메시 창시자. 쏘우트웍스^{Thoughworks}사의 기술 담당 이사이며 기업의 분산 시스템과 데이터 아키텍처에 초점을 두고 있습니다. 쏘우트웍스를 포함한 여러 기술 자문 위원회의 멤버이기도 합니다. 궁극적으로 아키텍처, 데이터, 오너십을 포함한 모든 것의 탈중앙화를 옹호합니다.

옮긴이 이헌효

학창 시절부터 컴퓨터가 주는 즐거움에 빠져 광주과학기술원(GIST)에서 전기전자컴퓨터공학부를 전공했습니다. 새로운 기술을 실생활에 적용하는 데 관심이 많아 다양한 경험을 쌓고 있습니다. 특히, 데이터 시각화 분야에서 고객이 지속적으로 참여할 수 있는 콘텐츠에 큰 관심을 갖고 있어 개발자에만 국한하지 않고 디자이너로도 프로젝트에 참여하고 있습니다.

홈페이지 | *https://heonhyo-lee.vercel.app/*

모든 중요한 혁신은 기존의 사고방식을 '깨뜨리면서' 생겨난다.

— 토머스 S. 쿤Thomas S. Kuhn

오늘날 구글이나 카카오 외에도, 스포티파이나 엔씨소프트 같이 음악이나 게임 등의 콘텐츠 분야에 데이터를 접목하는 회사가 증가하고 있습니다. 우리가 이러한 데이터 기반 회사의 서비스를 사용하는 동안, 회사는 고객에게 더 나은 서비스를 제공하기 위해 고객이 제공하는 데이터를 수집하여 분석합니다. 예를 들어 (온라인) 게임에서의 밸런스 패치에 대해 다뤄보겠습니다. 이 경우 회사 내부의 직관에 따르는 기존 방식 대신에 데이터를 통해 문제점을 분석하면서 수많은 고객의 니즈에 맞게 패치를 적용합니다. 실제로 MMORPG를 운영하고 있는 회사에서는 게임을 운영하면서 누적된 데이터, 소위 '내부 지표'를 기반으로 게임의 난이도와 편의성을 조정하고 있습니다.[1]

데이터 기반 기업들은 데이터에서 가치를 쉽고 빠르게 창출할 수 있도록, 기업마다 일정한 규칙에 맞춰 데이터를 소유하고 있습니다. 이러한 규칙으로 이루어진 데이터 구조를 통틀어서 **데이터 아키텍처**data architecture라고 합니다. 데이터에 기반한 프로젝트를 운영하면서, 아키텍처 안팎의 소스를 통해 데이터가 생성되는 것을 확인할 수 있습니다. 이러한 미가공 데이터raw data에서 전처리를 거친 이후 데이터를 분석하여 기업의 성장에 기여할 수 있는 인사이트를 만들어냅니다.

데이터 아키텍처라는 개념이 나오기 전에는 **운영 데이터**operational data와 **분석 데이터**analytical data를 서로 같은 데이터베이스상에서 사용하고 있었습니다. 하나의 데이터베이스에서 한쪽에서는 데이터를 반영하고, 다른 한쪽에서는 데이터를 분석하고 있다 보니 트래픽이 자연히 높아질 수밖에 없었습니다. 게다가 보통 운영 데이터 위주로 데이터베이스를 구성하고 있어서 데이터를 분석하는 데 시간이 오래 걸리기도 했습니다. 이러한 문제를 해결하기 위해 데이터 아키텍처를 도입하여 운영 데이터베이스를 기반으로 분석 데이터베이스를 개발했습니다. 분석에 최적화된 데이터베이스인 만큼 데이터를 분석할 때 아키텍처 도입 이전보다 트래픽이 상대적으로 낮아

---

[1] 옮긴이_ https://www.youtube.com/live/B-VFtTKptu4?si=YeRQt-IXUZPkHxfp&t=1722

졌습니다. 이러한 데이터 아키텍처 중 가장 먼저 도입된 개념은 데이터 웨어하우스^{data warehouse}
입니다. 데이터 웨어하우스는 창고^{warehouse}라는 이름에 걸맞게 정형 데이터가 나열되어 있는 아
키텍처를 가리킵니다. 그러나 정형 데이터만을 취급해서 음악이나 동영상 파일 같은 비정형 데
이터는 사용하기 어렵다는 단점이 있습니다.

데이터 레이크^{data lake}가 나오면서 기존 데이터 웨어하우스의 문제점은 점차 개선되기 시작했습
니다. 데이터 레이크는 그간 웨어하우스에서 반영할 수 없었던 비정형 데이터를 다루면서 활용
할 수 있는 분야가 점차 늘어났습니다. 그 예로 사용자가 입력한 분위기에 맞게 작곡하는 인공
지능이나, 미드저니^{Midjourney}와 같이 프롬프트^{prompt} 기반으로 그림을 만드는 인공지능이 있습니
다.

이후 데이터 마켓^{data market}이나 데이터 레이크하우스^{data lakehouse} 같은 아키텍처도 나왔으나, 기업
조직의 규모가 커지면서 이러한 아키텍처에서 공통적인 문제가 발생했습니다. 바로 데이터 팀
이 기업 내에 하나만 존재했다는 문제였습니다. 이로 인해 다른 팀에서 데이터 분석 의뢰가 단
기간에 많이 들어올 때는 데이터 팀이 스트레스를 받을 수밖에 없다는 것이죠. 분석 의뢰를 했
던 팀은 팀대로 요청한 건이 제때 오질 않아 마찬가지로 애를 먹었습니다. 결국에는 기업 성장
률에도 악영향을 미치는 요인이 되기도 했습니다.

이 책은 차세대 데이터 아키텍처인 **데이터 메시**^{data mesh}를 통해 이러한 병목 현상을 해결하는 것
을 넘어, 앞으로 올 변화에 유연하게 대응하는 방법을 소개합니다. 이후에 나올 내용을 미리
요약하자면, 데이터 메시는 데이터를 관리하는 주체를 단일 데이터 팀에서 관리하는 방식에서
조직 내 여러 도메인 팀으로 분산시켜 관리하는 방식으로 전환하는 것이 목적인 데이터 아키텍
처입니다. 다시 말해 데이터 팀에 소속되어 있었던 데이터 관리인을 각 도메인마다 한두 명씩
이동시키면서 하나의 데이터 덩어리를 도메인별로 쪼개서 관리하도록 합니다. 이후 도메인에
서 다루고 있는 데이터를 제품처럼 다루면서 다른 도메인이 쉽고 빠르게 사용할 수 있도록 합
니다.

패러다임^{paradigm}의 창시자 토머스 쿤은 정상 과학^{normal science} 사이에 존재하는 이상 징후^{anomaly}가

패러다임을 전환하는 핵심이라고 주장했습니다. 데이터 아키텍처 또한 예외가 아닙니다. 물론 토머스 쿤이 주장한 패러다임의 전환과는 달리, 앞서 베타리더의 말처럼 소프트웨어 개발에서의 패러다임 전환이 단절적이거나 필연적이지 않습니다. 제가 말하고자 하는 것은, 저자가 기존 아키텍처에서의 여러 문제점을 해결하는 새로운 아키텍처이자 패러다임을 제시했다는 점입니다. 기존 아키텍처에서 이어오던 관습은 데이터 덩어리 하나를 통째로 운영하는 것이었습니다. 이러한 관습을 여러 조각으로(도메인별로) 분산시켜 운영하는 관습으로 전환하면서 데이터를 더 효율적으로 관리하는 것이 데이터 메시의 핵심입니다.

먼저 본문을 읽기 전에 프롤로그부터 읽는 것을 권장합니다. 총 16장에 이르는 분량을 전체적으로 이해하는 데 도움이 됩니다. 또한 본문에서 예시를 위해 등장할 가상 회사 '다프Daff'가 어떻게 기존 아키텍처에서 데이터 메시로 전환하게 되었는지에 대해 설명합니다.

이 책은 데이터 아키텍처 중 데이터 메시를 중점적으로 다루기 때문에, 데이터 웨어하우스나 데이터 레이크와 관련된 내용이 어렵게 느껴질 수 있습니다. 따라서 이에 대한 더 자세한 내용을 알고 싶다면 『소프트웨어 아키텍처 101』(한빛미디어, 2021)과 『소프트웨어 아키텍처 The Hard Parts』(한빛미디어, 2022)를 참고하길 바랍니다.

국내 IT 기술자 여러분에게 데이터 메시의 초석에 대한 책을 제 미약한 글솜씨로 소개하게 된다는 것에 설렘보다는 두려움이 앞섭니다. 여타 개발방법론 관련 서적이 그러하듯이, 이 책 또한 논문이나 기사, 사회과학 관련 서적 등 다양한 분야의 자료를 참고하여 집필되었습니다. 따라서 어휘와 관련된 부분은 참고 도서를 읽어보셨거나 읽고자 하는 독자를 위해 최대한 번역본을 참고하되, 이 책의 주제에서 크게 벗어나지 않게끔 번역했습니다.

마지막으로 책을 출판하는 날까지 결코 짧지 않은 기간 동안 번역하는 과정을 지켜보고 도와주신 모든 한빛미디어 직원과 베타리더에게 진심으로 감사의 말씀을 드립니다.

이헌효

우리는 데이터를 구상하고, 데이터를 포착 및 공유하며 데이터를 통해 가치를 창출합니다. 데이터 메시는 이러한 데이터 접근 방식에 있어 새로운 궤도에 오르게 하는 넛지^{nudge}[1]로서, 데이터 분석 분야와 AI 분야에서 대규모로 활용되고 있습니다. 이러한 궤도는 데이터의 중앙 집중화와 중앙 집중식 오너십^{ownership}(소유권)에서 벗어나 탈중앙화된 모델로 나아가고 있으며, 조직의 복잡성, 빠른 변화, 지속적인 성장을 포용합니다. 데이터 메시는 복잡하고 혼란스러운 상황이라도 조직이 대규모 데이터로부터 가치를 얻을 수 있도록 안내하는 역할을 합니다.

우리 업계의 역사를 되돌아보면, 우리는 이전에도 이런 시련을 겪은 적이 있습니다. 유닉스^{Unix}의 탄생과 '한 가지 일만 잘하는 프로그램을 만들 것. 다른 프로그램과 함께 동작할 수 있는 프로그램을 만들 것…'[2]이라는 유닉스의 철학은 **소프트웨어**의 핵심인 복잡성을 해결할 수 있는 조건을 마련한 나비의 날갯짓이었을 것입니다. 수십 년이 지난 지금 분산 아키텍처, 서비스 지향 설계, 표준 API를 통한 커뮤니케이션, 자율적인 팀 구성 등을 통해서 말입니다. 데이터 메시가 가장 필요로 하는 분야인 데이터 분석과 AI에서 **데이터**의 복잡성을 해결할 수 있는 새로운 방안이 되기를 바랍니다.

데이터 기술에 상당한 투자를 한 기술 선도 대기업은 데이터에서 가치를 창출하는 데 있어 공통적으로 나타나는 실패 패턴을 관찰한 후, 2018년에 데이터 메시라는 논문을 공식화했습니다. 이들 기업은 데이터 관리 솔루션과 조직을 확장하여 데이터에서 가치를 얻는 데 겪는 어려움을 관찰하면서, 수십 년 동안 유효한 것으로 여겨진 가치 창출 방식에 대한 의문을 제기했습니다. 바로 수집한 데이터를 중앙에 저장하고 중앙 집중식으로 데이터 팀을 구성한 다음, 다양한 사용자와 사례에 활용하는 방식이죠. 이러한 방식은 재검토되어야 했습니다.

필자는 비슷한 시기에 뉴욕에서 열린 오라일리 콘퍼런스$^{O'Reilly\ Conference}$에서 데이터 메시를 발표

1　옮긴이_ 경제학적인 의미로 '은연 중의 개입'을 뜻하는데, 인센티브나 벌칙 같은 명시적인 동기 부여 없이 사용자가 은연 중에 무언가를 행동하도록 유도하는 것을 뜻합니다.

2　옮긴이_ 피터 H. 살루스(Peter H. Salus)의 저서 『A Quarter-Century of Unix』(Addison-Wesley Professional, 1994)

했습니다. 기술에 이름을 붙이는 게 어려웠던 당시 데이터 메시를 '호수 너머beyond the lake'[3]라고 불렀습니다. 데이터에 대한 우리의 관점을 근본적으로 바꿔야 한다는 말을 하면서도 청중으로부터 혹독한 비판을 받을까 두려웠습니다. 하지만 그런 우려와는 달리, 청중은 필자의 강연을 긍정적으로 받아들였습니다. 필자가 콘퍼런스에서 발표했을 당시에는 데이터 분석가나 데이터 과학자 모두가 신뢰할 수 있는 고품질의 데이터를 시기적절하게 얻기 위해 고군분투하고 있었던 시기였습니다. 필자의 발표 이후 청중은 데이터 팀의 구성원으로서 겪어야 했던 고충을 토로했습니다. 바로 데이터 제공자와 데이터 사용자 사이에 끼어 신뢰할 수 없는 업스트림upstream의 데이터에서 의미를 찾아내고, 다른 사람이 사용할 수 있는 형태로 변환하는 작업을 비즈니스와 긴밀하게 접촉하지 않고 수행해야 한다는 것이었죠. 팀 리더 중 일부는 데이터 및 분석 솔루션의 수익률이 최고는 아니었다면서 고개를 끄덕였습니다. 그때 필자는 오라일리 콘퍼런스를 마치고 **호수 너머**에 어떤 일이 벌어질지 더욱 확신하게 되었죠.

몇 달 후 중국에서 일주일간 열린 기술 자문위원회 회의에는 참석하지 못했습니다. 미국에서 출발하기 전날 밤 세 살배기 딸아이가 열이 났기 때문입니다. 아픈 아이와 일주일 동안 헤어져야 한다는 절박함을 숨긴 채 비행기에 올랐지만, 기장이 승무원들에게 비행기 문을 닫으라는 안내 방송을 하는 순간 딸아이에 대한 걱정에 울음이 터졌습니다. 결국 비행기에서 내린 후 일주일 동안 숨을 죽이고 데이터 메시에 대한 생각과 경험을 〈How to Move Beyond a Monolithic Data Lake to a Distributed Data Mesh(모놀리식 데이터 레이크를 넘어 분산 데이터 메시로 전환하는 방법)〉[4]라는 기사(마틴 파울러가 친절하게 호스팅함)에 글로 표현했습니다. 이 기사는 성공적이었고, 엄청난 독자층을 확보하게 되었습니다. 다른 사람들이 조용히 생각하고 있던 것을 필자가 말했을 뿐인데도 말이죠. 3년이 지난 지금, 데이터 메시를 통해 무엇을, 어떻게, 왜 실현해야 하는지에 대해 깊이 있게 다룬 것들을 이 책을 통해 나누고자 합니다.

----

3 https://oreil.ly/O3hbf
4 https://oreil.ly/rxjiW

지금에서야 이 책을 쓴 이유

데이터 메시가 만들어진 이후 몇 년 동안 데이터 메시를 구현하는 선도적인 기업들로부터 엄청난 지지를 받았습니다. 이 덕분에 벤더^{vendor}들이 자신의 프로덕트에 맞게 데이터 메시를 구현하여 적용하는 사례가 있었을 정도로 활발히 사용되었습니다. 또한 서로의 경험을 활발히 공유할 수 있는 학습 커뮤니티가 형성되기도 했죠.

이러한 빠른 움직임에도 불구하고, 필자가 생각했던 것보다 조금 더 일찍 이 책을 쓰게 된 것 같습니다. 데이터 분석과 머신러닝^{machine learning}(ML) 사용 사례를 위한 데이터를 공유하고 생성하는 데 있어 근본적으로 다른 접근 방식이 아직 초기 단계에 있기 때문입니다. 하지만 우리 업계는 새로운 개념과 유행어가 인식할 수 없을 정도로 빠르게 퍼져나가고 있습니다. 그래서 필자는 데이터 메시 구현의 향후 발전을 지원하기 위해 이 책을 쓰기로 결심했습니다. 이와 더불어, 필자는 새로운 기술의 솔루션을 구축하기 전에 왜 변화가 필요한지, 해결하고자 하는 문제가 무엇인지, 어떻게 해결하려고 하는지를 이해하고 싶었습니다.

이 책은 데이터 메시에 대해 우리가 신경써야 하는 근본적인 **목표**이자 **제1원리**^{the first principle}를 제시합니다. 이러한 원리를 적용하여 **하이 레벨 아키텍처**^{high-level architecture}(HLA)를 만드는 방법을 살펴보고, 그 구현을 실행하여 조직과 문화를 변화시킬 수 있는 도구를 제공합니다.

대상 독자

이 책은 다양한 역할과 기술을 가진 사람들을 위해 쓰였습니다. 데이터 메시는 패러다임의 전환이며, 설계자, 실무자, 인프라 엔지니어부터 프로덕트 매니저, 데이터 리더, 경영진에 이르기까지 모든 조직에서 이를 실현하기 위해서는 상호 보완적인 여러 역할과 분야의 노력이 필요합니다.

다음은 독자의 페르소나^{persona}⁵와 각 페르소나가 이 책에서 얻을 수 있는 내용을 간략하게 요약한 것입니다.

---

5 옮긴이_특정 서비스를 사용할 만한 사용자 유형들을 대표하는 가상의 인물을 의미합니다(출처: 위키백과).

- **분석 데이터 사용자**analytical data user(⑨ 데이터 과학자, 데이터 분석가): 데이터 메시를 실제로 구축하고 구현하는 사람으로서 데이터 메시로 할 수 있는 것과 데이터 메시를 원하는 대로 구축하고 조절하는 방법을 배울 수 있습니다. 이를 위해서는 데이터 메시상에서 공유되는 새로운 데이터 프로덕트가 인사이트와 추론 결과를 제공하는 방법에 대해 이해해야 합니다.
- **데이터 제공자**data provider(⑨ 애플리케이션 팀, 데이터 엔지니어): 데이터 메시가 두 가지 데이터 플레인 (운영 데이터 플레인과 분석 데이터 플레인)과 애플리케이션을 통합하는 방법을 알 수 있습니다. 또한 각자의 역할이 교차 기능 팀cross-functional team에서는 어떤 역할로 전환되는지, 데이터 메시를 구현하기 위해 어떤 구성 요소를 구축해야 하는지도 알 수 있습니다.
- **인프라 프로덕트 오너**infrastructure product owner, **인프라 아키텍트**infrastructure architect, **인프라 엔지니어** infrastructure engineer: 셀프 서비스 데이터 플랫폼의 역할과 설계 방식에 대해 이해할 수 있습니다. 이를 통해 교차 기능 팀은 규모에 맞게 탈중앙화된 방식으로 데이터를 공유할 수 있는 잘 통합된 서비스셋을 만들 수 있습니다.
- **데이터 거버넌스 팀**data governance team: 거버넌스의 목표(도메인은 데이터를 독립적으로 소유하는 데 이바지하기, 조직의 병목 현상bottleneck 제거하기, 자동화와 컴퓨팅에 의존하기)를 달성하기 위한 새로운 구조와 접근 방식을 이해할 수 있습니다. 이 책에서는 데이터 거버넌스가 제공하는 새로운 역할과 형태에 대해 소개할 예정입니다.
- **데이터 리더**data leader, **데이터 매니저**data manager, **데이터 경영진**data executive: 앞으로 다가올 패러다임 전환을 이해하면서 데이터 메시를 기반으로 데이터 전략을 수립하고, 아키텍처를 데이터 메시로 변환합니다. 이러한 변환 과정에서 조직을 발전시키는 방법에 대해 이해할 수 있습니다.

데이터 및 분석에 대한 배경지식이 있는 사람과 소프트웨어 및 애플리케이션 배포에 집중한 사람을 위한 책입니다. 데이터 메시를 통해 두 그룹 사이의 간극을 좁힐 수 있습니다.

데이터 엔지니어나 데이터 분석가처럼 **데이터에 대한 배경지식**을 가진 사람이라면 과거의 편견을 버리길 바랍니다. 분석 데이터 관리와 데이터 프로세싱 문제를 해결하는 새로운 방법에 대해 열린 자세를 가져야 합니다. 계산과 자동화를 데이터의 필수 불가결한 동반자로 받아들여야 합니다. 애플리케이션 개발, 소프트웨어 아키텍처 또는 애플리케이션 인프라 엔지니어링 전공자와 같이 **애플리케이션 개발에 대한 배경지식**이 있는 사람이라면 데이터 분석에 공감하는 마음으로 이 책을 읽어보길 바랍니다. 데이터를 공유하고 데이터에서 가치를 얻어 애플리케이션을 개선하기 위한 솔루션을 얻을 수 있을 것입니다. 그리고 데이터와 애플리케이션이 솔루션의 성공을 위해 상호 보완적인 두 가지 요소가 되는 새로운 미래를 상상해보세요.

프롤로그부터 차근차근 읽어나가는 것을 추천합니다. 데이터 메시가 실제로 어떤 모습인지 느끼고 시각화하는 데 도움이 될 것입니다. 프롤로그에서는 가상의 디지털 스트리밍 회사인 **다프 주식회사**^{Daff Inc.}의 이야기를 통해 데이터 메시의 원리가 어떻게 적용되는지, 데이터 메시가 일상적인 업무에 어떻게 영향을 미치는지를 보여줍니다.

본문은 총 5부로 구성되었습니다.

1부 데이터 메시란

1부에서는 데이터 메시의 4대 원칙에 대해 소개하고, 데이터 메시의 원칙이 각각 어떤 영향을 미치는지에 대해 설명합니다. 1부의 내용은 앞으로 데이터 메시와 관련된 모든 논의의 기초가 되므로 반드시 읽고 넘어가야 합니다.

2부 왜 데이터 메시인가

데이터 메시가 자신에게 적합한 선택인지 확신이 서지 않거나, 데이터 메시가 어떤 문제를 어떻게 해결하는지, 또는 다른 사람들에게 어떤 영향을 미치는지 알고 싶다면 2부를 꼭 읽어보기 바랍니다. 2부에서는 데이터 메시를 과거와 비교하고, 데이터 아키텍처에 흥망성쇠가 일어나는 이유에 대해 논의합니다. 1부와 마찬가지로 꼭 읽어보고 넘어가길 바랍니다.

3부 데이터 메시 아키텍처의 설계 방법

3부는 기술자, 리더, 실무자 모두를 위한 것입니다. 데이터 메시의 구성 요소 중 하이 레벨 아키텍처^{high-level architecture}(HLA)에 대해 중점적으로 다룹니다. 3부에 있는 내용은 데이터 메시 아키텍처를 설계하는 데 그치지 않고, 데이터 메시에 적합한 범용적인 기술을 평가하는 데 도움을 줍니다.

4부 데이터 프로덕트 아키텍처의 설계 방법

4부에서는 세부적인 데이터 메시 설계를 위한 핵심 개념인 데이터 프로덕트^{data product}에 대해 소개합니다. 데이터 프로덕트라는 복잡한 개념을 왜곡 없이 최대한 간단하게 설명합니다. 데이터 메시의 다양한 측면을 구현하는 기술적인 리더십 위치에 있는 매니저, 리더, 실무자라면 이 부분을 최대한 활용할 수 있습니다.

5부 새로운 시작

5부는 데이터 전략의 전반적인 실행과 조직의 변화에 영향을 미치는 역할을 맡은 사람들을 위한 가이드입니다. 데이터 메시를 진화적으로 실행하도록 변환하는 방법과 팀 구조, 인센티브, 문화 등을 조직적으로 설계하는 방법에 대한 실용적인 조언이 담겨 있습니다.

●● 감사의 말 ●

이 책을 남편 아드리안 파올레티[Adrian Paoletti]와 딸 아리아나 파올레티[Arianna Paoletti]에게 바칩니다. 가족의 이타적인 사랑과 지원이 없었다면 이 책은 세상에 나오지 못했을 것입니다. 이 책을 완성하기 위해 지난 1년 반 동안 많은 휴일과 주말을 함께 보내지 못했지만 항상 필자 곁에서 지지해주었습니다. 또한 이 책을 완성하는 과정에서 사랑과 격려의 말로 필자를 다독여 준 어머니 네이어 대드페이[Nayer Dadpay]와 누이 파리사 데그하니[Parisa Dehghani]에게도 이 책을 바치고 싶습니다.

책을 쓰는 것은 고독한 노력이라고들 하지만 필자의 경우에는 그렇지 않았습니다. 이 책을 집필하는 여정에 자신의 개인 시간을 아낌 없이 투자하고 진심 어린 피드백을 제공해준 많은 분이 있었습니다. 먼저 유머와 겸손을 동시에 지닌 데이터 과학자 앤디 페트렐라[Andy Petrella]와 아키텍처에 대한 좋은 의견을 제시하여 필자의 시야를 넓혀준 크리스 포드[Chris Ford]에게 감사드립니다. 풍부한 경험으로 실용적인 의견을 제시해준 머맨드 자데[Mammand Zadeh]에게도 감사합니다. 아이디어와 현실을 연결하는 데 도움이 되었습니다. 그리고 큰 그림을 그리고 부족한 부분을 알려주며 복잡한 개념을 명확히 이해할 수 있도록 도와준 마틴 파울러[Martin Fowler]에게도 감사합니다. 대닐로 사토[Danilo Sato]와 샘 램지[Sam Ramji], 시간을 내서 지속적인 지도와 지혜를 제공해주셔서 감사합니다.

쏘우트웍스의 직원들은 마이크로서비스, 지속적 배포[continuous delivery](CD), 애자일[agile] 등 기술 업계에서 획기적인 움직임을 만들어내는 데 일조해왔습니다. 쏘우트웍스의 대표가 소프트웨어의 우수성을 추구하기 위해 창의성을 분산시킬 수 있는 적절한 조건을 조성했기 때문입니다. 이 책을 집필하는 데 도움을 주신 레베카 퍼슨[Rebecca Parsons] 박사와 크리스 머피[Chris Murphy]에게 감사드립니다. 가간 마단[Gagan Madan], 쯔촨 숑[Zichuan Xiong], 닐 포드[Neal Ford], 사미아 라만[Samia Rahman], 시나 자한기리자데[Sina Jahangirizadeh], 켄 콜리어[Ken Collier], 스리카르 아일라바라푸[Srikar Ayilavarapu], 셰로이 마커[Sheroy Marker], 대닐로 사토[Danilo Sato], 에밀리 고르켄스키[Emily Gorcenski], 데이비드 콜스[David Colls], 에릭 내글러[Erik Nagler] 등등, 쏘우트웍스의 전/현 직장 동료에게도 감사의 인사를 드립니다.

그리고 이 책을 출판할 수 있게 도와준 오라일리의 모든 관계자에게 감사의 말을 드립니다. 훌류하고 열정적인 오라일리 가족 중에서 특히 개리 오브라이언^{Gary O'Brien}에게 감사의 말을 전하고 싶습니다. 가족과 함께 시간을 보내야 하는 주말에도 필자의 원고를 검토해주었습니다. 또한 힘들 때마다 진심 어린 격려를 건네준 덕분에 이 책을 끝까지 마무리할 수 있었습니다. 이 책을 시작하고 첫발을 내딛을 수 있도록 응원해준 멜리사 더프필드^{Melissa Duffield}에게도 감사의 말을 전합니다.

마지막으로, 글쓰기 과정의 스승이자 멘토인 마틴 파울러^{Martin Fowler}에게 감사의 말을 전하고 싶습니다. 이 책을 집필하는 모든 단계를 지도해주셔서 감사합니다.

세막 데그하니

●● 목차 ●●

2부 **왜 데이터 메시인가**

데이터 메시 상상하기

상상력에만 의존한다면 존재하지도 않는 세계로 빠져버리는 우(愚)를 범하게 될 것이다. 그러나
우리 앞에 놓인 탐험은 상상력 없이는 단 한 발짝도 뗄 수 없는 여정의 연속일 것이다.

— 칼 세이건^{Carl Sagan} 『코스모스』(사이언스북스, 2004) p. 23 발췌

회사 하나가 성공하는 동안, 세 회사는 실패하고 잊혀집니다. 이는 실패한 기업이 살아남은 기
업보다 더 많다는 이야기죠.[1] AI 시대에 선두를 달리고 있는 기업들이 복잡한 코드를 이해하기
위해, 비즈니스의 모든 측면에 데이터 기반 실험을 도입하기 위해, 빠르게 변하고 있는 트렌드
로 인한 지속적인 변화를 수용하기 위해, 인간의 논리와 추론을 넘어 현실을 이해하기 위해 머
신 인텔리전스^{machine intelligence}를 이용하는 것은 결코 우연이 아닙니다.

가상의 글로벌 음악 및 오디오 스트리밍 회사인 다프 주식회사^{Daff, Inc.}[2]는 이러한 회사의 한 예
입니다. 다프는 '삶의 모든 순간에 몰입도 높은 예술적 경험으로 전 세계 아티스트와 청취자를
연결한다'는 사명을 성공적으로 이루었습니다. 이러한 다프의 사명은 데이터, 분석, 머신 인텔
리전스에 기반한 **데이터 메시**^{data mesh} 형태로 실현하고 있습니다. 데이터 메시는 다프의 데이터
전략과 아키텍처, 운영 모델의 중추로서 데이터와 머신러닝을 통해 실험과 학습에 적용할 수
있는 규모와 속도를 제공합니다.

---

1 미국 노동통계국 자료(*https://oreil.ly/SrQSC*)에 의하면, 오직 25%의 새로운 기업이 15년 이상 운영됩니다. 이러한 비율은 1990년
   대부터 지금까지 크게 오르거나 내려가지 않고 거의 그대로 유지되고 있습니다.
2 가상의 회사명인 '다프'는 현재까지 3000년 넘게 연주되고 있는 페르시아의 타악기로, 살아있는 화석이라고도 불리는 실러캔스처럼 형
   태의 변화 없이 지금까지 오랫동안 지속한다는 특징에서 따와 회사명을 지었습니다.

여러분과 나누고 싶은 것은 데이터 메시를 구현한 다프의 이야기입니다. 다프의 이야기를 통해 데이터 메시의 본질을 배워봅니다. 이를 통해 데이터 메시에 적용된 원칙과 데이터 메시의 이점, 실제 가동되고 있는 데이터 메시 아키텍처의 조직 구조를 볼 수 있습니다.

데이터 메시같이 복잡한 기술을 소개하는 가장 좋은 방법은 실제 사례를 들어 설명하는 것입니다. 하지만 현재 데이터 메시를 구축하는 단계에 있어서, 데이터 메시를 능숙하게 활용하는 기업에 대해 설명하기에는 아직 이른 시기입니다. 따라서 몇 년 후에 볼 수 있을 것으로 예상되는 특징을 보여주는 가상의 조직에 대해 설명하겠습니다. 현실이 우리의 상상과 일치할 것이라고 기대하지는 않지만, 우리가 추구하는 비전을 이해하는 것은 우리가 달성하고자 하는 것을 이해하는 데 필요한 부분입니다. 이를 가장 잘 전달하기 위해 필자는 가상의 회사가 비즈니스 언론에 소개되는 모습을 상상하며 글을 쓰고 있습니다.

이야기를 진행하면서 각주를 남겨두어 프롤로그에서 간단히 설명한 내용에 대해 자세히 알아볼 수 있도록 했습니다. 다만 이 책을 처음 읽을 때에는 반드시 프롤로그부터 읽은 후, 그다음 장들을 읽어나가길 바랍니다.

P.1 실생활에서의 데이터 메시

2022년 어느 날, 다프 주식회사에서 머신러닝을 활용하여 사용자 경험^{user experience} (UX)을 개선하는 데 집중한 결과 프리미엄 가입자가 크게 증가했습니다. 다프는 데이터를 활용하여 몰입도 높은 경험을 각 사용자에 맞춰 제공하고, 방대한 콘텐츠 라이브러리를 큐레이팅하며, 새롭게 떠오르는 아티스트에게 다가가는 등 다양한 피처(기능)를 갖춘 플랫폼으로 많은 사랑을 받고 있습니다. 또한 새로운 서비스를 추가하고 팟캐스트^{Podcast} 도메인, 동영상 스트리밍 도메인, 이벤트 주최 도메인 등 인접 도메인으로 확장하며 지속적으로 성장하고 있습니다. 현재 다프는 거의 모든 국가에서 운영되고 있으며, 다양한 이벤트부터 예술 공연장, 운동 플랫폼에 이르기까지 전 세계를 아우르는 비즈니스 협력 생태계로 거듭나고 있습니다.

지난 3년 동안 다프는 분석 데이터를 관리하고 사용하는 방식을 **데이터 메시**로 전환했습니다. 데이터 메시는 대규모 분석 데이터에서 가치를 활용하는 새로운 접근 방식으로, 데이터와 비즈니스를 그 어느 때보다 긴밀하게 연결합니다.

다프는 조직 안팎으로 다양하게 진화하는 데이터 패턴을 지속적으로 활용하여 정교한 머신러닝 모델을 배포했습니다. 그리고 청취자의 취향, 기분, 위치, 시간대에 따라 청취자에게 특화된 추천 음악을 제공했습니다. 데이터를 활용하여 캠페인의 참여 범위를 넓힐 수 있도록 아티스트에게 타겟팅된 캠페인을 제공하였습니다. 또한 비즈니스 분석, 대시보드, 보고서 및 시각화를 통해 적응형 비즈니스의 실시간 현황을 파악하고 있습니다. 이렇게 다프가 데이터에서 가치를 창출하는 방법은 빙산의 일각에 불과합니다.

이제 다프가 어떻게 운영되는지 둘러보겠습니다.

P.1.1 데이터 컬처에 대한 호기심과 실험

다프에서 가장 주목할 만한 변화 중 하나는 '만약에…'라는 질문을 집요하게 던지는 유비쿼터스 문화입니다. 정확히는 '만약에 상황을 조금이라도 개선하기 위해 무언가를 바꿀 수 있다면?'이라는 문화가 어디에든 널려있다는 것입니다. 이처럼 다프에는 집요하게 실험을 실행하고, 결과를 관찰하고, 데이터를 분석하거나 이해하고, 데이터로부터 배우며 적응하는 문화가 있습니다.

이러한 문화는 머신러닝을 적용한 대규모 실험이나 사용자 인터페이스 피처를 조정하는 소규모 실험 등 누구나 쉽게 시도할 수 있는 기술을 기반으로 구축되었습니다.

다프는 **도메인**domain[3]이라고 하는 단위를 중심으로 조직되었습니다. **플레이어 도메인**은 모바일 장치에서 사용되는 음악 플레이어에 초점을 맞추고, **파트너십 도메인**은 운동 애플리케이션과 예술 공연장 같은 비즈니스 파트너와 협력합니다. **플레이리스트 도메인**은 플레이리스트를 생성하는 데 특화된 데이터 접근 방식을 연구합니다. 각 도메인은 소프트웨어 개발과 광범위한 비즈니스 특성을 결합하여 이들 도메인을 지원하는 소프트웨어의 구성 요소를 담당합니다.

다프를 둘러보면 각 도메인에서 애플리케이션과 서비스를 개선하기 위해 다양한 실험이 동시에 진행되고 있음을 알 수 있습니다. 예를 들어, **플레이어** 팀은 사용자 인터페이스user interface(UI)와 같이 사용자가 더 나은 환경에서 음악을 실행할 수 있도록 끊임없이 실험합니다.[4] **파트너십** 팀은 운동 플랫폼, 예술 공연장 등 다양한 외부 소스에서 포착한 데이터로 실험

---

3 옮긴이_ 원서에서의 domain은 '도메인'과 '영역'을 혼용해서 사용합니다. 여기서 '도메인'은 '도메인 팀' 또는 '팀'과 같은 의미로, 특정한 주제를 담당하는 주체라는 의미로 사용합니다.

4 옮긴이_ 예를 들어 마이크로소프트에서는 플레이팹(Azure PlayFab) 서비스의 A/B 테스트를 통해 여러 게임 패키지 할인 가격 중 어느 것이 구매율이 더 높은지 실시간으로 확인함으로써 더 나은 서비스를 마련하는 기능을 제공하고 있습니다(출처: Microsoft Azure

을 진행합니다. **플레이리스트** 팀은 매력적인 곡을 큐레이팅하고 추천하는 데 집중한 머신러닝을 지속적으로 적용합니다. 그리고 **아티스트** 팀은 머신러닝을 활용하여 평소에는 눈에 띄지 않았던 아티스트를 검색하여 유치하고 온보딩^on-boarding합니다.

비즈니스의 모든 도메인과 협업하는 기술 팀^technology team은 의미 있고 신뢰성 있으며 안전한 데이터에 대해 심도 있게 이해하고 있습니다. 뿐만 아니라 조직 전체에서 데이터에 대한 온디맨드^on-demand5 액세스가 표준이 될 것이라는 기대를 가지고 있습니다. 이를 실현하는 데 있어 팀원 또한 자신의 역할에 대해 알고 있습니다. 또한 모든 데이터를 관리하고 있기 때문에 데이터의 이해관계에 대해 잘 인지하고 있습니다.

모든 도메인에서는 과거의 데이터와 패턴을 활용하여 특징이나 피처를 구현할 수 있는 모든 분야에 머신러닝 모델을 적용하고 있습니다. 예를 들어, **플레이리스트** 팀은 점진적인 머신러닝 모델을 사용하여 새로우면서 화려한 컴필레이션 음반^compilation album6을 만들고 있습니다. 다프에서는 이러한 음반으로 조깅용 음반부터 자습용 음반까지 다양하게 있습니다. 한편 **아티스트** 팀은 소셜 미디어와 다프 외부의 다른 에이전시로부터 다양한 데이터를 활용합니다. 이를 통해 신진 아티스트를 발굴하여, 이들을 새로운 고객으로 영입하기 위해 온보딩하고 홍보합니다.

인간의 감각으로는 잡음에 불과했던 신호를 생성하고 발견할 수 있는 현실을 새로 답습하면서 기업이 왜 데이터에 열망하는지를 느낄 수 있습니다.[7]

데이터 메시 이전의 데이터 컬처

사실 이러한 문화는 3년 전 다프의 모습과 상당히 다릅니다. 과거에는 데이터 수집, 실험, 인텔리전스 모두 별도의 데이터 팀에 아웃소싱되는 형태였습니다. 그래서 데이터 팀은 엄청난 스트레스를 받고 있었습니다. 업스트림 애플리케이션과 데이터베이스를 조금만 변경하더라도 전체 데이터 파이프라인에 혼란이 발생했죠. 데이터 팀이 데이터 파이프라인에서 발생한 문제를 해결하는 와중에 도메인에서 데이터 솔루션이 급히 필요하다면서 요구 사항을 재촉하다 보니, 데이터 팀은 현재 발생한 문제를 해결하는 데에만 급급했습니다. 한편 도메인은 데이터를 쉽게

PlayFab, '실험').

5 옮긴이_ 고객이 원하는 것을 즉시 해결해주는 정보 체제를 의미합니다. 컴퓨터 기술의 비약적인 발달로 고객이 요구하는 대로 즉시 대응하는 서비스 시대가 도래하면서 등장한 용어입니다(출처: 박문각 시사상식사전).

6 옮긴이_ 편집 음반이라고도 하며, 특정 분류에 따라 한 음악가 또는 여러 음악가의 음악을 모은 음반을 뜻합니다(출처: 위키백과).

7 여기에 소개된 다프의 예를 활용하여 데이터 메시 조직의 가치, 문화, 인센티브, 책임 관계에 대해 알아보려면 16장을 참고하세요.

사용할 수 있고 안정적이며 사용 가능한 상태로 만드는 데 아무런 책임과 관심이 없었습니다. 결론적으로 올바른 데이터를 얻기까지의 리드 타임[lead time]과 도메인과 데이터 팀 간의 마찰로 인해 도메인에서는 새로운 실험을 감히 상상하기가 매우 어려웠죠.

데이터 메시가 도입되기 전과 후의 경험을 비교해보면, 데이터 메시로 전환한 후 3년 동안 다프가 얼마나 발전했는지 알 수 있습니다.

P.1.2 데이터와 머신러닝을 임베딩한 파트너십

데이터 실험 문화는 사실이라고 하기에는 너무 좋아 보입니다. 데이터 메시가 실제로 어떤 모습인지 알아보기 위해 최근 다프가 진행한 데이터 기반 비즈니스 피처와 종사자들의 경험을 한 번 살펴보겠습니다.

스마트 음악 플레이리스트는 다프 플랫폼에서 성공한 피처 중 하나입니다. **음악 플레이리스트** 도메인에서는 다양한 소스의 데이터를 상호 연관시켜 청취자가 어디에 있는지, 무엇을 하고 있는지, 문제와 관심사[concern]가 무엇인지, 상황에 따라 어울리는 플레이리스트를 추천하는 여러 머신러닝 모델을 개발합니다.

플레이리스트 머신러닝 모델은 다음과 같이 조직 전반에 걸친 다양한 도메인에서 분석 데이터 프로덕트의 패턴을 노출시킴으로써 데이터를 공유합니다.

청취자 도메인에서 공유된 데이터

청취자 프로필, 소셜 네트워크, 위치 등 청취자의 주위 환경을 파악할 수 있는 데이터

플레이어 도메인에서 공유된 데이터

플레이 세션, 플레이 이벤트 등 플레이어에서 청취자의 동작과 선호도를 파악할 수 있는 데이터

음악 앨범 도메인에서 공유된 데이터

음악 트랙, 음악 프로필 등 음악 프로필 이해와 음악 트랙 분류를 파악할 수 있는 데이터

월요일의 플레이리스트, 일요일 아침의 플레이리스트, 집중을 위한 플레이리스트 등과 같은 스마

트 플레이리스트를 생성하는 여러 가지 머신러닝 모델이 있습니다.

플레이리스트 팀은 지속적으로 개선된 결과물을 데이터 프로덕트^{data product} 형태로 다른 팀과 공유합니다. 제품으로서의 데이터^{data as a product}는 다프가 정의한 데이터 공유 표준에 따라 공유되는 데이터를 의미합니다. 데이터 프로덕트는 글로벌(전역적) 데이터 검색 도구를 통해 자동으로 액세스할 수 있습니다. 그리고 각 플레이리스트의 새로 고침 빈도수, 정확성^{accuracy}, 적시성^{timeliness} 등 일련의 서비스 수준 목표^{service-level objective}(SLO)를 공유하고 보장합니다. 이러한 데이터 프로덕트는 이해하기 쉬운 문서로 캡슐화하고 보유하며 실시간으로 업데이트됩니다. 즉, 데이터 프로덕트는 적절한 액세스 권한이 있는 사용자가 사용할 수 있는 고품질 데이터이며, 이해하고 사용하기 쉽습니다.

모바일, 데스크톱, 자동차와 같은 다양한 플레이어 사용자 인터페이스에서 청취자에게 콘텐츠를 제공하는 데 중점을 두는 **플레이어** 팀은 **플레이리스트** 데이터 프로덕트의 주요 사용자 중 하나입니다. 이들은 지속적으로 새로운 플레이리스트를 수취하여 청취자에게 제공합니다.

플레이리스트 팀은 **달리기용 플레이리스트**와 **사이클용 플레이리스트** 등 스포츠별로 플레이리스트를 다양하게 추천할 수 있도록 모델을 개발합니다. 이를 위해서는 청취자가 스포츠 활동 중에 즐겨 듣는 음악에 대한 정보가 있는 기존 데이터를 찾아야 합니다.

플레이리스트 팀은 먼저 데이터 메시 검색 포털로 이동해서 스포츠 활동과 관련된 모든 데이터 프로덕트를 검색합니다. 이때 검색 메커니즘을 통해 **파트너십** 도메인과 관련된 데이터가 있다는 것을 알게 됩니다. 이후 **플레이리스트** 팀은 검색 도구를 통해 문서, 샘플 코드, 데이터 프로덕트에 액세스하여 더 많은 정보를 수집합니다. 그런 다음, **파트너십** 데이터 프로덕트에 연결하여 샘플 데이터를 검토합니다. 그 과정에서 플레이리스트 도메인이 **공동 멤버**, 여기서는 파트너사(社) **운동 플랫폼**의 회원인 청취자와 관련된 유용한 데이터를 몇 가지 찾을 수 있었습니다. 하지만 청취자가 달리기, 자전거 타기, 요가 등의 운동을 할 때 듣는 음악에 대한 정보는 찾을 수 없었습니다.

플레이리스트 팀은 **파트너십** 데이터 프로덕트 오너와 연락합니다. 각 도메인에는 플레이리스트 팀에서 공유하는 데이터를 집중적으로 전담하는 데이터 프로덕트 오너가 있습니다. 이들은 직접적인 대화를 통해 **파트너십** 팀에게 음악 트랙(운동 플랫폼이 재생하는 음악 트랙, 회원들이 좋아하는 음악 트랙)에 대한 액세스 권한이 필요하다는 사실을 알립니다. 이후 플레이리스트 팀과 파트너십 데이터 프로덕트 오너는 **파트너사 플레이리스트** 데이터 프로덕트를 생성하는 데

우선순위를 정합니다.

파트너십 팀은 파트너사와의 의견 충돌 없이 **운동 플랫폼**의 데이터를 플레이리스트에 활용합니다. 이를 통해 운동 중인 청취자에게 더 나은 경험을 제공하는 것이 파트너십 팀의 목표입니다. 그 과정에서 파트너사의 비즈니스 목표와 일치하도록 **파트너사 플레이리스트** 데이터 프로덕트를 개발합니다. 다프의 **파트너십** 팀은 이러한 데이터 프로덕트를 생성하기에 가장 적합한 위치에 있습니다. 이들 팀원은 파트너사의 플랫폼에 대해 작업하기에, **파트너사 플레이리스트** 데이터 프로덕트에 직접 공급하는 통합 API와 수명 주기에 대해 잘 알고 있습니다.

지난 3년 동안 다프가 구축한 셀프 서비스 데이터 인프라와 플랫폼 특성상, **파트너십** 팀이 새로운 데이터 프로덕트를 만드는 것은 매우 간단한 작업입니다. 파트너십 팀은 한 유명한 **사이클 및 운동 파트너사**와 협력을 시작한 후 협업 파트너사의 API를 사용하여 회원들이 선호하는 트랙에 액세스합니다.

파트너십 팀은 플랫폼 내 데이터 프로덕트의 수명 주기를 관리하는 도구를 사용하여 변환 로직 transformation logic을 구축함으로써, 데이터 프로덕트 형태로 변환한 플랫폼 데이터를 여러 방식으로 제공합니다. 변환 로직은 초기에 준 실시간 델타 파일 스냅샷 near-real-time snapshot of delta file[8]을 생성합니다. 그리고 변환 코드 transformation code는 다프가 **음악 트랙 ID**를 모든 데이터 프로덕트에서 사용하는 글로벌 트랙 ID 시스템과 맞추는 데 중점을 두어, **파트너사 플레이리스트**를 다른 데이터 프로덕트와 더 쉽게 통합할 수 있도록 합니다. 이러한 과정을 통해 새로운 **파트너사 플레이리스트**의 데이터 프로덕트를 몇 시간 만에 구축한 다음, **플레이리스트** 팀에서 실험을 계속할 수 있도록 데이터 메시에 배포했습니다.

이 간단한 시나리오에는 데이터 메시의 몇 가지 기본 원칙이 적용됩니다. 하나는 데이터 사용자와 데이터 제공자 간의 간극을 없애기 위해 탈중앙화된 **데이터의 도메인 오너십** domain ownership of data[9]에 대한 원칙입니다. 이러한 원칙을 통해 **플레이리스트** 도메인이 **파트너십** 팀과 직접적으로 작업하여 각 팀이 데이터와 **플레이리스트**, **파트너사 플레이리스트**를 장기적으로 제공하도록 합니다.

----

8 옮긴이_ 델타 파일은 현재 파일과 과거 파일을 비교하여 수정된 내용만 추출한 파일을 의미하고, 스냅샷은 과거에 저장한 컴퓨터 파일과 디렉터리의 모임을 의미합니다. 즉, 현재 파일과 1초 전의 파일을 비교해서 차이점만 모은 컴퓨터 파일과 디렉터리의 모임을 말합니다 (출처: 위키백과).

9 2장에서 데이터 메시 조직의 데이터 오너십에 대해 자세히 다룹니다.

실생활에서 다룰 데이터 메시의 두 번째 원칙은 **데이터를 제품으로서 다루는 문화와 기술**[10]에 대한 원칙입니다. 플레이리스트 팀과 파트너십 팀은 모두 쉽게 검색하고, 이해하고, 액세스하고, 사용할 수 있는 데이터의 집합체인 데이터 프로덕트를 제공해야 할 책임이 있습니다. 이를 위해 각 도메인의 교차 기능 팀에는 데이터 프로덕트 오너로서 데이터를 성공적으로 공유하는 역할이 정해져 있어야 합니다.

어려움 없이 적합한 데이터를 검색하고 사용할 수 있도록 하는 것은 **셀프 서비스 데이터 플랫폼**[11]에 달려 있습니다. 이러한 플랫폼을 적절히 활용하면 짧은 시간(짧게는 몇 시간, 길게는 하루 또는 이틀) 안에 새로운 **파트너사 플레이리스트** 데이터 프로덕트를 공유할 수 있습니다. 셀프 서비스 데이터 플랫폼은 교차 기능 팀에서 데이터를 공유하고 사용할 수 있는 서비스를 제공하기 위해 데이터 프로덕트를 효율적이고 안전하게 생성하고 공유하는 방법을 제공합니다. 예를 들어, 액세스 제어를 자동화하는 것, 개인 정보를 기본적으로 암호화하는 것, 모든 데이터 프로덕트를 글로벌 검색 도구에 등록하는 것이 이러한 플랫폼 서비스 중 일부입니다.

다프는 데이터를 투명하고 효과적으로 공유하기 위해 잘 정립된 거버넌스 정책governance policy에 의존합니다. 예를 들어, 누가 어떤 데이터를 소유해야 하는지에 대해 집단적으로 이해한다는 시나리오를 생각해보겠습니다. 이 경우 **파트너십** 팀이 **파트너사 플레이리스트**의 오너가 됩니다. 파트너십 팀은 소스에 가장 면밀한 팀으로 파트너사와의 관계를 통제합니다. 파트너십 팀은 파트너사의 데이터에 영향을 미치는 요인을 면밀히 파악하고 있습니다. 앞서 설명한 시나리오가 마치 미리 짜여진 것처럼 의사 결정이 쉬워보이지만, 실제로는 그렇지 않습니다. 이러한 과정은 다프가 '데이터 프로덕트에 장기적 오너를 할당'한다는 정책을 거버닝govern (관리)하기 위한 일종의 휴리스틱heuristic을 기반으로 합니다. 이후 각 도메인의 대표로 구성된 연합 그룹이 정책을 정의하고 데이터 플랫폼이 이를 자동화합니다. 이것이 바로 데이터 메시의 **연합 컴퓨팅 거버넌스**federated computational governance[12]의 원칙입니다.

다프는 먼 길을 걸어온 끝에 어려움 없이 적절한 데이터를 검색하고 사용하는 여정에 도달했습니다. [그림 P-1]에서 탈중앙화된 P2Ppeer-to-peer 협업 방식을 볼 수 있습니다.

---

10 3장에서 데이터 메시 조직 전반에 걸친 제품으로서의 데이터 공유라는 개념에 대해 자세히 다룹니다.

11 4장에서 셀프 서비스 플랫폼으로서의 데이터 메시 기반 인프라의 목적과 특징에 대해 설명합니다.

12 5장에서 데이터 메시 내에 있는 데이터 프로덕트의 글로벌 정책을 세우기 위한 운영 모델과 접근 방법에 대해 설명합니다.

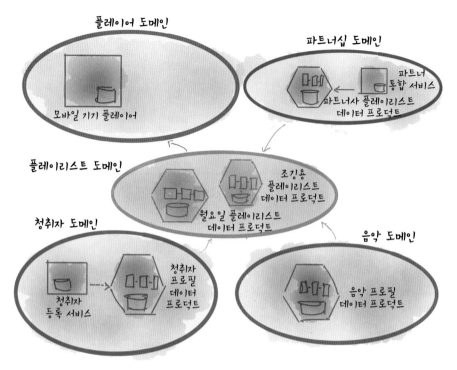

그림 P-1 데이터 메시를 이용한 플레이리스트 제작 시나리오

데이터 메시 이전의 데이터 업무

만약 같은 시나리오가 3년 전에 발생했다면 병목 현상으로 인해 업무를 수행하는 데 몇 주의 시간이 걸렸을 것입니다.[13] 또 다른 경우에는 서로 책임을 전가하여 형편없는 품질의 데이터를 얻는 결과를 낳을 수도 있습니다. 아니면 계획이 처음부터 흐트러지면서 기대했던 것들이 모두 무너져 물거품이 되었을지도 모릅니다. 계획대로 되었다고 하더라도 지금보다 훨씬 큰 비용을 지불했겠죠.

3년 전의 **플레이리스트** 팀은 중앙 데이터 팀과 인공지능 팀에 **스포츠용 플레이리스트** 모델을 제작하여 훈련하는 것을 우선으로 처리해달라고 요청했을 것입니다. 이러한 요청을 받은 중앙 데이터 팀과 인공지능 팀 내부의 데이터 과학자들은 요청된 수많은 머신러닝 계획 사이에서 우선순위를 지정했겠죠. 이때 최상의 시나리오는 데이터 과학자들이 플레이리스트 팀의 요청을

---

13 옮긴이_ 데이터 메시를 반영했을 때는 업무가 몇 시간 만에 끝났다는 점을 상기하길 바랍니다.

1순위로 지정한 다음, 중앙의 데이터 레이크 혹은 웨어하우스 팀에 데이터를 요청하고 중앙 거버넌스 팀에 데이터 액세스 권한을 요청하는 것입니다.

거버넌스 팀에 데이터 액세스를 요청하느라 수일이 더 걸리기는 했지만 결국 데이터를 찾긴 했습니다. 다만 거버넌스 팀에서 가져온 데이터는 오래되어서, 데이터 과학자들이 데이터를 이해하지 못했습니다. **파트너십** 팀에서 데이터 웨어하우스나 레이크에 통합해야 할 데이터가 매우 많아 아직 데이터를 데이터 웨어하우스나 레이크에 미처 옮기지 못한 것이었죠. 이때 중앙 데이터 팀의 과학자들은 아마 데이터의 신뢰성에 의문을 던졌을 것입니다.

중앙 데이터 팀의 과학자들은 파트너사로부터의 음악 관련 데이터가 더 필요하다고 깨달은 이후, 새로운 ETL(추출, 변환, 적재extract, transform, load)/ELT(추출, 적재, 변환extract, load, transform) 파이프라인을 얻어야 했습니다. 그래서 파이프라인을 담당하는 데이터 엔지니어링 팀에 가서 파트너 통합 API에서 얻은 데이터를 데이터 웨어하우스나 레이크로 전송하도록 설정하라고 요청했을 겁니다. 하지만 넘어야 할 산이 또 하나 있었죠.

중앙의 데이터 엔지니어링 팀은 협상을 통해 완전히 새로운 도메인인 **파트너십** 도메인을 이해시키는 데 며칠을 소비해야 했습니다. 파트너십 도메인의 애플리케이션 데이터베이스에서 얻은 데이터를 파이프라인을 거쳐 데이터 레이크에 투입해야 했기 때문이었습니다. 데이터 엔지니어링 팀은 내부 데이터베이스를 파악한 다음 데이터베이스의 음악 ID를 외부에서 글로벌하게(전역적으로) 통용되는 ID에 대응시켜야 했습니다. 그 과정에서 시간이 더 걸렸을 겁니다.

신생 도메인 팀이었던 **파트너십** 팀은 비즈니스 사례에 대한 직접적인 참여와 이해가 없었기에, 파트너십 팀에는 고품질 파트너십 음악 통합partnership music integration[14]에 우선순위를 두고 데이터 엔지니어의 ETL 파이프라인을 지원할 만큼의 인센티브가 거의 지급되지 않았습니다. 그러느라 임시변통으로 이루어진 통합으로 인해 일부 데이터가 데이터 레이크로 전송될 때까지 며칠 동안 디버깅에 전념해야 했습니다. 이러한 이야기는 다프가 새로운 모델을 제작할 때마다 계속 반복될 겁니다.

기능별로 나뉘어진 다프의 조직 설계와 기술은 데이터 기반 실험에 도움이 되지 않았습니다.[15]

[그림 P-2]는 데이터 메시 도입 이전 다프의 조직 구조와 아키텍처를 보여줍니다. 3년 전 다프

---

14 16장에서 데이터를 공유하는 도메인의 본질적인 동기부여에 대해 설명합니다.
15 8장에서 데이터 메시 도입 이전 데이터 팀의 특징을 설명합니다.

는 비즈니스와 기술 개발 팀을 도메인 중심으로 배치했기 때문에 현대적인 소프트웨어 개발 아키텍처와 조직 구조를 갖추고 있었습니다. 하지만 모놀리식^{monolithic} 데이터 웨어하우스와 레이크를 사용하면서 아키텍처가 기능적으로 파편화되고 데이터 팀을 중심으로 중앙 집중화되었습니다.

중앙 데이터 팀과 모놀리식 아키텍처는 대내외적으로 데이터 소스가 늘어나고 사용 사례가 다양해짐에 따라 병목 현상이 발생하기 시작했습니다. 데이터 팀은 다프가 성장하는 만큼 점점 더 큰 스트레스를 받았으며, 이에 따라 일처리까지 느려지게 되었죠. 이에 따라 투자 수익은 정체기에 접어들게 되었습니다.

요컨대, 다프의 데이터 팀 구조와 아키텍처는 회사의 포부와 조직 성장에 걸맞지 않았습니다.[16]

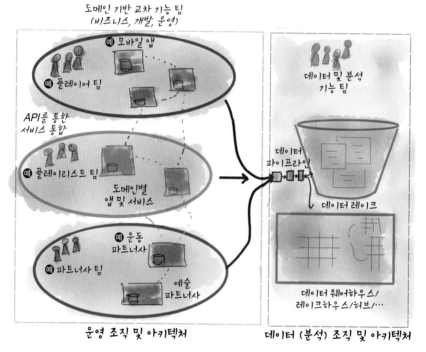

그림 P-2 데이터 메시 도입 이전의 다프의 조직 및 아키텍처

---

16 8장에서 오늘날 기업의 병목 현상과 부적절한 현재 아키텍처 및 조직의 접근법에 대한 자세한 내용을 소개합니다.

P.1.3 보이지 않는 플랫폼과 정책

P.1.2절에서 소개했듯이, 데이터 메시를 도입한 이후 운동용 플레이리스트를 생성하는 모든 과정에서 데이터 사용자와 제공자 모두 마법과도 같은 느낌을 받습니다. 데이터를 어려움 없이 사용할 수 있고, 결과를 엔드 투 엔드^{end-to-end} 방식으로 신속하게 얻을 수 있으며, 책임의 경계가 명확하고 책임감을 공유할 수 있다는 점에서 말입니다.

원격으로 이를 가능하게 하기 위해 다프는 사용하기 쉽고 거의 눈에 띄지 않는 일련의 셀프 서비스 기술과 자동화를 개발했습니다.

데이터 제공자와 사용자의 경험은 셀프 서비스 특성으로 구성된 플랫폼을 기반으로 하고 있습니다. 이러한 플랫폼을 통해 다음과 같은 사용자 경험을 가능하게 함으로써 데이터를 자동으로 신속하게 공유할 수 있습니다.

데이터 프로덕트의 빌드, 배포, 모니터링 및 발전에 대한 사용자 경험

예를 들어, 데이터 플랫폼은 **파트너사 플레이리스트**와 **스포츠용 플레이리스트**의 데이터 프로덕트를 어려움 없이 단시간에 생성하고 발전시킵니다. 이러한 경험에는 소스를 플랫폼에 통합시키고, 데이터 변환 코드를 빌드 및 테스트하며, 데이터를 제공하는 등의 기능이 포함됩니다.

데이터 메시 전반을 데이터 프로덕트로 작업하는 것에 대한 사용자 경험

이 경우 플랫폼 서비스를 통해 데이터 프로덕트를 검색하거나 탐색한 다음 데이터에 연결하여 조회합니다. 그다음 이러한 데이터 프로덕트 내의 데이터 변경 사항을 모니터링하면서 여러 데이터 프로덕트를 조인하고 상호 연관시켜 새롭고 참신한 플레이리스트를 만들 수 있습니다.

플랫폼의 사용자 경험 기반 특성은 데이터 프로덕트 사용자(데이터 프로덕트 개발자 및 오너)에게 최적화되어 데이터 공유 및 실험 시 인지 부하를 최소화합니다.

다프의 경우, 기계 최적화^{machine optimization}를 희생하면서까지 데이터 프로덕트 개발자와 사용자의 사용자 경험을 최적화하는 것을 용납하지 않습니다. 이때 물리적 계층에 가깝고 사용자로부터 멀리 있어 플랫폼에서 보이지 않는 부분에 대해 물리적으로 기계 최적화를 처리합니다. 데이터 사용자가 자율적으로 데이터 프로덕트를 사용할 수 있도록 플랫폼의 사용자 경험 플레인

(응집력 있는 서비스셋)이 사용자 경험을 최적화하는 동안, 플랫폼의 유틸리티 플레인은 물리적 성능과 기계 수준의 성능을 최적화합니다. 이를 위해 유틸리티 플레인은 다음 기능을 지원합니다.[17]

- 데이터 프로덕트 내 폴리글랏 스토리지polyglot storage[18] 효율화
- 데이터 프로덕트를 전반적으로 처리하는 쿼리 및 업무량 효율화
- 검색 및 인덱싱 효율화
- 데이터 왕래 최소화

플레이리스트 팀은 **파트너십** 팀, **청취자** 팀, **음악 프로필** 팀과 같이 서로 다른 팀에서 끌어온 다양한 데이터 프로덕트를 자유롭게 사용합니다. 이때 다프 내 모든 팀은 다음과 같은 일련의 모든 데이터 프로덕트를 거버닝하는 글로벌 표준 정책에 따라 작업합니다.[19]

- 데이터 공유 API 표준화
- SLO, 문서, 데이터 모델 언어를 포함하는 메타데이터 표준화
- 공유 데이터 개체entity ID 표준화

P.1.4 규모에 구애받지 않는 데이터 프로덕트

다프는 데이터 메시의 스케일 아웃scale-out(확장적인) 조직 구조와 기술 구조를 통해 목표한 성장률을 달성했습니다. 스마트 플레이리스트에서 볼 수 있었듯이, **조깅용 플레이리스트, 사이클용 플레이리스트, 운동 플랫폼 파트너사 X의 플레이리스트, 운동 플랫폼 파트너사 Y의 플레이리스트**와 같은 새로운 플레이리스트를 개발하거나 이미 존재하는 플레이리스트를 개선하기 위해서는 데이터 프로덕트를 추가하고 연결하기만 하면 됩니다. 이처럼 동등한 노드를 추가하여 서로 연결함으로써 규모에 구애받지 않고 사용할 수 있게 하는 아키텍처를 스케일 아웃 아키텍처scale-out architecture라고 말합니다. 데이터 프로덕트는 아키텍처 퀀텀architecture quantum으로 구현됩니다. 아키텍처 퀀텀은 독립적으로 배포할 수 있도록 구성 요소를 모두 갖춘 가장 작은 단위의 아티팩트를 뜻합니다.

데이터 메시 아키텍처는 데이터 액세스와 데이터 공유에 대해 일련의 계약contract을 구현하도록

---

17 10장에서 추후 세부 사항에 관한 플랫폼의 다양한 플레인을 소개합니다.
18 옮긴이_ 여러 언어나 기술 등으로 표현될 수 있는 스토리지를 가리키는 용어입니다.
19 5부에서 데이터 메시의 아키텍처 퀀텀으로서의 데이터 프로덕트가 공유하는 면에 대해 설명합니다.

보장합니다. 이때 각 데이터 프로덕트는 데이터 메시 내의 다른 데이터 퀀텀[data quantum][20] 여러 개와 연결하여 데이터와 그 시맨틱[semantic]을 공유할 수 있도록 표준화된 방식으로 계약을 구현합니다. 각각의 데이터 프로덕트는 데이터의 변환 로직과 프로덕트 내 데이터를 거버닝하는 정책을 한데 모아 캡슐화합니다. 이후 도메인에 지향적으로 분산된 아키텍처는 그에 상응하는 도메인에 기반한 자율성에 맞추게 합니다.

결론적으로 다프는 데이터 프로덕트의 표준화를 통해 아키텍처의 속도와 규모를 확보합니다.[21]

P.1.5 긍정적인 네트워크 효과

데이터와 분석을 활용한 다프의 성공 요인은 데이터 프로덕트를 가치 단위로 교환하는 도메인이 P2P 방식으로 연결하면서 이룬 긍정적인 네트워크 효과로 요약할 수 있습니다. 도메인 사이의 네트워크가 활성화될수록 도메인 간에 더 많은 데이터가 공유되어 고차원적인 인텔리전스와 인사이트를 창출할 수 있습니다. 더 나아가 궁극적으로 비즈니스를 개선할 수 있습니다.

다프는 데이터 메시 전략을 실행하기 위해 상당한 투자를 단행하여 조직과 문화를 변화시키고 인프라와 플랫폼 기반을 구축했습니다. 그러면서도 측정 가능한 이점으로 투자 수익을 추적하는 데 부지런히 노력해왔습니다.

측정 결과에 따르면, 외부적으로는 여러 접점에서 청취자 경험을 개선하기 위해 머신러닝과 데이터를 적용하여 사용자 참여를 유도하고 실제 청취자 수를 늘리고 있습니다. 내부적으로는 중앙 집중식 병목 현상을 제거하여 데이터에 액세스할 때의 리드 타임을 단축했습니다. 이후 데이터 프로덕트를 검색하고 공유하기 위한 표준 계약과 인터페이스를 만들어 데이터 변경의 위험을 줄였습니다. 이후 데이터 프로덕트에 대해 자동화된 지속적 배포[continuous delivery](CD)를 채택하여 데이터 프로덕트 개발 과정의 낭비를 절감했습니다. 그리고 데이터 프로덕트 간의 연결성을 측정하여 비즈니스 전반에 걸친 데이터의 활용성을 높였습니다. 각 도메인과 팀에 데이터 오너십을 부여하여 데이터 기반 솔루션을 만드는 데 참여하는 팀의 수를 늘리기도 했습니다. 그리고 플랫폼 서비스를 활용하여 데이터 개발자의 경험에 집중함으로써 데이터 오너십과 엔드 투 엔드 데이터 솔루션의 생성 비용을 절감했습니다.

----

20 옮긴이_ 사용자에게 적합한 데이터와 해당 데이터의 다양한 사용 사례에 대한 다양한 액세스 방식을 제공하는 아키텍처 단위를 가리킵니다. 자세한 내용은 7.1.4절에서 확인할 수 있습니다.
21 11장에서 데이터 퀀텀의 설계와 행위 지원성에 대해 설명합니다.

이러한 사항은 다프가 데이터 메시 투자를 측정하면서 개선한 방안 중 일부입니다.[22]

P.2 왜 데이터 메시로 변환해야 하는가

다시 다프가 변화하는 시점인 2019년으로 돌아갑시다.[23]

지난 몇 년 동안 다프는 대규모 데이터를 포착하기 위해 데이터 레이크와 웨어하우스 같은 데이터 솔루션에 상당한 투자를 해왔습니다. 또한 최고 데이터 및 인공지능 책임자 산하에 대규모 데이터 및 인공지능 팀을 구성하여 조직 전반의 데이터 캡처, 모델링, 제공은 물론 비즈니스에 필요한 분석과 머신러닝 솔루션을 구축하는 업무를 담당하고 있었습니다. 다프가 채택한 조직 구조와 운영 모델은 당시 업계 표준이었죠.

2019년은 다프가 포부에 비해 욕심이 과했다는 것을 깨닫고 반성하는 해였습니다. 기업 안팎으로 데이터 소스가 늘어나고 사용 사례가 다양해짐에 따라 중앙의 데이터 팀과 모놀리식 아키텍처에서 병목 현상이 일어났죠. 데이터 팀은 많은 부담을 안으면서 근무해야 했으며, 다프가 성장함에 따라 작업 속도는 계속해서 느려졌습니다. 이는 투자 수익이 정체되는 결과를 낳았습니다.

다프는 변화가 필요했고, **바로 그때 데이터 메시를 발견했습니다.**

데이터 메시에 투자하기 전, 다프는 데이터 메시가 자신의 목표, 조직, 기술적인 특성과의 연관성이 있는지 주도면밀하게 살펴봤습니다.

다프는 데이터 메시를 도입함으로써 예상되는 결과를 다프의 페인 포인트pain point에 대응하여 나열했습니다.

조직이 성장함에 따라 빠르게 증가하는 복잡성

비즈니스가 빠르게 성장함에 따라 증가하는 복잡성으로 인해, 다양한 데이터를 분석하고자 하는 열망은 줄어들고 있습니다. 데이터 메시는 조직 전반에서 발생하는 병목 현상과 조정 횟수, 도메인 간의 동기화를 줄여 복잡하고 규모가 큰 환경에서 데이터로부터 가치를 창출

---

22 15장에서 데이터 메시의 실행 과정을 측정하고 모니터링하는 방법을 참고하길 바랍니다.
23 6장에서는 프롤로그에서 언급한 다프의 사례와 비슷하게, 데이터 관리와 사용의 새로운 접근 방식이 필요한 계기에 대해 설명합니다.

하고 민첩성을 유지할 수 있도록 설계되었습니다.

대규모 데이터로부터 가치 창출

기존 아키텍처에서도 데이터와 분석에 상당한 비용을 투자했지만, 그 성과는 미미했습니다. 데이터 메시는 더 많은 비중을 차지하고 있는 제너럴리스트 기술자를 대상으로 하여 그들이 데이터 개발자와 사용자로서 더 효율적으로 데이터로부터 가치를 창출할 수 있도록 합니다.

데이터 메시의 목표와 전반적인 영향력의 범위는 유망해 보였습니다. 하지만 다프의 상황을 고려할 때 지금 당장 이것이 올바른 선택인지에 대한 의문이 들었습니다.

결론부터 말하면, 이 의문에 대한 답은 희망적이었습니다.

데이터 메시는 다프가 기존에 도메인별로 조직을 설계하는 방식과 딱 맞아떨어졌습니다. 단순히 기존 설계와 아키텍처를 확장하기만 하면 되는 것이었죠. 데이터 메시는 기존의 비즈니스에 맞춰진 개발 팀을 단순히 확장함으로써 탈중앙화된 데이터 오너십 모델을 기반으로 구축되었습니다.

실제로 중앙 데이터 팀은 기능적으로 가장 마지막에 분할된 팀 중 하나였으며, 기존의 도메인 지향 비즈니스와 기술 조직 설계에 대해 다소 상충되는 부분이 있었습니다. 데이터를 기반으로 모든 도메인을 만들고 그 안에 지능형 의사 결정intelligent decision making을 포함시키려는 열망을 고려할 때, 분석 데이터 오너십을 도메인별로 이전하는 것은 당연한 일이었습니다. 회사는 이미 데브옵스 도메인 팀을 중심으로 운영되고 있었습니다. 따라서 이러한 팀에 데이터 특성과 책임을 부여하는 것은 데이터에 대한 액세스와 활용을 대중화하기 위한 자연스러운 발전처럼 보였습니다. 당연히 거버넌스도 이러한 경향을 따라야 했습니다.

데이터 메시를 선도적으로 도입한 기업으로서 기반 기술을 구축하고 플랫폼을 활성화하는 데 시간과 소스를 할애해야 한다는 것을 알고 있었습니다. 다프는 스스로 기술을 핵심으로 하는 소프트웨어 회사로서 비즈니스를 가능하게 할 뿐만 아니라, 비즈니스를 형성하고 확장하는 회사라고 생각했습니다. 다프는 기술적인 투자를 꺼리지 않았습니다.[24]

다프는 데이터 컬처, 데이터 조직 구조, 데이터 역할, 데이터 아키텍처와 기술에 대한 변화를 포괄하는 새로운 접근 방식을 구현하는 것이 다년간에 걸친 혁신이 될 것임을 깨달았습니다.

----

24 5부에서 데이터 메시가 회사에 올바른 접근법인지에 대해 평가를 할 수 있는 자기 평가 도구에 대해 소개합니다.

그래서 향후 3년 동안 데이터 아키텍처를 점진적으로 데이터 메시로 전환하는 데 전념했습니다. 그 과정에서 엄선된 데이터 기반 사용 사례를 제공하면서 조직을 변환하고 플랫폼과 기술을 구축했습니다.[25]

P.3 앞으로 가야 할 길

비즈니스적으로, 문화적으로, 기술적으로 성공함에도 불구하고 다프는 아직 갈 길이 멀었습니다. 데이터 메시의 발전은 확실히 작업 방식과 기본 플랫폼을 확립하여 **탐색 단계**를 지나고 있습니다. 이러한 단계를 거치면서 데이터 메시는 많은 도메인으로 **확장했습니다.** 그러나 데이터 메시에서 지속적으로 가치를 **추출**하기 위해서는 접근 방식을 최적화하고 개선해야 합니다. 다프는 데이터 메시의 활성 멤버가 되는 데 있어서 뒤처진 도메인을 중점적으로 작업해야 합니다. 동시에 레거시 시스템[legacy system][26]으로 작동하는 도메인과 아직 교차 기능 팀에 속하지 않는 도메인에 집중하여 플랫폼 특성을 확장해야 합니다.

예상한대로, 데이터 메시는 **탐색**[explore], **확장**[expand], **추출**[extract]이라는 단계의 사이클에 도달한 채로 다프의 데이터 메시 이야기는 막을 내립니다.[27]

프롤로그에서 나온 이야기가 이 책을 계속해서 읽도록 부추겼기를 바라며, 다음 장에서 다시 뵙도록 하겠습니다.

---

25 다프에게 수년 동안 있었던 여정을 포함한다면 아마 긴 소설이 될 것입니다. 추가적으로 접근법의 실행과 변형에 대한 자세한 내용은 15장과 16장을 참고하길 바랍니다.

26 옮긴이_ 낡은 기술이나 방법론, 컴퓨터 시스템, 소프트웨어 등을 의미합니다(출처: 위키백과).

27 15장에서 진전적으로 변환하는 데이터 메시를 개발하기 위한 접근법을 소개합니다.

1부

데이터 메시란

1부

신뢰할 수 있는 단순함은 오직 복잡함을 거쳐야지만 얻을 수 있다.

— 알프레드 노스 화이트헤드^{Alfred North Whitehead}

프롤로그에서 소개한 다프 주식회사처럼, 데이터 메시의 적용 사례를 보면 데이터 메시를 구현하기 위해서는 복잡한 엔지니어링과 조직이 필요하다는 것을 알 수 있습니다. 이렇게 복잡하고 어려운 데이터 메시를 어떻게 구현하는가에 대해서는 한참을 이야기할 수 있지만, 그 전에 데이터 메시를 이해하기 위해 제1원리^{first principle}인 4대 원칙부터 살펴보겠습니다. 그다음 데이터 메시 아키텍처의 구성 요소를 처음부터 구현해보겠습니다.

1부에서는 데이터 메시의 4대 원칙이 상호작용하는 방식에 초점을 맞춰 데이터 메시를 소개합니다.

이러한 원칙들은 데이터 메시 아키텍처의 명제이자 가치로서 데이터 메시 아키텍처를 구현하는 과정에서 동작과 구조, 발전 방향에 대해 안내합니다. 여러분 스스로 데이터 메시에 관한 관행과 기술을 개선하는 데 필요한 기준을 찾을 수 있습니다.

이 책은 데이터 메시가 아직 혁신 수용 곡선^{innovation adoption curve}[1] 중 **이노베이터**^{innovator}와 **얼리 어댑터**^{early adaptor} 단계에 있을 당시에 집필되었습니다. 다시 말해 얼리 어댑터 단계 이후의 데이터 메시는 책에 있는 내용과 달라질 수 있음을 유념하길 바랍니다. 지금은 이노베이터 성향의 벤처가 데이터 메시를 포용하고 이미 관련 도구와 기술을 개발하는 과정에 있습니다. 또한, 대외적으로 높은 평가를 받는 얼리 어댑터들이 이노베이터의 데이터 메시에 영감을 받아 데이터 전략과 아키텍처를 전환하는 단계에 있습니다. 이러한 이유로, 현 시점에서 데이터 메시를 설명할 때는 원칙과 아키텍처에 대해서만 설명합니다. 구체적인 구현과 기술은 시간이 지나면서 자연스럽게 개선되고 구축될 수 있도록 자세히 기재하지는 않겠습니다. 이 책을 읽을 때쯤이면 구체적인 구현 설계나 도구 제안은 모두 구식이 될 것입니다.

----

1 『Diffusion of Innovations, 5th Edition』(Simon & Schuster, 2003)

필자는 1부를 다섯 개의 장으로 분류했습니다. 먼저 1장에서는 데이터 메시의 4대 원칙과 이들 원칙을 통해 데이터 메시를 고수준 모델로 구성하는 과정에 대해 간략하게 소개합니다. 그 다음 2장, 3장, 4장, 5장에서 각각의 원칙을 집중적으로 설명합니다.

데이터 메시의 원칙은 서로를 기반으로 하기 때문에 소개하는 순서가 중요합니다. 무엇보다 도메인별로 데이터를 소유하는 아키텍처를 이루도록 하는 것이 접근 방식의 핵심입니다. 다른 원칙은 이러한 도메인 오너십 원칙을 보완하는 것에 초점을 맞춘 원칙입니다.

데이터 메시를 이해하고 적용하는 것에 관심이 있는 독자라면 반드시 1부를 읽어보길 바랍니다. 데이터 메시를 이해하는 데 큰 도움이 될 것입니다.

1 장

데이터 메시를 요약하면

'간단하게 생각하라.' 나의 거장이 항상 하던 말씀이다. 제1원리로 돌아가서 가장 간단한 어휘로 하나의 큰 전체를 여러 부분으로 나누어라.

— 프랭크 로이드 라이트^{Frank Lloyd Wright}

데이터 메시는 탈중앙화된 사회 기술적 접근 방식으로서 조직 전반의 대규모적이고 복잡한 환경에서 분석 데이터를 공유하고 액세스하며 관리합니다.

데이터 메시는 규모에 맞는 분석 사용 사례로 데이터를 자원화하고 관리하며 액세스하기 위한 새로운 접근 방식입니다. 이때 분석 사용 사례에 사용되는 데이터를 분석 데이터^{analytical data}라고 부르겠습니다. 분석 데이터는 사용 사례를 예측하거나 진단할 때 쓰이며, 비즈니스에 인사이트를 제공하는 시각화와 보고서의 기반이 됩니다. 또한 분석 데이터는 데이터 주도 인텔리전스로 비즈니스를 강화하는 머신러닝 모델을 학습하는 데 사용됩니다. 분석 데이터는 조직이 직관과 감에 의존하는 의사 결정에서 관찰과 데이터 기반 예측에 기반한 액션^{action}을 취하는 것으로 전환하는 데 필수적인 요소입니다. 분석 데이터는 미래의 소프트웨어와 기술을 뒷받침하는 원동력으로, 사람이 설계한 규칙 기반 알고리즘에서 데이터 기반 머신러닝 모델로 기술 전환을 가능하게 합니다. 분석 데이터는 기술 환경에서 점점 더 중요한 구성 요소가 되어가고 있습니다.

> 📝 **NOTE** 분석 데이터는 보고서와 머신러닝 훈련에 사용됩니다.

1.1 데이터 메시를 도입한 결과

복잡하고 규모가 큰 조직에서 대규모 데이터로부터 가치를 얻을 때 데이터 메시를 도입함으로써 다음과 같은 결과를 얻을 수 있습니다.

- 비즈니스의 본질적인 복잡성, 변동성, 불확실성에 의한 변화에 우아하게 대응하는 능력
- 증가하는 복잡성 속에서 민첩성을 유지하는 능력
- 투자 대비 데이터 가치의 비율 증대[1]

1.2 데이터 메시로 일어나는 변화

데이터 메시는 기존의 분석 데이터 관리 방법에서 다차원적인 기술과 조직의 변화를 도입합니다.

[그림 1-1]은 데이터 메시를 도입하기 전과 후의 모습을 요약해서 보여줍니다.

데이터 메시는 근본적으로 조직이 데이터를 가정하는 방식, 조직 내 아키텍처, 기술 솔루션, 조직 구조뿐만 아니라 우리가 분석 데이터를 관리하고 사용하며 소유하는 방식을 변화시킵니다. 이때 데이터 메시를 통해 변화하는 요소는 다음과 같습니다.

- **조직적 변화**: (데이터 플랫폼 기술을 운영하는) 중앙 집중식 스페셜리스트specialist 집단으로 이루어진 모델에서 여러 비즈니스 도메인으로 탈중앙화된 모델로 데이터 오너십 모델을 전환합니다. 이와 동시에 중앙 집중식 팀이 소유하고 있는 데이터 관련 책임을 도메인별로 데이터를 직접 생성하거나 소비하는 방식으로 전환합니다.
- **아키텍처적 변화**: 모놀리식 아키텍처(데이터 웨어하우스 및 데이터 레이크)로 이루어진 구조에서 (표준 프로토콜로 연결된 데이터 프로덕트로 이루어진) 데이터 메시 구조로 전환합니다.
- **기술적 변화**: 데이터를 파이프라인 코드 실행 과정에서 발생한 부산물로 취급하는 기술 솔루션에서, 데이터를 유지 관리하는 코드와 하나의 살아 있는 자율적인 단위로 취급하는 기술 솔루션으로 데이터 솔루션을 전환합니다.
- **운영적 변화**: 데이터 거버넌스를 사람이 수동으로 개입하는 하향식 및 중앙 집중식 운영 모델top-down centralized operational model에서 데이터 메시 내의 노드를 기반으로 컴퓨팅 정책이 임베딩된 연합 모델로 전환합니다.
- **원칙적 변화**: 자산으로서의 데이터를 수집하는 가치 체계value system에서 조직 안팎의 데이터 사용자에게 제품으로서의 데이터를 제공하면서 만족을 주는 가치 체계로 전환합니다.

---

1   이 세 가지 결과는 7장에서 데이터 메시로 기대하는 결과를 높은 수준으로 달성하는 방법에 대해 자세히 설명합니다.

- **인프라적 변화**: 분석 시스템과 운영 시스템으로 파편화된 두 서비스가 엔드 투 엔드 방식으로 연결된 형태의 인프라 서비스에서 운영 데이터와 분석 데이터 시스템 모두를 위해 잘 통합된 일련의 인프라로 전환합니다.

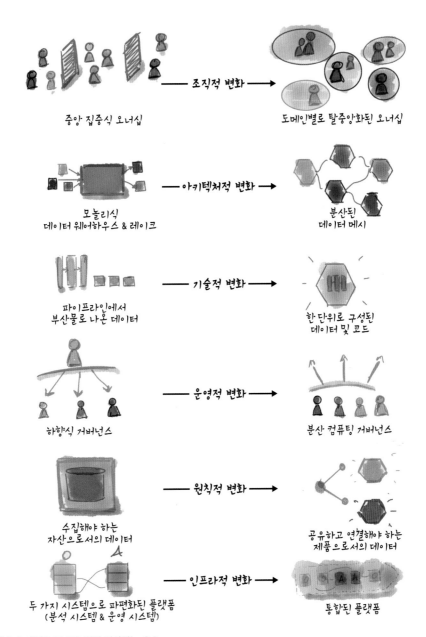

그림 1-1 데이터 메시로 인해 변화하는 요소

(마틴 파울러[2]가 친절하게 호스팅한) 블로그[3]에 데이터 메시를 소개하는 포스트를 게시한 이후, 사람들이 데이터 메시라는 개념을 이해하는 데 애를 쓰고 있다는 것을 알게 되었습니다. 데이터 메시가 아키텍처에 해당하는지, 아니면 원칙을 하나로 나열한 것인지, 그것도 아니면 운영 모델인지에 대해 헷갈려 했습니다. 사람들은 세상의 구조를 이해하기 위한 주요 인지 기능으로서 **패턴들을 분류하는 것**classification of patterns[4]에 의존합니다. 이러한 이유로 필자는 데이터 메시를 **사회기술적** 패러다임으로 분류하기로 결정했습니다. 즉, 데이터 메시를 복잡한 조직에서 사람과 기술 아키텍처, 솔루션 간의 상호작용을 재조정하는 접근 방식으로 간주하기로 했습니다. 데이터 메시는 데이터 관리에 대한 접근 방식으로서 분석 데이터의 공유 솔루션을 기술적으로 최적화할 뿐만 아니라, 데이터 제공자와 사용자, 오너 등 관련된 모든 사람의 사용자 경험을 개선하는 역할도 제공합니다.

데이터 메시는 **데이터 전략**data strategy의 요소로 활용되어, 반복 실행 모델iterative execution model을 통해 **엔터프라이즈 아키텍처**enterprise architecture의 목표 상태와 **조직적인 운영 모델**organizational operating model의 목표 상태 모두를 명확하게 표현할 수 있습니다.

데이터 메시는 서로 상호작용하는 4대 원칙을 통해 가장 간단한 형태로 설명할 수 있습니다. 4대 원칙의 정의와 함께 원칙이 어떻게 작동하는지에 대해 살펴보겠습니다.

1.3 데이터 메시의 원칙

데이터 메시의 논리적 아키텍처와 운영 모델은 4대 원칙으로 간단하게 요약할 수 있습니다. 필자는 이러한 원칙을 데이터 메시가 지향하는 바에 맞게 세웠습니다. 데이터 메시는 데이터에서 대규모로 가치를 증대하고, 조직의 성장에 민첩성을 유지하며, 복잡하고 변동성이 큰 비즈니스 환경에서 변화를 수용해야 합니다.

이어서 4대 원칙에 대해 간단히 살펴보겠습니다.

---

[2] *https://oreil.ly/ybdAb*

[3] *https://oreil.ly/1deXz*

[4] 제프 호킨스(Jeff Hawkins)와 샌드라 블레이크슬리(Sandra Blakeslee)의 저서 『생각하는 뇌, 생각하는 기계』(멘토르, 2010) p. 255 발췌

1.3.1 데이터의 도메인 오너십 원칙

데이터의 도메인 오너십 원칙principle of domain ownership은 분석 데이터 오너십을 소스 도메인이나 소비자 도메인 등과 같이 데이터를 가장 면밀히 다루는 도메인별로 분산하는 법칙을 뜻합니다. 도메인에 따라 분석 데이터를 논리적으로 분해함으로써 도메인 데이터의 수명 주기를 독립적으로 관리합니다.

데이터의 도메인 오너십 원칙을 통해 비즈니스와 기술, 분석 데이터를 구조적이면서 조직적으로 정렬할 수 있습니다.

데이터의 도메인 오너십 원칙을 도입하는 계기는 다음과 같습니다.

- 데이터 소스의 개수와 소비자의 수요, 데이터 사용 사례의 다양성이 증가함으로써 조직 성장의 축을 나란히 하는 데이터 공유 기능을 확장할 수 있는 능력을 마련하기 위함
- 비즈니스 도메인에 적합한 변경 사항을 지역화하여 지속적으로 일어나는 변화를 원활하게 수용하기 위함
- 팀 간 동기화[5] 절감과 데이터 팀, 웨어하우스 및 레이크 아키텍처의 중앙 집중식 병목 현상을 제거함으로써 민첩성을 높이기 위함
- 데이터의 실제 오리진origin(원형)과 분석 사용 사례에 사용되는 위치 및 시기 사이의 간극을 줄임으로써 데이터 비즈니스의 신뢰성을 증대하기 위함
- 복잡한 중개 데이터 파이프라인을 제거함으로써 데이터 분석 솔루션과 머신러닝 솔루션의 복원력resiliency을 향상하기 위함

1.3.2 제품으로서의 데이터 원칙

제품으로서의 데이터 원칙principle of data as a product이란 도메인 데이터가 제품처럼 데이터 분석가, 데이터 과학자와 같은 사용자에게 직접적으로 전달하는 방식으로 공유되도록 하기 위한 법칙을 뜻합니다.

이때 데이터를 제품으로서 공유하여 사용할 수 있도록 하기 위한 특징은 다음과 같습니다.

- 검색 가능성discoverability
- 어드레싱 가능성addressability

---

5 옮긴이_ 프롤로그 속 '데이터 메시 이전의 데이터 업무'의 내용을 가져오면, 다프 주식회사의 파트너십 팀이 데이터 웨어하우스와 레이크에 데이터를 통합하는 작업이 동기화에 해당됩니다. 데이터 메시를 도입하기 이전에는 사람이 직접 동기화를 진행해야 했기에 시간이 오래 걸려 오래 전에 동기화된 데이터를 받는 도메인이 있었습니다.

- 이해 가능성understandability
- 신뢰성trustworthiness
- 네이티브한 액세스 가능성native accessibility
- 상호 운용성interoperability 및 컴포저빌리티composability
- 자체적인 가치 창출 가능성valuableness on its own
- 보안성security

데이터 프로덕트를 공유할 때는 프로덕트 내 데이터를 사용하기 쉽도록 명시적으로 정의된 일련의 데이터 공유 계약data sharing contract을 제공합니다. 데이터 프로덕트의 수명 주기와 모델은 다른 데이터 프로덕트와의 간섭 없이 자율적으로 관리됩니다.

제품으로서의 데이터는 데이터 퀀텀이라 불리는 새로운 논리적 아키텍처 단위를 도입합니다. **데이터 퀀텀**data quantum은 데이터, 메타데이터, 코드, 정책, 인프라 종속성 선언 등 제품으로서 데이터를 공유하는 데 필요한 모든 구조적 구성 요소를 자율적으로 제어하고 캡슐화합니다.

이때 제품으로서의 데이터 원칙을 도입하는 계기는 다음과 같습니다.

- 팀 단위를 도메인별로 전환하면서 도메인 데이터에서 사일로silo[6]가 생길 가능성을 제거하기 위함
  - 이를 통해 데이터는 팀 단위에서 사일로를 발생시키는 제품이 아닌, 팀 차원에서 가치를 공유하는 제품으로 변환합니다.
- P2P 방식으로 고품질의 데이터를 마찰 없이 검색하여 사용할 수 있도록 사용자 경험을 간소화함으로써 데이터에 기반한 혁신적인 문화를 조성하기 위함
- 데이터를 공유하는 과정에서 다른 데이터 프로덕트에 영향을 주지 않도록 데이터 프로덕트와 명시적으로 정의한 데이터 공유 계약 사이의 빌드타임built-time과 런타임run-time[7]을 분리함으로써 전체 데이터 메시 시스템에 복원성을 확보하기 위함
- 조직의 경계를 초월하여 데이터를 공유하고 사용함으로써 데이터에서 더 높은 가치를 창출하기 위함

1.3.3 셀프 서비스 데이터 플랫폼의 원칙

셀프 서비스 데이터 플랫폼의 원칙principle of the self-serve data platform은 도메인의 **교차 기능 팀**cross functional team이 데이터를 공유하는 셀프 서비스 데이터 플랫폼 서비스를 실행하도록 하는 법칙을

---

6 옮긴이_ 직역하면 곡물이나 가축의 사료를 저장하는 데 사용되는 저장탑으로, 저장탑의 곡물이 다른 저장탑으로 스스로 이동하지 않듯이, 각 도메인의 데이터가 조직 안팎의 다른 도메인으로 공유되지 않고 각 도메인 내부에서만 공유되는 현상을 의미합니다.

7 옮긴이_ 데이터 프로덕트와 관련한 빌드타임과 런타임의 정의에 대해서는 4.2.1절을 참고하시길 바랍니다.

의미합니다. 셀프 서비스 데이터 플랫폼 서비스는 데이터 공유에 대한 엔드 투 엔드 여정^{end-to-end journey}에서 소스로부터 생성된 데이터를 최종 사용자가 소비할 때까지 마찰을 제거하는 데 중점을 두고 있습니다. 이러한 플랫폼 서비스는 데이터 프로덕트의 모든 수명 주기를 개별적으로 관리합니다. 뿐만 아니라 상호 연결된 데이터 프로덕트로 이루어진 데이터 메시를 안정적으로 관리합니다. 한편 플랫폼 서비스는 창발(創發)[8]하는 지식 그래프^{emergent knowledge graph}와 데이터 메시를 가로지르는 리니지^{lineage}(계보)를 표시하는 등 데이터 메시 수준의 경험을 제공합니다. 또한 데이터 사용자가 플랫폼을 통해 데이터 프로덕트를 검색하여 액세스하는 과정을 간소화합니다. 뿐만 아니라 데이터 플랫폼으로 데이터 제공자가 데이터 프로덕트를 구축하도록 하며, 데이터 프로덕트를 배포 및 유지 관리하는 과정을 간소화합니다.

셀프 서비스 데이터 플랫폼의 원칙을 도입하는 계기는 다음과 같습니다.

- 데이터 오너십을 탈중앙화하는 과정에서 발생하는 비용을 절감하기 위해
- 데이터 관리의 복잡성을 추상화하거나 데이터 프로덕트의 수명 주기를 엔드 투 엔드로 관리하는 과정에서 도메인의 인지 부하가 발생하는 경우를 줄이기 위해
- 많은 비중을 차지하는 개발자(제너럴리스트 기술자)가 데이터 프로덕트 개발에 착수할 수 있을 정도로 개발에 필요한 전문화를 줄이기 위해
- 거버넌스 정책을 자동화하여 모든 데이터 프로덕트가 보안과 규정을 준수하기 위해

1.3.4 연합 컴퓨팅 거버넌스의 원칙

연합 컴퓨팅 거버넌스의 원칙^{principle of federated computational governance}은 도메인의 대표, 데이터 플랫폼, (법, 규정, 보안 등의) 주제별 전문가로 이루어진 팀이 의사 결정과 책임 구조에 기반하는 데이터 거버넌스 모델을 생성하도록 하는 원칙을 뜻합니다. 해당 원칙에 따라 운영 모델은 도메인의 로컬(지역적) 자율성과 민첩성, 데이터 메시의 글로벌(전역적) 상호 운용성 간의 균형을 맞추는 인센티브와 책임 구조를 만듭니다. 한편 거버넌스 실행 모델은 플랫폼 서비스를 통해 모든 데이터 프로덕트를 위한 정책을 세분화된 수준에서 자동화하는 데 크게 의존합니다.

연합 컴퓨팅 거버넌스를 도입하는 계기는 다음과 같습니다.

- 상호 운용 가능한 데이터 프로덕트를 집계하고 상관하여 더 높은 수준의 가치를 창출하기 위해

---

8 옮긴이_ 남들이 모르거나 하지 않는 것을 처음으로 또는 새롭게 밝혀내거나 이루어 내는 것을 의미합니다(출처: 고려대 한국어대사전).

- 도메인 사이의 비호환성이나 연결 부재와 같이 조직 구조가 도메인별로 탈중앙화하는 과정에서 발생하는 바람직하지 못한 결과에 대응하기 위해
- 분산된 데이터 메시 전체에 걸친 범분야적인 거버넌스 요구 사항(보안, 프라이버시, 법적 준수 등)을 통합적으로 지원하기 위해
- 도메인과 거버넌스 기능 사이에서 수동적인 동기화로 인해 발생하는 오버헤드를 절감하기 위해

1.4 데이터 메시 4대 원칙의 상호작용

4대 원칙은 각각 다른 원칙과 필요충분 관계를 갖습니다. 서로를 보완하며 다른 원칙에서 나올 만한 새로운 문제를 해결합니다. [그림 1-2]는 각 원칙이 어떻게 상호작용하는지를 보여줍니다.

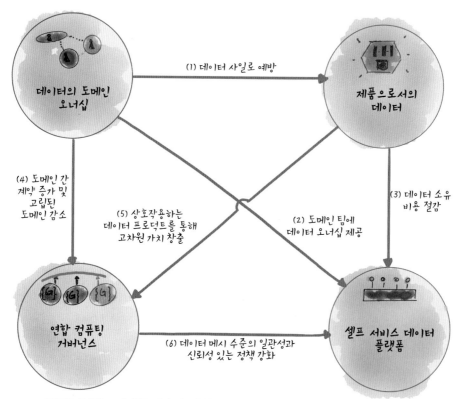

* 화살표는 한 원칙이 다른 원칙에 종속하는 방향을 나타내는데, 데이터 메시는 한 원칙(화살표 시작 부분)에서 발생할 수 있는 문제를 다른 원칙(화살표 끝 부분)이 해결하면서 데이터 메시의 문제점을 보완합니다.

그림 1-2 데이터 메시 4대 원칙 사이의 상호작용

예를 들어, 탈중앙화된 데이터의 도메인 오너십 원칙에 의해 데이터 오너십이 도메인별로 탈중앙화되면서 도메인별로 데이터 사일로를 일으킬 수 있습니다. 따라서 제품으로서의 데이터 원칙을 통해 각 도메인이 완제품 같은 품질의 데이터를 도메인 안팎으로 공유하는 작업을 담당하면서 사일로와 관련된 문제를 해결할 수 있습니다.[9]

또한 데이터의 도메인 오너십 원칙에 의해 서로 다른 도메인에서 같거나 유사한 작업이 시행되는 식으로 작업이 중복될 수 있습니다. 이로 인해 데이터 프로덕트를 소유하는 비용이 증가하고 데이터 공유 생산성이 낮아지는 결과를 초래할 수 있습니다. 이 경우에는 셀프 서비스 데이터 플랫폼의 원칙으로 데이터 프로덕트를 공유하고 사용하는 교차 기능 팀에 데이터 플랫폼을 사용할 권한을 부여합니다.[10] 셀프 서비스 데이터 플랫폼의 목표는 도메인의 인지 부하를 낮추고, 불필요한 노력을 줄이며, 도메인의 생산성을 높여 데이터를 소유하는 데 드는 총 비용을 절감하는 것입니다.

---

9 옮긴이_ [그림 1-2]의 '(1) 데이터 사일로 예방'에 대한 설명입니다.
10 옮긴이_ [그림 1-2]의 '(4) 도메인 간 계약 증가 및 고립된 도메인 감소'에 대한 설명입니다.

1.5 데이터 메시 모델 한눈에 보기

[그림 1-3]에 표시된 대로 각 원리가 어떻게 작동되는지를 상상해봅시다.

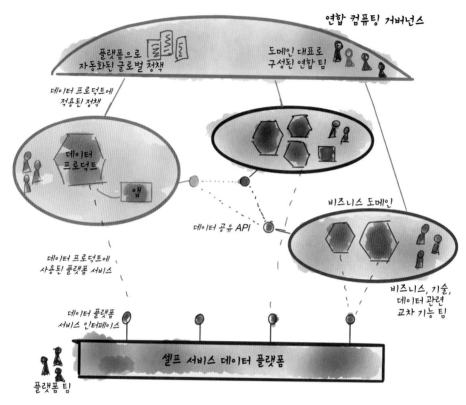

그림 1-3 데이터 메시의 원칙으로 운영되는 모델

도메인 내 교차 기능 팀[11]은 디지털 애플리케이션과 데이터 프로덕트로 비즈니스 도메인business domain의 목표를 달성합니다. 각 도메인은 계약contract을 통해 데이터와 서비스를 공유합니다. 이때 데이터 프로덕트는 도메인이 새로 구성하고 소유할 수 있습니다. 글로벌 정책은 각 도메인의 대표로 구성되어 연합된 그룹에 의해 정의됩니다. 이러한 글로벌 정책은 다른 플랫폼 서비스와 함께 자동화된 특성으로 제공됩니다.

이는 데이터 메시의 원칙으로 운영되는 간략한 모델입니다.

---

11 옮긴이_ 어떤 목적을 이루기 위해 다양한 전문 분야 그룹으로 이루어진 팀을 의미합니다(출처: 위키백과).

1.6 데이터

데이터 메시는 분석 데이터에 중점을 둡니다. 분석 데이터와 운영 데이터라는 두 가지 데이터를 인식하고, 두 데이터는 긴밀하게 통합된 새로운 모델을 도입하면서도 두 데이터 간의 차이를 명확하게 구분합니다.

'운영 데이터와 분석 데이터란 무엇인가요?' 데이터 메시를 처음 접하는 사람들이 가장 혼란스러워하는 부분입니다. 이 용어의 의미에 대해 좀 더 자세히 살펴보겠습니다.

1.6.1 운영 데이터

운영 데이터는 트랜잭션 무결성transactional integrity[12]을 통해 비즈니스의 운영을 지원함으로써 비즈니스의 현 상태를 유지하는 데 사용되는 데이터입니다. 이때 트랜잭션은 온라인 트랜잭션 처리online transaction processing(OLTP) 시스템에 따라 운영 데이터를 실시간으로 포착 및 저장, 처리하는 작업을 진행합니다.

운영 데이터는 비즈니스 특성을 지원하는 마이크로서비스나 애플리케이션, 또는 시스템의 데이터베이스에 기록하여 저장합니다. 이러한 시스템을 통해 비즈니스의 현재 상태를 유지합니다.

운영 데이터의 모델링과 스토리지는 애플리케이션이나 마이크로서비스의 로직과 액세스 패턴에 최적화되어 있습니다. 이러한 운영 데이터는 액세스 기록을 끊임없이 읽고 쓰면서 업데이트됩니다. 그 과정에서 여러 사람이 동시에 동일한 데이터를 예측할 수 없는 순서로 업데이트하는 것을 고려해야 하므로 트랜잭션이 필요합니다. 운영 데이터에 액세스하는 것은 비교적 즉각적인 활동에 관한 것입니다.

운영 데이터는 '내부 데이터'[13]라고 하는데, 이러한 데이터는 CRUD(생성create, 읽기read, 갱신update, 삭제delete) 기능을 수행하는 애플리케이션이나 마이크로서비스에 사용되는 프라이빗 데이터private data입니다. 운영 데이터는 REST나 GraphQL 같은 API나 이벤트에 의해 의도적으로 외부로 공유될 수 있습니다. 외부의 운영 데이터는 내부의 운영 데이터와 같은 정보, 다시 말해 **현재** 비즈니스와 관련된 정보를 갖고 있습니다.

---

12 옮긴이_ 트랜잭션은 데이터베이스를 변화시키기 위해 수행하는 작업의 논리적 단위를 가리킵니다. 트랜잭션의 특성 중 무결성은 작업을 얼마나 완전하고 일관되게 수행하는지 나타나는 정도를 의미합니다.

13 https://oreil.ly/Y0ZhC

운영 데이터는 비즈니스에서 일어나는 일을 기록하여 비즈니스 거래와 관련된 의사 결정을 지원합니다. 간단히 말해, **운영 데이터는 직접적으로 비즈니스를 운영하고 최종 사용자에게 제공하는 데 사용됩니다.**

다프를 떠올려봅시다. 다프의 **청취자 회원가입**listener registration 서비스에서는 새로운 사용자가 구독하거나 해제하도록 하는 기능을 구현합니다. 이러한 회원가입 과정을 지원하고 현재 구독자 목록을 보유하는 트랜잭션 데이터베이스는 운영 데이터로 간주합니다.

오늘날 데이터 레이크와 같은 아키텍처에서는 운영 데이터가 분석 데이터로 변환transform됩니다. 이러한 분석 데이터는 머신러닝 모델을 학습시킨 다음 지능형 서비스를 통해 운영 시스템에 도입됩니다.

1.6.2 분석 데이터

분석 데이터는 비즈니스 운영의 부산물로 생성된 데이터를 기록, 통합, 집계되어 나온 데이터를 의미합니다. 이는 온라인 분석 처리online analytical processing(OLAP) 시스템[14]에 의해 유지 관리되고 사용됩니다.

분석 데이터는 시간이 지나면서 발생한 비즈니스와 관련된 사실을 시간적으로 또는 역사적으로 집계하여 파악할 수 있는 자료입니다. 이때 분석 데이터는 회고와 관련된 인사이트나 미래형 회고future-perspective[15]에 대한 인사이트를 제공하도록 모델링됩니다. 분석 데이터는 머신러닝 모델을 학습하고 보고서 및 시각화를 생성하는 분석 로직에 최적화되어 있습니다. 이러한 분석 데이터는 '외부 데이터'[16] 범주에 포함됩니다.

앞 문단에서 짐작이 가듯이, 분석 데이터는 시간적인 요소가 반영됩니다. 운영 데이터 사용 사례에서는 히스토리, 즉 과거의 데이터가 그렇게 많이 필요하지 않지만, 분석 데이터를 사용할

---

14 옮긴이_ 다양한 관점에서 비즈니스 데이터를 분석하는 데 사용할 수 있는 소프트웨어 기술 시스템입니다(출처: Amazon AWS, 'OLAP란 무엇인가요?'). OLTP와 OLAP 모두 대용량의 데이터를 저장하고 처리하기 위한 데이터베이스 관리 시스템으로 안정적인 IT 인프라가 필요하며, 둘 다 기존 데이터를 쿼리하거나 새 데이터를 저장하는 데 사용할 수 있다는 공통점이 있습니다. 그러나 OLTP의 경우 운영 데이터를 다루기에 데이터 쓰기 작업에 우선 순위를 둡니다. 따라서 쓰기 작업이 많은 워크로드에 최적화되어 있습니다. 반대로 OLAP는 분석 데이터를 다루므로 데이터 쓰기 작업보다 데이터 읽기 작업에 우선 순위를 둡니다. 이에 따라 대용량 데이터를 기반으로 복잡한 쿼리를 빠르고 효율적으로 수행할 수 있습니다(출처: Amazon AWS, 'OLAP과 OLTP의 차이점은 무엇인가요?').

15 옮긴이_ 미래(예를 들어 1년 후)의 자신이 현재의 자신에게 무슨 내용의 회고를 할지 예상하며, 미래의 목표와 지향점을 생각하거나 현재 발생하는 문제를 인식하고 교정하는 회고 방식을 의미합니다.

16 *https://oreil.ly/X6J5h*

때는 시간에 따라 과거의 데이터와 비교하면서 추세를 찾아야 합니다.

분석 데이터를 작성하는 주체(사람, 시스템 등)는 거의 없지만, 과거의 데이터와 비교하면서 추세를 찾아야 하기에 이들이 작성하는 데이터의 양이 많습니다. 따라서 분석 데이터를 액세스할 때 이러한 대용량 데이터를 집중적으로 읽는 기능을 포함시키는 경향이 있습니다. 그럼에도, '**통합적이고 시간성을 갖는 비휘발성 자료의 집합**'[17]이라는 점에서 분석 데이터의 원래 정의는 여전히 유효하게 남아있습니다.

요약하면 분석 데이터는 비즈니스와 사용자 경험을 **최적화**^{optimize}하기 위해 사용됩니다. 다시 말해, 분석 데이터는 인공지능과 데이터 분석에 대한 조직의 포부에 연료를 제공하는 역할을 합니다.

다프를 예로 들면, 청취자의 음악 취향과 선호 아티스트를 기반으로 추천한 플레이리스트로 청취자의 사용자 경험을 최적화하는 것이 중요합니다. 이러한 플레이리스트를 추천하는 머신러닝 모델의 훈련을 돕는 분석 데이터는 청취자가 좋아하는 음악의 특징뿐만 아니라, 청취자가 과거에 행한 동작까지 모두 포착합니다. 그 과정에서 집계된 데이터가 분석 데이터입니다.

오늘날, 분석 데이터는 데이터 웨어하우스와 데이터 레이크에 저장되어 있습니다.

1.7 데이터 메시의 오리진

> 새로운 것을 대치하지 않은 채로 하나의 패러다임을 파기하는 것은 과학 자체를 포기하는 것이다.
> — 토머스 S. 쿤^{Thomas S. Kuhn}, 『과학혁명의 구조』(까치, 2013) p. 123 발췌

미국의 역사학자이자 과학 철학자였던 토머스 쿤은 **패러다임의 전환**^{paradigm shift}을 그때 당시에 논란이 많았던 『과학혁명의 구조』에 언급했습니다. 그는 과학이 두 가지 방법(**점진적인 방법**과 **혁명적인 방법**)으로 어떻게 발전하는지에 대해 관찰했습니다. 그리고 현존하는 이론이 모든 미래 연구의 기반을 형성하는 부드럽고 긴 **정상 과학**^{normal science}을 통해 과학이 **점진적으로** 발전한다고 주장했습니다. 그러면서도 현재의 지식과 표준에 도전하거나 이들을 능가하는 뾰족한 패러다임의 전환이 정상 과학에 영향을 주며, 결론적으로는 과학이 **혁명적으로** 발전한다는 결론

---

17 데이터 웨어하우징의 아버지로 유명한 윌리엄 H. 인먼(William H. Inmon)이 정의한 개념입니다.

을 내렸습니다. 예를 들어, **뉴턴 역학**에서 **양자역학**에 이르는 과학의 발전 과정은 과학자가 양자 수준의 물리학 법칙을 당대 이론으로 설명할 수 없었던 패러다임의 전환으로 간주합니다. 쿤은 패러다임 전환의 전제 조건이 **이상 징후**anomaly, 다시 말해 현재의 규범에 부합하지 않는 관찰을 식별하여 기존 패러다임의 타당성에 의문을 제기하는 **위기**crisis의 단계에 진입하는 것을 꼽았습니다. 또한 그는 사람들이 이상 징후를 설명하기 위해 불안정한 복잡성을 기존 솔루션에 도입하려고 점점 더 간절하게 애쓰는 것을 관찰했습니다.

데이터 메시의 오리진과 그 원칙은 패러다임의 전환 중 혁명적인 방법과 거의 정확히 맞아떨어집니다. 데이터 메시는 1부와 프롤로그에서 언급했던 실패 사례와 우발적인 복잡성 같은 이상 징후를 인식하고, 기존의 데이터 솔루션이 오늘날 기회의 현실과 잘 맞지 않는 위기의 순간에서 시작하죠. 우리는 데이터 접근 방식이 발전하는 과정에서 쿤 위기Kuhnian crisis의 순간에 놓여 있습니다. 그러므로 이 순간을 해결할 새로운 패러다임이 필요합니다.

데이터 메시의 원칙이 참신하고 새롭고 필자가 영리하게 생각해낸 것이라고 주장하고 싶습니다. 그러나, 데이터 메시의 원칙은 오히려 지난 20년 동안 발전해 온 관행을 일반화하고 응용한 것으로, **조직의 대규모적인 디지털화로 인해 복잡해진 소프트웨어의 규모**라는 마지막 복잡성 과제를 해결하는 데 도움이 되는 것으로 입증되었습니다.

이러한 데이터 메시의 4대 원칙은 모든 서비스를 웹으로 옮기고, 모바일 기기를 사용하면서 고객과 접촉하며, 거의 모든 활동을 자동화하여 조직적인 동기화를 줄이는 등 전례 없는 디지털적인 포부를 전달합니다. 이와 동시에, 디지털 조직이 조직적인 성장률과 복잡성을 해결해온 방법의 기반이 됩니다. 이들 원칙은 마이크로서비스[18]와 API의 혁명, 플랫폼 기반 팀 토폴로지 Team Topology[19], 제로 트러스트 아키텍처zero trust architecture[20]와 같은 컴퓨팅 거버넌스 모델, 분산된 솔루션을 여러 클라우드와 호스팅 환경에서 안전하게 운영합니다. 불과 몇 년 전부터는, 이러한 원칙이 개선되어 분석 데이터의 문제 공간에 적용되고 있습니다.

이제 데이터 메시의 원칙에 대해 자세히 살펴봅시다.

---

18 https://oreil.ly/IMENg

19 매튜 스켈턴(Matthew Skelton) 및 마누엘 페이스(Manual Pais)의 저서 『팀 토폴로지』(에이콘출판사, 2020)

20 스콧 W. 로세(Scott W. Rose), 올리버 보르헤르트(Oliver Borchert), 스튜어트 미첼(Stuart Mitchell), 숀 코넬리(Sean Connelly) 의 저서 『Zero Trust Architecture』(NIST SP, 2020)
옮긴이_ 경계 내 또는 경계 밖의 어떤 것도 본질적으로 신뢰하지 않는 IT 보안 패러다임을 의미합니다(https://koren.kr/kor/Alram/dataroomview.asp?s=2928).

2장

데이터의 도메인 오너십 원칙

데이터 메시의 핵심은 각 데이터를 잘 다루는 도메인별로 **데이터 책임**^{data responsibility}을 **탈중앙화(분권화)**^{decentralization}하고 **분배**^{distribution}하는 데 있습니다. 이는 스케일 아웃 아키텍처와 지속적이고 빠른 변경 주기를 지원하기 위한 것입니다.

문제는 어디를 기준으로 데이터를 분해해야 하는지, 분해된 데이터 구성 요소를 어떻게 통합해야 하는지, 데이터 책임을 어떻게 분배해야 하는지에 있습니다.

데이터 메시는 **조직 단위의 이음매**^{seam}를 기반으로 데이터를 분해합니다. 이러한 데이터 메시는 비즈니스가 정해놓은 기준에 따라 데이터 책임을 도메인별로 분담합니다. 이때 데이터 책임은 데이터 레이크, 웨어하우스, 파이프라인 등과 같은 기반 기술 솔루션이나 데이터 분석 팀에 의해 기능적으로 설정된 기준에 따라 분담되지 않습니다.

데이터 메시 접근 방식은 기존 데이터 아키텍처를 파티션화하여 데이터 책임을 분담하는 방식과 상반됩니다. 8장을 보면 기존의 데이터 아키텍처의 경우 데이터 웨어하우스와 같은 기술을 중심으로 분할되어 있다는 것을 알 수 있습니다. 또한 데이터 웨어하우스 팀, 데이터 파이프라인 팀 등 기술과 관련된 활동을 수행하는 팀을 기준으로 데이터 오너십을 부여한다는 것도 알 수 있습니다. 이렇듯 기존 아키텍처는 분석 데이터 공유 책임을 데이터 팀 하나에 집중하는 조직 구조를 반영합니다. 또한 이전의 접근 방식은 분석 데이터 관리라는 비교적 새로운 분야를 전문 그룹 내에서 처리하는 데 따른 복잡성과 비용을 줄이기 위해 설정되었습니다. 조직이 데이터 책임을 공유하는 과거의 접근 방식은 현대 디지털 비즈니스의 조직 구조와 상충됩니다. 오늘날의 조직은 도메인을 기반으로 세분화되어 있습니다. 이러한 세분화는 지속적인 변화와 진화의 영향을 대부분 하나의 도메인에 국한시킵니다. 예를 들어, 다프는 비즈니스(그리고 비즈니스를 형성하는 디지털 솔루션)를 **팟캐스트**^{podcast} 도메인, **이벤트**^{event} 도메인, **파트너십**^{partnership} 도메인, **청취자**^{listener} 도메인으로 나누었습니다.

데이터 메시에서는 비즈니스 내의 각 도메인에 데이터 공유 책임을 부여할 수 있습니다. 각 도메인은 각자 가장 잘 알고 있는 데이터에 대해 책임을 맡게 됩니다. 즉 해당 데이터의 일급 사용자^{first-class user}이거나 데이터의 오리진을 제어하는 도메인이 책임을 맡습니다. 예를 들어 청취자 팀은 청취자 프로필, 청취자 인구 통계, 청취자의 구독 이벤트, 그 외에 청취자 팀이 가장 잘 이해하고 영향력을 제어할 수 있는 분석 데이터를 담당합니다. 이를 **데이터의 도메인 오너십 원칙**이라 부릅니다.

> **✏️ NOTE** 필자는 **데이터 프로덕트 오너십**^{data product ownership}이라는 용어를 **데이터 오너십**^{data ownership}으로 줄여서 사용했습니다. 이는 데이터 사용자의 요구를 충족하기 위해 데이터 생성, 모델링, 유지 관리, 발전, 공유 관련 **책임**을 장기적으로 소유하는 것을 의미합니다.
>
> 이 책에서 **데이터 오너십**은 사용자가 고객, 기타 조직과 같은 조직 안팎으로 이루어지는 주체와 거래할 때 생성되는 데이터의 품질과 수명, 합법적인 접근성을 조직의 책임으로 제한합니다.
>
> 데이터 오너십을 **데이터 주권**^{data sovereignty}, 즉 데이터 수집 주체의 데이터 통제권과 혼동해서는 안 됩니다. 데이터 주권은 궁극적으로 데이터를 포착하고 관리하는 사용자, 고객 또는 기타 조직에 있습니다. 이때 조직은 **데이터 프로덕트 오너** 역할을 하고 개인은 **데이터 오너**로 남아 있습니다.
>
> 개인이 자신의 개인 데이터에 대한 완전한 통제권과 권한을 갖는 **자기 주권 데이터**^{self-sovereign data}에 대한 개념은 이 책의 범주를 넘어서기에 이 책에서는 다루지 않겠습니다. 데이터 메시가 자기 주권 데이터를 향한 기반을 구축할 수 있다는 점에서 보면 매우 중요한 개념입니다. 그러나 이 책에서 자기 주권 데이터를 다루는 것은 책의 범위를 벗어나므로 다른 책을 참고하길 바랍니다.
>
> 또한 **데이터 커스토디안십**^{data custodianship}[1](후견)과 같이 기존의 데이터 관리 방식이나 기존의 데이터 거버넌스 방식과 다른 의미를 담고 있는 개념을 사용하는 것을 자제했습니다. 이는 데이터 메시에 어울리지 않는 기존 개념을 도입함으로써 기존 데이터 거버넌스에서의 역할과 혼동이 발생하는 것을 피하기 위해서입니다.[2]

---

1 옮긴이_ 거버넌스 팀에서는 비즈니스 프로세스 오너와 IT 부서 사이에서 분산 중인 데이터 관리 책임을 담당하는 데이터 스튜어드(data steward)와 데이터 커스토디안(data custodian)이 존재합니다. 보통 데이터 콘텐츠, 콘텍스트, 관련 비즈니스 정책을 책임지는 데이터 스튜어드와 달리, 데이터 커스토디안은 데이터를 안전하게 보관, 전송, 저장하거나 비즈니스 정책을 구현하는 등 기술적인 환경과 데이터베이스 구조와 관련된 역할을 합니다(출처: 위키백과).

2 옮긴이_ 1.7절에서 토머스 쿤이 관찰한 것처럼 불안정한 개념을 데이터 메시에 도입하는 것을 막기 위한 것과 같은 맥락입니다.

도메인 오너십 원칙을 통해 데이터를 각 도메인에 분담하는 것은 7장에서 소개하는 여러 문제를 해결하지만, 반대로 데이터 메시를 도입하면서 새로운 문제가 발생할 수 있습니다. 도메인 오너십 원칙은 분산형 논리적 데이터 아키텍처와 직결되는데, 분산형 아키텍처는 확장성이 뛰어나지만 관리하는 것은 복잡합니다. 이러한 문제를 해결하기 위해 도메인 간의 데이터 상호 운용성interoperability과 연결성connectivity을 처리하는 새로운 방식이 필요합니다. 여기에 대해서는 5장에서 소개하는 연합 컴퓨팅 거버넌스의 원칙이 도메인 오너십 원칙에 의해 발생하는 문제를 해결해줍니다.

다음 절에서는 데이터 오너십을 분산시키기 위해 도메인 주도 설계(DDD) 전략domain-driven design strategy을 적용하는 방법을 소개합니다. 조직이 혁신적으로 데이터 오너십을 분산시키는 데 필요한 변화에 대해 설명합니다.

2.1 DDD 전략의 배경

도메인 주도 설계domain-driven design(DDD)는 비즈니스의 이음매seam를 기반으로 소프트웨어 설계(모델)와 팀 할당을 분해하는 접근 방식입니다. 비즈니스가 도메인 단위로 분해되는 방식에 따라 소프트웨어를 분해하고, 각 비즈니스 도메인에서 사용하는 언어를 기반으로 소프트웨어를 모델링합니다.

에릭 에반스Eric Evans는 DDD의 개념을 『도메인 주도 설계』(위키북스, 2011)[3]에서 소개합니다. 그 이후 DDD는 현대적인 아키텍처 사고와 조직적 모델링에 깊은 영향을 미쳤습니다. DDD는 비즈니스의 디지털화로 인해 빠르게 증가한 소프트웨어 설계 복잡성에 대한 대응책이었습니다. 조직이 백오피스 애플리케이션back-office application[4], 디지털 서비스, 웹 및 모바일 기술 등 디지털 자산을 늘리고 피처를 계속 추가함에 따라 소프트웨어는 더욱 복잡해지고 관리하기 어려워졌습니다. 『도메인 주도 설계』의 부제목 '소프트웨어의 복잡성을 다루는 지혜'를 통해 소프트웨어 모델링과 오너십에 대한 새로운 접근 방식이 필요합니다.

DDD는 **도메인**을 '지식, 영향력, 또는 활동의 영역a sphere of knowledge, influence, or activity'으로 정의합

---

3 https://oreil.ly/9ENd4
4 옮긴이_ 표면적으로 보이는 업무 이외에 후방에서 일선 업무를 지원하고 도와주는 업무를 중점으로 하는 애플리케이션을 의미합니다(출처: 위키백과).

니다.[5] 다프를 예로 들면, **청취자 구독** 도메인은 청취자가 구독 또는 구독 취소 중에 어떤 이벤트가 발생하는지, 구독에 적용되는 규칙이 무엇인지, 구독 이벤트 중에 어떤 데이터가 생성되는지 등에 대한 지식을 가지고 있습니다. 청취자 구독 도메인은 구독을 거버닝하는 방법과 구독 프로세스를 실행하는 동안 파악하고 포착해야 하는 데이터에 정확히 영향을 미칩니다. 이러한 구독 프로세스에는 청취자 온보딩, 페이먼트 트리거 등과 같이 수행해야 할 활동이 있습니다. 그 결과, 청취자 구독 도메인에는 구체적인 비즈니스 목표와 활동을 최적화하는 것으로 이어졌습니다. 결론적으로 청취자 구독 도메인은 구독 프로세스의 최적화를 통해 쉬운 온보딩 프로세스로 중도 이탈을 최소화하여 구독자 수를 극대화하고 있습니다.

도메인 주도 설계와 도메인에 기반한 소프트웨어 모델링 아이디어는 지난 10년간 마이크로서비스 아키텍처와 같은 소프트웨어 아키텍처에 큰 영향을 받았습니다. 마이크로서비스 아키텍처는 대규모의 복잡한 시스템을 각 도메인이 갖고 있는 특성을 중심으로 구축된 분산 서비스로 탈중앙화합니다. 이러한 아키텍처는 느슨한 서비스 통합을 통해 사용자의 이동과 복잡한 비즈니스 프로세스를 제공합니다.

도메인 주도 설계는 기술 팀의 구성 방식을 근본적으로 변화시켰으며 교차 기능 팀이 비즈니스 분야와 기술 분야가 서로 융합되도록 조율하는 결과로 이어졌습니다. 이는 도메인이 독립적이고 자율적으로 도메인 특성과 디지털 서비스를 소유할 수 있는 방식으로 조직의 확장 방식에 큰 영향을 미쳤습니다.

데이터에 DDD에 대한 개념을 적용하기 전에 다른 서적을 참고하여 DDD에 대해 숙지하는 것이 좋습니다. 데이터 메시와 함께 DDD를 활용하는 방법을 자세히 설명할 수 있을 만큼 깊이 있게 DDD를 정의하는 것은 이 책의 범위를 벗어납니다.

2.2 데이터에 DDD 전략 적용하기

운영 시스템을 다룰 때 도메인 중심으로 탈중앙화된 오너십을 채택했지만, 아직 분석 데이터 범위에 대해서는 비즈니스 도메인 기반으로 대규모 데이터를 분해하는 아이디어를 적용하지 못했습니다.

---

5 『도메인 주도 설계』 p. 547 발췌

지금까지, 필자가 봐왔던 데이터 플랫폼 아키텍처 중 DDD에 가장 가까운 애플리케이션의 기능은 소스 운영 시스템이 비즈니스 도메인 이벤트[6]를 배포하는 것과, 배포된 도메인 이벤트를 모놀리식 데이터 플랫폼이 수집하는 것입니다. 그러나 수집 시점 이후 플랫폼 팀의 책임이 끝나게 되면, 데이터 책임은 데이터 팀으로 이관됩니다. 데이터 팀이 데이터를 변환할수록 데이터는 원래 형식, 언어, 의도에서 멀어집니다. 예를 들어, 다프의 **팟캐스트** 도메인은 단기 보존 로그에 재생 중인 팟캐스트 로그를 배포합니다. 그러면 중앙 집중식 데이터 팀인 다운스트림에서는 이러한 이벤트를 수집하여 변환과 집계를 거친 후 장기 보존 파일이나 테이블에 저장하려고 시도합니다.

DDD를 적용하기 전에 먼저 『도메인 주도 설계』를 참고하길 바랍니다. 해당 책에서 에릭 에반스는 **DDD의 전략 설계**라는, 엔터프라이즈 수준에서 **모델링**을 확장하기 위한 일련의 상호 보완적인 전략을 도입했습니다. 이러한 전략은 복잡한 도메인과 많은 팀으로 이루어진 조직을 위해 설계되었습니다. 다음과 같은 특징을 가지고 있는 DDD의 전략 설계 기법은 데이터 메시에 사용되는 모델링과 오너십과는 거리가 멉니다.

조직적인 수준에서 중앙 집중화된 모델링

에릭 에반스는 조직의 모든 도메인 모델을 하나로 통일하는 것은 실현할 수 없으면서 비용적으로 효율적이지도 않다는 것을 발견했습니다. 이는 데이터 모델링에 대한 데이터 웨어하우스 접근 방식과 유사하며, 서로 긴밀하게 의존하는 공유 스키마를 사용합니다. 중앙 집중식 모델링은 변화가 발생할 때 조직의 병목 현상을 초래합니다.

제한적인 통합으로 인한 내부 모델의 사일로

이 방법은 팀 간의 의사소통을 방해합니다. 이는 파편화되기 쉬운 ETL 과정으로 연결된 다양한 애플리케이션의 데이터 사일로와 유사합니다.

의도적인 모델링의 부재

미가공 데이터를 블롭 스토리지^{blob storage}[7]에 덤핑^{dumping}하는 데이터 레이크와 비슷합니다.

---

6 *https://oreil.ly/9ENd4*
7 옮긴이_ 텍스트나 바이너리 데이터와 같은 특정 데이터 모델이나 정의를 따르지 않는 비정형 데이터를 대량으로 저장할 수 있는 스토리지를 의미합니다(출처: Microsoft, 'Azure Blob Storage 설계').

대신, DDD의 전략 설계는 **경계 콘텍스트**^{bounded context}**8**라는, 다수의 모델에 기반하여 **개별 도메인에 각각 문맥화된 모델링을 포용합니다.**

경계 콘텍스트는 특정 모델에 포함된 범위가 정해진 적용 가능성을 뜻하는 용어로, 제한된 콘텍스트 내에서 팀원이 어떤 것에 대해 일관성을 지녀야 하고, 어떤 것을 독립적으로 개발할 수 있는가를 분명하게 이해하고 이해한 바를 서로 공유할 수 있는 능력⁹을 의미합니다.

추가로, DDD는 독립된 모델인 경계 콘텍스트 여러 개 사이의 관계를 명확하게 정의하는 **콘텍스트 매핑**^{context mapping}을 도입합니다.

데이터 메시는 개별적인 데이터 프로덕트(데이터, 데이터 프로덕트의 모델, 데이터 오너십)를 파악할 수 있도록 경계 콘텍스트의 범위^{boundary}를 적용합니다.

이미 마이크로서비스나 도메인 지향 아키텍처를 채택한 조직이 데이터 메시를 적용하는 경우, 상대적으로 간단한 과정만 거치면 됩니다. 해당 조직은 이미 도메인의 경계 콘텍스트를 기반으로 서비스를 구축했습니다. 이제 각 도메인의 분석 데이터에 따라 비즈니스 구조를 분해하고 데이터를 모델링하면 됩니다.

도메인 오너십은 오늘날 기획과 같이 복잡한 시스템을 확장하는 기반이 됩니다.

다프를 예로 들어 DDD 전략 설계를 살펴보겠습니다. 모바일과 웹의 디지털 **미디어 플레이어**를 담당하는 미디어 플레이어 팀이 있습니다. 미디어 플레이어 애플리케이션은 **플레이 이벤트** 데이터 프로덕트에 청취자가 미디어 플레이어와 상호작용하는 과정에서 나온 데이터를 전달합니다. 추후 플레이 이벤트 프로덕트에서 나온 데이터는 **청취자 세션** 도메인 등을 통해 듣는 과정에서 엔드 투 엔드 여정을 재구성하고 분석하여 플레이어 애플리케이션의 성능을 개선하고 사용자 참여를 개선하는 등 다양한 다운스트림 사용 사례에 사용됩니다.

데이터 메시를 구현하지 않는다면, 기본적으로 **미디어 플레이어** 팀은 플레이어 기기에서 받은 품질과 리듬이 어떻든 간에 플레이 이벤트를 모종의 단기 보존 스트리밍 인프라나 트랜잭션 데이터베이스에 덤프하여 저장합니다. 그런 다음 중앙 집중식 데이터 팀에서 이러한 이벤트를 수집하여 데이터 레이크나 데이터 웨어하우스, 또는 둘 다에 저장합니다.

데이터 메시는 **미디어 플레이어** 도메인의 동작을 변화시킵니다. 예를 들어 **미디어 플레이어** 팀

---

8 *https://oreil.ly/2RhbM*
9 『도메인 주도 설계』 p. 546 참조

의 대응 능력을 확장함으로써 장기간의 고품질 플레이 이벤트 조회 결과를 실시간으로 집계하여 제공할 수 있습니다. 이제 **미디어 플레이어** 팀은 플레이 이벤트 데이터 프로덕트의 분석 데이터를 데이터 분석가, 데이터 과학자 또는 데이터에 관심이 있는 다른 사람들과 엔드 투 엔드 형식으로 직접 공유할 수 있습니다. 그런 다음 **플레이 이벤트** 분석 데이터는 **청취자 세션** 도메인에 의해 청취자 상호작용과 관련된 여정에 기반하여 변환되고 집계됩니다.

음악 추천 도메인은 **청취자 세션** 데이터 프로덕트를 통해 청취자의 소셜 네트워크 재생 동작을 기반으로 음악을 추천하는 데이터셋을 새로 생성합니다.

여기서 사용자의 프로필에 대한 고유한 정보로 증강된 플레이어와 상호작용할 때, **청취자 세션** 도메인은 순전히 청취자 여정을 제공하는 것을 목표로 하는 데이터 도메인입니다. 이러한 경우 데이터의 니즈에 맞춰 조직을 재구성합니다. 그 과정에서 장기적으로 데이터를 제공할 도메인 팀이 새로 만들어지기도 합니다. [그림 2-1]은 다프를 대상으로 구조를 재구성한 결과입니다.

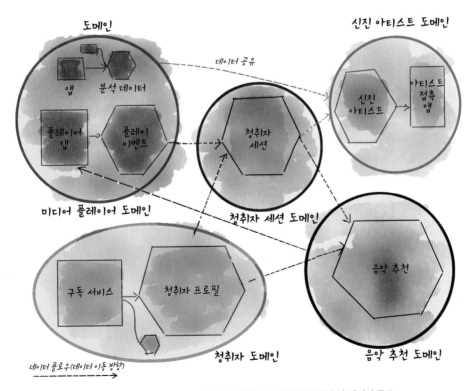

그림 2-1 현존하거나 새로운 비즈니스 도메인에 따라 재구성한 분석 데이터 오너십 및 데이터 구조

2.3 도메인 데이터의 아키타입

데이터 메시를 조직과 그 도메인에 매핑할 때, 분석 데이터에서 몇 가지 다른 아키타입을 발견하게 됩니다. 데이터 메시의 원칙은 도메인의 아키타입과 유사합니다. 실무 수준에서 이러한 특징을 인식하면 데이터 메시 구현을 최적화할 수 있습니다.

다음은 도메인 데이터의 세 가지 아키타입archetype에 대한 설명입니다.

소스 도메인 데이터 source-aligned domain data

운영 시스템이 생성한 비즈니스 사실이 반영된 분석 데이터를 의미합니다. 이를 **네이티브**native 도메인 데이터라고 말하기도 합니다.

애그리거트 도메인 데이터 aggregate domain data

여러 업스트림 도메인에서 집계된 분석 데이터를 의미합니다.

소비자 도메인 데이터 consumer-aligned domain data

하나 이상의 구체적인 사용 사례의 수요에 맞춰 변환된 분석 데이터를 의미합니다. 이를 **전용**fit-for-purpose 도메인 데이터라고 말하기도 합니다.

[그림 2-2]는 [그림 2-1]을 기반으로 도메인 데이터의 아키타입에 대해 설명합니다. 예를 들어, **미디어 플레이어** 도메인은 미디어 플레이어 애플리케이션 이벤트에서 수집한 **소스** 도메인 데이터를 제공합니다. **청취자 세션** 도메인에는 개별 청취자의 플레이어 이벤트를 상호작용 세션으로 변환하여 제공하는 **애그리거트** 데이터 프로덕트가 존재합니다. 이때 상호작용 세션은 **청취자** 도메인에서 가져온 청취자 관련 추가 정보로 보강하여 집계할 수 있도록 합니다. 그리고 **추천** 도메인 데이터는 소비자 중심으로, 플레이어 애플리케이션에서 제공하는 지능형 추천과 관련된 특정 요구 사항을 충족합니다.

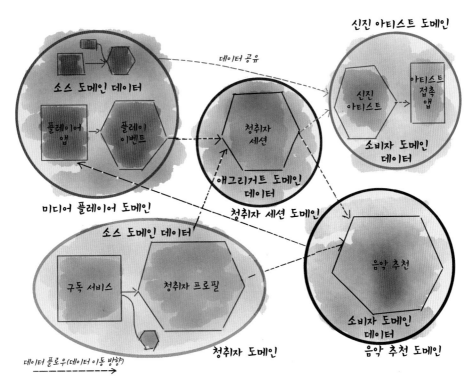

그림 2-2 도메인 데이터 아키타입의 예시

2.3.1 소스 도메인 데이터

어떤 도메인은 데이터가 오리진화^{originate} (생성)되는 소스와 일치합니다. **소스 도메인 데이터** 는 비즈니스의 **사실**을 나타내는 데이터입니다. 이러한 데이터는 데이터 오리진의 운영 시스템 이 생성하는 것과 매우 밀접하게 매핑된 데이터를 포착합니다. 다프를 예로 들면 '사용자가 미 디어 플레이어와 상호작용하는 방법'이나 '사용자가 구독하는 방법'과 같은 비즈니스에 대한 사 실은 **플레이 이벤트, 오디오 플레이 품질 스트림, 청취자 프로필**과 같은 소스 도메인 데이터 생성 으로 이어집니다. 인접한 운영 시스템은 이러한 비즈니스에 대한 사실이 반영된 분석 데이터를 생성합니다. 예를 들어 미디어 플레이어 시스템은 플레이 이벤트에 대한 데이터를 생성합니다.

요약하면, 데이터 메시는 도메인이 **비즈니스 도메인 데이터**를 소스 도메인 데이터처럼 제공할 책임이 있다고 가정합니다.

비즈니스 사실은 비즈니스 도메인 이벤트[10]로 표시하는 것이 가장 좋으며, 타임스탬프가 지정된 이벤트 로그 형태로 분산하고 저장하여 제공할 수 있습니다. 이러한 형태의 이벤트 로그 외에도, 소스 도메인 데이터는 종종 비즈니스 도메인의 변경 간격을 밀접하게 반영하는 시간에 걸쳐 집계되어, 쉽게 소비 가능한 기록으로 제공되어야 합니다. **청취자** 도메인을 예로 들면, **청취자 프로필**을 1일 단위로 집계하는 것은 분석적으로 사용하기에 합리적인 모델입니다.

소스 도메인 데이터는 소스 애플리케이션의 (프라이빗한) 트랜잭션 데이터베이스에서 직접 모델링되거나 액세스된 데이터가 아니라는 점을 명심하세요. 운영 데이터베이스에서 분석 데이터를 직접 드러내는 것은 안티패턴antipattern[11]의 일종입니다. 이러한 안티패턴은 ETL을 구현할 때 애플리케이션 데이터베이스를 기반으로 하는 변경 데이터 캡처change data capture[12](CDC) 애플리케이션과 데이터 가상화data virtualization[13] 애플리케이션에서 발견됩니다. CDC 애플리케이션 데이터베이스 모델은 매우 다른 용도로 사용되며, 애플리케이션과 최종 사용자의 필요에 따라 트랜잭션 속도 향상을 위해 종종 모델링되는 경우가 많습니다. 소스 도메인의 분석 데이터는 보고 작업과 머신러닝 학습, 그리고 비(非)트랜잭션 워크로드에 대한 이해와 액세스가 용이하도록 저장되고 구조화됩니다.

분석 데이터의 수명 주기는 소스 애플리케이션 내 운영 데이터의 수명 주기와 별개입니다. 다시 말해 소스 애플리케이션의 데이터베이스를 최적화하기 위해 변경하는 것이 모두 분석 데이터 변경으로 이어지는 것은 아니며, 반대로 분석 데이터를 변환할 때 소스 애플리케이션 데이터베이스의 변화가 필요한 것도 아닙니다.

분석 데이터의 특성은 운영 시스템이 업무를 수행하는 데 사용하는 운영 데이터와 다릅니다. 1장에서 두 데이터 유형 간의 차이점에 대해 설명했습니다.

이러한 이유들로, 현재 시점에서 데이터 메시는 소스 애플리케이션에서 운영 데이터베이스와 협업 분석 데이터 스토리지를 구분합니다. 이 두 가지 유형의 데이터는 별개의 데이터로 간주되지만, 긴밀하게 통합되어 있으며 동일한 도메인에서 소유하고 있습니다.

소스 도메인 데이터는 가장 기초적인 아키타입으로, 자체적으로 영구히 포착되고 사용될 수 있

---

10 *https://oreil.ly/9ENd4*

11 옮긴이_ 실제로는 많이 사용되는 패턴이지만 비효율적이거나 비생산적인 패턴을 의미합니다(출처: 위키백과).

12 내부 데이터베이스 운영 현황(입력(insert), 갱신(update), 삭제(delete))을 관찰하고 이들 데이터베이스 운영 형태를 이벤트 형태로 외부화하는 기법을 의미합니다.

13 외부의 쿼리와 워크로드를 위해 최상위 운영 애플리케이션 데이터베이스에서의 조회를 물질화하여 제작하는 것을 가리킵니다.

어야 합니다. 조직이 진화하는 것처럼, 소스 도메인의 데이터 주도 인텔리전스 서비스는 비즈니스의 사실을 반영하여 데이터를 새롭게 집계하거나 예측할 수 있습니다.

소스 도메인 데이터는 데이터가 생성된 시점에서 **미가공 데이터**^{raw data}를 대표한다는 점과, 개별 소비자가 쓰기에 적합하도록 조정되거나 모델링된 것이 아니라는 점을 명심하세요. 이러한 작업은 다른 도메인 데이터 아키타입이 진행합니다.

2.3.2 애그리거트 도메인 데이터

엔터프라이즈 단위의 규모에서 비즈니스의 핵심 개념과 소스 시스템 사이에 일대일 대응이 이루어지는 일은 존재하지 않습니다. 반대로 말하면, 다대일 대응으로 공유 비즈니스의 개념에 속하는 데이터의 일부를 제공할 수 있는 시스템이 꽤 많이 있죠. 다시 말해, 여러 **소스 도메인 데이터**를 총체적으로 집계하여 제공해야 하는 경우가 있다는 겁니다. 예를 들어, '구독자', '음악', '아티스트'로 정의된 어트리뷰트^{attribute}는 수많은 오리진에서 매핑될 수 있습니다. 예를 들어, **플레이어** 도메인이 구독자의 음악 선호도를 파악하고 있는 한편, **청취자** 도메인은 구독자의 프로필과 관련된 정보를 파악할 수 있습니다. 마케팅과 영업 사례처럼, 구독자에 대한 전체적인 관점이 필요한 사용 사례도 있습니다. 이는 장기적으로 여러 소스 도메인 데이터를 구성하는 **청취자**의 다양한 모습을 대표하는 새로운 애그리거트 데이터가 필요합니다.

> **⚠ CAUTION** **거창한 애그리거트 도메인 데이터**^{ambitious aggregate domain data}를 생성하지 않도록 주의해야 합니다. 이러한 데이터는 리스너 360^{listener 360}처럼 특정 개념마다 모든 측면을 포착하여 데이터 사용자에게 조직 규모로 서비스를 제공하려는 데이터를 뜻합니다. 데이터를 거창하게 집계하는 것은 물론 다루기도 힘듭니다. 또한 특정 사용 사례에 대해 이해하거나 사용하기 어렵기 때문에 데이터를 최신 상태로 유지하기 어려울 수도 있습니다. 과거에는 마스터 데이터 관리^{master data management}(MDM)[14]의 구현을 통해 공유 데이터 자산의 모든 측면을 하나의 모델에 통합하려고 시도했습니다. 이는 확장성이 없는 단일 모놀리식 스키마^{single monolithic schema}를 모델링하는 결과로 돌아갔습니다.
>
> 데이터 메시는 최종 소비자가 **전용**^{fit-for-purpose} 애그리거트 데이터를 직접 구성함으로써 데이터를 남용하거나 거창하게 집계하려는 유혹을 막아줍니다.

----

14 마스터 데이터의 값과 식별자를 제어하면 시스템 전반에서 필수적인 비즈니스 개체(business entity)에서 가장 정확하고 시기 적절한 데이터를 일관되게 사용할 수 있습니다. MDM의 목표는 (1) 최신 데이터의 정확한 값을 사용할 수 있도록 보장하는 동시에 (2) 모호한 식별자(ambiguous identifier, 하나의 개체에서 둘 이상의 인스턴스로 식별되는 식별자 혹은 둘 이상의 개체를 참고하는 식별자)와 관련된 위험을 줄이는 겁니다(출처: 『DAMA-DMBOK, 2nd』(Technics Publications, 2017) p. 356 발췌).

2.3.3 소비자 도메인 데이터

어떤 도메인은 도메인 데이터를 구체적인 사용 사례에 사용할 수 있도록 변형하여 정렬합니다. 소비자 도메인 데이터와 소스 도메인 데이터를 소유하는 팀은 긴밀하게 관련된 사용 사례 중 하나 또는 소수의 사용 사례를 만족시키는 것을 목표로 합니다. 예를 들어 **추천** 기능은 전용 데이터로 생성되어 청취자가 플레이어 앱과 상호작용하는 동안 플레이어 앱에 표시됩니다.

머신러닝 모델을 학습시키기 위해 엔지니어링된 **피처**가 이 범주에 속하는 경우가 많습니다. 그 예로 다프는 긍정적인 느낌이나 부정적인 느낌 등의 음악 감성을 분석하는 머신러닝 모델을 도입합니다. 그런 다음 해당 모델로 감성별로 각 음악에 순위를 매겨 고객에게 음악을 추천합니다. 이때 음악에 대한 감성 분석을 수행하려면 데이터 과학자는 음악에서 '생동감', '춤추기 좋음', '음향성', '긍정적 척도' 등과 같은 몇 가지 피처와 추가 정보를 추출해야 합니다. 이러한 어트리뷰트(또는 피처)가 추출되면, 이를 유지 관리하고 소비자 도메인 데이터에 공유하여 **감성 분석** 도메인이나 **플레이리스트** 생성과 같은 다른 인접 모델을 학습시킬 수 있습니다.

소비자 도메인 데이터는 소스 도메인 데이터와는 다른 특징을 가지고 있습니다. 소비자 도메인 데이터는 개별적인 사용 사례에 적합하도록 소스 도메인 이벤트의 구조와 내용에 구조적으로 더 많은 변환을 거쳤다는 점입니다.

필자는 소비자 도메인 데이터를 **전용**fit-for-purpose 도메인 데이터로도 칭합니다. 이때 소비자라는 개념은 데이터를 소비하는 애플리케이션 또는 데이터 과학자 또는 데이터 분석가와 같은 데이터 사용자를 의미합니다.

2.4 데이터의 도메인 오너십 원칙 적용하기

데이터의 도메인 오너십 원칙은 현대 조직의 디지털 여정이 자연스럽게 진행되는 과정에서 필요한 원칙이라고 생각합니다. 그럼에도 도메인 오너십은 분석 데이터 관리에 대한 몇 가지 오래된 규칙에 이의를 제기합니다. 아래는 이들 규칙 중 일부와 함께 다른 사람들도 생각할 수 있는 내용을 나열한 것입니다.

2.4.1 데이터 오너십을 업스트림에 푸시하라

데이터 아키텍처의 명명법은 생명의 원천인 물에서 비롯됐습니다. 그 예로 데이터 레이크, 데이터 레이크쇼어 마트[lakeshore mart][15], 데이터 플로우[data flow], 데이터 레이크하우스[lakehouse][16], 데이터 파이프라인, 레이크 하이드레이션[lake hydration][17] 등과 같은 개념이 있습니다. 물은 마음을 안정시키고 단순히 아름답다는 점에서 안심할 수 있는 상징입니다. 그러나 '중앙 집중식 데이터 레이크'와 같이 데이터가 반드시 소스에서 다른 곳으로 흘러가야만 유용해지고, 의미가 생기고, 가치가 있고, 소비할 가치가 있다는 위험한 개념이 숨어 있습니다. 이러한 개념은 자칫 업스트림 데이터가 다운스트림 데이터보다 덜 가치 있고 쓸모 없다는 오해를 불러일으킬 수 있습니다.

데이터 메시는 이러한 오해를 직면합니다. 소스 도메인은 소스 운영 프로그램이 **아닌** 도메인의 분석 데이터를 직접 수취하거나 사용할 수 있습니다. 이때 해당 분석 데이터를 소스 도메인 데이터라 부릅니다. 소스 도메인 데이터는 오직 운영 시스템과 협력하거나 인접한 분석 데이터 프로덕트로만 흐릅니다. 이러한 데이터가 분석적 이용에 적합하게 되기 전에는 데이터 변환을 최적화하는 작업이 제한됩니다.

물론 나중에 다운스트림에서 소스 도메인 데이터를 집계하고 변환하여 새로운 고차원 인사이트를 생성할 수 있습니다. 이러한 과정을 통해 애그리거트 도메인 데이터나 전용 도메인 데이터를 생성합니다. 이러한 다운스트림 변환은 도메인 오너십 하에 다운스트림 도메인의 콘텍스트 내에서 장기적으로 이루어집니다. 오늘날 **데이터 파이프라인**이라고 불리는, 도메인 사이에서 데이터를 한정적으로 변환하는 곳에서 지능적인 변환은 일어나지 않습니다.

2.4.2 여러 모델을 연결하여 정의하라

데이터 웨어하우징 기술과 중앙 데이터 거버넌스 팀은 **하나의 표준 모델**을 찾기 위해 노력해왔습니다. 모델 하나만으로 모든 데이터 사용자에게 데이터에 대한 도메인을 설명하면서 의미를 공유하는 데 사용할 수 있다는 아이디어는 멋진 생각입니다. 그러나 실제 시스템은 끊임없

----

15 옮긴이_ 조직 내에서 오직 한 도메인을 위해 개발된 데이터 아키텍처를 의미합니다. 조직 내의 모든 도메인 전반을 통합하여 개발된 데이터 웨어하우스와는 구별됩니다(https://martinfowler.com/bliki/DataLake.html).

16 옮긴이_ 데이터 레이크의 요소를 도입하여 범용적으로 분석하는 데이터 아키텍처를 의미합니다(출처: Amazon AWS. 'Harness the power of your data with AWS Analytics').

17 옮긴이_ 저수지에 물을 공급하듯이 데이터 레이크에 데이터를 공급하는 것을 의미합니다.

이 변화하며, 어떤 모델도 이 지저분한 데이터를 관리할 수 없습니다. 반대로 데이터 메시는 DDD 전략의 경계 콘텍스트와 데이터 모델링의 콘텍스트 매핑을 따릅니다. 각 도메인은 데이터를 콘텍스트에 따라 모델링하고 데이터와 모델을 다른 도메인에 공유하며 한 모델을 다른 모델과 관계를 이루고 매핑할 수 있는 방법을 파악할 수 있습니다.

즉, 서로 다른 도메인에서 같은 개념을 가진 여러 모델이 있을 수 있으며, 그렇게 해도 괜찮다는 것을 의미합니다. 예를 들어, 페이먼트 도메인 내의 아티스트 모델에는 페이먼트 어트리뷰트(속성)를 포함합니다. 이는 추천 도메인의 아티스트 모델이 아티스트의 프로필과 장르를 포함하는 것과는 완전히 다른 방식입니다. 그러나 데이터 메시는 아티스트 모델을 한 도메인에서 다른 곳으로 매핑시켜야 한 도메인에서의 아티스트 데이터를 다른 곳의 동일한 아티스트 데이터로 연계할 수 있습니다. 이를 연계하는 방법은 여러 가지가 있지만, 대표적으로는 통합된 식별 스킴unified identification scheme (아티스트 도메인을 포함한 모든 도메인이 사용하는 단일 ID)이 있습니다.

다의적 개념

다의적 개념polysemes[18]이란 서로 다른 도메인 전반에서 공유되는 개념입니다. 다시 말해, 도메인마다 지칭하는 어트리뷰트(말)는 다르지만 가리키는 것은 하나인 개념을 의미합니다. 예를 들어 '아티스트', '청취자', '음악'과 같이 비즈니스 차원에서 공유하고 있는 핵심 개념이 대표적입니다.

DDD 전략에 따라 데이터 메시는 각 도메인의 제한적인 콘텍스트로 여러 도메인의 분석 데이터가 다의적 개념을 모델링하는 것을 허용합니다. 반대로, 글로벌 식별 스킴global identification scheme을 통해 다의적 개념을 한 도메인에서 다른 곳과 대응하는 것 또한 허용합니다.

2.4.3 관련성 높은 도메인 데이터를 수용하되, 단일 진실 공급원에 의존하지 말라

데이터 업계에 퍼져 있는 또 다른 속설은 도메인 데이터를 비즈니스 컨셉business concept이 공유된 단일 진실 공급원single source of truth (SSOT)에서 찾는다는 것입니다. 예를 들어 '청취자', '플레이리스트', '아티스트' 등에 대해 모든 것을 알 수 있는 소스에서 도메인 데이터를 찾을 수 있습니

---

18 _https://oreil.ly/G78lb_

다. 이는 오래된 데이터와 가치가 없는 데이터의 무질서한 증가를 막기 위해 꼭 필요한 점에서 환상적인 아이디어입니다. 하지만 현실에서는 비용이 많이 들고, 확장 및 속도에 장애가 발생되거나, 단순히 달성할 수 없다는 점에서 실현할 수 없는 아이디어입니다. 데이터 메시는 단일 진실 공급원에 대한 아이디어를 강제하지 않습니다. 하지만 여러 가지 관행을 적용하여 오래된 데이터의 복사본이 여러 개 있을 가능성을 줄여줍니다.

도메인 오너십 원칙에 따라 데이터 메시에서는 데이터 분석가와 과학자를 위해 여러 가지 방법으로 검색과 사용이 가능한 고품질 데이터를 공유합니다. 따라서 도메인 오너십 원칙에 따라 주변의 오래된 데이터를 복사하거나 소유할 필요가 줄어듭니다.

데이터 메시는 애그리거트 도메인 데이터와 같은 데이터를 전용 도메인 데이터로 재형성하고 재구성하도록 합니다. 즉, 한 도메인에서 가져온 데이터를 다른 도메인에서 변환하여 저장할 수 있습니다. 예를 들어 신진 아티스트 도메인은 플레이 이벤트 데이터 프로덕트의 데이터를 읽고 변환하여 저장할 수 있습니다. 이는 현실 세계에서 데이터가 이동하고, 복사되고, 재구성되는것을 모방한 것입니다. 이러한 동적 토폴로지dynamic topology[19]에서 단일 진실 공급원의 관념을 유지하는 것은 매우 어려운 일입니다. 데이터 메시는 확장성과 속도를 위해 동적 토폴로지를 포용하면서 데이터에서 가치를 변질 없이 산출할 수 있도록 합니다.

이후의 장에서 볼 수 있듯이, 데이터 메시 플랫폼은 데이터 메시를 관찰하여 데이터를 복사할 때 자주 발생하는 오류를 예방합니다. 이외에도 데이터 메시 플랫폼은 데이터 메시와 관련성과 의존성이 높은 데이터를 표면화합니다.

2.4.4 데이터 파이프라인을 도메인 내부에서 구현하듯이 은닉하라

어떤 데이터 아키텍처를 사용하든 상관없이 데이터를 클렌징(정제)하고 준비하며, 집계된 데이터를 공유해야 할 필요성은 여전하므로 **데이터 파이프라인**을 응용하는 것 또한 필요합니다. 먼저 기존 데이터 아키텍처의 데이터 파이프라인에서는 일차적으로 데이터의 변환과 이동을 더 복잡하게 구성해야 하는 문제점이 있습니다. 반면 데이터 메시의 데이터 파이프라인은 데이터 도메인 내부에서 간단히 구현할 수 있습니다. 이러한 작업은 파이프라인 구현 시 도메인 외

---

19 옮긴이_ 네트워크 분야에서 사용하는 용어로, 사용자, 애플리케이션 또는 시스템에서 수집한 입력(input)을 기반으로 런타임 시 정의되는 탐색 토폴로지(navigation topology)를 의미합니다. 이때 탐색 토폴로지란 페이지 간 탐색 방법에 따라 네트워크 연결 구조가 결정되는 연결 방식을 의미합니다(출처: Microsoft, '탐색 토폴로지 개요').

부에서 추상화되어야 하는 세부 사항입니다. 따라서 아키텍처를 데이터 메시로 전환할 때는 도메인 내부 작업을 도메인의 서로 다른 파이프라인으로 재배포하게 됩니다.

예를 들어 소스 도메인은 다른 도메인이 다운스트림을 중복해서 클렌징할 필요 없이 데이터를 사용할 수 있도록, 도메인 내에서 미리 이벤트를 클렌징하고 복사하여 보강하는 기능을 포함해야 합니다.

다프를 예로 들어봅시다. 다프는 **미디어 플레이어** 도메인에서 오디오 **플레이 이벤트**를 제공하고 있습니다. 미디어 플레이어 도메인은 데이터 파이프라인을 클렌징하고 표준화하는 작업을 포함합니다. 데이터 파이프라인은 조직의 암호화 이벤트 표준에 따라 중복된 데이터를 제거한 준실시간 **플레이 이벤트** 스트림을 제공합니다.

마찬가지로 중앙 집중식 파이프라인의 집계 기능이 애그리거트 도메인 데이터나 전용 도메인 데이터의 구현 세부 사항으로 전환시킬 수 있습니다.

누군가는 이러한 모델로 인해 각 도메인에서 데이터 처리 파이프라인을 구현하고 도구화하는 작업과 기술 스택이 다른 도메인과 중복될 수 있다고 생각할 수 있습니다. 데이터 메시는 이러한 관심사를 셀프 서비스 데이터 플랫폼으로 해결합니다. 이와 관련된 더 자세한 내용은 4장에서 다룰 예정입니다.

데이터 메시를 도입하면서 민첩성^{agility}과 신뢰성^{trustworthiness}을 마련하고자 데이터 책임이 중앙 집중식 데이터 팀에서 각 도메인 중심으로 위임됩니다. 이를 통해 도메인들은 추가적인 데이터 책임을 맡게 됩니다.

정리하기

기술 중심으로 데이터 오너십을 정립하는 것은 확장에 걸림돌이 되어왔습니다. 이러한 문제는 조직의 변화 방향과 피처의 발전 방식이 서로 독립적이기에 발생한 일이었습니다. 이로 인해 중앙에서 조직된 데이터 팀은 마찰의 원인이 되었는데, 이를 해결할 대체 방안이 있습니다. 바로 엔터프라이즈 수준에서 대규모로 테스트된 방식을 통해 탈중앙화된 도메인을 기반으로 경계 콘텍스트를 모델링하는 것입니다.

데이터 메시는 분석 데이터 세계에 경계 콘텍스트 도메인의 개념을 적용합니다. 경계 콘텍스트에 따라 나눈 데이터별로 가장 가까운 도메인이 분석 데이터를 소유하고 나머지 도메인에 분석 데이터를 제공합니다. 데이터 메시는 기존 도메인을 구성, 집계, 투영하여 새로운 도메인이 데이터를 생성할 수 있도록 지원하기도 합니다.

도메인 데이터의 아키타입을 세 가지로 분류하면 다음과 같습니다.

- (네이티브) 소스 도메인 데이터: 소스 운영 시스템을 소유하고 있는 팀에 의해 생성되고 분류된 데이터
- 소비자와 제공자 사이의 애그리거트 도메인 데이터: 소비자 팀과 소스 제공자 팀 사이에서 다양한 업스트림 데이터 프로덕트를 구성하는 데이터. 이때 집계는 소스 제공자 팀이나 소비자 팀, 아니면 새롭게 형성된 팀에서 이루어집니다.
- (전용) 소비자 도메인 데이터: 개별적인 데이터 수취 시나리오에 맞춰 설계된 데이터

데이터 메시는 도메인 오너십을 도입하면서 실제 데이터의 혼란성^{messiness}을 수용하고 작업할 수 있도록 지원합니다. 특히 다음과 같이 빠른 속도로 확장하는 환경에서 말입니다.

- 서로 연계(매핑)된 다양한 공유 개체 모델로 작업하는 환경
- 고수준 파이프라인이 더 이상 없는 환경. 해당 환경에서는 특정 도메인 데이터 지원을 위해 내부적으로 구현된 파이프라인으로 구축이 가능합니다.

만약 이번 장을 통해 생각한 것이 있다면, 아마 다음 명언과 같을 것입니다.

> 모든 모델은 잘못되었지만, 그 중에는 유용한 한 가지는 반드시 있다.
>
> — 조지 박스$^{George Box}$

당장은 비즈니스에서 **도메인** 기반으로 분석 데이터를 새롭게 할당하거나 모델링하려고 하지 마세요. 비즈니스의 이음매를 있는 그대로 가지고 작업을 시작하세요. 이미 도메인을 기반으로 비즈니스가 조직화되어 있다면 거기서부터 시작하면 됩니다. 만약 그렇지 않다면 데이터 메시는 아직 적절한 솔루션이 아닙니다. 데이터의 발전은 조직을 형성하는 데 영향을 줍니다. 그 반대도 마찬가지죠.

3장

제품으로서의 데이터 원칙

분석 데이터 아키텍처는 오래 전부터 **양질의 데이터를 검색하고, 이해하고, 신뢰하고, 탐색하고, 궁극적으로 소비하는 과정에서** 시간적 비용과 물질적 비용이 많이 발생한다는 문제가 있었습니다. 그중 시간적 비용에 대해 수많은 설문조사를 진행했습니다. 데이터 사이언스 플랫폼 기업인 아나콘다^{Anaconda}의 'The State of Data Science 2020'[1] 보고서에 따르면, 데이터 과학자들은 데이터에서 가치를 창출할 때까지 거의 절반의 시간을 데이터를 준비하는 데 소요한다고 합니다. 데이터를 준비(로딩 및 클렌징)하는 데 발생하는 시간을 줄이지 않으면 데이터를 제공하는 팀, 즉 도메인의 수가 증가함에 따라 데이터를 관리하는 비용이 더욱 많이 발생할 수밖에 없습니다. 데이터 메시의 첫 번째 원칙, **데이터의 도메인 오너십**^{domain-oriented ownership} **원칙**에 의해 조직의 데이터 오너십을 각 도메인으로 분배하는데, 그 과정에서 접근성, 사용성, 조화와 관련된 중요한 관심사(문제점)가 발생합니다. 이러한 관심사는 결국 도메인 간 데이터 사일로와 데이터 사용성의 퇴행과 같이 잠재적으로 바람직하지 않은 결과를 낳을 수 있습니다. 이는 **제품으로서의 데이터**^{data as a product} **의 원칙**으로 해결할 수 있습니다.

데이터 메시의 두 번째 법칙인 **제품으로서의 데이터의 원칙**은 도메인 데이터에 **프로덕트 중심 사고**를 유도한 다음, 사용성과 관련된 마찰을 없애 데이터 사용자의 사용자 경험을 개선합니다. 이러한 원칙을 통해 분석 데이터를 제품처럼 다루어, 소비자가 제품을 소비하듯이 데이터를 편안하고 기분 좋게 사용할 수 있도록 합니다. 더 나아가 이 원칙은 도메인에서 제공하는 분석 데이터를 제품처럼 취급하고, 분석 데이터 소비자는 고객으로서 행복하고 만족스러운 대우를 받

---

1 *https://oreil.ly/S8XMz*

아야 한다고 간주합니다. 또한, 제품으로서의 데이터는 데이터 메시의 사례를 뒷받침하며, 우연이든 의도적이든 사용 가능성을 크게 높여 조직 내 데이터에서 가치를 실현합니다.

프로덕트 개발과 관리 분야에서의 저명한 사고적 리더[thought leader 2]인 마티 케이건[Marty Cagan]은 그의 저서 『인스파이어드』(제이펍, 2018)[3]에서 성공적인 프로덕트에는 **실현 가능하고, 가치가 있으며, 사용 가능하다**는 세 가지 특성이 있다는 설득력 있는 증거를 제시합니다. 제품으로서의 데이터 원칙에서는 데이터를 **가치 있고 유용하게 만들기 위해** 표준화된 특성을 구현하는 **데이터 프로덕트**[data product]라는 새로운 개념을 정의합니다. 이를 [그림 3-1]에서 시각적으로 표현해서 보여줍니다. 4장에서는 이러한 데이터 프로덕트를 구축하는 방법에 대해 설명합니다.

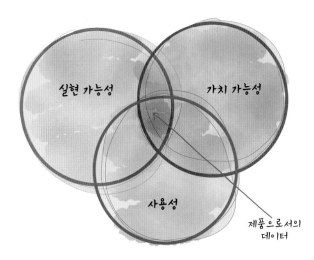

그림 3-1 마티 케이건이 주장하는 성공적인 프로덕트의 특징 속 데이터 프로덕트의 조건 영역

제품으로서의 데이터는 일련의 규칙을 준수하면서 사용성[usability], 실현 가능성[feasible], 가치 가능성[valuable] 사이의 영역에 적합한 특성을 보여야 합니다. 데이터가 제품으로서의 기능을 갖추려면 그 자체로 또는 다른 데이터 프로덕트와 협력하여 사용자에게 가치를 제공해야 합니다. 데이터는 사용자에게 공감할 수 있어야 하며, 사용성[usability]과 무결성[integrity]을 반영할 수 있도록 해야 합니다.

데이터를 제품으로 취급하는 것이 단순히 좋은 의도에서 비롯된 것은 아닙니다. 제품으로서

---

2 옮긴이_ 특정 분야의 권위자로 인정되는 개인 또는 회사를 의미합니다(출처: 위키백과).

3 *https://oreil.ly/mzv7u*

의 데이터 원칙은 도메인 **데이터 프로덕트 오너**^{domain data product owner}와 **데이터 프로덕트 개발자**^{data}
^{product developer} 같은 새로운 역할을 각 도메인에 부여합니다. 이들 역할을 통해 데이터 프로덕트
의 수명 주기 동안 데이터의 접근성, 품질, 사용성, 가용성^{availability}을 측정하는 구체적인 목표를
유지하면서 데이터 프로덕트를 만들고 공유하여 널리 퍼질 수 있도록 합니다. 데이터 프로덕트
오너와 데이터 프로덕트 개발자의 역할에 대한 내용은 16장에서 자세히 다룹니다.

과거의 패러다임과 비교했을 때, 제품으로서의 데이터는 책임의 주체를 전환합니다. 데이터 레
이크와 데이터 웨어하우스 아키텍처에서 품질과 무결성을 갖춘 데이터를 생성할 책임은 소스
에서의 다운스트림에서 담당합니다. 이러한 책임은 중앙 집중식 데이터 팀에 남아 있습니다.
데이터 메시는 품질과 무결성을 갖춘 데이터를 생성하는 곳을 소스와 가까운 곳으로 전환시킵
니다. 이는 데이터 메시에만 국한된 것은 아닙니다. 실제로 지난 10년 동안 데이터 소스와 가
까운 곳에서 문제를 해결하는 것이 더 저렴하고 효과적이라는 이유로 테스트와 운영 차원에서
시프트 레프트^{shift left4} 방식이 유행했습니다.

실제 제품 또한 산지와 가까이 있는 장소에서 가공하는 것이 운송 비용 측면에서 경제적으로
볼 수 있으며, 여기에 착안하여 데이터 메시에서 공유되는 것은 단순한 데이터가 아니라 **데이
터 프로덕트**라고 말할 수 있습니다.

> **NOTE** 제품으로서의 데이터는 데이터를 모델링하고 공유하는 방법에 대한 프로덕트 중심 사고를 적용
> 한다는 의미입니다. 데이터 프로덕트를 공유한다고 해서 실제 제품(상품)처럼 데이터를 판매한다고 오해해서
> 는 안 됩니다.

이어서, 데이터에 프로덕트 중심 사고를 적용하는 방법에 대해 알아봅시다.

---

4   옮긴이_ 소프트웨어와 시스템을 출시하기 전 버그 발생 등으로 인한 추가 비용을 최소화하기 위해 보안과 배포 등 실무적인 부분을 최
    대한 초기에 갖추는 테스트 방식을 의미합니다. '시프트 레프트'라는 명칭은 2001년 래리 스미스(Larry Smith)에 의해 명명되었습니다
    (출처: 위키백과).

3.1 데이터에 프로덕트 중심 사고 적용하기

지난 10년간 성과가 우수한 조직은 내부 운영 기술을 외부 기술과 마찬가지로 제품처럼 취급하는 아이디어를 받아들였습니다. 해당 조직은 내부 개발자들을 고객[customer]처럼 여기고 그들의 만족감을 성공의 신호로 받아들였습니다. 특히 내부 플랫폼에 프로덕트 관리 기술을 적용함으로써 내부 운영 기술을 제품처럼 취급하는 경향이 강력하게 채택되고 있습니다. 예를 들어 스포티파이 백스테이지[Spotify Backstage][5]처럼 내부 개발자가 내부 플랫폼 위에서 솔루션을 구축하고 호스팅할 수 있는 능력을 가속화하는 것과, Square API[6]처럼 API를 제품으로 취급하여 검색 가능하고, 이해 가능하며, 쉽게 테스트할 수 있는 API를 구축하여 최적의 개발자 경험을 보장하는 것을 들 수 있습니다.

내부 기술에 프로덕트 중심 사고를 부여하는 것은 내부 소비자(즉, 동료 개발자)의 공감을 이끌어내는 것부터 시작됩니다. 이후 이들과 협업하여 경험을 설계하고, 사용 지표를 수집하고, 시간이 지남에 따라 내부 기술 솔루션을 지속적으로 개선하여 사용 편의성을 유지합니다. 강력한 디지털 조직은 상당한 소스를 할당하며 개발자와 기업의 가치를 창출할 수 있도록 하는 내부 도구를 빌드하는 데 집중합니다.

흥미롭게도, 데이터를 제품으로, 사용자를 고객으로 취급하는 요소, 즉 '공감'이 기존 빅 데이터 솔루션에는 빠져 있습니다. 해당 솔루션에서는 여전히 데이터를 비즈니스 운영의 부산물로 취급하고, 데이터 팀과 같이 별개의 팀이 데이터를 수집하여 **프로덕트**로 재활용하도록 맡깁니다. 반대로 데이터 메시 내의 도메인은 데이터에 프로덕트 중심 사고를 엄격히 적용하여 최고의 데이터 사용자 경험을 위해 노력합니다.

다프에 대해 좀 더 생각해봅시다. 중요한 도메인 중 하나인 **미디어 플레이어** 도메인은 누가, 언제, 어디서 어떤 음악을 재생했는지와 같은 필수 데이터를 제공합니다. 이러한 데이터를 사용하는 몇 가지 주요 데이터 사용자가 있습니다. 예를 들어 **미디어 플레이어 지원** 팀은 준 실시간 이벤트에 관심이 있습니다. 고객 경험을 저하시키는 오류를 신속하게 포착하여 서비스를 복구하거나 수신되는 고객 지원 전화에 응답하기 위해서입니다. 반면에 **미디어 플레이어 설계** 팀은 청취자 여정에 대한 데이터 스토리를 장기간에 걸쳐 집계한 재생 이벤트에 관심을 갖고 있습니다. 이를 통해 더욱 매력적인 피처를 기반으로 미디어 플레이어를 개선하여 전반적인 청취자

---

5 https://oreil.ly/B1fwB
6 https://oreil.ly/gG9eL

경험을 향상시킬 수 있습니다.

미디어 플레이어 도메인은 두 가지 다른 유형의 데이터를 제품 형태로 조직 내 다른 도메인에 제공합니다. 하나는 **준 실시간 플레이 이벤트**^{near-real-time play event}를 무한한 이벤트 로그 형태로 배포하는 방식이고, 다른 하나는 집계된 플레이 세션을 오브젝트 스토어상에서 직렬화된 파일 형태로 배포하는 방식으로 말이죠. 이를 데이터에 적용된 **프로덕트 오너십**^{product ownership}이라 합니다.

[그림 3-2]는 미디어 플레이어 도메인의 데이터 프로덕트를 보여줍니다.

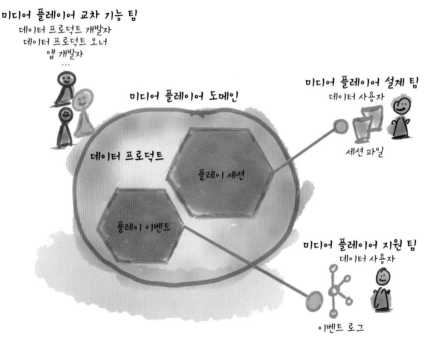

그림 3-2 데이터 프로덕트의 예시

예상한 대로, 프로덕트 오너십 기법을 데이터에도 적용할 수 있습니다. 그러나 데이터에는 고유한 특성이 있습니다. 소프트웨어 프로덕트와 같은 유형의 프로덕트와 비교했을 때, 데이터 프로덕트 오너십만의 차별점은 **무한한 성질을 가진 데이터 사용 사례**에서 비롯된다는 것입니다. 이는 개별 데이터가 다른 데이터와 결합하여, 궁극적으로는 인사이트와 액션^{action}으로 전환될 수 있다는 것을 의미합니다. 데이터 프로덕트 오너는 오늘날 실행 가능한 데이터 사용 사례로 알려져 있는 것을 알고 있거나 데이터 사용 사례를 계획할 수 있습니다. 하지만 현재 생산되는 데이터와 관련된 미지의 사용 사례는 상상을 초월할 정도로 많은 부분이 아직 알려져 있지 않습니다.

이는 소비자 도메인consumer-aligned domain의 경우보다는 소스 도메인source-aligned domain의 경우에 더욱 그렇습니다. 소스 도메인의 데이터는 기업의 상호작용과 이벤트가 발생한 현실을 그대로 포착합니다. 미래의 데이터 사용자는 소스 도메인 데이터를 사용하고 변환하며 재해석할 수 있습니다. 이때 소스 도메인의 데이터 프로덕트는 지금까지 알려진 사용 사례와 미지의 사용 사례 사이에서 균형을 잡아야 합니다. 데이터를 어떻게 사용할지에 대해 너무 많은 가정을 하지 않고 최대한 비즈니스의 현실을 데이터로 모델링할 수 있도록 노력해야 합니다. 예를 들어 모든 **플레이 이벤트**play event를 매우 자세한 로그 형태로 포착하는 것이 안전한 선택입니다. 이를 통해 서로 다른 변환을 구축하고 새로운 인사이트를 추론함으로써 미래의 사용자층을 넓힐 수 있습니다.

이처럼 소프트웨어 프로덕트 같은 유형의 프로덕트와 다르게, 데이터 프로덕트 오너십은 사용 사례에 무한한 성질을 가졌다는 점이 데이터 프로덕트 설계와 소프트웨어 프로덕트 설계 사이의 주요 차이점입니다.

3.1.1 데이터 프로덕트의 기본 사용성 어트리뷰트

필자는 데이터 프로덕트가 **유용한지** 판단하기 위한 독립된 기본 특성이 있다고 생각합니다. 이러한 기본 특성은 소스 도메인과 같은 도메인이나 아키타입archetype에 상관없이 모든 데이터 프로덕트에 적용됩니다. 필자는 이를 **데이터 프로덕트의 기본 사용성 어트리뷰트(또는 기본 사용성 특징)**baseline data product usability attribute라 부릅니다. 모든 데이터 프로덕트는 이러한 특징을 데이터 메시의 일부분으로 통합합니다. [그림 3-3]은 데이터 프로덕트의 사용성 어트리뷰트를 보여줍니다.

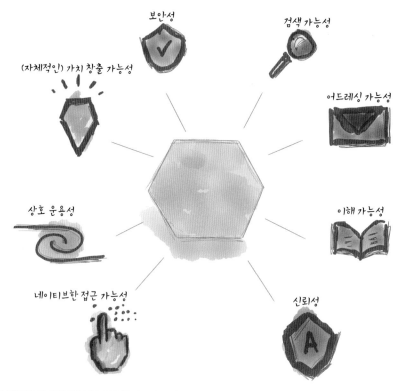

그림 3-3 데이터 프로덕트의 기본 사용성 어트리뷰트(DAUTNIVS)

이러한 **사용성 특징**usability characteristic이 데이터 사용자의 경험을 위주로 한 특징이라는 점을 명심하길 바랍니다. 이는 기술적인 특성을 표현하기 위한 것이 아닙니다. 데이터 프로덕트의 기술적인 특징에 대해서는 5부에서 자세히 다룹니다.

여기서 나열된 기본 특징은 과거의 FAIR[7] 데이터에서 몇 가지 특징을 더 보충한 것입니다. 여기서 FAIR 데이터란 **탐색 가능성**findability, **접근 가능성**accessibility, **상호 운용성**interoperability, **재사용성**reusability 원칙[8]을 만족하는 데이터를 의미합니다. 이러한 4가지 원칙에 더해 데이터 오너십을 분산하도록 하는 데 필요한 특징을 소개합니다.

데이터 사용자가 되었다고 가정해보고, 데이터 프로덕트의 8가지 기본 사용성 어트리뷰트에 대해 천천히 알아봅시다.

----

7 *https://oreil.ly/2BB7V*

8 FAIR 원칙은 2016년 동료평가를 거친 과학 저널 〈Scientific Data〉에 발행되었습니다.

검색 가능성

좋은 설계의 가장 중요한 특징 중 두 가지는 검색 가능성discoverability과 이해understanding다. 검색 가능성
으로 어떤 액션이 가능한지, 어디에서 그 액션을 어떻게 할 수 있는지를 알아낼 수 있는가? 이해는
도대체 무슨 뜻인가? 어떻게 제품을 쓰라고 만들어진 것인가? 제어control와 설정setting은 또 무슨 뜻
인가?

— 도널드 노먼Donard Norman, 『디자인과 인간 심리』(학지사, 2016) p.23 발췌

데이터 사용자가 취하는 첫 번째 단계는 사용 가능한 데이터들을 찾은 후, 그중 '딱 맞는 데이
터'를 찾기 위해 탐색하고 검색하는 것입니다. 따라서 데이터 사용자는 데이터 프로덕트의 기
본 사용성 어트리뷰트 중 검색 가능성을 가장 먼저 고려해야 합니다. 다시 말해 데이터 사용자
는 사용 가능한 데이터 프로덕트를 탐색하고, 원하는 프로덕트를 검색하여 찾을 수 있어야 합
니다. 추가로 데이터 사용자가 원하는 프로덕트를 탐색하여 데이터 사용에 대한 자신감을 얻을
수 있어야 합니다. 기존의 검색 기능은 중앙 집중식 레지스트리나 카탈로그 형식으로 사용 가
능한 데이터셋을 추가 정보(각 데이터셋과 오너, 데이터셋의 위치, 샘플 데이터 등)와 함께 나
열하듯이 구현되어 있습니다. 이러한 정보는 중앙 집중식 데이터 팀이나 거버넌스 팀에 의해
사후에 큐레이팅되는 경우가 많습니다.

데이터 프로덕트의 검색 가능성은 시프트 레프트 방식의 솔루션을 수용하여 데이터 프로덕트
자체가 검색 가능성 정보를 **의도적으로** 제공하도록 합니다. 데이터 메시는 동적 토폴로지와 지
속적으로 발전하는 데이터 프로덕트, 그리고 대규모로 사용 가능한 데이터 프로덕트를 수용합
니다. 따라서 데이터 메시는 개별 데이터 프로덕트에 의존하면서 구축, 배포, 실행으로 이루어
진 수명 주기에 대한 정보를 표준화된 방식으로 제공합니다. 각 데이터 프로덕트는 오리진 소
스source of origin, 오너, 적시성과 같은 런타임 정보, 품질 측정 기준, 샘플 데이터셋을 지속적으로
공유합니다. 특히 데이터로 활성화된 주요 사용 사례와 애플리케이션과 같이 소비자가 제공한
가장 중요한 정보 또한 지속적으로 공유합니다.

자세한 내용은 4부에서 데이터 프로덕트의 검색 가능성에 대한 기술적인 설계에 대해 살펴보
겠습니다.

어드레싱 가능성

데이터 프로덕트는 데이터 사용자가 데이터 메시에 자동 또는 수동으로 액세스할 수 있도록 고유의 영구적인 주소를 제공합니다. 이러한 어드레싱 시스템은 데이터의 동적인 특성과 데이터 메시 토폴로지를 포용합니다. 이는 데이터 프로덕트가 계속 변한다는 점을 인식해야 하는 동시에 데이터 액세스를 유지하면서 데이터 사용자에게 데이터 프로덕트에 대해 설명할 수 있도록 **사용의 연속성**^{continuity of usage}을 보장해야 한다는 점을 의미합니다.

어드레싱 시스템은 아래 목록과 같은 측면을 수용합니다. 변화가 끊임없이 지속됨에도 고유의 주소를 통해 데이터 프로덕트에 대한 액세스를 유지하면서 말이죠.

데이터 프로덕트의 시맨틱과 신택스 변화

스키마 진화

시간(타임 윈도우^{time window[9]})이 지남에 따라 새로운 데이터의 지속적인 릴리스

파티셔닝 전략 및 타임 윈도우와 관련된 데이터 튜플 그룹화

새롭게 지원되는 데이터 액세스 모드

데이터를 번호순으로 나열하고 제공하며 조회하는 새로운 방법

런타임 동작 정보 변경

서비스 수준 목표, 액세스 로그, 디버그 로그 등

어드레싱 시스템에서는 글로벌 규칙을 준수하여 사용자가 모든 데이터 프로덕트에 프로그래밍 방식으로 일관되게 액세스할 수 있도록 해야 합니다. 이때 데이터 프로덕트는 고유의 주소로 액세스를 허가하는 애그리거트 루트^{aggregate root[10]}를 가져야 합니다. 애그리거트 루트는 문서, 서비스 수준 목표, 데이터를 포함하고 있는 데이터 프로덕트에 대한 모든 정보를 입장권처럼 제공하는 역할을 해야 하죠.

---

9 옮긴이_ 특정 대상을 얼마마다(1초, 1시간, 1일 등) 한 번씩 관찰하는지에 대한 것입니다. 이 책에서 타임 윈도우는 처리 시각 (processing time)이 아닌 실제 시각(actual time)에만 한정합니다. 타임 윈도우에 대해 더 자세한 설명은 13.1.4절의 '시간성 메트릭' 항목을 참고하길 바랍니다.

10 *https://oreil.ly/D4M9x*

이해 가능성

데이터 프로덕트를 검색한 이후, 데이터 사용자의 다음 단계는 데이터를 이해하는 것입니다. 이때 인코딩된 데이터의 다양한 신택스^{syntax} (구문)뿐만 아니라, 데이터 프로덕트에 기반한 데이터 시맨틱^{semantic} (의미론)을 이해하는 것을 포함해서 말입니다.[11]

각 데이터 프로덕트는 의미론적으로^{semantically} 동일한 데이터를 제공합니다. 데이터 사용자는 데이터 프로덕트가 어떤 종류의 개체를 포함하고 있는지, 개체 간의 관계가 어떤지, 인접한 데이터 프로덕트는 무엇인지 등의 **의미**^{meaning}를 이해해야 합니다.

다시 **미디어 플레이어** 이벤트로 넘어가서, 데이터 사용자는 무엇이 플레이어 이벤트를 구성하는지 쉽게 이해해야 합니다. 예를 들어 미디어 플레이어 이벤트는 사용자 그 자신과 사용자가 시행해온 플레이 액션, 사용자가 액션을 취한 시간과 위치, 액션을 취한 결과에 대한 피드백 등으로 구성됩니다. 데이터 사용자는 가능한 액션의 종류와, 플레이어 이벤트를 트리거하는 청취자와 청취자 도메인 인근에 위치한 구독자 사이의 관계가 존재한다는 점을 쉽게 이해해야 합니다. 데이터 프로덕트는 이러한 시맨틱을 정해진 방식으로 제공합니다.

여기에 추가로, 데이터 사용자는 데이터를 정확히 표현하는 방법에 대해 이해해야 합니다. 데이터가 어떻게 직렬화되어 있으며, 어떻게 데이터를 구문적으로^{syntactically} 정리하고 액세스하며 조회할까요? 어떤 종류의 쿼리를 실행하고, 데이터를 어떻게 읽을 수 있을까요? 이러한 의문에 답하기 위해서는 데이터의 신택스를 구성하는 **스키마**^{schema}를 이해해야 합니다. 이때 스키마와 함께 샘플 데이터셋과 예제 소비자 코드를 제공하는 것이 이상적입니다. 추가로 공식 설명을 동반한 예제를 통해 데이터 사용자의 이해도를 높일 수 있습니다.

전산적 노트북^{computational notebook}[12]과 같이 동적이고 컴퓨팅적인 문서는 데이터 프로덕트에 대한 스토리를 전달하는 데 좋은 대상입니다. 예를 들어 주피터 노트북^{Jupyter Notebook}이나 R 마크다운 ^{R Markdown}처럼[13] 전산적 노트북은 데이터에 대한 문서와 데이터 사용 코드가 포함되어 있으며 코드의 결과를 시각적으로 보여주는 즉각적인 피드백이 제공됩니다.

---

11 옮긴이_ 신택스는 프로그래밍 언어에서 프로그램의 모습과 형태, 구조가 어떻게 보이는지에 대해 정해진 문법으로 정의된 구문을 가리키며, 시맨틱은 사전적으로 말이나 글의 의미 또는 뜻을 정의하는 것을 의미합니다(출처: 위키백과).

12 https://oreil.ly/k0TmE
옮긴이_ 노트북 인터페이스(notebook interface)라고도 하며, 컴퓨터 프로그램을 작성하는 방법 중 하나로, 주피터 노트북(Jupyter Notebook)과 같은 문학적 프로그래밍(literate programming)에 사용되는 가상의 노트북 환경을 의미합니다(출처: 위키백과).

13 옮긴이_ https://martinfowler.com/bliki/ComputationalNotebook.html

마지막으로 우리가 서로에게서 배우듯이, 서로의 데이터 프로덕트를 이해하는 것은 사회적인 과정입니다. 데이터 프로덕트는 사용자 간의 커뮤니케이션을 촉진하여 사용자 경험과 데이터 프로덕트 활용 방법을 공유합니다.

사용하기 적합한 데이터 프로덕트를 이해하는 것은 수동적인 작업이 필요 없습니다. 셀프 서비스 방식을 이해하는 기본 사용성 특징 중 하나입니다.

신뢰성

> 신뢰는 미지의 대상과의 확실한 관계다.
>
> — 레이첼 보츠먼Rachel Botsman, 『신뢰 이동』(흐름출판, 2019) p. 47 발췌

신뢰할 수 없는 프로덕트를 쓸 사람은 아무도 없습니다. 그러면 데이터 프로덕트를 신뢰한다는 것은 어떤 의미일까요? 그리고 데이터 프로덕트를 신뢰하는 것이 얼마나 중요하게 작용할까요? 이에 대한 답을 하기 위해 레이첼 보츠먼이 제시한 **아는 것과 모르는 것을 연결해주는 다리**the bridge between the known and the unknown[14]라는 신뢰의 개념을 사용할 것입니다. 데이터 프로덕트는 데이터 사용자가 프로덕트 내 데이터에 대해 잘 알고 있는 것과, 알고 있지는 않지만 필요한 것 사이의 간극을 좁혀야 합니다. 이해 가능성과 검색 가능성과 같은 주요 특성이 이러한 간극을 어느 정도 줄일 수 있지만, 데이터를 신뢰하여 사용하기 위해서는 간극을 훨씬 더 줄여나가야 합니다.

데이터 사용자는 데이터 프로덕트가 비즈니스의 통계를 사실대로 정확하게 표현한다는 것을 확신할 수 있어야 합니다. 또한, 데이터로 발생한 사건의 현실을 얼마나 면밀하게 반영하는지, 집계와 투영 작업의 신뢰성이 얼마나 되는지 확실히 알아야 합니다.

이러한 신뢰 격차를 줄이기 위한 한 가지 방법은 바로 데이터 프로덕트의 서비스 수준 목표 service-level objective (SLO)[15], 즉 주변의 불확실한 데이터를 제거하고 측정한 목표를 보장하는 것입니다.

데이터 프로덕트의 SLO는 아래 목록을 포함합니다.

---

14 옮긴이_ 레이첼 보츠먼의 저서 『신뢰 이동』 p. 47 발췌
15 https://oreil.ly/41TpM

변화 간격 *interval of change*

데이터의 변경 사항이 반영되는 빈도

적시성 *timeliness*

비즈니스 사실이 발생하는 시점과 데이터 사용자가 사용할 수 있게 되는 시점 사이의 편차

완전성 *completeness*

필요한 모든 정보의 가용성 정도

데이터의 통계적 형태 *statistical shape of data*

데이터의 분포, 범위, 크기 등

데이터 리니지 *data lineage*

기존 소스에서 특정 지점까지의 데이터 변환 여정

시간에 따른 예측 및 정확성 *precision and accuracy over time*

시간에 따라 비즈니스의 (예측) 데이터가 정확한 정도

운영적 품질 *operational qualities*

데이터의 신선도, 데이터의 일반적 가용성 및 성능

기존의 데이터 관리 방식에는 오류가 있거나, 비즈니스의 진실을 반영하지 않거나, 단순히 신뢰할 수 없는 데이터를 추출하여 온보딩하는 것이 일반적이었습니다. 이러한 데이터 관리 방식은 대부분 중앙 집중식 데이터 파이프라인에 의해 발생하는 방식으로, 해당 방식을 통해 데이터를 수집한 다음 클렌징했습니다.

반면, 데이터 메시에서는 데이터 프로덕트 오너가 데이터 프로덕트의 본질적인 특징으로 도메인에 맞는 수준의 품질과 신뢰성을 보장하고 소통해야 한다는 근본적인 변화를 도입합니다. 이는 다시 말해 데이터 프로덕트를 생성하는 시점에서 데이터 무결성을 자동으로 클렌징하고 테스트하며 실행해야 한다는 것을 의미합니다.

데이터의 소스와 리니지, 즉 데이터가 어디에서 왔으며 어떻게 여기까지 왔는지를 각 데이터

프로덕트와 관련된 메타데이터로 제공하면 소비자가 데이터 프로덕트에 대한 신뢰를 더욱 높일 수 있습니다. 소비자는 데이터 소스와 리니지를 평가하여 특정 요구 사항에 대한 데이터의 적합성을 결정할 수 있습니다. 일단 각 데이터 프로덕트에 대해 신뢰성을 구축하는 규율이 확립되면, 조사 프로세스^{investigative process}로 신뢰를 구축하고 리니지 트리를 탐색하는 기법을 적용해야 하는 필요성이 줄어듭니다. 그렇지만 데이터 리니지는 머신러닝으로 훈련하는 과정(루트 기반 사후 분석, 디버깅, 데이터 추적 모니터링, 데이터 피트니스 평가 등)에서 여전히 중요한 요소로 남을 것입니다.

네이티브한 접근 가능성

조직의 데이터 성숙도에 따라 데이터 프로덕트에 액세스해야 하는 데이터 사용자 페르소나의 범위는 [그림 3-4]에 표시된 것처럼 다양한 사용자 프로필을 포괄합니다. 예를 들어 스프레드시트를 이용하여 데이터를 탐색하는 걸 선호하는 데이터 분석가, 쿼리 언어로 시각화 또는 보고서에 반영할 데이터 통계 모델을 제작하기를 선호하는 데이터 분석가, 머신러닝 모델 훈련에 쓰일 데이터 프레임을 제작하고 큐레이팅하는 데이터 과학자, 이벤트의 실시간 스트림^{real-time stream} 서비스나 풀 기반 API^{pull-based API} 제작을 기대하는 데이터 중심 애플리케이션 개발자 등이 대표적입니다. 이처럼 데이터에 액세스하고 데이터를 읽는 방법에 대한 기대치가 매우 다양한 사용자층이 존재합니다.

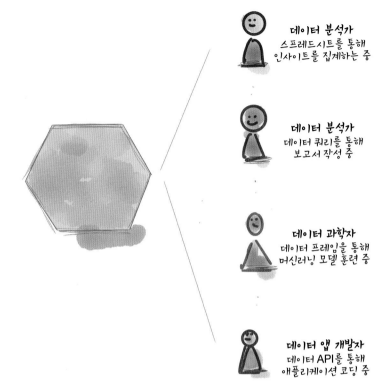

그림 3-4 서로 다른 데이터 액세스 패턴을 가진 데이터 프로덕트 사용자의 넓은 범위에 대한 예시

데이터 프로덕트의 **사용성**과 개별 데이터 유저들이 네이티브 도구로 데이터에 쉽게 접근할 수 있는 방법 간에 직접적인 연계성이 있습니다. 다시 말해, 데이터 프로덕트는 다양한 데이터 사용자들이 네이티브한 접근 방식으로 프로덕트 내 데이터에 접근하여 읽을 수 있도록 되어 있습니다. 이러한 데이터 프로덕트는 폴리글랏 스토리지나 동일한 데이터를 다양하게 읽을 수 있도록 하는 어댑터를 구축하면서 구현할 수 있습니다.

예를 들어, **플레이 이벤트** 데이터 프로덕트는 데이터 분석가의 기본 접근 모드를 충족하기 위해 다음 세 가지 용도를 네이티브하게 지원해야 합니다.

- SQL 쿼리를 통해 데이터를 읽기 위한 용도
- 데이터 집약적인 애플리케이션에서의 이벤트 스트림을 퍼블리싱하기 위한 용도
- 컬럼 지향 파일columnar file[16]을 배포하기 위한 용도

---

16 옮긴이_ 로우(row, 행)가 아닌 컬럼(column, 열)을 기반으로 저장하는 데이터베이스 파일을 가리킵니다. 예를 들어 특정 조건을 만족하

상호 운용성

분산 데이터 아키텍처의 주요 관심사 중 하나는, 데이터를 도메인 간에 상호 연관시키면서 조인, 필터링, 집계하는 등 훌륭하고 인사이트가 풍부한 방식으로 결합하는 기능입니다. 이때 데이터를 효과적으로 구성하기 위한 핵심은 도메인 간에 데이터를 쉽게 **연계**할 수 있도록 표준과 조화 규칙을 따르는 것입니다.

상호 운용성과 컴포저빌리티를 위해 데이터 프로덕트가 표준화해야 하는 것은 다음과 같습니다.

프로덕트 사용 분야의 유형 *field type*

보통 명시적으로 정의된 자료형 체계

다의적 개념 식별자 *polysemes identifier*

여러 데이터 프로덕트를 아우르는 범분야적인 경계를 대상으로 식별하는 스킴[17]

데이터 프로덕트의 글로벌 주소 *data product global address*

이상적으로 데이터 프로덕트를 쉽게 연결할 수 있도록 획일화된 스킴을 통해 각 데이터 프로덕트에 할당된 고유의 글로벌 주소

공통 메타데이터 필드 *common metadata field*

데이터가 발생하거나 기록될 때의 시간 표시 등

스키마 연계 *schema linking*

다른 데이터 프로덕트에 의해 정의된 스키마를 연계하고 재사용하는 능력

데이터 연계 *data linking*

다른 데이터 프로덕트의 데이터를 연계하거나 대응하는 능력

는 컬럼에 대한 값(**CI** 평균, 표준편차 등)을 구할 때 데이터베이스에서 모든 컬럼을 조회해야 하는 로우 지향 파일과는 달리, 데이터를 컬럼별로 저장하기 때문에 파일에서 모든 컬럼을 조회할 필요 없이 몇 개의 컬럼만 가지고 데이터에 접근하거나 결과를 산출할 수 있다는 장점이 있습니다(출처: 위키백과).

17 옮긴이_ 스키마와 거의 같은 의미로 쓰이지만, 보통 스키마가 대략적인 계획이나 도식을 뜻하는 데 비해 스킴은 구체적이고 확정된 것을 가리킵니다(출처: 위키백과).

스키마 안정성 *schema stability*

이전 버전과의 호환성을 수용하며 진화하는 스키마에 접근하는 방법

다의적 개념 식별자에 대해 자세히 알아봅시다. 다프의 **아티스트**는 기업 내의 여러 도메인에 나타나는 핵심 개념입니다. 아티스트는 글로벌한 개체이지만 서로 다른 도메인 사이에서는 서로 다른 어트리뷰트와 식별자를 가질 가능성이 높습니다. 예를 들어 **플레이 이벤트** 데이터 프로덕트는 아티스트의 로열티에 대한 인보이스를 처리하는 **페이먼트** 도메인과는 다른 식별자를 사용하여 아티스트를 인식합니다. 서로 다른 도메인 데이터 프로덕트 전반에 퍼져있는 아티스트에 대한 데이터를 상호 연관시키기 위해서는 모든 데이터 프로덕트에서 전 세계적으로 아티스트를 식별하는 방식에 동의해야 합니다.

5장에서는 각 데이터 프로덕트에 적용된 글로벌 표준과 프로토콜을 주제로 다루고 있습니다. 상호 운용성은 모든 분산 시스템 설계의 기본이며, 데이터 메시도 예외는 아닙니다.

자체적인 가치 창출 가능성

비즈니스와 고객에게 서비스를 제공하는 과정에서 데이터 프로덕트는 데이터 사용자에게 고유한 가치를 제공할 정도로 가치가 있어야 합니다. 데이터 프로덕트 오너가 프로덕트에서 어떤 가치도 제공할 수 없다면 차라리 새로운 프로덕트를 만들지 않는 것이 최상책일 겁니다. 하지만 데이터 프로덕트는 다른 데이터 프로덕트와 조인되거나 상호 연관되지 않고도 그 자체로 **가치 있고 의미 있는** 데이터셋을 포함해야 합니다.

물론 여러 데이터 프로덕트를 상호 연관시켜서 도출할 수 있는 고차원적인 의미, 인사이트, 가치가 항상 존재합니다. 그러나 데이터 프로덕트 자체만으로는 아무런 가치가 없다면 해당 데이터 프로덕트는 존재하지 않아야 합니다.

데이터 웨어하우스 아키텍처에서 데이터 메시로 마이그레이션할 때 흔히 일어나는 안티패턴이 있습니다. 웨어하우스 테이블을 데이터 프로덕트와 직접적으로 매핑하는 것은 아무 의미 없는 데이터 프로덕트를 만들 수 있습니다. 이러한 문제를 해결하기 위해 데이터 웨어하우스에는 개체 간 상관관계를 최적화하는 글루 테이블^{glue table}이 있습니다. 글루 테이블은 팩트 테이블^{fact table}이라고도 하며, 한 종류의 개체 식별자를 다른 종류의 개체에 매핑하는 아이덴티티 테이블^{identity table}입니다. 이러한 아이덴티티 테이블은 다른 테이블에 조인되지 않고는 그 자체로

는 의미나 가치가 없습니다. 단순히 조인을 용이하게 하기 위한 기계적 구현일 뿐입니다.

반대로, 데이터 메시 전체에서 정보를 상호 연관시킬 수 있도록 하기 위해서만 존재하는 기계적인 데이터 프로덕트는 없습니다. 인덱스나 팩트 테이블과 같은 기계적 최적화는 플랫폼에서 자동으로 생성되어야 하며, 데이터 프로덕트 내부에 숨겨서 최적화를 진행해야 합니다.

보안성

데이터 사용자는 데이터 프로덕트의 기밀을 유지하는 방식으로 안전하게 액세스합니다. 데이터 보안성은 아키텍처가 어떤 형태든지 상관없이 가장 중요한 사항입니다. 그러나 데이터 메시와 같이 분산된 아키텍처는 데이터 프로덕트에 의해 검증된 액세스 제어access control 정책으로 데이터 **액세스**access, **읽기**read, **쓰기**write 작업을 수행합니다. 이러한 액세스 제어 정책은 데이터 프로덕트에 따라 다양하게 변화할 수 있습니다. 따라서 분산된 아키텍처는 데이터 프로덕트에 접근하는 모든 액세스 지점에서 액세스 제어 정책을 지속적으로 모니터링되어 평가합니다.

추가로, 데이터 프로덕트에 접근하는 것은 단순히 이분법적으로 해결할 수 있는 것이 아닙니다. 즉 사용자가 데이터를 볼 수 있느냐 없느냐가 아니라는 의미죠. 많은 경우에서 사용자가 실질적인 기록을 볼 수 없는 반면, 통계적 특징을 사용하여 데이터의 형태를 관찰하고 평가하기 위해 일정한 수준 이상의 허가가 필요할 수 있습니다.

액세스 제어 정책은 중앙 도메인에서 정의되지만, 정책을 시행하는 동안 개별 데이터 프로덕트에서 별도로 액세스 제어 정책을 강화시킬 수 있습니다. 데이터 프로덕트는 코드로서의 보안 정책[18]을 관행으로 따릅니다. 이는 정책을 지속적으로 버저닝하고 자동으로 테스트하며, 배포와 관찰을 통해 컴퓨팅적으로 계산하여 강화할 수 있는 방법으로 보안 정책을 작성해야 한다는 것을 의미합니다.

코드 형태로 설명하고 테스트하며 유지 관리하는 정책을 통해 다양한 보안 관련 관심사를 해결할 수 있습니다. 이와 관련하여 보안적으로 다른 것보다 우선적으로 고려해야 할 점을 작성했습니다.

---

18 *https://oreil.ly/zH1k2*

액세스 제어 *access control*

데이터 사용자나 데이터 시스템이 데이터 프로덕트에 액세스할 수 있는 대상, 내용 및 방법

암호화 *encryption*

암호화 알고리즘을 사용하는 디스크, 메모리, 데이터 전송 과정에 실행해야 하는 암호화 알고리즘의 유형, 암호화 키를 관리하고 침해 시 영향 반경을 최소화하는 방법

기밀 수준 *confidentiality level*

데이터 프로덕트에 포함된 기밀 정보(**예** 개인 식별 정보, 개인 건강 정보 등)의 종류

데이터 보유성 *data retention*

정보를 보관해야 하는 기간

규제 및 동의 *regulations and agreements*

GDPR[19], CCPA[20], 도메인 중점 규칙, 계약 동의서

3.2 제품으로서의 데이터 원칙 적용하기

고객과 함께 작업하면서 고객들이 무작정 데이터 메시의 원칙을 수용하려는 것을 알게 되었습니다. 고객들은 '왜 저는 생각하지 못했을까요?'라고 묻거나, '우리도 비슷한 일을 해왔지만 완전히 똑같지는 않았어요'라고 말하는 경우도 종종 있었습니다. 제품으로서의 데이터 원칙은 조직의 기술을 현대화하는 과정에서 직관적이고 자연스럽게 다음 단계로 나아갈 수 있게 합니다. 이때 마이크로서비스를 통해 데이터 프로덕트의 특성을 도메인별로 소유하도록 하고 운영 API와 같은 내부 데이터를 제품으로 취급하는 등, 조직의 운영 측면을 확장시킵니다.

---

19 옮긴이_ 유럽 연합 일반 데이터 보호 규칙(General Data Protection Regulation)을 이르는 용어로, 유럽연합의 법으로써 유럽 연합에 속해있거나 유럽경제지역(EEA)에 속해있는 모든 인구의 사생활 보호와 개인 정보들을 보호하기 위한 규칙을 의미합니다(출처: 위키백과).

20 옮긴이_ 캘리포니아 소비자 개인 정보 보호법(California Consumer Privacy Act)을 가리키는 용어로, 미국 최초의 포괄적 개인 정보 보호법입니다. 2018년 6월 말에 법으로 제정되었으며 캘리포니아 소비자에게 다양한 개인 정보 보호 권리를 제공합니다. CCPA에서 규제하는 회사는 공개, 소비자에 대한 GDPR(일반 데이터 보호 규칙)과 유사한 권리를 포함하여, 해당 고객에 대한 다양한 의무를 가지게 됩니다(출처: Microsoft, '캘리포니아 소비자 개인 정보 보호법(CCPA) 질문과 대답').

그러나 데이터 아키텍처를 데이터 메시로 변환하기 위해 무엇을 해야 하는지 단순히 말만 하는 것과 실제로 행동하는 것에는 차이가 있고, 이러한 차이로 인해 괴리감이 발생합니다. 필자는 데이터 메시 초기 구현자들과 대화를 나누면서 그들이 원칙과 구현 의도를 말로는 표현할 수 있다는 것을 알 수 있었습니다. 하지만 데이터 메시를 실제로 구현할 때에는 여전히 과거에 쓰여왔던 익숙한 기술에 크게 영향을 받는다는 사실을 알게 되었습니다.

이러한 이유로 필자는 기존 패러다임과 **제품으로서의 데이터**를 소유하는 것 간의 차이점을 명확히 하기 위해 몇 가지 실용적인 단계를 구축할 뿐만 아니라 발상의 전환을 자극하는 문구thought-provoking transition statement를 다수 포함하기로 결심했습니다.

아키텍처가 데이터 메시로 전환되면서 필자가 놓쳤을 문구에 대해 생각해보세요.

3.2.1 도메인별로 데이터 프로덕트를 소유하라

지난 10년 동안 조직은 기능적으로 나뉘어져 있던 구조에서 교차 기능적으로 변화해왔습니다. 데브옵스 운동DevOps movement을 통해 비즈니스 서비스 구축과 운영 사이의 간극을 좁히고 기존 팀의 개발dev과 운영ops이 합쳐진 교차 기능 팀을 구성하는 데 앞장섰죠. 고객 중심 프로덕트 개발 덕분에 개발자가 데이터 프로덕트를 소유하고 설계할 수 있게 되었습니다.

분석 데이터를 제품으로 취급하면서 도입하면 다음과 같은 역할이 추가되어 기존 교차 기능 팀의 대응 능력이 확장됩니다.

데이터 프로덕트 개발자data product developer

데이터 프로덕트의 수명 주기 동안 도메인의 데이터 프로덕트를 개발, 제공, 유지하는 역할

데이터 프로덕트 오너data product owner

도메인 내 데이터 프로덕트의 성공성success[21]을 책임지는 과정에서 데이터 사용자를 만족시키고 성장시키며, 데이터 프로덕트의 수명 주기를 유지하는 역할

먼저 각 도메인에 위의 두 가지 역할을 정한 다음, 도메인의 복잡성과 데이터 프로덕트의 수에

---

[21] 옮긴이_ 데이터 프로덕트 사용자의 만족도와 데이터 프로덕트에서 사용 가능한 규모에 따른 성공 정도를 의미합니다. 사용자 만족도가 높을수록, 데이터를 사용할 수 있는 규모가 클수록 해당 데이터 프로덕트의 성공성은 높아집니다.

따라 한 명 또는 여러 명의 사람을 역할에 맡기길 바랍니다.

3.2.2 명명법을 재구성하여 변화를 창출하라

데이터 분석에 흔하게 사용하는 용어 중 하나는 **수집**[ingestion]입니다. 다시 말해 데이터를 업스트림 소스에서 받는다는 것을 의미하는데, 문제는 이러한 업스트림 소스 중 일부가 운영 중에 데이터를 **부산물처럼 내보내는** 신뢰하기 어려운 소스라는 점입니다. 지금은 데이터에서 가치를 창출하기 위해 데이터를 받기 전에 다운스트림 파이프라인에서 데이터를 수집하고 정화하며 처리하는 등 기존의 업스트림에서 해온 일을 대신하고 있습니다.

데이터 메시는 업스트림 데이터를 받는 행위를 수집에서 **소비**[consumption]로 용어를 바꿀 것을 제안합니다. 수집이 업스트림 데이터가 이미 클렌징되고 처리되어 데이터를 제공할 준비가 되었다는 것을 전제로 한다는 점에서 두 용어는 미묘하게 차이가 납니다. 이러한 언어의 변화는 제품으로서의 데이터의 원칙에 더 적합하도록 새로운 인지적인 구성을 일으킵니다.

이와 관련하여 ETL에서 사용되는 **추출**[extraction](E)을 비롯한 모든 단어는 그 의미에 부합하는지 비판적으로 평가할 필요가 있습니다. 추출은 데이터 소비자가 제공자에게서 중요한 데이터만 뽑아 간다는 역할을 떠올리게 합니다. 만약 자체 애플리케이션 이외의 외부 사용에 최적화되지 않은 운영 데이터베이스에서 데이터를 추출하면, 설계 과정에서 모든 종류의 병적 결합[pathological coupling][22]과 결함이 발생합니다. 따라서 추출이라는 언어 대신, **퍼블리싱**[publish], **제공**[serve], **공유**[share] 등으로 바꿔 사용할 수 있습니다. 이는 데이터 공유 구현 방식을 데이터베이스에 접근하는 방식에서 의도적으로 도메인 이벤트나 집계를 공유하는 방식으로 전환하는 것을 의미합니다. 지금쯤이면 우리가 사용하는 언어와 은유에 대해 강조하는 내용을 눈치채셨을 겁니다. UC 버클리[UC Berkeley] 소속의 인지과학 및 언어학 교수인 조지 레이코프[George Lakoff][23]의 저서 『삶으로서의 은유』(박이정, 2006)에서, **논쟁**[argument]이라는 개념의 주위에 있는 언어를 전쟁에서 춤으로 바꿔 비유했을 때의 결과를 통해 언어의 전환을 우아하게 표현하고 있습니다.

먼저 논쟁에서 이기고 지고 상대의 약점을 공격하는 상상을 해보세요. 그다음 무용수로서 춤이라는 아름답고 협력적인 의식을 통해 우리의 생각과 감정을 표현하면서 균형 잡히고 심미적으

---

22 옮긴이_ 한 모듈이 다른 모듈의 내부 동작을 수정하거나 내부 동작에 의존하는 상태를 의미합니다(출처: 위키백과).

23 https://george-lakoff.com

로 즐거운 논쟁한다고 상상해봅시다. 이렇게 논쟁을 전쟁에서 춤으로 비유를 전환했을 때 우리가 살아갈 세상과 관계를 어떻게 발전시킬 수 있을지 상상해보세요. 이 예상치 못한 언어의 재구성은 동작에 큰 영향을 미칩니다.

3.2.3 제품으로서의 데이터, 단순한 자산이 아니다

'데이터는 자산이다', '데이터는 자산처럼 다뤄야 한다'는 빅데이터 관리 분야에서 널리 통용되는 문구들입니다.

자산으로서의 데이터는 새로운 개념이 아닙니다. 수십 년 동안 오픈 그룹 아키텍처 프레임워크The Open Group Architecture Framework(TOGAF)[24]에서 데이터의 첫 번째 원칙으로 '데이터는 자산이다'[25]를 언급해왔습니다. 이는 표면적으로는 다소 무해한 은유입니다. 하지만 '데이터는 자산'이라는 언급으로 인해, 성공을 측정하는 방식과 같이 부정적인 결과에 대한 우리의 인식과 액션에 영향을 미쳤습니다. 필자의 관점에서 봤을 때는, 자산으로서의 데이터는 **허영 메트릭**vanity metric으로 성공의 척도를 재는 것과 같습니다. 즉 보기에는 좋지만 성과에 영향을 미치지 않는 메트릭으로 성공을 측정하는 것과 같습니다. 이러한 지표는 필자가 조직에서 반복적으로 접하는 지표입니다. 자산으로서의 데이터는 데이터를 공유하기보다는 오히려 데이터를 보관하고 저장하는 것에 맞춰져 있습니다. 흥미롭게도, TOGAF의 '데이터는 자산이다Data Is an Asset'라는 원칙이 '데이터는 공유된다Data Is Shared'는 원칙 바로 뒤에 위치합니다.

필자는 자산으로서의 데이터를 **제품으로서의 데이터**로 바꾸기를 제안합니다. 그다음에는 제품이라는 단어에서 오는 관점, 그러니까 **데이터를 프로덕트 형태로 사용**하면서 사용자에게 만족감을 주고, 사용자 수를 산출하는 것을 기준으로 성공을 측정하는 방식을 전환하도록 합니다. 이는 데이터를 도메인이나 조직 내에 유지하고 잠그는 것보다 데이터를 공유하는 것이 중요하다는 것을 강조합니다. 이는 양질의 프로덕트에 걸맞은 지속적인 관리를 강조합니다. 데이터 메시를 위한 새로운 개념 체계를 구축하기 위해 변경해야 하는 은유와 어휘를 찾아보길 바랍니다.

---

24 *https://oreil.ly/oekyG*
25 *https://oreil.ly/Z6Y0y*

3.2.4 신뢰하되 검증하는[26] 데이터 컬처를 구축하라

제품으로서의 데이터 원칙은 데이터 사용자가 기본적으로 데이터의 유효성을 신뢰하고 사용 사례에 대한 적합도를 테스트하는 데 집중할 수 있는 문화로 이어지는 여러 가지 관행을 구현합니다.

이러한 관행에는 다음 사항을 포함합니다.

- 데이터 프로덕트의 무결성, 품질, 가용성 및 기타 사용성 특징을 책임지는 데이터 프로덕트 오너를 장기간 도입하는 것
- 데이터를 공유할 뿐만 아니라 적시성과 보유성, 정확성과 같은 목표를 명확히 공유하는 것
- 데이터 프로덕트 테스트를 자동화하는 데이터 프로덕트 개발 프로세스를 제작하는 것

오늘날에는 이러한 '제품으로서의 데이터' 관행이 부재한 상황에서 **데이터 리니지**는 신뢰 구축의 핵심 요소로 남아 있습니다. 데이터 사용자는 데이터를 신뢰할 수 없다고 가정할 수밖에 없었으며, 데이터를 신뢰하기 위해서는 데이터의 리니지를 통해 면밀히 조사해야만 했습니다. 데이터의 신뢰성이 부족하면 데이터 제공자와 사용자 사이의 간극이 더 벌어지게 됩니다. 데이터에서 신뢰성이 결여되는 것은 데이터 제공자가 사용자가 필요로 하는 것을 충분히 보여줄 능력과 데이터를 장기간 책임질 역량이 부족하거나, 컴퓨팅적으로 보장하는 것이 결여되면서 발생합니다.

제품으로서의 데이터의 관행은 새로운 문화를 만드는 것을 목표로 합니다. **데이터를 유죄로 추정하여 무조건 신뢰하지 않는 원칙**에서, 러시아의 속담대로 **'신뢰하되 검증하라'라는 원칙으로 전환하는 것**처럼 말이죠.

3.2.5 데이터를 하나의 논리적 단위로 조합하고 계산하라

이제 데이터 메시와 관련된 어휘가 편견 없이 이루어지고 있는지 한번 테스트해봅시다.

데이터 프로덕트라는 단어를 들었을 때, 어떤 생각이 가장 먼저 드시나요? 데이터 프로덕트는 어떤 형태이고 어떤 게 들어있을까요? 대부분 독자는 데이터 프로덕트가 정적인 파일이나 테이블, 열과 행, 어떤 형태로 축적된 저장 매체를 떠올릴 것이라 장담합니다. 이러한 프로덕트

---

26 옮긴이_ 'Trust, but verify'라는 러시아 속담으로, 로널드 레이건(Ronald Reagan)이 1984년부터 1987년까지 미국의 대통령으로 임기해 있을 동안 미국의 학자인 수잔 마시(Suzanne Massie)가 그에게 한 말로 유명합니다(출처: 위키백과).

내에는 사실을 나타내는 비트와 바이트로 구성되어 있으며, 아마도 직관적이면서도 아름답게 모델링되어 있을 것입니다. 결국 정의상 데이터^{datum}는 '정보 조각'을 의미합니다.[27]

그런데 이러한 관점은 결국 코드가 데이터에서 분리되는 결과를 낳습니다. 이 경우에서는 코드가 데이터를 유지하는 용도, 생성하는 용도, 제공하는 용도로 분리되는 결과로 이어집니다. 이러한 방식으로 코드가 분리되면, 생성된 데이터를 유지하거나 제공할 수 없어 시간이 지나면서 붕괴되는 고아 데이터셋^{orphaned dataset}이 생성됩니다. 결과적으로 이러한 분리로 인해 데이터 스왐프^{data swamp}[28]라는, 성능이 악화된 데이터 레이크가 나오게 됩니다.

데이터 메시는 '데이터 vs 코드'라는 대결 구도에서 '데이터와 코드'라는 하나로 합쳐진 구조적 단위^{architectural unit}, 즉 구조적으로 완전한 단일 배포 가능한 단위로 전환합니다. 이는 특정 도메인에서 고품질 데이터를 제공하기 위해서입니다. 이러한 구조적 단위는 단독적으로는 존재할 수 없으며 다른 구조적 단위와 함께 존재해야 합니다.

데이터와 코드가 하나의 단위로 공존하는 것은 마이크로서비스 아키텍처[29]를 관리해온 사람들에게는 더 이상 새로운 개념이 아닙니다. 운영 시스템은 각 서비스에서 코드와 데이터를 관리하고, 스키마를 정의하며 업데이트하는 방향으로 발전하고 있습니다. 각 운영 시스템 간의 차이점은 코드와 데이터 간의 관계입니다. 마이크로서비스 아키텍처의 경우 데이터가 코드를 제공합니다. 다시 말해 마이크로서비스 아키텍처는 각 서비스에서 제공받은 데이터를 기반으로 비즈니스 특성을 제공하는 코드를 제공할 수 있게끔 한다는 이야기입니다.[30] 반대로 데이터 프로덕트와 데이터 메시는 그 관계가 반전되어 있습니다. 즉 코드가 데이터를 제공한다는 의미입니다. 자세히 말하면, 코드가 데이터를 변환하고, 데이터의 무결성을 유지하며, 데이터 관련 정책을 거버닝하고, 궁극적으로는 데이터에 서비스를 제공해주는 역할을 합니다.

코드와 데이터를 호스트하는 기본적인 물리적 인프라는 분리된 상태로 유지됩니다.

---

27 여담으로 18세기의 데이터(datum, data의 단수형)라는 단어는 라틴어로 '주어진 것'이라는 점을 알 수 있습니다. 데이터의 초기 의미는 의미 있는 사실을 창출하고 공유하는 '데이터 프로덕트'의 정신과 더욱 가깝습니다.

28 *https://oreil.ly/6ixTI*

29 *https://oreil.ly/cKogS*

30 옮긴이_ 예를 들어 마이크로소프트의 자동화 설계 프로그램인 파워 오토메이트(Power Automate)의 경우, 개별적으로 구현된 서비스를 MIT 미디어랩의 스크래치(Scratch)처럼 코드 블록 형태로 연결하는 방식으로 하나의 자동화 서비스 프로그램을 구현합니다(⑩ 아웃룩과 파워 BI를 연계하여 실제 청취자 수 그래프를 메일로 보내주는 서비스 등). 다시 말해, 각 마이크로서비스의 데이터를 기반으로 하나의 프로그램을 이루는 코드(⑩ 워크플로우)를 구축할 수 있게끔 활용한다는 의미입니다.

정리하기

제품으로서의 데이터 원칙은 탈중앙화된 도메인의 데이터 오너십 원칙에 의해 발생된 도메인별 데이터 사일로 문제를 해결하기 위해 고안되었습니다. 이러한 원칙은 데이터 오리진에 대한 관점에서 바라볼 때 데이터 책임과 데이터 신뢰성을 향해 데이터 컬처를 전환시키기도 합니다. 이러한 원칙의 궁극적인 목표는 데이터를 간편히 사용할 수 있게 하는 것입니다.

3장에서는 8가지 독립적인 기본 사용성 특징(검색 가능성, 어드레싱 가능성, 이해 가능성, 신뢰성, 네이티브한 접근 가능성, 상호 운용성, 자체적인 가치 창출 가능성, 보안성)에 대해 다뤘습니다.

그리고 데이터 프로덕트 오너의 역할, 즉 도메인 데이터와 도메인 데이터의 소비자에 대해 잘 알고 있는 사람에 대해 소개하기도 했죠. 이는 데이터의 품질, 데이터 소비 시 발생하는 리드 타임 절감, 순고객추천지수net promoter score (NPS)[31]를 통한 데이터 사용자의 만족도와 같은 성공 기준과 데이터 오너십을 장기적으로 책임성을 보장하기 위함입니다.

각 도메인은 데이터 프로덕트 개발자의 역할이 포함되어 있으며, 이 역할은 도메인의 데이터 프로덕트를 구축, 유지 관리와 서비스하는 일을 담당합니다. 이때 데이터 프로덕트 개발자는 같은 도메인의 동료 애플리케이션 개발자와 함께 일하게 됩니다.

각 도메인 팀은 하나 이상의 데이터 프로덕트를 제공하고 있습니다. 기존 운영 도메인에 적합하지 않은 데이터 프로덕트를 서비스하기 위해 새로운 팀을 구성할 수도 있습니다.

제품으로서의 데이터는 데이터에 대한 깊은 공감을 바탕으로 데이터를 신뢰하고, 구축하고, 제공할 수 있는 새로운 세상의 시스템을 만들어냅니다. 이러한 시스템의 성공 여부는 데이터의 크기가 아니라 사용자에게 제공되는 가치를 통해 측정됩니다.

이렇게 제품으로서의 데이터 원칙을 도입함으로써 조직에서 일어나는 변화는 조직적인 변환으로 취급되어야 합니다. 5부에서 이러한 조직적 변환에 대해 다룹니다. 그전에 4장에서 제품으로서의 데이터를 실현하기 위한 플랫폼 전환에 대해 살펴봅시다.

---

31 옮긴이_ 응답자에게 프로덕트나 서비스를 주변 동료에게 추천할 만한지에 대해 평가한 결과를 점수로 나타낸 것을 의미합니다 (https://oreil.ly/iFCtM).

4장

셀프 서비스 데이터 플랫폼의 원칙

단순함은 당연한 것을 제거하고 의미 있는 것을 더하는 것이다.

— 존 마에다John Maeda, 『단순함의 법칙』(럭스미디어, 2017) p.143 발췌

지금까지 두 가지 데이터 메시의 원칙으로 기존 데이터 아키텍처를 데이터 메시로 전환하는 방법을 소개했습니다. 하나는 비즈니스 도메인별로 분산된 데이터 오너십에 대한 원칙이고, 다른 하나는 데이터를 사용하기 적합하고 가치 있는 제품처럼 공유하는 원칙입니다. 그러나 이러한 원칙들로 인해 데이터 아키텍처가 간단하고 직관적으로 전환되면서 예기치 않은 결과를 일으킬 수 있습니다. 각 도메인에서 진행하는 작업이 중첩되어 운영 비용이 증가하거나, 도메인 전반에 호환이 이뤄지지 않는 문제가 조직 곳곳에서 발생할 가능성이 높아집니다.

도메인 엔지니어링 팀이 애플리케이션을 구축하고 디지털 프로덕트를 유지 관리할 뿐만 아니라 분석 데이터를 프로덕트 형태로 소유하고 공유할 것을 요구하면 실무자와 리더leader 모두에게 우려 사항이 발생합니다. 필자가 자주 듣는 우려 사항은 다음과 같습니다.

- 모든 도메인이 자체적으로 데이터를 빌드하고 소유한다면 거기서 나온 비용을 어떻게 관리해야 할까요?
- 구인하기도 어려운 데이터 엔지니어를 모두 도메인 직원으로 채용하려면 어떻게 해야 하나요?
- 아키텍처를 데이터 메시로 전환하면 각 팀에서 사일로가 발생하여 작업이 중복되느라 엔지니어링 작업이 과도하게 발생할 것 같습니다.
- 데이터 프로덕트의 사용성 특징을 모두 제공하기 위해서는 어떤 기술을 구매해야 할까요?
- 혼란을 피하기 위해 분산된 방식으로 거버넌스를 시행하려면 어떻게 해야 할까요?
- 서로 다른 도메인에서 만든 중복 데이터를 어떻게 관리해야 하죠?

비슷하게, 부서 엔지니어링 팀과 실무자는 '어떻게 하면 우리 팀의 책임을 비즈니스 운영을 위한 애플리케이션 구축뿐 아니라 데이터 공유까지 확장할 수 있을까?'와 같은 우려를 표합니다.

이러한 질문들은 데이터 메시의 세 번째 원칙, **셀프 서비스 데이터(인프라) 플랫폼의 원칙**self-serve data infrastructure as a platform으로 해결할 수 있습니다. 데이터와 분석 플랫폼이 부족한 것은 아닙니다. 하지만 **제너럴리스트 기술자**generalist technologist(일반 기술자)들이 탈중앙화된 방식으로 분석 데이터를 공유하고 액세스하여 사용하기 위해서는, 기존 플랫폼이 **스케일 아웃**scale-out 방식으로(수평적으로) 확장할 수 있도록 변화를 줘야 합니다. 이것이 바로 데이터 메시 플랫폼의 핵심적인 차별화된 요소입니다.

[그림 4-1]은 도메인에 대해 구애 받지 않는 특성domain-agnostic capability을 추출하여 셀프 서비스 데이터 인프라 플랫폼으로 이동시키는 과정입니다. 플랫폼은 전담하고 있는 데이터 플랫폼 팀이 구축하여 유지 관리합니다.

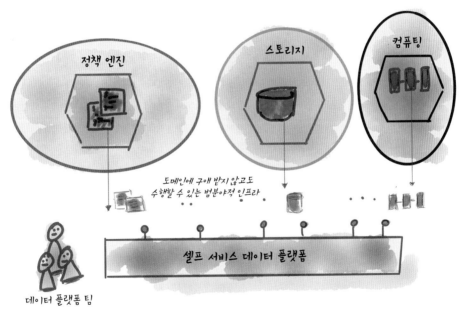

그림 4-1 도메인에 구애 받지 않는 인프라를 개별 데이터 플랫폼에 추출하여 수집하는 과정

이번 장에서는 데이터 메시에서 **플랫폼**platform이라는 용어가 어떤 의미인지 정확히 하기 위해, 기본 인프라 특성에 플랫폼 사고를 적용해볼 예정입니다. 그런 다음 데이터 메시의 기본 플랫

폼의 고유한 특징을 공유합니다. 이번 장에서 살펴볼 내용을 토대로 9장과 10장에서는 이러한 플랫폼의 특성과 플랫폼 설계 방법에 대해 자세히 설명합니다. 지금은 데이터 메시의 기본 플랫폼이 오늘날 우리가 사용하는 많은 솔루션과 어떻게 다른지 살펴보겠습니다.

> **✎ NOTE** 이번 장에서 **데이터 메시 플랫폼**data mesh platform은 **기반 데이터 인프라 특성의 집합**a set of underlying data infrastructure capabilities이라는 의미로 사용합니다. **플랫폼**이라는 용어는 단순히 단일 솔루션과 긴밀하게 통합된 피처를 갖춘 단일 벤더vendor를 의미하지 않습니다. 플랫폼은 4.2절에서 언급한 플랫폼의 핵심 목표를 달성하는 데 사용할 수 있는 기술이 모여 이루어진 플레이스홀더placeholder[1]를 이르는 말입니다. 즉 독립적이면서도 함께 잘 작동하는 기술 집합을 가리키는 것일 뿐입니다.

4.1 데이터 메시 플랫폼: 비교하고 대조하라

데이터 인프라의 범주에 속하는 많은 기술 솔루션이 있으며 종종 플랫폼으로 포장되기도 합니다. 다음은 기존 플랫폼 특성의 일부 예시입니다.

- 데이터 레이크, 웨어하우스, 레이크하우스 형태의 **분석 데이터 스토리지**analytical data storage
- 일괄batch 처리 방식과 스트리밍streaming 처리 방식으로 데이터를 처리하기 위한 **데이터 프로세싱 프레임워크**data processing framework 및 계산 엔진
- 컴퓨팅적인 데이터 플로우 프로그래밍과 대수적으로 SQL[2]과 유사한 구문, 이 두 가지 방식에 기반하여 만들어진 **데이터 쿼리 언어**data querying language
- 데이터 거버넌스와 조직 전반의 모든 데이터 검색을 지원하는 **데이터 카탈로그**data catalog 솔루션
- 복잡한 데이터 파이프라인 작업이나 머신러닝 모델 개발 배포 워크플로우를 조율하는 **파이프라인 워크플로우 관리**pipeline workflow management

이중 많은 특성이 데이터 메시를 구현하고 활성화하기 위해 필요하지만, 데이터 메시 플랫폼의 접근 방식과 목표는 시간에 따라 변화한다는 특징이 있습니다. 이러한 점을 상기하면서 데이터 메시와 다른 데이터 아키텍처를 빠르게 비교하고 대조해보겠습니다.

1　베타리더_ 이 책에서는 플랫폼이 처음부터 기술을 모든 도메인에 일괄적으로 제공하는 것이 아닌, 각 도메인에서의 사용자가 기술을 독립적으로 사용하면서도 모든 도메인이 같은 방향으로 나아갈 수 있도록 안내하는 의미로 사용되었습니다.

2　옮긴이_ 구조적 쿼리 언어(Structured Query Language)라고 하며, 관계형 데이터베이스(relational database)에 정보를 저장하고 처리하기 위한 프로그래밍 언어입니다. 관계형 데이터베이스란 행과 열을 통해 다양한 데이터 속성과 데이터 값 사이의 관계를 다양하게 나타낸 표 형식의 정보를 가리킵니다(출처: Amazon AWS. 'SQL이란 무엇인가요?').

[그림 4-2]는 데이터 메시 플랫폼만의 고유한 특징을 기존의 플랫폼과 비교하여 보여줍니다. 데이터 메시 플랫폼은 기존의 기술을 활용하면서도 각 도메인 고유의 특징을 살린다는 점을 명심하세요. 이어서 셀프 서비스 플랫폼 구축을 위한 데이터 메시의 작동 방식에 대해 설명하겠습니다.

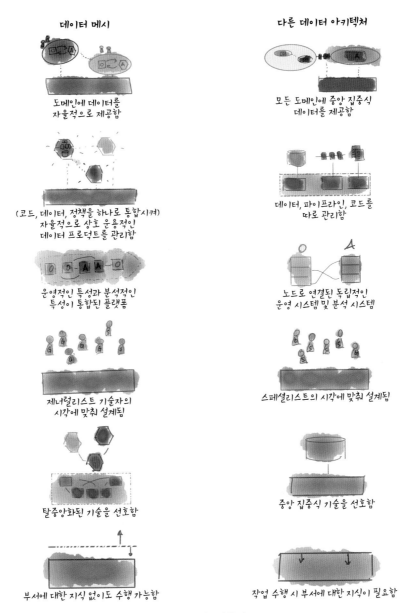

그림 4-2 다른 데이터 아키텍처와 비교한 데이터 메시 플랫폼의 특징

이제 데이터 메시가 셀프 서비스 플랫폼처럼 작동하는 방식에 대해 자세히 살펴봅시다.

4.1.1 도메인 팀별로 자율적인 데이터 제공

데이터 메시 플랫폼은 주로 도메인 엔지니어링 팀 수준에서 새로운 업무를 수행할 수 있도록 지원합니다. 도메인 엔지니어링 팀이 담당하는 것은 데이터 프로덕트를 엔드 투 엔드 방식으로 구축, 공유 및 사용하고, 운영 시스템과 기타 소스에서 데이터를 포착하며, 최종 데이터 사용자와 함께 데이터를 프로덕트 형식으로 변환하고 공유하는 것이 있습니다.

데이터 메시 플랫폼은 팀이 중앙 집중식 데이터 팀이나 중개자^{intermediary}에 의존하지 않고 자율적인 방식으로 앞에서 언급한 작업을 수행할 수 있어야 합니다.

기존의 많은 벤더 기술은 대체적으로 중앙 집중식 데이터 팀을 대상으로 상정하여 모든 도메인의 데이터를 포착하고 공유한다는 가정 하에 구축되었습니다. 이러한 가정은 아래와 같이 기술적으로 심각한 결과를 초래합니다.

- 비용은 도메인 리소스별로 나뉘지 않고 **모놀리식으로 추정되고 관리됩니다.**
- **보안 및 프라이버시 관리**^{security and privacy} 팀은 물리적 리소스가 동일한 계정으로 공유되고 데이터 프로덕트별로 고립된 보안 콘텍스트로 확장되지 않는다고 가정합니다.
- **중앙 파이프라인 오케스트레이션**^{central pipeline orchestration} 팀은 중앙 파이프라인 구성 정보 리포지토리^{central pipeline configuration repository}와 중앙 모니터링 포털^{central monitoring portal}을 통해 모든 데이터 파이프라인을 전사적으로 관리한다고 가정합니다. 이는 각각의 데이터 프로덕트를 구현하는 데 할당되어 작은 스케일의 데이터를 다루는 독립적인 파이프라인과 서로 상충됩니다.

도메인 팀이 자율적으로 행동하는 데 기존 기술이 어떻게 방해가 되는지 보여주는 몇 가지 예시입니다.

4.1.2 자율적이고 상호 운영 가능한 데이터 프로덕트 관리

데이터 메시는 핵심 접근 방식에서 도메인별로 데이터 프로덕트라는 새로운 구조를 구축합니다. 데이터 프로덕트는 도메인마다 자율적으로 가치(데이터)를 제공하는 새로운 아키텍처 구조입니다. 이러한 구조를 통해 최종 데이터 사용자에게 검색 가능하고, 사용 가능하며, 신뢰할 수 있고 안전한 데이터를 제공하는 데 필요한 모든 동작과 데이터를 인코딩합니다. 데이터 프로덕트는 다른 데이터 프로덕트와 서로 데이터를 공유하며 데이터 메시를 통해 서로 상호 연결됩니다. 따라서 데이터 메시 플랫폼은 데이터 프로덕트로 이루어진 새로운 구조로 작동해야 하며, 데이터 메시에 있는 데이터 프로덕트의 수명 주기와 모든 구성 요소를 자율적으로 관리하도록 지원해야 합니다.

이러한 플랫폼의 특징은 데이터 처리 파이프라인, 데이터와 메타데이터, 데이터를 거버닝하는 정책 등의 관리 동작을 독립적인 조각으로 취급하는 오늘날의 기존 플랫폼과는 다릅니다. 기존 기술 중 최상위 기술로 새로운 데이터 프로덕트 관리를 추상화할 수는 있지만, 이는 그다지 우아하지는 않습니다.

4.1.3 운영적 특성과 분석적 특성을 가진 지속적 플랫폼

도메인의 데이터 오너십 원칙은 도메인 팀이 자율적으로 데이터를 엔드 투 엔드 방식으로 관리할 수 있는 플랫폼을 요구합니다. 이를 통해 운영 플레인과 분석 플레인 사이의 간극을 조직적으로 좁힐 수 있습니다. 이를 위해 데이터 메시 플랫폼은 연결된 환경을 제공할 수 있어야 합니다. 팀이 애플리케이션을 구축하든 실행하든, 데이터 프로덕트를 공유하거나 사용하든 도메인 팀의 경험은 분석 사용 사례를 위해 원활히 연결되어야 합니다. 플랫폼이 기존 도메인 기술 팀에 성공적으로 도입되려면, 운영 스택과 분석 스택 사이의 단절이라는 장벽을 없애야 합니다.

데이터 메시 플랫폼은 분석 기술과 운영 기술 사이의 격차를 줄여야 합니다. 또한, 교차 기능 팀과 애플리케이션 팀에게 네이티브한 방식으로 분석 기술과 운영 기술이 원활하게 함께 작동되도록 하는 방법을 찾아야 하죠.

예를 들어 오늘날 스파크^{Spark}와 같이 데이터 처리 파이프라인을 실행하는 컴퓨팅 패브릭 computation fabric[3]은 다른 클러스터링 아키텍처$^{clustering\ architecture}$[4]에서 관리합니다. 이로 인해 쿠버네티스^{Kubernetes}와 같은 운영 시스템을 실행하는 컴퓨팅 패브릭과 떨어져 있고 종종 연결이 끊어져 있습니다. 컴퓨팅 패브릭과 긴밀하게 협업하는 데이터 프로덕트, 즉 소스 데이터 프로덕트를

---

3 옮긴이_ 데이터 패브릭(data fabric)이라고도 하며, 머신러닝과 자동화 기술을 사용하여 다양한 클라우드 환경과 데이터 파이프라인을 전면으로 통합하는 또 다른 최신 아키텍처입니다. 여러 도메인이 데이터를 관리한다는 점에서 데이터 메시와 유사하지만, 데이터 패브릭의 경우 데이터 레이크와 같은 기존 인프라와 공존하면서 작동한다는 점에서 차이가 있습니다. 기존 데이터 아키텍처와의 공존과 관련된 내용은 15.3절을 참고하길 바랍니다(출처: Amazon AWS, '데이터 메시란 무엇인가요?').

4 옮긴이_ 가상 머신(virtual machine)을 포함한 여러 대의 컴퓨터들이 연결되어 하나의 시스템처럼 동작하도록 하는 아키텍처를 의미합니다(출처: 위키백과).

만들려면 컴퓨팅 패브릭을 더 긴밀하게 통합해야 합니다. 필자는 동일한 컴퓨팅 패브릭에서 운영 엔진과 분석 엔진 모두 실행하고 있는 조직과는 거의 함께 일해본 적이 없습니다.

운영 플레인과 분석 플레인, 두 플레인의 본질적인 차이점 때문에 운영 시스템과 분석 시스템의 기술이 서로 다른 상태로 유지되어야 하는 영역이 많습니다. 예를 들어 디버깅과 감사 목적으로 소프트웨어를 추적하는 경우가 있다고 가정합니다. 운영 시스템은 오픈텔레메트리 OpenTelemetry 프로젝트[5]를 표준으로 하여, 트리 구조로 분산된 애플리케이션 환경에서 (API를 통해) 호출을 추적합니다. 반면에 데이터 프로세싱 워크로드 data processing workload 는 분산된 데이터 파이프라인에 퍼져 있는 데이터 리니지 lineage 를 추적하기 위해 오픈리니지 OpenLineage 프로젝트[6]를 사용합니다. 이렇게 운영 플레인과 분석 플레인 사이에서 기술 측면으로 충분히 차이가 나는 것을 볼 수 있습니다. 그렇기에 이러한 두 플레인의 표준이 잘 통합되는 것이 중요합니다. 대부분의 경우 데이터 여정은 사용자의 액션에 대한 응답으로 애플리케이션을 호출하는 것에서 시작되기 때문입니다.

4.1.4 제너럴리스트 기술자의 시각에 맞춘 설계

오늘날 데이터 플랫폼을 적용하는 데 방해가 되는 것이 하나 더 있습니다. 바로 기술 제공자가 스페셜리스트의 눈높이에 맞춰 데이터를 제공한다는 점입니다. 이로 인해 데이터 엔지니어같이 전문화된 역할이 희소해진다는 문제가 발생합니다.

필자는 이렇게 확장 불가능한 전문화 문제를 **(사실상) 표준과 관습의 부재, 기술 상호 운용성 관련 인센티브 부족, 간단하게 사용할 수 있는 프로덕트 개발 목적으로 사용될 인센티브의 부족**에 의한 것으로 보고 있습니다. 이러한 문제는 거대한 모놀리식 플랫폼의 잔재 때문이기도 합니다. 단일 벤더가 모놀리식 플랫폼에 데이터를 기능적으로 처음부터 끝까지 저장하고 추가 서비스를 연결합니다. 이로 인해 벤더는 단독으로 데이터를 모놀리식 플랫폼에 저장하고 처리하는 것을 제어하게 됩니다.

데이터 메시 플랫폼은 기존의 패턴을 부수면서, 일련의 개방적인 관행에 따라 작업을 진행해야 합니다. 이때 서로 다른 기술 간의 상호 운용성을 촉진하고 데이터에서 가치를 창출하기 위해

---

5   옮긴이_ 오픈텔레메트리는 벤더와 도구에 구애받지 않으면서 트레이스(trace), 메트릭(metric), 로그(log) 등과 같은 운영 데이터를 생성하고 관리하기 위한 오픈 데이터 관찰 가능성(모니터링) 프레임워크 혹은 툴킷을 가리킵니다(https://opentelemetry.io).

6   옮긴이_ 데이터 리니지를 수집하거나 분석하기 위한 용도로 사용되는 오픈 프레임워크를 가리킵니다(https://openlineage.io).

스페셜리스트 한 명이 배워야 하는 독점 언어와 경험의 수를 줄여야 합니다. 우선 배우기 쉬운 사용자 경험과 프로그래밍 언어와 API를 통해 제너럴리스트 개발자에게 인센티브를 제공하고 지원하는 것이 개발자의 인지 부하$^{cognitive\ load}$[7]를 낮추는 데 좋은 출발점이 될 것입니다. 한편 데이터에 기반한 개발을 더 많은 실무자에게 (스케일 아웃하게) 확장하기 위해서는 데이터 메시 플랫폼이 제너럴리스트 기술자와 관련성을 유지해야 합니다. 이들 플랫폼은 제너럴리스트가 사용하는 기본 도구와 프로그래밍 언어에 자연스럽게 녹아 들 수 있는 환경을 조성함으로써 작업을 진행하는 데 방해가 되지 않도록 해야 합니다.

당연한 말이지만, 플랫폼은 지속 가능한 솔루션으로 이어지는 소프트웨어 엔지니어링의 관행에 타협하지 않고 달성되어야 합니다. 예를 들어 로우코드$^{low-code}$나 노코드$^{no-code}$ 플랫폼[8]은 기존 플랫폼과 비교했을 때 데이터를 바탕으로 작업하는 기능을 유지하는 대신 테스트, 버저닝^{versioning}, 모듈화^{modularity} 등의 기술을 희생합니다. 이러한 플랫폼은 시간이 지나면 유지보수가 불가능해집니다.

> **✏️ NOTE** **제너럴리스트 기술자**$^{generalist\ technologist}$라는 말은 T자 모양[9]이나 흘리기 기법$^{paint-drip}$[10] 모양의 지식 분포를 가진 기술자라는 의미입니다. 이들은 다양한 스펙트럼의 소프트웨어 엔지니어링에 경험이 있는 개발자로, 다양한 시점에서 한두 가지 분야에 집중하여 심층적인 지식을 습득합니다.
>
> 여기서 요점은 다양한 분야의 지식에 대해 알고 있으면서 한두 가지 영역에 깊은 조예가 있는 기술자라는 것입니다.
>
> 한 가지 특정 분야에만 전문성을 가진 스페셜리스트와 상반됩니다. 스페셜리스트는 전문성에 집중하다 보니 다양한 스펙트럼을 탐색할 수 없습니다. 미래의 제너럴리스트는 데이터를 기반으로 작업하고, 데이터 프로덕트를 통해 데이터를 생성하고 공유하게 될 수 있습니다. 또한 스페셜리스트 데이터 과학자가 이미 모델을 개발한 경우 제너럴리스트는 이를 피처 엔지니어링과 머신러닝 학습에 사용할 수 있을 것입니다. 이러한 기술

---

7 옮긴이_ 학습이나 과제 해결 과정에서의 인지적 요구량을 말합니다. 어떤 정보가 학습되기 위해서는 작동기억 안에서 정보가 처리되어야 하는데, 작동기억이 처리해 낼 수 있는 정보의 양보다 처리해야 할 정보가 많으면 문제가 생기며 인지 부하가 생기게 됩니다(출처: 위키백과).

8 옮긴이_ 로우코드 플랫폼은 기존 코드를 워크플로우로 이동하고 최소한의 코딩으로 앱을 빌드하는 플랫폼이며, 노코드 플랫폼은 프로그래밍에 전혀 익숙하지 않은 개발자를 위해 코딩 없이 앱을 빌드할 수 있도록 설계된 플랫폼입니다. 로우코드 플랫폼과 노코드 플랫폼 모두 사용자가 시각적 모델링 소프트웨어를 통해 앱을 만들 수 있으며, 시간과 비용을 절약할 수 있는 특징이 있습니다(출처: Microsoft, '로우코드 개발 플랫폼이란 무엇인가요?').

9 https://oreil.ly/jHehn

10 https://oreil.ly/Durvx

을 사용하기 위해 제너럴리스트는 기본적으로 인공지능을 서비스처럼 사용합니다.

지금으로써는 대부분 데이터 업무는 전문성이 요구되며 전문성을 갖추기 위해서는 오랜 기간 많은 노력을 기울여야 합니다. 이로 인해 제너럴리스트 기술자의 진입이 저해되고 데이터 스페셜리스트가 부족해졌습니다.

4.1.5 탈중앙화된 기술 선호

기존 플랫폼이 보통 지니고 있는 다른 특징은 제어를 중앙 집중화한다는 점입니다. 그 예시로 중앙 집중식 파이프라인 오케스트레이션 도구 및 카탈로그, 중앙 집중식 웨어하우스 스키마, 중앙 집중식 컴퓨팅 및 스토리지 리소스 할당 등이 있습니다. 데이터 메시가 부서의 데이터 오너십을 통해 탈중앙화에 초점을 맞추는 이유는 궁극적으로 조직의 변화 속도를 늦추는 조직적 동기화organizational synchronization와 병목 현상bottleneck을 피하기 위함입니다.[11] 표면적으로는 조직이 고려해야 할 관심사인데도 불구하고, 기반 기술과 아키텍처는 조직의 커뮤니케이션과 설계에 직접적으로 영향을 줍니다. 반대로 모놀리식 또는 중앙 집약적인 기술 솔루션은 중앙 집중식 제어와 팀으로 이어집니다.

데이터 메시 플랫폼은 데이터 공유, 제어, 거버넌스에서 조직의 탈중앙화를 설계의 핵심으로 고려해야 합니다. 데이터 메시 플랫폼을 설계할 때 중앙 집중식 측면을 모두 체크하여 팀 간 동기화, 중앙 집중식 제어, 자율적인 팀 사이의 긴밀한 종속성 등을 일으킬 수 있는 원인을 검사합니다.

그렇다고 하더라도 데이터 프로세싱을 위해 컴퓨터 클러스터computer cluster[12]를 설정하는 것과 같이 중앙 집중식으로 관리해야 하는 인프라 측면도 많이 있습니다. 이는 각 도메인 팀이 데이터를 공유하고 사용하는 과정에서 수행하는 불필요한 작업을 줄이기 위함입니다. 바로 이 부분에서 셀프 서비스 플랫폼이 빛을 발합니다. 셀프 서비스 플랫폼은 기본 리소스를 중앙에서 관리하면서 도메인 팀이 다른 팀에 대한 긴밀한 종속성 없이 독립적이면서 엔드 투 엔드 방식으로 성과를 달성할 수 있도록 지원합니다.

---

11 옮긴이_ 자세한 내용은 P.3.1절과 1.3.1절을 참조하세요.
12 옮긴이_ 여러 대의 컴퓨터들이 연결되어 하나의 시스템처럼 동작하는 컴퓨터들의 집합을 의미합니다(출처: 위키백과).

4.1.6 도메인에 구애받지 않는 플랫폼 특성

데이터 메시는 도메인 팀과 플랫폼 팀 간에 책임을 명확히 분담합니다. 도메인 팀은 비즈니스 지향 프로덕트와 이상적인 데이터 기반 서비스, 그리고 데이터 프로덕트를 구축하는 데 중점을 두고 있으며, 플랫폼 팀은 도메인을 위한 기술적 활성화 요소에 중점을 두고 있습니다. 이는 기존의 책임 분담과는 다른데, 기존에는 분석 데이터를 사용하기 위해 데이터 팀이 도메인별 데이터 통합과 기본 기술 인프라 모두를 책임지는 경우가 많았습니다.

이러한 책임 분담은 플랫폼 특성에 반영되어야 합니다. 플랫폼은 도메인에 구애받지 않는 글로벌한(전역적인) 특성을 제공하는 것과 도메인별로 데이터를 모델링하고 처리하며 공유하는 로컬한(지역적인) 특성을 제공하는 것 사이에서 균형을 유지해야 합니다. 이를 위해서는 데이터 개발자에 대한 깊은 이해와 프로덕트 중심 사고를 플랫폼에 적용하는 것이 필요합니다.

4.2 데이터 메시 플랫폼 사고

> 플랫폼platform: 사람이나 물건이 설 수 있을 정도로 높이 솟은 표면.
>
> — 옥스포드 영영사전

플랫폼이라는 일상적인 기술 전문 용어에서 가장 흔히 사용되는 문구 중 하나이며, 조직의 기술 전략에서 널리 사용되고 있습니다. 일반적으로 사용되지만 정의하기 어렵고 해석에 따라 달라질 수 있습니다.

데이터 메시의 맥락에서 플랫폼에 대한 이해를 돕기 위해 신뢰할 수 있는 몇 가지 문헌을 소개합니다.

> 디지털 플랫폼은 강력한 내부 프로덕트를 구성하는 셀프 서비스 API, 도구, 서비스, 지식, 지원의 기반이다. 자율적으로 데이터를 전달하는 팀은 이 플랫폼을 사용하여 조정을 줄이면서 프로덕트의 피처를 빠른 속도로 배포한다.
>
> — 에반 봇처Evan Bottcher, "What I Talk About When I Talk About Platforms"[13]

---

13 *https://oreil.ly/EoWNP*

플랫폼 팀platform team[14]의 목적은 스트림 팀stream-aligned team[15]이 충분한 자율성을 띠고 업무 결과를 전달하도록 돕는 것이다. 스트림 팀은 실제 환경에서 애플리케이션을 구현하고 운영 및 수정하는 권한을 지닌 오너십(소유권)을 완전히 유지한다. 플랫폼 팀은 플랫폼 내부 서비스를 제공함으로써 스트림 팀이 해당 내부 서비스를 기반으로 하여 서비스를 구현하는 동안 느낄 수 있는 인지 부하를 줄인다.

— 매튜 스켈톤Matthew Skelton 및 마누엘 페이스Manuel Pais의 저서 『팀 토폴로지』 p. 147 발췌

플랫폼은 동시에 하나의 상호작용이 일어날 수 있게끔 설계되어 있다. 따라서 플랫폼을 설계할 때는 가장 먼저 생산자와 소비자 사이의 '핵심 상호작용core interaction'을 설계하는 것부터 시작해야 한다. 핵심 상호작용은 플랫폼에서 일어나는 가장 중요한 활동이다. 그리고 이는 대부분 사용자를 맨 처음 플랫폼으로 끌어들이는 가치의 교환과 관련되어 있다.

— 제프리 G. 파커Geoffrey G. Parker의 저서 『플랫폼 레볼루션』(부키, 2017) p.87-88 발췌

플랫폼의 핵심 목표 몇 가지를 데이터 메시에 적용하려면 다음 항목을 진행해야 합니다.

자율적으로 데이터에서 가치를 창출하는 팀 활성화하기

우리가 보고 있는 공통적인 특징은 팀마다 자율성을 가지고 작업을 완료하고 결과를 달성할 수 있도록 지원하는 기능입니다. 이때 백로그 종속성backlog dependency 등으로 다른 팀이 워크플로우에 직접 관여하지 않고도 말입니다. 데이터 메시의 맥락에서 보면 도메인 팀이 자율적인 방식으로 분석 데이터를 공유하거나 머신러닝 기반 프로덕트를 구축하는 작업을 담당할 수 있도록 지원하는 것이 데이터 메시 플랫폼의 핵심 목표입니다. 셀프 서비스 API를 통해 플랫폼 특성을 사용할 수 있는 특성은 자율성을 활성화하는 데 매우 중요합니다.

자율적이고 상호 운용 가능한 데이터 프로덕트를 통해 가치 교환하기

플랫폼의 또 다른 핵심 측면은 **어떤** 가치를 **어떻게** 교환할 것인지 정확히 파악하고 설계하는 것입니다. 데이터 메시의 경우 데이터 프로덕트는 데이터 사용자와 데이터 제공자 간의 가치를 교환하는 단위입니다. 데이터 메시 플랫폼은 데이터 프로덕트를 가치의 단위로 원활하

---

14 옮긴이_ 스트림 팀이 자율성을 충분히 갖고 업무 결과를 전달하도록 돕는 것을 목적으로 하는 팀을 의미합니다(출처: 『팀 토폴로지』 p. 264 발췌).
15 옮긴이_ 가치 있는 업무 스트림 하나를 담당하는 팀을 의미합니다(출처: 『팀 토폴로지』 p. 264 발췌).

게 교환할 수 있도록 설계합니다.

인지 부하를 완화하여 가치 교환 가속화하기

데이터 메시 플랫폼은 데이터 프로덕트를 가치의 단위로 원활하게 교환할 수 있도록 설계합니다. 이를 통해 도메인 팀의 인지 부하를 줄여 중요한 것에 집중할 수 있도록 합니다. 데이터 메시의 경우 데이터 프로덕트 생성 및 공유에 집중할 수 있도록 해야 합니다.

스케일 아웃 방식으로 확장할 수 있게 데이터 공유하기

데이터 메시는 데이터에서 가치를 창출하는 데 있어 조직의 데이터 규모와 관련된 문제를 해결하기 위해 제공되는 솔루션입니다. 따라서 플랫폼을 설계할 때 조직 내 주요 도메인 간 데이터가 어떻게 공유되는지를 생각해야 합니다. 뿐만 아니라, 조직 외부의 더 넓은 파트너 네트워크에서 신뢰의 경계를 넘어 데이터를 공유하는 등의 확장성을 고려해야 합니다. 이러한 확장을 가로막는 장애물 중 하나는 여러 플랫폼에서 안전하게 데이터를 공유할 수 있는 상호 운용성이 부족하다는 점입니다. 이에 따라 데이터 메시 플랫폼은 데이터 프로덕트를 공유하기 위해 다른 플랫폼과의 상호 운용성을 고려하여 설계되어야 합니다.

각 팀에 임베딩된 혁신의 문화 지원하기

데이터 메시 플랫폼은 혁신에 직접적으로 기여하지 않는 활동을 제거하면서 혁신 문화를 지원합니다. 이를 통해 데이터를 매우 찾기 쉽게 하고, 인사이트를 포착하여 머신러닝 모델 개발을 위해 데이터를 사용할 수 있게 합니다.

[그림 4-3]은 이러한 목표를 도메인 팀의 데이터 프로덕트 공유 및 사용 생태계에 적용한 모습을 보여줍니다.

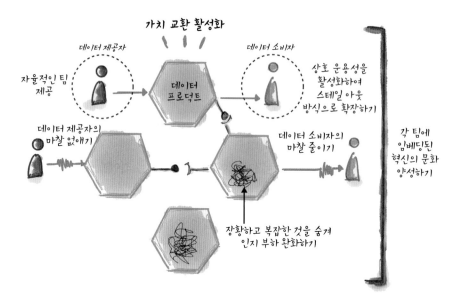

그림 4-3 데이터 메시 플랫폼의 목적

이러한 목표를 달성하는 방법으로 데이터 메시 플랫폼을 활용하는 방안에 대해 자세히 살펴보겠습니다.

4.2.1 자율적으로 데이터에서 가치를 창출하는 팀 활성화하기

플랫폼을 설계할 때 플랫폼 사용자의 역할과 데이터 프로덕트를 공유하고 사용하는 여정을 고려하는 것이 도움이 됩니다. 이러한 플랫폼은 사용자가 불편함 없이 플랫폼을 사용하는 방법에 집중할 수 있습니다. 데이터 메시 생태계의 두 가지 주요 페르소나인 **데이터 프로덕트 개발자**data product developer와 **데이터 프로덕트 사용자**data product user를 생각해봅시다. 물론 각 페르소나에는 서로 다른 기술을 가진 다양한 사람이 포함되지만, 여기에서는 넓은 범위에 걸쳐 공통적으로 나타나는 특징에만 집중합니다. 데이터 프로덕트 오너와 같은 역할도 성공적인 데이터 프로덕트를 만드는 데 중요한 역할을 하지만, 간결성을 위해 여기에서는 제외하도록 하겠습니다.

데이터 프로덕트 개발자 활성화하기

데이터 프로덕트 개발자가 데이터 프로덕트를 제공하는 과정에는 데이터 프로덕트 개발, 테스트, 배포, 모니터링과 업데이트, 무결성과 보안 유지 관리가 포함됩니다. 해당 개발자는 지속적으로 데이터 프로덕트를 제공하는 것[16]을 염두에 두고 있습니다. 즉 개발자는 데이터 프로덕트의 수명 주기를 관리하면서 코드, 데이터, 정책을 하나의 단위로 작업합니다. 예상대로 이 수명 주기를 관리하기 위해 프로비저닝provisioning[17]해야 하는 인프라가 상당히 많습니다.

데이터 프로덕트의 수명 주기를 관리하기 위해 기반 인프라를 관리하고 프로비저닝하려면 오늘날의 툴링에 대한 전문 지식이 필요합니다. 뿐만 아니라 이러한 인프라는 각 도메인에서 복제하기 어렵습니다. 따라서 데이터 메시 플랫폼은 데이터 프로덕트를 구축, 테스트, 배포, 보호 및 유지 관리할 수 있도록 필요한 모든 특성을 구현해야 합니다. 이때 데이터 프로덕트 개발자가 기본 인프라 리소스 프로비저닝에 대한 걱정 없이 데이터 프로덕트를 구현해야 하죠. 데이터 메시 플랫폼은 도메인에 구애받지 않는 교차 기능적인 특성을 모두 지원해야 합니다.

궁극적으로 데이터 메시 플랫폼은 데이터 프로덕트 개발자가 도메인별로 데이터 프로덕트 개발만 집중할 수 있도록 아래 목록을 지원해야 합니다.

- 데이터를 생성하고 유지 관리하는 도메인별로 특화된 로직인 **변환 코드**transformation code
- 도메인의 데이터의 무결성을 확인하고 유지하기 위한 **빌드타임 테스트**build-time test
- 데이터 프로덕트의 품질 보장을 지속적으로 모니터링하기 위한 **런타임 테스트**runtime test
- 스키마 및 문서 등과 같은 형태로 된 데이터 프로덕트의 **메타데이터**metadata 개발
- 필수적인 **인프라 자원**infrastructure resource 선언

앞에서 언급한 것 이외의 부분은 데이터 메시 플랫폼에서 처리해야 합니다. 예를 들어 스토리지, 계정, 컴퓨팅 등의 인프라 프로비저닝infrastructure provisioning은 데이터 메시 플랫폼에서 처리합니다. 셀프 서비스 접근 방식은 일련의 플랫폼 API를 노출하여 데이터 프로덕트 개발자가 인프라 요구 사항을 선언하고 그 이외 부분은 플랫폼이 처리하도록 합니다. 이러한 과정은 14장에서 더 자세히 서술합니다.

---

16 https://oreil.ly/cmkps
17 옮긴이_ 서버, 애플리케이션, 네트워크 구성과 같은 IT 인프라를 배포하는 프로세스 중 초기 단계로, IT 인프라를 생성하고 설정하는 프로세스를 지칭합니다(출처: Red Hat, '프로비저닝이란?').

데이터 프로덕트 사용자 활성화하기

사용자가 데이터를 분석하여 인사이트를 도출하거나 머신러닝 모델을 개발하는 등의 여정은 데이터를 검색하는 것에서 시작됩니다. 데이터를 검색한 후에는 데이터에 액세스한 다음 데이터를 이해하고 심층적으로 탐색해야 합니다. 데이터가 사용하기 적합하다고 판단되면 사용자들은 계속해서 데이터를 사용하게 됩니다. 데이터 사용은 일회성 액세스^{one-time access}에 국한되지 않으며, 소비자는 머신러닝 모델이나 인사이트를 최신 상태로 유지하기 위해 계속해서 새로운 데이터를 수신하고 처리합니다. 데이터 메시 플랫폼은 이러한 과정을 촉진하는 기본 메커니즘을 구축하고 데이터 프로덕트 소비자가 마찰 없이 업무를 수행하는 데 필요한 특성을 제공합니다.

플랫폼이 이러한 과정을 자율적으로 지원하기 위해서는 사람에 의한 수동적인 개입을 줄여야 합니다. 예를 들어 데이터를 생성한 팀과 거버넌스 팀을 쫓아다니면서 데이터에 대한 액세스 권한을 요청하고 확보할 필요가 없어야 합니다. 즉, 플랫폼을 통해 액세스 요청을 용이하게 하고 소비자에 대한 자동화된 평가를 기반으로 액세스 권한을 부여하는 프로세스를 자동화해야 합니다.

4.2.2 자율적이고 상호 운용 가능한 데이터 프로덕트를 통해 가치 교환하기

데이터 메시 플랫폼에 대해 흥미로운 점은 데이터 메시 플랫폼은 다면적 플랫폼^{multisided platform}[18]의 일종이라는 점입니다. 즉 데이터 메시 플랫폼에서는 주로 서로 다른 역할을 가진 사람들 사이에서 직접적인 상호 작용을 가능하게 함으로써 가치를 창출합니다. 데이터 메시의 경우 이러한 역할을 가진 사람들은 데이터 프로덕트 개발자, 데이터 프로덕트 오너, 데이터 프로덕트 사용자입니다.

데이터 메시 플랫폼을 다면적 플랫폼으로 바라본다는 것은 데이터 프로덕트 등을 통해 가치를 직접적으로 교환함으로써 성공을 측정하는 플랫폼을 구축할 때 무한한 창의성의 원천이 될 수 있다는 의미입니다. 이러한 가치는 데이터 메시에서, 데이터 프로덕트 간에, 또는 데이터 메시

---

18 옮긴이_ 동일한 플랫폼 내 서로 다른 두 가지 이상의 사용자 유형 간 직접적인 상호 작용에 의해 가치를 창출하는 '조직(organization)'을 의미합니다. 아래 논문에서 말하는 '조직'은 이들 사용자 유형으로 이루어진 그룹을 의미합니다. 예를 들어 다면적 플랫폼에는 이베이(eBay), 에어비앤비(Airbnb), 우버(Uber) 등이 있습니다. 그 중 이베이의 경우 판매자는 이베이 플랫폼을 통한 배송 정보로 구매자에게 물품을 배송하는 한편, 구매자 역시 같은 플랫폼을 통해 평점을 매기는 등의 서비스를 제공하면서 상호작용이 이루어집니다. 이때의 '조직'은 물품 판매자와 구매자가 됩니다(https://oreil.ly/Ugv1S).

의 경계에서, 머신러닝 모델이나 보고서 또는 대시보드와 같은 최종 제품에서 교환될 수 있습니다. 다시 말해 데이터 메시가 필연적으로 조직의 데이터 마켓플레이스가 되는 것입니다. 이러한 데이터 메시 플랫폼의 특징은 조직 내 문화 변화의 촉매제가 되어 데이터 공유를 촉진합니다.

이전에 설명한 것처럼, 가치를 교환함에 있어 중요한 점은 간섭 없이 자율적으로 가치를 교환할 수 있어야 한다는 것입니다. 데이터 프로덕트 개발자의 경우 플랫폼 팀에 계속 도움을 요청하거나 의존할 필요 없이 데이터 프로덕트를 만들고 제공할 수 있어야 합니다.

데이터 프로덕트를 구성하여 더 높은 수준의 가치 창출하기

가치 교환은 단일 데이터 프로덕트를 사용하는 것을 넘어 여러 데이터 프로덕트의 구성으로 확장되는 경우가 많습니다. 다프의 청취자 도메인과 관련된 흥미로운 인사이트는 음악을 듣는 동안의 동작, 팔로우하는 아티스트, 인구 통계, 소셜 미디어와의 상호작용, '친구'[19]와의 네트워크의 영향력, 청취자를 둘러싼 문화 이벤트를 상호 연관시키면서 생성됩니다. 이러한 데이터는 여러 데이터가 상호 연관되면서 나온 산물이며, 이들 데이터의 상호 연관성을 파악하여 피처 행렬feature matrix 형태로 구성해야 합니다.

데이터 메시 플랫폼은 데이터 프로덕트의 호환성을 가능하게 합니다. 예를 들어 동일한 플랫폼 내의 한 데이터 프로덕트가 다른 데이터 프로덕트의 데이터와 해당 데이터의 유형(스키마)을 사용할 때 데이터 메시 플랫폼은 데이터 프로덕트 간 연계를 이루도록 합니다. 이를 원활하게 하기 위해 플랫폼은 **데이터 프로덕트 식별, 데이터 프로덕트 어드레싱, 데이터 프로덕트 연결, 데이터 프로덕트에서 데이터 읽기** 등을 위한 표준화되고 간단한 방법을 제공해야 합니다. 이러한 플랫폼 기능은 **동기종 인터페이스**homogeneous interface를 가진 **이기종 도메인**heterogeneous domain을 만들어냅니다. 이와 관련된 자세한 내용은 13장에서 다루도록 하겠습니다.

---

19 옮긴이_ 해당 맥락에서 '친구'는 'SNS상에서 같은 관심사를 공유하는 사람들의 모임'을 의미합니다. 최초의 SNS인 SixDegrees.com이 1997년에 개발된 이래로 소셜 네트워크 앱에서 '친구'라는 단어가 언제 처음 쓰인지는 정확히 알 수 없습니다. 다만 SNS의 일종인 프렌드스터(Friendster)의 명칭에서 알 수 있듯이, 늦어도 해당 미디어가 발표된 2002년부터 '친구'가 공식적으로 쓰였던 것을 알 수 있습니다.

4.2.3 인지 부하를 완화하여 가치 교환 가속화하기

인지 부하는 문제 해결이나 학습을 위해 임시 정보를 저장하는 데 필요한 작업 기억의 양으로 인지 과학 분야에 처음 도입되었습니다.[20] 인지 부하에 영향을 주는 원인으로는 당면한 주제의 본질적인 복잡성이나 작업 또는 정보가 제시되는 방식 등 여러 가지가 있습니다.

개발자의 인지 부하를 줄이는 해결책으로 플랫폼이 고려되고 있습니다. 플랫폼은 개발자에게 제공되는 세부 사항과 정보의 양을 은닉해서 복잡성을 추상화함으로써 이를 수행합니다.

데이터 프로덕트 개발자는 도메인에 구애받지 않고 원하는 바를 구현하는 방법을 정확히 표현할 수 있어야 합니다. 예를 들어 개발자는 데이터의 구조와 보존 기간, 잠재적 크기와 기밀성 등급을 선언해야 합니다. 동시에 데이터 구조 생성, 스토리지 프로비저닝, 자동적인 암호화 수행, 암호화 키 관리, 키 자동 갱신 기능 등을 플랫폼에 맡길 수 있어야 합니다. 이것이 데이터 개발자나 사용자로서 노출되어서는 안 되는 도메인에 구애받지 않는 복잡성domain-agnostic complexity입니다.

구성 기능을 저하시키지 않으면서 복잡성을 추상화하는 기술이 많이 있습니다. 그중 일반적으로 사용되는 방법 두 가지를 살펴보겠습니다.

선언적 모델링을 통해 복잡성을 추상화하기

지난 몇 년 동안 컨테이너 오케스트레이터container orchestrator (쿠버네티스[21] 등)나 인프라 프로비저닝 도구(테라폼Terraform[22] 등) 같은 운영 플랫폼은 **목표 상태**target state 의 **선언적 모델링**declarative modeling을 통해 복잡성을 추상화하는 새로운 모델을 확립했습니다. 이는 **명령형 절차**imperative instruction를 통해 목표 상태를 구축하는 방법을 명령하는 방법과는 대조적입니다. 기본적으로 선언적 모델링은 '**무엇**'에 초점을 맞춘다면, 명령형 절차는 '**어떻게**'에 초점을 맞춥니다. 이러한 접근 방식은 개발자의 삶을 훨씬 더 단순하게 만드는 데 성공했습니다.

많은 시나리오에서 선언적 모델링은 한계에 매우 빠르게 부닥칩니다. 예를 들어 선언을 통해 데이터 변환 로직을 정의하면 로직이 복잡해지는 것은 수익 감소와 직결됩니다.

---

20 Geoffrey G. Parker, Marshall W. Van Alstyne, and Sangeet Paul Choudary, Platform Revolution, (New York: W.W. Norton & Company, 2016).

21 https://kubernetes.io

22 https://www.terraform.io

그러나 프로비저닝된 인프라와 같이 상태를 통해 설명할 수 있는 시스템은 선언적 스타일에 적합합니다. 이는 플랫폼으로서의 데이터 메시 인프라도 마찬가지입니다. 인프라의 목표 상태는 데이터 프로덕트의 수명 주기를 관리하기 위해 선언적으로 정의할 수 있습니다.

자동화를 통해 복잡성을 추상화하기

자동화를 통해 데이터 프로덕트 개발 과정에서 사람의 개입을 통한 단계를 제거하는 것은 복잡성, 특히 프로세스의 수동적인 오류로 인해 발생하는 복잡성을 줄이는 또 다른 방법입니다. 데이터 메시 구현 과정에서 여러 측면을 자동화할 수 있는 기회는 어디에나 있습니다. 기본 데이터 인프라 자체의 프로비저닝은 인프라를 코드[23] 기법으로 자동화할 수 있습니다. 또한, 생산에서 소비에 이르는 데이터의 가치 흐름value stream에서 많은 액션을 자동화할 수도 있죠.

예를 들어 오늘날 데이터를 확인, 테스트, 승인하는 과정은 수작업으로 이뤄지곤 합니다. 반대로 말하면 이는 자동화를 할 수 있는 기회가 많다는 뜻입니다. 해당 플랫폼은 데이터 무결성 테스트를 자동화하고 데이터의 성질을 테스트하는 과정에서 통계적인 방법을 적용하여, 머신러닝을 사용하면서 예상치 못한 이상치outlier[24]를 발견할 수 있습니다. 이러한 자동화는 데이터 인증 과정에서 발생하는 복잡성을 제거합니다.

4.2.4 스케일 아웃 방식으로 확장할 수 있게 데이터 공유하기

기존 빅데이터 기술에서 필자가 발견한 문제점 중 하나는 대규모 데이터 공유로 이어지는 상호 운용 가능한 솔루션에 대한 표준이 부재하다는 것입니다. 예를 들어 데이터를 액세스할 때 인증authentication과 권한 부여authorization를 위한 통합 모델이 존재하지 않다든가, 프라이버시 권리를 데이터로 표현하거나 전송하는 표준이 없다든가, 일시적인 데이터의 시간적 측면을 표현하기 위한 표준이 없다든가 하는 문제가 있습니다. 이러한 표준의 부재는 조직적인 신뢰의 경계를 넘어 사용 가능한 데이터 네트워크를 확장하는 것을 억제합니다.

---

23 키프 모리스(Kief Morris)의 저서 『코드로 인프라 관리하기』(한빛미디어, 2022)

24 옮긴이_ 통계 자료에서 평균과 분포에서 '상당히' 벗어난 값을 의미합니다. 이러한 값은 통계 자료의 전체적인 평균이나 분포에 영향을 줄 수 있으므로, 이상치를 나타내는 표본을 배재하거나 이러한 표본만 따로 모아 분석해야 합니다. 이상치에 해당하는 범위를 구하는 방법은 사분위수를 이용한 방법(IQR method), Z–점수(Z–score)를 이용한 방법, 기하 평균을 이용한 방법 등 여러 방법이 있습니다.

가장 중요한 것은, 이러한 데이터 기술은 전반적으로 **유닉스 철학**[25]과 맞지 않다는 점입니다.

> 다음과 같이 말하는 것은 유닉스 철학이다. 한 가지 일만 잘 하는 프로그램을 만들 것, 다른 프로그램과 함께 동작할 수 있는 프로그램을 만들 것…(생략)
>
> — 더글러스 매킬로이

필자는 더글러스 매킬로이[Douglas McIloy][26], 데니스 리치[Dennis Ritchie][27], 케네스 톰프슨[Kenneth Thompson][28]과 같은 사람들이 운영 세계의 문화, 철학, 소프트웨어 구축 방식에 초석을 마련한 것은 엄청난 행운이었다고 생각합니다. 그렇기 때문에 간단하고 작은 서비스를 느슨하게 통합하여 강력하게 확장 가능하고 복잡한 시스템을 구축할 수 있었습니다.

어떤 이유에서인지, 우리는 빅 데이터 시스템과 관련하여 유닉스 철학을 포기했는데, 아마도 기존 분석 데이터 아키텍처의 초석이 된 공통적인 특징 때문일 것입니다(8.2절 참조). 어느 순간부터 코드(**영혼**)와 데이터(**육체**)를 분리하기로 결정하면서 데이터에 대한 다른 철학을 정립하게 되었습니다.

데이터 메시 플랫폼이 조직 안팎에서 데이터 공유를 현실적으로 (스케일 아웃하게) 확장하려면 유닉스 철학을 전적으로 수용하면서도 데이터를 관리하거나 공유할 때의 고유한 요구 사항에 맞게 조정해야 합니다. 또한 상호 운용 가능한 서비스셋을 통해 서로 다른 방식으로 구현하는 여러 벤더에서 구현할 수 있으면서도 나머지 플랫폼 서비스와 원활하게 작동하는 플랫폼을 설계해야 합니다.

플랫폼이 제공하는 기능의 예로 관찰 가능성[observability]을 들어보겠습니다. 관찰 가능성은 데이터 메시에서 모든 데이터 프로덕트의 동작을 모니터링하고 중단, 오류, 그리고 부적절한 액세스와 같은 문제를 감지하여 관련 팀에게 알립니다. 따라서 데이터 프로덕트의 원활한 운영을 유지할 수 있습니다. 이러한 관찰 가능성이 통합적으로 작동하려면 다음과 같은 기능을 가진 여러 플랫폼 서비스가 협력해야 합니다.

---

[25] https://oreil.ly/pGtte
[26] 옮긴이_ 유닉스 파이프라인(Unix pipeline)을 처음으로 제안한 인물로, TMG, C++ 등의 설계에도 참여한 수학자이자 공학자, 프로그래머입니다(출처: 위키백과).
[27] 옮긴이_ C와 유닉스를 개발한 전산학자이자 현대 컴퓨터의 선구자입니다(출처: 위키백과).
[28] 옮긴이_ AT&T에서 유닉스와 플랜 9(Plan 9) 운영 체제의 개발을 주도한 컴퓨터 프로그래머입니다(출처: 위키백과).

- 작동에 대한 정보를 방출하고 기록하는 데이터 프로덕트
- 배포된 로그와 메트릭을 캡처하여 전체적인 데이터 메시 조회를 제공하는 서비스
- 플랫폼 로그 내에서의 이상 징후 및 오류를 검색, 분석, 탐지하는 서비스
- 문제가 발생하면 개발자에게 알려주는 서비스 등

이를 유닉스 철학에 따라 구축하려면 위에서 언급한 서비스를 선택해 서로 연결할 수 있어야 합니다. 이러한 서비스를 간단하게 통합하는 데 있어 핵심은 **상호 운용성**interoperability[29], 즉 로그와 메트릭을 표현하고 공유하는 공통 언어와 API입니다. 이러한 표준이 없으면 데이터에 대한 액세스를 단일 호스팅 환경으로 제한하는 단일 모놀리식(하지만 잘 통합된) 솔루션으로 되돌아가게 됩니다. 이로 인해 단일 환경에 있는 데이터를 공유하고 관찰하지 못하게 됩니다.

4.2.5 각 팀에 임베딩된 혁신의 문화 지원하기

지속적인 혁신은 모든 비즈니스의 핵심 역량 중 하나임에 틀림없습니다. 에릭 리스Eric Ries는 린 스타트업Lean Startup[30]을 도입하면서 **구축-측정-학습**build-measure-learn 주기를 통해 과학적으로 혁신하는 방법을 소개했습니다. 이후 이 개념은 확장된 혁신 방법론인 린 엔터프라이즈Lean Enterprise[31]를 통해 규모가 큰 기획에 적용되었습니다.

요점은 (아이디어를 신속하게 구축하고 테스트하며 개선하는) 혁신의 문화를 성장시키기 위해서는 불필요한 작업이나 우발적인 복잡성과 직원끼리 서로 마찰 없이 자유롭게 실험할 수 있는 환경을 조성해야 한다는 것입니다. 데이터 메시 플랫폼은 불필요한 수작업을 제거하고, 복잡성을 은닉하며 데이터 프로덕트 개발자와 사용자의 워크플로우를 간소화합니다. 이를 통해 데이터 메시 플랫폼이 데이터를 사용하는 데 혁신을 일으킬 수 있도록 합니다. 데이터 메시 플랫폼이 얼마나 효과적인지 간단하게 평가하는 리트머스 시험지litmus test[32]를 통해 팀이 데이터에 기반한 실험을 구상하고 실험에 필요한 데이터를 사용하는 데 걸리는 시간을 측정합니다. 이러한 시간이 짧을수록 데이터 메시 플랫폼이 더 성숙해졌다고 볼 수 있습니다.

---

29 오픈리니지 프로젝트(*https://oreil.ly/8zSHP*)는 로그 추적 기술을 표준화하기 위한 프로젝트입니다.

30 *https://oreil.ly/VMQXS*

31 『Lean Enterprise』(O'Reilly, 2015)

32 옮긴이_ 리트머스 종이가 특정 물질의 산과 염기를 구별짓는 지표가 되는 것처럼, 초창기에 플랫폼을 구축하면서 기본을 다지기 위한 표본으로 가정하여 측정하는 테스트를 의미합니다.

또 다른 핵심 포인트는 **누가** 실험을 수행할 수 있는 권한이 있는가입니다. 데이터 메시 플랫폼은 **도메인** 팀이 데이터 기반 실험을 혁신하고 수행할 수 있도록 지원합니다. 데이터에 기반한 혁신은 더 이상 중앙 데이터 팀만의 전유물이 아닙니다. 이들 혁신은 서비스나 프로덕트, 또는 프로세스를 개발할 때 각 도메인 팀에 포함되어야 합니다.

4.3 셀프 서비스 데이터 메시 플랫폼 원칙 적용하기

지금까지 기존 데이터 플랫폼과 데이터 메시의 주요 차이점에 대해 이야기하고 데이터 메시 플랫폼의 주요 목표에 대해 살펴봤습니다. 이 절에서는 데이터 메시 플랫폼으로 전환할 때 취할 수 있는 몇 가지 액션에 대해 소개합니다.

4.3.1 가장 먼저 API와 프로토콜을 설계하라

플랫폼 구매, 구축 또는 두 가지 모두에 해당하는 플랫폼을 구축하는 과정을 시작할 때는 먼저 사용자에게 노출될 인터페이스를 선택하고 설계하는 것부터 시작하세요. 이러한 인터페이스는 프로그래매틱 API^programatic API일 수 있으며, 커맨드 라인^command line이나 그래픽 인터페이스^graphic interface가 있을 수 있습니다. 어느 쪽이든 인터페이스를 먼저 결정한 다음 다양한 기술을 통해 인터페이스를 구현하세요.

클라우드 서비스에서 이 접근 방식을 채택해서 많이 활용하고 있습니다. 그 예로 클라우드 블롭 스토리지 제공자^cloud blob storage provider가 개체를 post, get, delete하기 위해 REST API[33]를 노출하는 것을 들 수 있습니다. 이러한 접근 방법은 플랫폼의 모든 특성에 적용할 수 있습니다.

API 외에도 상호적으로 운용을 할 수 있는 의사소통의 프로토콜과 기준을 정해야 합니다. (대규모로 분산된 아키텍처 중 하나인) 인터넷에서 영감을 얻은 다음, IP^internet protocol를 중심으로 **모래시계 모양**^narrow waist[34]으로 계층화된 프로토콜을 결정하세요.[35] 예를 들어 데이터 프로덕트

---

33 자세한 내용은 아마존 S3 API Reference(*https://oreil.ly/Wf2PU*)를 참고하길 바랍니다.

34 Saamer Akhshabi and Constantine Dovrolis, "The Evolution of Layered Protocol Stacks Leads to an Hourglass-Shaped Architecture" (*https://oreil.ly/C3Cuk*), SIGCOMM conference paper (2011).

35 베타리더_ 모래시계 모양의 프로토콜에서 윗부분의 애플리케이션 계층(application layer, 예 WWW, 이메일 등)과 아랫부분의 물리적 계층(physical layer, 예 3G, LTE, 더 나아가 구리선, 전파 등)은 다양한 방식을 사용해도 중간의 IP는 고정하여 사용하고 있다는 의

가 시맨틱을 표현하는 방법, 시간 가변 데이터를 인코딩하는 형식, 각각 지원하는 쿼리 언어, 각각 보장하는 SLO 등을 거버닝하는 프로토콜을 결정하길 바랍니다.

4.3.2 제너럴리스트가 적응할 수 있도록 준비하라

앞서 데이터 메시 플랫폼은 제너럴리스트 다수를 위해 설계되어야 한다고 설명했습니다(4.1.4 절 참조). 오늘날 많은 조직은 데이터 엔지니어와 같은 데이터 스페셜리스트를 찾기 위해 노력하고 있습니다. 데이터와 관련된 작업을 하는 것을 열망하는 제너럴리스트가 큰 비중을 차지하고 있는데도 말입니다. 이렇게 고도로 전문화된 빅 데이터 기술의 세계는 데이터 스페셜리스트로 이루어진 파편화된 사일로를 만들어 냈습니다.

플랫폼 기술을 평가할 때는 많은 개발자에게 알려진 자연스러운 프로그래밍 스타일에 맞는 기술을 우선적으로 선택하세요. 예를 들어 파이프라인 오케스트레이션 도구를 선택하고 있다면 제너럴리스트 개발자와 친숙하면서 간단한 프로그래밍으로 다양한 기능을 표현할 수 있는 파이썬을 선택하세요. 난해한 표기법을 사용하는 YAML이나 XML 같은 도메인 특화 언어domain-specific language (DSL)[36]를 사용하는 도구보다 제너럴리스트에게 더 적합한 방법입니다.

실제로는 복잡성 측면에서 데이터 프로덕트의 스펙트럼이 다양하고, 전문성 측면에서는 데이터 프로덕트 개발자의 스펙트럼이 다양할 것입니다. 플랫폼은 이러한 스펙트럼을 모두 만족시켜야 데이터 프로덕트 제공을 대규모로 동원할 수 있습니다. 어떤 경우든, 탄력적이고 유지 관리 가능한 데이터 프로덕트를 구축하기 위해서는 엔지니어링 관행을 적용해야 합니다.

4.3.3 조직에 적합한 서비스 목록을 살펴보고 단순화하라

데이터를 분석 데이터 플레인과 운영 데이터 플레인으로 분류해서 기술 스택이 2개로 분리되었습니다. 하나는 분석 데이터를 다루는 플레인으로, 다른 하나는 애플리케이션과 서비스를 빌드하고 실행하는 플레인으로 말이죠. 운영 환경에 데이터 프로덕트를 임베딩하여 통합함에 따라, 두 플랫폼을 통합하고 플랫폼 사이에서 중첩된 작업을 제거할 수 있는 기회가 생겼습니다.

미로 해석하시면 됩니다(https://www.oilshell.org/blog/2022/02/diagrams.html).

36 옮긴이_ 어느 도메인에서나 적용 가능한 범용 언어(general-purpose language)와는 반대되는 개념으로, 특정 분야의 도메인에 특화된 언어를 가리킵니다(출처: 위키백과).

지난 몇 년 동안 이러한 플랫폼 산업은 **데이터 솔루션**으로 시장을 이룬 기술에 과잉 투자 overinvestment를 유치해왔습니다. 많은 경우, 이러한 기술들은 운영 측면에서는 완벽하게 적합합니다. 예를 들어 필자는 지속적 통합continuous integration(CI)과 지속적 배포continuous delivery(CD)라는 새로운 도구를 데이터옵스DataOps에서 판매한 적이 있습니다. 면밀히 평가해보면 해당 도구는 기존 CI/CD 엔진이 제공하지 못하는 차별화된 특성을 거의 제공하지 않습니다.

데이터 메시 플랫폼을 처음 시작하기 전에 조직에서 채택한 플랫폼 서비스의 목록을 작성하고 간소화할 수 있는 기회를 찾아보길 바랍니다.

필자는 데이터 메시 플랫폼이 데이터 메시 기술 환경을 단순화하고, 운영 플랫폼과 분석 플랫폼을 면밀하게 조화하는 촉매제 역할을 했으면 하는 바람입니다.

4.3.4 데이터 프로덕트를 관리하는 더 높은 수준의 API를 개발하라

데이터 메시 플랫폼은 새롭게 추상화된 구조인 데이터 프로덕트를 관리하기 위해 새로운 API를 도입해야 합니다(4.1.2절 참조). 클라우드 벤더에서 제공하는 서비스와 같은 많은 데이터 플랫폼에는 스토리지storage, 카탈로그catalog, 컴퓨팅compute 기능과 같은 저수준 유틸리티 API가 포함되어 있습니다. 하지만 데이터 메시 플랫폼은 데이터 프로덕트를 객체로 처리하는 더 높은 수준의 API를 도입해야 합니다.

예를 들어 데이터 프로덕트 구축, 데이터 프로덕트 검색, 데이터 프로덕트에 연결, 데이터 프로덕트에서 데이터 읽기, 데이터 프로덕트 보안 등의 기능이 마련된 API를 고려할 수 있습니다. 데이터 프로덕트의 논리적 구조도는 9장을 참조하길 바랍니다.

데이터 메시 플랫폼을 구축할 때, 데이터 프로덕트의 추상화와 함께 작동하는 고수준 API부터 시작하세요.

4.3.5 메커니즘에 기대지 말고 경험에 기반하여 빌드하라

필자는 플랫폼을 구축하거나 구매하는 상황을 수도 없이 접해왔습니다. 여태까지 **메커니즘** mechanism에 기반하여 플랫폼을 구축하거나 구매했는데, 이는 **경험**experience에 기반하는 것과는 다른 방법이었습니다. 플랫폼을 정의할 때 이러한 접근 방식은 종종 플랫폼 개발이 부풀려지고 지나치게 거창하고 고가의 기술을 채택하는 결과를 초래합니다.

데이터 카탈로그^{data catalog}[37]를 예로 들어보겠습니다. 필자가 접한 거의 모든 플랫폼은 메커니즘 목록에 데이터 카탈로그가 있었습니다. 이러한 목록은 가장 긴 피처 목록을 가진 데이터 카탈로그 프로덕트를 구입하게 합니다. 뿐만 아니라 팀의 워크플로우를 카탈로그의 내부 작동 방식에 과도하게 맞추는 결과로 이어집니다.

이와 반대로 플랫폼은 데이터 프로덕트를 검색하는 경험 하나를 명확히 표현하는 것에서부터 시작할 수 있습니다. 그런 다음 이러한 경험을 가능하게 하는 도구와 메커니즘을 최소한으로 구축하거나 구입합니다. 이후 추후에 표현할 경험을 위해 데이터 프로덕트를 다듬고 반복하고 리팩터링합니다.

4.3.6 가장 간단한 기초에서 시작하여 문제 해결 방법을 수집하면서 진화하라

이 장에서 데이터 메시 플랫폼의 목표와 고유한 특징에 대해 설명한 내용을 고려해보면, 아마 '당장 처음부터 데이터 메시 플랫폼을 빌드해도 될까, 아니면 다른 플랫폼을 먼저 빌드해야 되나?'와 같은 의문이 생길 겁니다. 필자는 아직 데이터 메시 플랫폼이 없더라도 다른 플랫폼을 만들 필요 없이 당장 데이터 메시 전략을 도입해도 된다고 봅니다.

필자는 가능한 한 가장 간단한 부분부터 데이터 메시를 도입할 수 있다고 생각합니다. 클라우드상에서 분석 시스템을 운영하는 사람이라면 가장 작은 기반 프레임워크^{foundation framework}[38]는 이미 채택된 데이터 기술로 구성되어 있을 겁니다. 기초로 사용할 수 있는 하위 계층 유틸리티에는 일반적인 스토리지 기술과 데이터 처리 프레임워크, 연합 쿼리 엔진 등이 있습니다.

데이터 프로덕트의 수가 증가하면서 데이터 프로덕트를 관리하기 위한 표준이 세워지고, 데이터 프로덕트 전반에서 유사한 문제를 해결하는 공통된 방법이 발견됩니다. 그러면 하베스트 프레임워크^{harvested framework}[39]를 통해 데이터 프로덕트와 도메인 팀에서 공통된 특성을 수집하면서 플랫폼을 계속 발전시켜 나갈 것입니다.

---

37 옮긴이_ 데이터 메시 등의 아키텍처 생성하기 위해 작성해야 하는 데이터의 위치, 스키마, 런타임 메트릭의 인덱스를 의미합니다(출처: Amazon AWS, 'AWS Glue의 데이터 카탈로그 및 크롤러').

38 *https://oreil.ly/hutwF*

39 *https://martinfowler.com/bliki/HarvestedFramework.html*

데이터 메시 플랫폼 자체도 하나의 프로덕트라는 점을 기억하세요. 여러 벤더의 다양한 도구와 서비스로 구축되었지만 결국에는 내부 프로덕트입니다. 이러한 내부 프로덕트를 사용하는 사람들은 내부 팀입니다. 따라서 **기술적인 프로덕트 오너십**technical product ownership과 장기적인 계획, 그리고 유지 관리가 필요합니다. 이러한 플랫폼이 계속 진화하며 성장하고 있지만, 플랫폼은 처음에는 **최소 기능 제품**minimum viable product (MVP)[40]으로부터 시작됩니다.

정리하기

데이터 메시의 셀프 서비스 플랫폼 원칙은 앞서 설명한 두 가지 데이터 메시 원칙을 통해 기존 도메인 엔지니어링 팀이 분석 데이터를 소유하고 프로덕트 형태로 공유하는 과정에서 발생하는 인지 부하를 줄이기 위해 마련되었습니다.

데이터 메시 플랫폼은 기존의 데이터 플랫폼과 공통된 기능을 공유합니다. 예를 들어 폴리글랏 스토리지 접근 기능, 데이터 프로세싱 엔진, 쿼리 엔진, 스트리밍 등의 특성을 제공합니다. 하지만 데이터 메시 플랫폼은 주로 제너럴리스트 기술자로 구성된 자율적인 도메인 팀이라는 점에서 기존 플랫폼과 차별화됩니다. 데이터 메시 플랫폼은 데이터와 메타데이터, 코드와 정책을 한 단위로 캡슐화한 데이터 프로덕트를 상위 수준으로 구성하여 관리할 수 있습니다.

데이터 메시 플랫폼의 목적은 간단한 추상화를 통해 저수준의 복잡성을 은닉하고 데이터 프로덕트를 가치 단위로 교환하는 과정에서 발생하는 마찰을 제거함으로써 도메인 팀에 강력한 힘을 부여하는 것입니다. 이를 통해 궁극적으로 도메인 팀원이 데이터로 혁신을 일으킬 수 있도록 합니다. 단일적으로 배포하는 환경과 조직적인 단위를 넘어 데이터 공유 기능을 스케일 아웃 방식으로 확장하기 위해서는 상호 운영적인 탈중앙화된 솔루션을 선택해야 합니다.

추후 10장에서 데이터 메시 플랫폼에 대한 더 자세한 정보와 함께, 플랫폼이 제공하는 구체적인 서비스에 대해 다루겠습니다.

---

40 _https://oreil.ly/hutwF_

5장

연합 컴퓨팅 거버넌스의 원칙

지구촌의 평화를 위해 인류는 부분보다 전체를 보는 법을 습득하는 존재로 진화해야 한다.

— 임마누엘 칸트Immanuel Kant

데이터 메시 원칙의 마지막 필수 요소는 **데이터 거버넌스**data governance를 새로운 시각으로 바라보는 것입니다. 지금까지 데이터 메시는 도메인 팀마다 독립적으로 분석 데이터를 소유하고 제공했습니다. 데이터 메시는 이러한 분석 데이터를 데이터 소비자의 경험을 보강하는 프로덕트 형태로 제공하는 것을 목표로 합니다. 그러면 분석 데이터를 사용하는 데이터 소비자는 다양한 목적으로 데이터를 검색하고 신뢰하며 사용할 수 있습니다. 데이터 메시는 이 모든 것을 실현하기 위해 셀프 서비스 데이터 인프라 특성에 크게 의존합니다. 이러한 셀프 서비스 데이터 인프라 특성을 중앙에서 관리하는 요소가 바로 데이터 거버넌스입니다. 거버넌스란 독립적인 데이터 프로덕트를 상호적으로 연결하면서 가치를 제공하도록 보장하는 메커니즘입니다. 이러한 거버넌스를 통해 데이터 프로덕트로 이루어진 데이터 메시를 전체적으로 안전하고 신뢰하도록 할 수 있습니다.

'거버넌스'라는 단어는 필자를 비롯한 많은 사람을 난처하게 만드는 단어 중 하나입니다. 거버넌스는 의사 결정 시스템과 프로세스를 중앙 팀에서 경직되고 권위적으로 통제하는 것에 대한 기억을 떠올리게 합니다. 특히 데이터 거버넌스의 경우 데이터를 제공하고 사용함으로써 궁극적으로 데이터에서 가치를 얻는 과정에서 병목 현상을 일으키는 중앙 팀과 중앙 프로세스에 대

한 기억을 떠올리게 합니다.[1]

데이터 거버넌스 팀과 프로세스는 고귀한 목표를 갖고 있습니다. 바로 리스크를 관리하면서 조직 전반에서 안전하고 고품질이며, 일관적이고 규정을 준수하며, 프라이버시를 존중하고 사용하기 적합한 데이터의 **가용성**availability을 보장하는 것입니다. 이러한 목표는 좋은 의도이며 꼭 필요한 것입니다. 하지만 이러한 목표를 기존 접근 방식으로 달성하는 것은 어렵습니다. 과거의 거버넌스는 **수동적인 개입**manual intervention과 복잡한 중앙 **데이터 검증 및 인증 처리**process of data validation and certification, **글로벌 표준 데이터 모델링**global canonical modeling을 세우는 것에 크게 의존해왔기 때문입니다. 그리고 최소한의 지원 없이 변화에 의존하다 보니 사후에 너무 늦게 개입이 이루어지곤 했습니다. 결론적으로 이러한 거버넌스 접근 방식은 탈중앙화된 데이터 메시에는 적합하지 않습니다.

이와 반대로 데이터 메시 거버넌스는 끊임없이 변화하는 데이터 환경에 적합한 접근 방식입니다. 데이터 메시는 데이터의 모델링과 품질과 관련한 책임을 각 도메인에 개별적으로 위임합니다. 또한 데이터의 보안, 규정 준수, 품질, 사용 가능성을 보장하는 컴퓨팅적인 지침을 대폭적으로 자동화합니다. 리스크의 경우 데이터의 수명 주기 중 초기에, 그리고 수명 주기 전반에 걸쳐 자동화된 방식으로 관리됩니다. 데이터 메시는 모든 도메인과 데이터 프로덕트에 컴퓨팅 정책을 임베딩합니다. 데이터 메시에서는 이러한 거버넌스 모델을 **연합 컴퓨팅 거버넌스**federated computational governance라고 합니다.

연합 컴퓨팅 거버넌스는 도메인 데이터 프로덕트 오너와 데이터 플랫폼 프로덕트 오너의 연합이 주도하는 의사 결정 모델입니다. 이러한 모델은 자율성과 도메인의 로컬 의사 결정 권한으로 모든 데이터 프로덕트와 인터페이스에 적용되는 일련의 글로벌 규칙을 만들고 준수합니다. 이러한 글로벌 규칙은 신뢰할 수 있고 안전하며 상호 운용적인 생태계를 보장하기 위해 법률과 보안 같은 글로벌한 전문 분야의 정보를 바탕으로 만들어지고 활성화됩니다. 연합 컴퓨팅 거버넌스는 오늘날 데이터 거버넌스에서 가장 흔하게 일어나는 실수 중 하나[2]를 해결합니다. 바로 데이터 거버넌스가 비즈니스에 임베딩되어 있지 않아 탁상공론적인 조직적 모델을 가진 IT 이니셔티브initiative(진취적 계획)가 된다는 문제입니다.

---

1 옮긴이_ 이와 관련하여 데이터 메시 도입 이전에 중앙 데이터 팀을 통해 데이터를 산출하는 상황에 대해서는 P.3.1절을 참고하길 바랍니다.

2 Nicola Askham, "The 9 Biggest Mistakes Companies Make When Implementing Data Governance." (2012).

'거버넌스'라는 단어를 보면, '권위를 갖고 다스리는 것'이라는 정의에서 '배를 조종하고 안내하는 것'이라는 원래 의미로 유화됩니다. 필자는 데이터 메시 어휘에서 거버넌스라는 단어의 의미를 살리기로 했습니다. 다만 필자는 전자의 정의가 아닌 후자의 의미를 담아 냈습니다.

데이터 메시는 기존 데이터 거버넌스의 목표 외에도, 새로운 관심사들을 해결해야 합니다. 데이터 오너십을 도메인별로 분산시키면서 데이터의 **상호 운용성**과 **데이터 커뮤니케이션**^{data communication} 표준화에 대한 관심사가 제기됩니다. 예를 들어 모든 도메인에 걸친 데이터의 표시 형식과 쿼리를 어떻게 표준화할 것인지에 대한 우려가 있습니다. 이때 상호 운용성은 데이터 메시에서 대다수의 데이터 사용 사례를 만족시키는 데 반드시 필요한 특징입니다. 이러한 사용 사례에는 독립적인 데이터 프로덕트 사이의 상관 관계로부터 인사이트와 인텔리전스를 도출하는 것, 데이터 프로덕트에 대해 유니온^{union}을 생성하거나 인터섹션^{intersection}을 찾는 것과 같이 대규모로 그래프 연산이나 집합 연산을 수행하는 것 등이 있습니다.

다프의 예시로 돌아와서, 다프가 **신진 아티스트**를 중심으로 새로운 서비스를 제공하려면 먼저 신진 아티스트가 누구인지 파악해야 합니다. 그리고 **아티스트 구독자**의 경향과 **아티스트 프로필**을 살펴보면서 신진 아티스트가 언급된 **소셜 미디어** 플랫폼 전반의 데이터를 상호 연관시킬 수 있어야 합니다. 데이터 프로덕트에서 웬만한 상호 운용성 없이 이러한 작업을 하기란 불가능합니다.

독립적인 데이터 프로덕트를 글로벌하게 상호 연관시킬 수 있는 표준화만 필요한 것이 아닙니다. 기밀 정보를 손상시키지 않으면서도 (일관된 경험을 통해) 쉽게, 그리고 안전하게 데이터 프로덕트를 상호 연관할 수 있어야 합니다. 데이터 거버넌스 관련 관심사는 이러한 원활하고 일관된 경험을 가능하게 하는 데까지 고려되어야 합니다.

이번 장에서는 데이터 메시의 맥락에서 데이터 거버넌스를 구현하는 방법에 대해 소개합니다. 이와 더불어서 데이터 거버넌스 팀과 기능을 고수준으로 모델링하는 방법에 대해 초점을 맞출 예정입니다. 반면 프라이버시 보호, 보안, 데이터 보호 법칙(GDPR) 등의 정책과 같이 거버넌스별로 보장해야 하는 관심사는 다루지 않습니다. 간단히 말해, 데이터 스튜어드와 주위 거버넌스 사이에서 데이터 메시와 같은 탈중앙화된 데이터 오너십 모델로 인해 발생할 수 있는 불안감(제어력 상실 및 불확정성으로 인한)만 다룹니다.

연합 컴퓨팅 모델에 따라 데이터 거버넌스를 조직에 맞게 조정하는 데 도움이 되도록 서로 관련되어 보완적인 역할을 하는 세 가지 구성 요소를 소개합니다. 구성 요소는 다음과 같습니다.

- 데이터 프로덕트와 팀의 복잡한 시스템에 적용하는 **시스템 사고**systems thinking
- **연합 운영 모델**federated operating model
- 기반 플랫폼에 의한 표준에 맞춰 제어하는 **컴퓨팅 정책**computational policy

[그림 5-1]은 데이터 메시 거버넌스의 세 가지 구성 요소 사이에 대한 상호 작용을 보여줍니다.

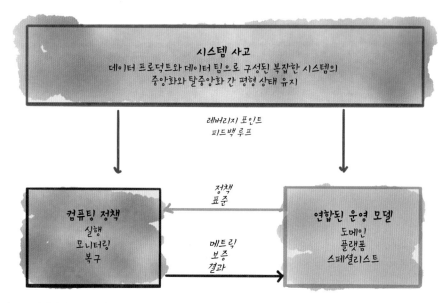

그림 5-1 데이터 메시 내 연합 컴퓨팅 거버넌스의 구성 요소

이제 각각의 구성 요소를 상세히 살펴봅시다.

5.1 데이터 메시 거버넌스에 시스템 사고 적용하기

> 시스템을 불변성constancy에 가두면 시스템이 발전함에 따라 취약성fragility이 드러날 수 있다.
>
> — 크로포드 S. 홀링Crawford S. Holling

데이터 메시 아키텍처는 도메인별로 데이터 프로덕트와 데이터 오너, 운영 애플리케이션, 기반 플랫폼으로 구성된 상호 연결된 시스템의 복잡한 네트워크를 생성합니다. 데이터 메시 아키텍처는 독립적인 수명 주기를 가진 데이터 프로덕트로 이루어져 있습니다. 이러한 데이터 메시 아키텍처는 도메인 팀에 의해 독립적으로 구축되고 배포됩니다. 이렇게 독립적으로 구축되는 아키텍처가 데이터 메시 생태계에서 협력적인 구성원으로서 행동하기 위해서는 **시스템 사고** systems thinking를 데이터 메시에 포용하는 거버넌스 모델이 필요합니다. 피터 센게Peter Senge가 설명한 대로,[3] 시스템 사고는 '문제의 원인이 되는 전체 시스템을 볼 줄 알아야 한다'는 규율을 의미합니다. 동시에 '현재 문제가 된 이슈와 연관된 상호 관계를 반드시 고려하면서', 관점을 '개별적인 부분에서 전체적인 조직 차원으로' 전환하면서 말입니다. 마찬가지로, 데이터 메시 거버넌스는 데이터 메시를 단순히 부분적으로 합친 것이 아니라 상호 연결된 시스템 집합으로 바라봐야 합니다. 즉 데이터 프로덕트 제공자와 소비자, 플랫폼 팀과 서비스 등이 서로 연결된 것으로 바라봐야 한다는 겁니다.

데이터 메시에 적용되는 시스템 사고는 [그림 5-2]에서 언급되는 특징에 주의하면서 활용해야 합니다.

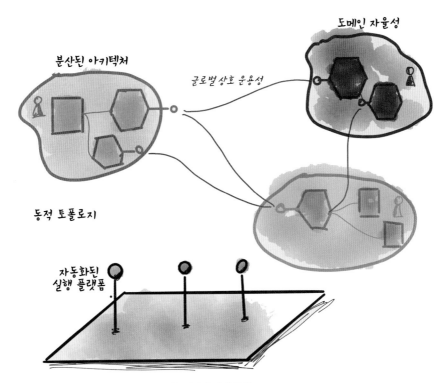

그림 5-2 시스템 사고를 적용할 때 활용 가능한 데이터 메시 특징

3　『제5경영』(세종서적, 2002) p. 93-94 참조

5.1.1 도메인 자율성과 글로벌 상호 운용성 사이에서 동적 평형 유지하기

데이터 메시 거버넌스의 주요 목적은 시스템 사고를 적용하여 데이터 메시의 상태에 균형을 맞추는 것입니다. 이때 데이터 메시 거버넌스는 **글로벌 상호 운용성과 데이터 메시 수준의 조화**를 통해 도메인의 탈중앙화와 자율성 사이에서 데이터 메시 상태의 균형을 맞춰야 합니다. 거버넌스 모델은 각 도메인의 로컬 제어와 자율성을 존중하는데, 각 도메인은 모든 데이터 프로덕트에 적용되는 데이터 메시 수준의 정책과 균형을 이뤄야 합니다. 이러한 정책에는 보안, 법적 준수, 상호 운용성 표준interoperability standard 등이 있습니다. 이러한 도메인은 데이터의 품질과 무결성을 보장하면서 도메인 밖의 생태계와 데이터를 공유해야 합니다. 데이터 메시 생태계를 거버닝하는 기술은 **(도메인 수준의) 로컬 최적화**local(domain) optimization와 **(데이터 메시 수준의) 글로벌 최적화**global(the mesh) optimization 사이에서 균형을 유지하기 위해 존재합니다.

로컬 최적화에 대한 예시로는 각 도메인이 자체적인 데이터 프로덕트 모델과 스키마를 자율적으로 정의할 수 있도록 허용하는 것을 들 수 있습니다. 한편 글로벌 최적화에 대한 예시로는 데이터 프로덕트 모델이 다른 도메인의 데이터 프로덕트와 조인되거나 연결될 수 있을 만큼 충분히 표준화되어 있는지 확인하는 것이 있습니다. 거버넌스 모델은 이러한 로컬 최적화와 글로벌 최적화 사이에서 균형을 맞춰야 합니다. 거버넌스 모델은 동시에 탈중앙화와 중앙화 사이에서도 균형을 잡아야 하죠. 거버넌스 모델에 적용되는 탈중앙화의 예시로는 각 도메인 데이터 프로덕트 오너가 데이터 프로덕트의 보안에 대해 책임을 지는 것을 들 수 있습니다. 반면에 중앙화의 예시로는 모든 데이터 프로덕트의 보안을 일관되고 안정적으로 유지하는 것을 들 수 있습니다.

로컬 최적화와 글로벌 최적화 사이, 탈중앙화와 중앙화 사이에서 지속적으로 평형 상태를 유지하기 위해 시스템 사고를 적용할 수 있습니다. 도넬라 메도즈Domella Meadows[4]와 같은 시스템 사상가들의 연구에 대해 살펴보겠습니다. 그녀가 저술한 『ESG와 세상을 읽는 시스템 법칙』(세종서적, 2022)에서 시스템 사고의 요소를 사용하여 시스템이 **동적 평형**dynamic equilibrium 상태에 도달할 수 있다고 설명했습니다. 이는 정보가 지속적으로 흐르는 동안에도 유입량과 유출량이 같은 고무호스처럼 원하는 관찰 상태가 동일하게 유지되는 상태를 의미합니다. 동적인 평형을 유지하기 위해서는 **레버리지 포인트**leverage point와 **피드백 루프**feedback loop를 사용하여 시스템의 동작을 지속적으로 조정해야 합니다. 레버리지 포인트는 시스템에서 작은 변화가 동작에 큰 변화를

---

4 *https://oreil.ly/wbsbw*

가져올 수 있는 지점을 의미합니다. 한편 피드백 루프는 시스템 상태의 변화를 균형 있게 조정하거나 강화하는 시스템 구조를 의미합니다. 레버리지 포인트와 피드백 루프를 사용하여 데이터 메시 거버넌스에서 도메인 수준의 로컬한 자율성과 데이터 메시 수준의 글로벌한 조화 사이에서 균형을 맞출 수 있는 예를 살펴보겠습니다.

피드백 루프 도입

시스템 내 피드백 루프는 시스템의 동작과 상태를 조정하는 데 큰 도움을 줍니다.

예를 들어 기존 거버넌스 팀에서 자주 듣는 주제는 '어떻게 중복된 데이터 프로덕트와 작업이 생성되는 것을 방지할 것인지'에 대한 것입니다. 이는 기본적으로 각 도메인 팀이 독립적인 의사 결정을 내리고 중복된 데이터 프로덕트를 만들어서 발생할 수 있는 혼란을 막기 위해서는 꼭 필요한 작업입니다. 그러나 수년 동안 지켜본 결과, 데이터베이스를 복사할 때 고립되고 방치된 데이터를 사용하면 문제가 발생할 수 있다는 사실을 알게 되었습니다. 기존에는 이러한 문제는 거버넌스 컨트롤 구조를 도입하여 데이터를 사용하기 전에 데이터가 중복되지 않았는지 테스트하고 인증하면서 해결했습니다. 하지만 이는 데이터 메시와 같은 복잡한 시스템에서는 스케일 아웃하게 확장할 수 없는 병목 현상을 일으켰습니다.

대신 병목 현상을 일으키지 않으면서 같은 결과를 낼 수 있는 피드백 루프 2개를 도입할 수 있습니다. 하나는 긍정적인 피드백 루프positive feedback loop이고, 나머지 하나는 부정적인 피드백 루프negative feedback loop입니다. 4부에서 살펴보겠지만, 데이터 메시 플랫폼에 도움을 주는 모든 데이터 프로덕트는 자가 등록self-registration, 관찰 가능성, 검색 가능성 특성이 탑재되어 있습니다. 따라서 모든 데이터 프로덕트는 생성되는 순간부터 폐기될 때까지 메시 사용자에게 알려줍니다. 이제 각 데이터 프로덕트가 제공하는 관찰 가능성과 검색 가능성에 대한 정보의 종류를 상상해보세요. 이러한 정보로는 시맨틱, 신택스, 사용 중인 사용자 수, 사용자 만족도, 품질 메트릭, 적시성, 완전성, 보존 측정값 등이 있습니다. 데이터 메시에서는 이러한 정보를 통해 추가적인 인사이트를 제공할 수 있습니다. 예를 들어 데이터 메시는 관찰 가능성 정보와 검색 가능성 정보를 사용하여 중복되는 데이터 프로덕트를 식별합니다. 뿐만 아니라 유사한 정보를 제공하는 데이터 프로덕트를 식별하여 사용자 만족도, 사용자 수, 완성도 등을 기준으로 데이터 프로덕트를 비교합니다.

플랫폼의 '검색' 피처를 통해 등급이 높지 않은 중복 데이터 프로덕트에 대한 가시성을 낮출 수 있으며, 그 결과 데이터 메시에서 점차 성능이 저하되어 사용량이 줄어들게 됩니다. 이때 플랫폼은 데이터 프로덕트 오너에게 데이터 프로덕트의 상태를 제공하고 사용하지 않는 중복된 데이터 프로덕트를 정리하도록 유도할 수 있습니다. 이러한 메커니즘을 **부정적인 피드백 루프** 또는 **밸런싱 피드백 루프**balancing feedback loop라고 부릅니다. 부정적인 피드백 루프는 데이터 메시를 자체적으로 교정하는 것을 의도하는데, 여기에서는 중복되고 품질이 낮으며 사용성이 낮은 데이터 프로덕트의 수를 줄이는 것을 목표로 합니다.

또 다른 피드백 루프는 동일한 정보로 사용자가 만족할 수 있는 활용도 높은 고품질의 데이터 프로덕트를 홍보합니다. 데이터 메시의 검색 기능은 이러한 데이터 프로덕트에 더 높은 검색 순위를 부여하여 사용자에게 더 높은 가시성을 제공하고 선택과 사용의 기회를 늘립니다. 이러한 결과를 이끌도록 하는 피드백 루프를 **긍정적인 피드백 루프**라고 부릅니다. 긍정적인 피드백 루프는 '성공이 성공을 낳는success to the successful' 유용한 데이터 프로덕트의 성공을 강화시킵니다.

[그림 5-3]은 피드백 루프를 나타냅니다. 피드백 루프는 시스템을 균형 상태로 유지하고 유용한 데이터 프로덕트를 제공하며 중복된 데이터 프로덕트를 축소하거나 제거하는 역할을 합니다. 이러한 피드백 루프로 '중복된 데이터 프로덕트를 절감하는' 결과를 이끌어냅니다. 이는 일종의 자동화된 **가비지 컬렉션**garbage collection 과정입니다.

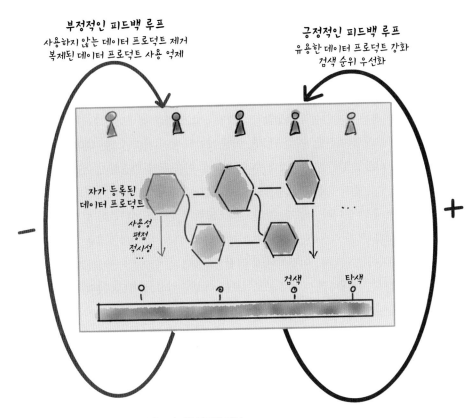

그림 5-3 동적인 평형 상태를 유지하는 피드백 루프의 예시

이제 시스템의 균형을 유지시키는 레버리지 포인트에 대해 살펴봅시다.

레버리지 포인트 도입

도넬라 메도즈는 『ESG와 세상을 읽는 시스템 법칙』에서 레버리지 포인트로 사용될 수 있는 시스템의 12가지 측면에 대해 소개합니다. 이들 측면으로는 매개변수^{parameter} 및 메트릭 제어, 피드백 루프 강도 제어, 시스템의 목표 변경 등이 있습니다. 이러한 측면은 고성능의 복잡한 데이터 메시 시스템을 이루게 하는 레버리지 포인트를 실험하는 데 있어 훌륭한 출발점이 됩니다.

이전의 예시를 다시 한번 살펴봅시다. 앞서 성공적인 데이터 프로덕트를 위한 자기 강화 피드백 루프 두 가지에 대해 소개했습니다. 데이터 프로덕트는 사용자의 만족도와 성장에 따라 검색에서 더 높은 가시성과 순위를 얻게 됩니다. 따라서 데이터 프로덕트가 성공할수록 더 많은 사용 기회를 얻게 되고, 결과적으로 더 큰 성공을 거둘 수 있습니다. 하지만 피드백 루프를 방치하면 시간이 지남에 따라 원치 않는 부작용이 나타날 수 있습니다. 이로 인해 성공적인 데이터 프로덕트는 비대해지고 느려져 변화에 취약해집니다. 그래서 다른 다운스트림 데이터 프로덕트에 극단적으로 의존하게 됩니다. 궁극적으로는 데이터 메시의 전체 진행 속도가 느려질 수 있습니다. 이러한 경우 매개변수와 **측정값**measurement을 짧고 빠른 레버리지 포인트처럼 사용하는 방법으로 진행 속도를 촉진할 수 있습니다. 이때 데이터 메시 거버넌스는 **데이터 프로덕트를 변경할 때의 리드 타임**에 상한선을 설정할 수 있습니다. 이를 통해 변경하기 어려운 데이터 프로덕트를 감지하거나, 결함 있는 프로덕트로 인해 **변경 실패율**change fail ratio이 증가하는 것을 감지할 수 있습니다. 뿐만 아니라 사용자 수 및 다운스트림 종속성과 결합하여 변경이 필요한 부풀려진 데이터 프로덕트를 식별할 수 있습니다. 데이터 프로덕트 오너의 임무는 데이터 프로덕트를 건전하게 유지하는 것인데, 이것이 바로 건전성의 메트릭metrics of health이라고 부릅니다. 데이터 프로덕트 오너는 비대해진 데이터 프로덕트를 더 단순한 프로덕트로 분류하여 자체적으로 조정할 수 있습니다.

또 다른 유형의 레버리지 포인트는 **시스템 목표**the goal of system입니다. 시스템에 있는 모든 요소는 실시간으로 명확하게 명시되고 반복적으로 측정되어 진행도를 확인할 수 있는 목표를 따릅니다. 이는 아마도 데이터 메시 거버넌스가 시스템 상태의 균형을 맞추기 위해 설정할 수 있는 가장 중요한 레버리지 포인트 중 하나일 것입니다. 그러나 시스템 목표를 레버리지 포인트로 삼기에는 몇 가지 문제가 있습니다. 시스템 다이내믹스system dynamics(SD)의 창시자인 MIT 소속의 제이 포레스터Jay W. Forrester[5] 교수는 '우리를 포함한 사람들은 레버리지 포인트가 어디에 있는지 직관적으로 알고 있다'라고 말하지만, 종종 '이들 모두가 잘못된 방향으로 밀어붙이려고 노력한다'는 말을 한 바 있습니다.

잘못된 방향으로 목표를 잡는 것에 대한 예시를 살펴보겠습니다. 조직 대다수는 데이터 메시의 가치를 '데이터 프로덕트의 개수'에서 찾습니다. 데이터 메시와 데이터 프로덕트 간의 상호 연결성이 클수록 사용 가능한 데이터를 활용하여 더 높은 가치를 창출할 수 있습니다. 이때 프로덕트 내 데이터 중에서 사용 가능한 데이터를 노출시키면서 말입니다. 그러나 데이터 메시 개발 초기에 시스템의 목표가 '데이터 프로덕트의 개수'가 되면, 레버리지 포인트는 데이터 프로덕트 생성에 집중하게 되고 데이터에서 가치를 창출하는 데는 집중하지 않게 됩니다. 이는 결

---

5 https://oreil.ly/PM0CT

과적으로 데이터 메시의 진화 중 조직이 초기에 관행을 확립하고 데이터 프로덕트의 기초 또는 청사진을 만드는 탐색 단계exploration phase에 (15.3.3절 참조) 특히 좋지 않은 결과를 초래합니다. 초기에 가치 창출 없이 데이터 프로덕트만 과다하게 생산하는 것은 탐색 단계에서 비용이 더 많이 들며, 실제로 무엇이 가장 효과적인지 탐색하는 데 방해가 됩니다. 이는 레버리지 포인트를 잘못된 시기에 잘못된 방향으로 밀어붙인 결과입니다. 반대로, 일단 플랫폼 특성이 확립되고 조직이 데이터 메시가 확장되고 성장하는 과정에서 어떤 것이 좋은지 파악하면 결과가 어떻게 될까요? 아마 생성되는 데이터 프로덕트의 특성에 따라 플랫폼의 목표가 전환될 것입니다. 이러한 거버넌스는 '새로운 데이터 프로덕트의 비율rate of new data product'을 지렛대로 삼아 데이터의 성장과 다양성에 집중할 수 있습니다.

5.1.2 동적 토폴로지를 기본 상태로 수용하기

데이터 메시는 토폴로지가 동적으로 지속해서 변화하는 시스템입니다. 즉, 데이터 메시의 형태는 지속적으로 바뀐다는 이야기입니다. 새로운 데이터 프로덕트가 생성되고, 오래된 데이터 프로덕트는 폐기되며 기존 데이터 프로덕트는 계속해서 로직과 데이터, 구조를 변경합니다. 거버넌스 모델은 데이터 메시 소비자의 경험을 방해하지 않으면서 데이터 메시 전반의 지속적인 변화에 맞춰 작동해야 합니다. 이러한 가정에 전제하여 시스템의 기본 상태로 설계한 거버넌스는, 약간의 복잡성 이론을 적용하여 복잡한 데이터 메시를 담을 수 있는 간단한 규칙을 탐색합니다.

4부에서 데이터 프로덕트의 모든 측면에 이중 시간성bitemporality[6]을 적용하는 규칙에 대해 소개합니다. 데이터, 메타데이터, 스키마, 시맨틱 등 데이터 메시의 모든 요소는 시간을 매개변수로 하는 함수가 될 수 있으며 시간에 따라 변화할 수 있습니다. 시간에 따라 데이터 프로덕트가 변화하는 것은 시스템의 동적 특성을 포용하는 기본적이면서도 간단한 규칙입니다. 다시 말해 데이터 프로덕트의 변화는 배제해야 하는 대상이 아니라, 기본적으로 포용해야 하는 요소입니다.

----

6   옮긴이_ 데이터 프로덕트의 모든 측면에 두 가지의 시각(時刻)을 적용한다고 이해하면 됩니다. 하나는 '이벤트가 실제로 발생했을 때'의
    실제 시각(actual time 또는 event time)을, 다른 하나는 '이벤트 발생 데이터가 처리됐을 때'의 처리 시각(processing time)을 의미
    합니다. 자세한 내용은 12.1.2절의 '바이템포럴 데이터'를 참조하길 바랍니다.

5.1.3 자동화 및 분산 아키텍처 활용하기

분산 아키텍처는 데이터 메시와 같은 디지털 생태계를 구축하기 위한 기반입니다. 데이터 메시와 같은 생태계의 거버넌스는 분산 아키텍처에 의존해야 합니다. 분산 아키텍처를 통해 각 데이터 프로덕트의 수명 주기를 독립적으로 관리할 수 있게 하는 동시에 데이터 프로덕트 간의 느슨한 상호 연결과 통합을 허용하도록 합니다. 이를 통해 중앙 구성 요소를 제한시키면서, 데이터 메시 생태계가 성장함에 따라 결합 있는 병목 현상이 발생할 가능성을 줄여줍니다. 거버넌스는 단일 제어 지점에 의존하는 대신 P2P 방식으로 작동하는 분산 아키텍처에 적합하도록 실행되어야 합니다.

데이터 메시 생태계의 핵심 구성 요소는 데이터 프로덕트가 실행되는 환경입니다. 즉 구축부터 배포, 런타임에 이르는 데이터 프로덕트 수명 주기를 관리하는 기반 플랫폼이 핵심 요소입니다. 앞서 설명한 레버리지 포인트와 피드백 루프와 같은 거버넌스 시스템 요소 대부분은 분산 아키텍처에 임베딩된 자동화 메커니즘에 의존합니다. 이러한 분산 아키텍처는 플랫폼에 의해 구축되면서 데이터 프로덕트를 연결합니다(5.1.1절 참조). 5.3절에서 컴퓨팅을 거버넌스 모델에 적용함으로써 플랫폼이 자동화를 진행하는 과정에 대해 자세히 다룹니다.

5.2 거버넌스 모델에 연합 적용하기

데이터 메시는 설계상 도메인이 서로 연합^{federation}된 구조를 이루고 있습니다. 데이터 메시는 작은 스케일의 데이터를 다루는 부서인 도메인으로 구성된 조직 구조로, 각 도메인은 내부적으로 상당한 수준의 자율성을 갖습니다. 도메인은 데이터 프로덕트를 제어하고 소유하면서, 데이터 프로덕트가 모델링되고 제공되는 방식을 제어합니다. 이러한 도메인은 데이터 프로덕트가 보장하는 SLO를 선택하면서 궁극적으로 데이터 프로덕트 소비자의 만족도를 책임집니다.

도메인의 자율성에도 불구하고 모든 도메인이 메시의 구성원이 되기 위해 전제 조건으로 준수해야 하는 표준이 있습니다. 이는 데이터 메시 생태계가 제대로 작동하기 위해 필요한 사항입니다.

데이터 메시는 연합된 의사 결정에서 이점을 누릴 수 있는 거버넌스 운영 모델^{governance operating model}을 제안합니다. 거버넌스 팀이 연합된 도메인과 플랫폼 이해관계자^{platform stakeholder}로 이루어진 그룹으로 구성될 것을 제안합니다. 이러한 그룹은 [그림 5-4]에서 보여주는 것처럼 운영 과정을 관리하기 위해 다음과 같은 운영 요소를 정의합니다.

연합 팀(5.2.1절 참조)

도메인 프로덕트 오너와 법률 및 보안 등의 주제별 전문가로 구성된 그룹

가치 가이드(5.2.2절 참조)

거버넌스의 운영 범위 관리 및 지향점 안내

정책(5.2.3절 참조)

데이터 메시를 거버닝하는 것과 관련된 보안, 적합성, 상호 운용 가이드라인 및 표준 제공

인센티브(5.2.4절 참조)

로컬 최적화와 글로벌 최적화 사이에서 균형을 맞추는 레버리지 포인트 활용

플랫폼 자동화(5.3절 참조)

데이터 메시 거버넌스의 프로토콜, 표준, 코드로서의 정책, 자동화된 테스트, 모니터링 및 복구

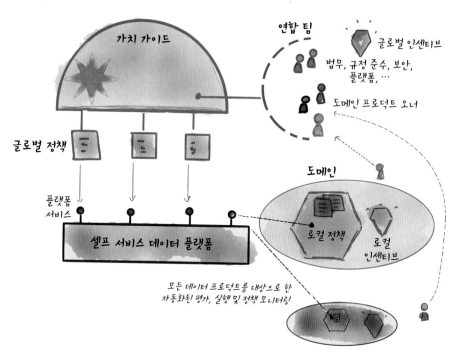

그림 5-4 연합 컴퓨팅 거버넌스 운영 모델

연합 컴퓨팅 거버넌스 운영 모델은 조직 환경에 따라 개별적으로 리파인할 수 있는 초안이자 출발점입니다. 각각의 운영 모델 요소에 대해 조금 더 자세히 살펴봅시다.

5.2.1 연합 팀

데이터 메시 거버넌스는 모든 도메인이 책임을 지지만 각 도메인에 대한 책임이 명확한 존재입니다. 이러한 거버넌스는 기존의 많은 거버넌스 기능과 달리 제3자에게 아웃소싱하지 않습니다. 데이터 메시 거버넌스는 각 도메인 대표뿐만 아니라 플랫폼 전문가와 보안, 규정 준수, 법률 등의 주제별 전문가로 구성된 교차 기능 팀으로 구성됩니다.

여러 분야로 이루어진 연합 팀을 구성할 때 해당 연합 팀은 다음 항목을 결정할 수 있어야 합니다.

- 모든 데이터 프로덕트에서 구현해야 하는 정책
- 플랫폼이 이러한 정책을 컴퓨팅적으로 지원하는 방법

- 데이터 프로덕트에서 정책을 적용하는 방법

도메인 대표

데이터 프로덕트 오너는 도메인의 데이터 프로덕트를 장기적으로 소유하는 사람입니다. 이들은 본질적으로 **데이터 메시의 구성원**으로서 데이터 프로덕트의 수명과 성공에 관심이 많습니다. 데이터 프로덕트 오너는 데이터의 보안과 품질, 무결성을 관리할 책임이 있습니다. **로컬하게(지역적으로) 의사 결정을 실행한다**는 기본 원칙을 고려할 때 궁극적으로 데이터 프로덕트 오너는 모든 단일 데이터 프로덕트 수준에서 글로벌한 거버넌스 의사 결정을 실행할 책임이 있습니다. 이러한 글로벌 정책을 정의하기 위해 도메인 차원에서 이러한 거버넌스 의사 결정을 조기에 실행하여 기여하는 것은 정책을 채택하는 데 있어 매우 중요합니다.

도메인 대표는 역할상 기술–비즈니스 연계 도메인$^{business-aligned-tech\ domain}$ 내에서 주요한 책임과 의무가 있다는 점에서 기존의 데이터 스튜어드$^{data\ steward}$와 차이가 있습니다. 도메인 대표는 비즈니스 도메인의 성공을 책임지는 교차 기능 팀의 일원입니다. 이러한 도메인의 성공 기준 중 하나는 분석 데이터를 프로덕트 형태로 관리하고 공유하며, 다른 데이터 프로덕트를 사용하여 비즈니스 프로세스 및 애플리케이션에 머신러닝이나 데이터 분석 과정을 임베딩하는 것입니다.

거버넌스 팀의 일원으로서 도메인 대표의 역할은 데이터 메시의 데이터 프로덕트를 거버닝하는 정책을 정의하는 데 기여하는 것입니다.

데이터 플랫폼 대표

거의 모든 거버넌스는 플랫폼의 자동화에 의존합니다. 이를 위해서는 플랫폼 팀과 거버넌스 기능이 서로 긴밀하게 조화를 이루어야 합니다. 이러한 자동화는 인에이블먼트^{enablement}나 모니터링^{monitoring}, 아니면 복구^{recovery}의 형태로 이루어질 수 있습니다. 예를 들어 플랫폼은 각 데이터 프로덕트의 검색 가능성 정보에 액세스하기 위해 데이터를 읽거나 쓰는 도중에, 혹은 표준 API를 구현하는 도중에 개인식별정보$^{personally\ identifiable\ information}$(PII)의 비식별화$^{de-identification}$를 자동화할 수 있습니다. 정책 자동화에서 플랫폼의 중요성을 고려할 때, 플랫폼 대표는 데이터 플랫폼 프로덕트 오너와 플랫폼 설계자와 같은 역할을 가진 거버넌스 팀의 일원이 되어야 합니다.

이러한 **데이터 플랫폼 프로덕트 오너**^{data platform product owner}[7]는 사용자 경험을 설계하고 플랫폼 피처에 대해 '무엇을' 우선으로 할 건지 순위를 정합니다. 한편 **플랫폼 아키텍트**^{platform architect}는 컴퓨팅 정책을 '어떻게' 구성하고 실행하는지에 대한 구현 방법을 설계합니다.

주제별 전문가(SME)

도메인은 데이터 프로덕트가 규정을 준수하고 안전하게 유지할 책임이 있습니다. 주제별 전문가^{subject matter expert} (SME)는 보안, 규정 준수, 법적 문제에 대해 전문적인 지식을 가진 사람으로, 거버넌스 팀에 소속되어 각 도메인을 안전하게 유지합니다.

법무팀은 종종 최신 데이터 프라이버시 보호 규정의 원천이 됩니다. 이러한 규정은 플랫폼 특성으로 변환되어 모든 데이터 프로덕트에 적용되어야 합니다. 글로벌 거버넌스는 플랫폼 피처의 우선순위와 설계, 그리고 모든 데이터 프로덕트의 채택에 영향을 미치고 정보를 제공해야합니다. 이를 위해 서로 다른 분야의 전문가 사이에서 지속적이고 긴밀한 협업을 위한 구조를 만듭니다.

퍼실리테이터 및 매니저

서로 다른 분야에서 영향력을 가진 경쟁력 있는 사람들을 한데 모으는 것은 쉬운 일이 아닙니다. 연합 컴퓨팅 모델에 따라 거버넌스 프로세스를 촉진하고 지원하기 위해서는 컴퓨팅 모델을 관리하는 역할을 하는 퍼실리테이터^{facilitator}와 매니저가 있어야 합니다.

5.2.2 가치 가이드

모든 거버넌스 시스템은 의사 결정 방식과 시스템이 조직 안팎으로 영향을 미치는 범위를 안내하는 가치 체계를 명확히 하는 것을 초석으로 합니다. 이러한 가이드를 통해 글로벌 거버넌스 기능에서 어떤 관심사를 다룰지를 결정하는 방법이나, 의사 결정에 충돌이 있을 경우 이를 해결하는 방법에 영향을 미칩니다.

다음은 데이터 메시의 가치 체계 정신을 대표하는 가이드의 예시에 대해 열거한 목록입니다.

---

[7] 자세한 내용은 16.5.1절을 참조하길 바랍니다.

소스와 면밀한 위치에서 의사 결정과 책임 지역화하기

데이터 메시에서는 데이터 소스와 가장 관련성이 높은 지식과 영향력의 범위를 가진 사람에게 의사 결정권과 의사 결정에 대한 책임을 부여할 수 있습니다. 예를 들어 데이터 메시에서는 데이터 품질 보장에 대한 책임을 도메인으로 넘깁니다. 기존의 거버넌스 모델과 달리, 데이터 품질은 글로벌한 중앙 집중식 거버넌스 팀이나 다운스트림 데이터 팀 수준에서 관리해야 할 관심사가 아닙니다. 데이터 품질은 각 도메인이 로컬하게 데이터 프로덕트의 품질을 결정하고 정의한 다음 보장합니다. 이러한 과정은 도메인 데이터 모델링에도 동일하게 적용됩니다. 결론적으로 데이터 프로덕트 모델링은 비즈니스 현실에 최대한 가깝게 데이터를 표현하는 데 가장 적합한 위치에 있는 도메인에 맡겨야 합니다.

글로벌 표준이 요구되는 범분야적인 관심사 식별하기

데이터 메시 거버넌스는 기본적으로 최대한 로컬 수준에서 의사 결정을 내려야 한다고 가정합니다. 하지만 데이터 프로덕트에는 범분야적인 글로벌 표준이 필요한 경우가 많습니다. 이러한 범분야적인 관심사에는 규정 준수, 액세스 제어, 보안에 대한 기밀성 보장과 같은 요소가 포함되어 있습니다. 범분야적인 관심사를 보편적으로 (정의하고 구성하며 적용함으로써) 구현하기 위해서는 이상적으로 데이터 프로덕트에 개별적으로 영향을 주면서 플랫폼이 자동화하도록 하는 무언가가 필요합니다. 간혹 개별 데이터 프로덕트 간에 공통된 요소가 충분히 있거나 규정에 기반한 관심사가 모든 데이터 프로덕트에 영향을 미치는 경우가 있습니다. 이 경우에는 거버넌스 기능을 통해 글로벌하게 범분야적인 관심사를 해결하는 방법을 정의하고 플랫폼이 이러한 방법을 자동화한 후 데이터 프로덕트별로 범분야적인 관심사를 해결합니다.

예를 들어 GDPR의 규정 중 '잊혀질 권리right to be forgotten'를 실행하는 것은 모든 데이터 프로덕트에 적용되는 범분야적인 관심사입니다. 이러한 관리 기능이 언제 어떻게 실행되는지, 각 데이터 프로덕트가 이 기능의 실행을 어떻게 보장하는지는 모든 데이터 프로덕트에 동일하게 적용된다는 점에서 글로벌한 관심사입니다.

상호 운용성을 촉진하는 의사 결정 전역화하기

데이터 프로덕트와 플랫폼 구성 요소 간의 상호 운용성뿐만 아니라 데이터 프로덕트 간의 상호 운용성을 활성화하는 과정에서 몇 가지 범분야적인 관심사가 있습니다.

다프가 특정 시점에서 **기상 조건**weather condition과 **청취자 동작**listenership behavior 사이에 상관관계가 있는지 알아보기 위해 실험한다고 가정해보겠습니다. 이 둘 사이의 패턴을 활용하면 추천 엔진을 개선하여 비 오는 날에는 우울한 음악을 추천할 수 있습니다. 이를 위해서는 **준 실시간 플레이 이벤트**near-real-time play event와 **시간별 일기 예보 파일**hourly weather report file이라는 두 가지 데이터 프로덕트를 시간 차원에서 조회하여 상호 연관성을 파악해야 합니다.

데이터 쿼리query를 수행하기 위해, 준 실시간 플레이 이벤트와 시간별 일기 예보 파일 데이터 프로덕트는 다음 사항에 기반하여 표준화해야 합니다.

데이터에 시간적 차원 포함하기

여기에는 날씨, 날짜와 같이 실제 이벤트나 상태의 타임스탬프(이벤트 시각event time)와 데이터 프로덕트가 이벤트를 인지한 시점의 타임스탬프(처리 시각processing time)가 포함됩니다. 이 주제에 대한 자세한 내용은 4부에서 설명합니다.

날짜 및 시간 표시 형식 표준화하기

ISO 8601[8]에 따라 날짜 및 시간 표시 형식 사용하기 등의 예시가 있습니다.

쿼리에서 시간적 차원을 표현하는 방식 표준화하기

SQL:2011[9] 형식으로 템포럴 데이터베이스temporal database[10]용 SQL을 표준화하기 등의 예시가 있습니다. 템포럴 데이터temporal data를 일관되게 인코딩하고 조회하는 방법을 정의하면서, 사용자가 서로 다른 데이터 프로덕트 사이에서 시간에 민감한 쿼리와 데이터 처리를 실행할 수 있도록 합니다.

글로벌 표준이 필요한 사용자 경험을 일관적으로 식별하기

로컬한 도메인의 자율성과 글로벌한 도메인 간의 조화 사이에 균형이 이뤄지지 않으면, 데이터 사용자에게 단편적이고 파편화된disconnected and fragmented 사용자 경험을 제공할 수 있습니다. 데이터 과학자가 **구독자, 팟캐스트, 플레이 이벤트, 스트림, 콘서트** 등 모든 도메인에 걸쳐 **청취자**에

----

8 *https://oreil.ly/KWdDg*

9 *https://oreil.ly/2ixZe*

10 옮긴이_ 이력 데이터베이스라고도 하며, 템포럴 데이터, 즉 시간 오브젝트와 관련된 데이터를 저장한 데이터베이스를 의미합니다. 해당 데이터베이스는 템포럴 자료형을 제공하고 과거, 현재, 미래 시간에 관한 정보를 저장합니다(출처: 위키백과).

대한 데이터가 필요한 실험을 실행한다고 가정해보겠습니다. 이 실험을 위해 데이터 과학자는 먼저 플랫폼의 검색 피처를 사용하여 청취자에 대해 알고 있는 데이터 프로덕트를 찾습니다. 그런 다음 데이터 과학자는 각 데이터 프로덕트를 심층적으로 분석하여 문서, 스키마, 기타 메타데이터를 읽으면서 더 자세히 알아냅니다. 각 데이터 프로덕트는 당연히 자체 문서, 스키마, SLO 등을 제공합니다. 그러나 이러한 데이터 프로덕트가 서로 다른 형식이나 기술로 데이터 과학자에게 문서, 스키마, 메타데이터를 제공한다고 상상해보세요. 해당 실험은 파편화될 것이며, 데이터 메시 전체에 대한 실험을 실행하는 것은 쉽지 않을 것입니다. 데이터 메시는 전체적으로 데이터 프로덕트를 이해하면서 사용하는 경험을 지속적으로 제공해야 합니다. 이를 위해 데이터 프로덕트가 시맨틱 스키마$^{semantic\ schema}$와 신택스 스키마$^{syntax\ schema}$를 인코딩하고 공유하는 방법을 결정하는 것은 글로벌한 관심사가 될 것입니다. 이를 해결하기 위해 플랫폼에서 이러한 결정 과정을 자동화한 다음, 데이터 프로덕트 스키마를 생성, 테스트, 공유하기 위한 일련의 도구를 제공합니다. 그러면 각 데이터 프로덕트는 글로벌 표준을 준수하기 위해 플랫폼 도구를 활용할 수 있습니다.

이러한 시나리오는 이상적이지만, 데이터 메시의 동적 특성(5.1.2절 참조)을 고려할 때 모든 데이터 프로덕트가 특정 시점에서 동일한 스키마 언어나 동일한 버전의 언어를 사용한다고 보장할 수는 없습니다. 이러한 문제는 글로벌한 일관성을 향해 나아가는 시스템, 즉 데이터 메시 거버넌스에 시스템 사고(5.1절 참조)를 적용해서 해결해야 합니다.

글로벌한 관점에서 이루어진 의사 결정을 로컬하게 실행하기

글로벌 거버넌스 기능은 로컬한 도메인의 내부를 넘어 광범위한 영향을 미치는 의사 결정을 내립니다. 이러한 의사 결정은 글로벌하게 이루어지지만, 각 도메인의 데이터 프로덕트와 최대한 면밀한 곳에서 로컬하게 실행됩니다.

데이터 프로덕트에 대한 액세스 권한을 부여 또는 취소하거나 확인하는 방법에 대한 글로벌 의사 결정을 생각해보겠습니다. 액세스 제어를 구성하고 적용하는 방법에 대해서는 글로벌하게 이루어집니다. 하지만 액세스 제어 정책은 각 데이터 프로덕트로 인코딩되어 구성되고, 이후 데이터 프로덕트에 액세스하는 시점에서 평가되고 실행됩니다. 운영 시스템에서도 이와 유사한 접근 방식을 취합니다. 여기에서는 서비스 메시$^{service\ mesh}$[11]와 제로 트러스트 아키텍처[12] 구현을 통해, 각 단일 서비스 엔드포인트$^{single\ service\ endpoint}$[13]에 대한 액세스 제어 정책을 글로벌하게 정의합니다. 추후 이러한 엔드포인트에 액세스할 때 액세스 제어 정책을 실시간으로 적용합니다.

5.2.3 정책

거버넌스 시스템의 결과물은 지향점이 무엇이고 이를 어떻게 유지하는지 명시하여 정의하는 일련의 가이드나 규칙, 또는 **정책**^{policy}으로 요약할 수 있습니다. 예를 들어 데이터의 경우, 데이터 보안의 지향점과 이러한 데이터 보안의 유지 방법으로 요약할 수 있습니다. 이외에 **데이터 접근성**과 **품질**, **데이터 모델링** 등 데이터 메시에서 공유되는 데이터의 교차 기능적인 특징도 마찬가지입니다.

로컬 정책

데이터 메시 거버넌스는 가능하다면 정책 주위의 **의사 결정과 실행 권한**$^{power\ of\ decision\ making\ and}$ ^{execution}을 의사 결정에 영향을 받는 사람들에게 제공합니다. 예를 들어 데이터 품질 보장과 모델링, 무결성과 같이 거버넌스의 여러 기존 측면은 소스에 최대한 가까운 데이터를 중점적으로 다루는 사람들에게 제공됩니다. 이러한 의사 결정은 도메인에서 **로컬 정책**$^{local\ policy}$으로 이루어지고 실행됩니다.

예를 들어 플레이 이벤트의 적시성에 대한 의사 결정은 플레이어 팀이 가장 잘 내리고 유지할 수 있습니다. 플레이어 팀은 이벤트가 발생한 후 얼마나 빨리 안정적으로 공유할 수 있는지에 대해서도 가장 잘 알고 있습니다. 이러한 플레이어 도메인은 플레이어의 동작과 특성에 대해 가장 많은 정보를 가지고 있습니다. 플레이어 도메인은 이러한 동작과 특성을 데이터 사용자에 대한 이해와 결합시켜 데이터 프로덕트의 적시성 보장에 관한 로컬 정책을 정의합니다.

---

11 옮긴이_ 애플리케이션 내 여러 마이크로서비스가 서로의 데이터를 공유함으로써 마이크로서비스 생태계를 안전하고 빠르게, 그리고 신뢰할 수 있게 운영하는 접근 방식입니다(*https://oreil.ly/v47zp*).

12 *https://oreil.ly/nTQQl*

13 옮긴이_ 요청을 받아 응답할 수 있는 서비스를 활성화할 수 있는 지점을 의미합니다. 쉽게 말해 클라이언트가 API로 자원을 이용할 수 있도록 하는 액세스 URL이라 보시면 됩니다.

글로벌 정책

글로벌 정책global policy은 모든 데이터 프로덕트에 일관되게 적용되면서 데이터 프로덕트 간의 이음매, 상호 연결성과 간극에 대해 다룹니다. 이러한 정책은 데이터 프로덕트의 내부 구현에 국한하지 않고 데이터 메시에 전체적으로 영향을 미칩니다. 이에 대해 5.2.2절에서 글로벌 정책이 어떻게 식별되는지 설명한 바 있습니다.

데이터 프로덕트 간의 간극에 의해 발생하는 또 다른 의사 결정이 있는데, 이는 새로운 데이터 프로덕트를 어느 팀(도메인)이 소유할 것인지에 대한 의사 결정, 즉 도메인 오너십 의사 결정입니다. 이 역시 글로벌 정책으로 취급될 수 있습니다. 데이터 프로덕트가 운영 시스템에서 생성된 분석 데이터, 즉 소스 데이터와 거의 일치하는 경우 운영 팀이 소유해야 합니다. 플레이어를 구축하고 호스팅하는 플레이어 팀은 플레이어 이벤트 데이터 프로덕트를 소유합니다. 소비자 데이터 프로덕트의 경우, 이러한 데이터 프로덕트의 사용 사례를 보유하는 팀이 데이터의 주요 소비자로서 데이터 프로덕트를 유지 관리하고 소유할 수 있습니다. 예를 들어 아티스트 분류와 관련된 데이터 프로덕트의 사용 사례가 많은 신진 아티스트 비즈니스가 당연히 아티스트 분류 데이터 프로덕트를 소유합니다. 그러나 애그리거트 데이터 프로덕트의 경우 어느 도메인이 소유해야 하는지 그다지 명확하지 않습니다. 예를 들어 모든 청취자 터치포인트를 집계한 **종단(縱斷)적인 청취자 동작**longitudinal listener behavior은 기존 도메인에 자연스럽게 들어맞지 않습니다. 이 경우 연합 거버넌스 팀은 의사 결정을 내리는 데 도움이 되는 일련의 휴리스틱을 사용할 수 있습니다. 해당 상황에 대한 예시로는 청취자와 같은 기존의 소스 도메인에 인센티브를 제공하거나, 마케팅 팀과 같은 소비자 도메인이 소스 도메인의 주요 소비자로서 오너십을 갖도록 권한을 부여하거나, 새로운 도메인을 구축하는 방안 등이 있습니다.[14]

이상적으로는 데이터 메시 내의 마찰을 줄이기 위해 글로벌 정책을 최소화하는 것이 좋습니다. 하지만 글로벌 정책이 데이터 메시에 영향을 미치는 만큼, 글로벌 정책을 구현하고 업데이트하는 것은 어렵습니다. 따라서 글로벌 정책의 수와 범위를 제한한 채로 자동화된 플랫폼 특성을 통해 글로벌 정책을 지속적으로 구현하는 것이 유일하게 정책을 효과적으로 구현할 수 있는 방법입니다.

---

14 옮긴이_ 자세한 내용은 2.3절을 참고하길 바랍니다.

5.2.4 인센티브

데이터 메시를 실현하려면 기술과 아키텍처의 변화뿐만 아니라 조직적인 변화도 필요합니다. 데이터 거버넌스 운영 모델의 변화는 이러한 조직적인 변화의 한 측면입니다. 변화의 고통을 이겨내는 데는 동기 부여가 큰 역할을 합니다.

인센티브incentive는 동기 부여로서 거버넌스 기능의 동작에 영향을 미치는 레버리지 포인트입니다(5.1.1절의 '레버리지 포인트' 참조). 이러한 인센티브는 특히 도메인 대표가 로컬 우선순위와 글로벌 우선순위 간의 균형을 맞추는 데 영향을 끼칩니다. 인센티브를 신중하게 설계하는 것은 도메인 대표가 글로벌 정책의 정의에 기여할 뿐만 아니라, 자신의 영향력 범위인 도메인 내에서 로컬 정책을 실행하는 데 중요한 역할을 합니다. 인센티브 구조는 두 가지 레버리지 포인트로 나눕니다. 하나는 사일로에서 벗어나 풍부하게 상호 연결된 데이터 프로덕트 망을 구축하도록 장려하는 글로벌 인센티브global incentive이며, 나머지 하나는 개별 도메인의 속도와 자율성을 장려하는 로컬 인센티브local incentive입니다.

거버넌스 운영 모델은 구성원의 로컬 인센티브와 글로벌 인센티브를 구축하고, 모니터링하며, 지속적으로 조정해야 합니다. 레버리지 포인트를 올바르게 설정하려면 실험과 지속적인 관찰이 필요하며, 데이터에 기반으로 한 실험과 관찰 결과가 직관에 상반되는 경우가 많다는 점을 명심하길 바랍니다. 다음에 제시된 예시는 실험적이고 외적인 것입니다. 추후 내재적 동기 부여에 대해서는 16장에서 설명합니다.

로컬 인센티브 도입

데이터 프로덕트 오너는 도메인 내에서 데이터 프로덕트 사용자의 만족도와 성장에 따라 성공성을 측정합니다. 이를 통해 소비자를 위한 새로운 데이터 프로덕트를 만들거나 기존 프로덕트에 콘텐츠를 추가하는 작업에 우선순위를 두도록 장려합니다. 예를 들어 플레이어 팀은 더 많은 데이터 사용자를 확보할 수 있도록 다양한 플레이 이벤트 집계를 제공하는 것에 대해 인센티브를 받습니다. 인센티브를 받은 플레이어 팀은 실시간 데이터 사용자에게 플레이 이벤트를 제공합니다. 뿐만 아니라 인센티브를 받으면서 다른 데이터 사용자를 위해 장기간에 걸친 청취자의 상호 작용을 집계하는 플레이 세션도 제공합니다.

로컬 인센티브는 성공적인 데이터 프로덕트를 만드는 것을 목표로 하는 프로덕트 중심 사고에 기반합니다. 이러한 로컬 인센티브를 도입하여 도메인 자율성을 강화하고 향상하길 바랍니다.

글로벌 인센티브 도입

이제 연합 거버넌스 팀에서 도메인 데이터 프로덕트가 데이터 품질 메트릭^{data quality metric}을 측정하고 공유하는 방법을 표준화하기로 결정했다고 가정해보겠습니다. 거버넌스에서는 각 데이터 프로덕트가 일련의 일관된 API를 통해 보고해야 하는 새로운 품질 메트릭을 여러 개 도입하고 있습니다. 이는 데이터 메시 수준의 관찰 가능성을 통합하기 위해 모든 데이터 프로덕트에 적용되어야 하는 글로벌 정책입니다. 반면에 연합 거버넌스 팀 내에는 보다 더 다양한 피처를 가진 데이터 프로덕트를 구축하도록 하는 도메인 우선순위^{domain priority}가 존재합니다. 이로 인해 글로벌 정책을 준수하고 데이터 품질 보고 API^{data quality reporting API}를 구현하는 도메인의 데이터 프로덕트 오너 입장에서는 도메인 우선순위에서 다른 프로덕트 오너와 다소 경쟁 관계에 놓이는 문제가 발생합니다.

이러한 갈등을 해결하고 도메인이 글로벌 정책에 참여하도록 장려하려면 데이터 프로덕트 오너의 인센티브를 강화해야 합니다. 다시 말해 로컬 인센티브에 더해 글로벌 정책 채택 정도에 따라 보상과 동기를 부여해야 합니다. 이 경우 데이터 프로덕트의 성공 척도에는 최신의 글로벌 정책을 기반으로 한 품질 메트릭 보고가 포함됩니다.

5.3 거버넌스 모델에 컴퓨팅 적용하기

데이터 메시의 최적 상태^{optimal state}에서는 거버넌스 기능이 보이지 않습니다. 거버넌스 기능은 데이터 제공자와 소비자의 방식과는 결이 다릅니다. 거버넌스 기능은 플랫폼에 의해 자동화되고 추상화되며 각 데이터 프로덕트에 임베딩되어 적절한 순간에 적용됩니다. **컴퓨팅 거버넌스** ^{computational governance}라고 부르는 이러한 과정을 달성하는 몇 가지 방법에 대해 살펴봅시다.

데이터 메시 플랫폼은 데이터 프로덕트 주기 단계(구축, 테스트, 배포, 실행, 액세스, 읽기 등)를 실행함으로써 각 데이터 프로덕트의 수명 주기를 프로그래밍 방식으로 관리합니다. 이러한 플랫폼은 데이터 프로덕트 개발자와 데이터 거버넌스 팀원에게 가장 적합한 위치에 있어, 이들이 데이터 프로덕트의 수명 주기 중에서 적시에 정책을 정의하고 컴퓨팅적으로 실행할 수 있도록 지원합니다. 한편 데이터 메시 플랫폼은 이러한 정책을 마찰 없이 모든 데이터 프로덕트에 임베딩하여 실행할 수 있습니다. 이러한 셀프 서비스 플랫폼은 다양한 정책을 실행하는 과정에서의 복잡성을 추상화하고 올바른 작업을 쉽게 수행할 수 있도록 해야 합니다. 또한, 데이터 메시 플랫폼이 데이터 메시 전체에 걸쳐 정책이 제대로 적용되고 있는지 지속적으로 확인하고, 그렇지 않은 경우 이를 알리도록 해야 합니다.

운영 플레인에서는 최근 서비스 메시 플랫폼에서 유사한 컴퓨팅 거버넌스가 입증된 바 있습니다. 예를 들어 서비스 메시를 구현하는 오픈 소스인 이스티오^{Istio}[15]가 있습니다. 이스티오는 트래픽 라우팅 정책을 모든 단일 서비스의 엔드포인트에 각각 임베딩하여 구성하고, 요청 시 각 서비스에서 로컬하게 바로 실행합니다. 이때 도메인 내의 서비스 개발자는 서비스에서 실패한 요청을 얼마나 재시도할 것인지에 대한 라우팅 정책을 정의하거나 미해결된 요청을 얼마나 기다려야 하는지를 설정하기만 하면 됩니다. 즉, 라우팅 정책을 선언적으로 구성하는 것 외에 서비스 개발자는 다른 작업을 할 필요가 없습니다. 서비스 메시 플랫폼은 컴퓨팅적 라우팅 정책을 적시에 자동으로 실행합니다. 컴퓨팅적 라우팅 정책의 단순성과 효율성을 통해 모든 서비스 개발자가 추가적인 오버헤드 없이 더욱 탄력적인 서비스를 구축할 수 있도록 장려합니다.

플랫폼이 거버넌스 정책을 컴퓨팅적으로 지원할 수 있는 4가지 방법에 대해 살펴봅시다.

5.3.1 코드로서의 표준

모든 데이터 프로덕트에서 일관된 방식으로 구현될 것으로 예상되는 동작, 인터페이스, 데이터 구조 등 많은 정책이 **표준** 범주에 속합니다. 다음은 플랫폼에서 코딩하고 지원할 수 있는 표준의 몇 가지 예시입니다.

데이터 프로덕트 검색 및 관찰 가능성 인터페이스^{data product discovery and observability interface}

관찰 가능한 정보, 문서, 스키마, SLO를 노출하는 API

데이터 프로덕트 관련 데이터 인터페이스^{data product data interface}

데이터를 노출하는 API

데이터 및 쿼리 모델링 언어^{data and query modeling language}

데이터의 시맨틱과 신택스, 쿼리 언어 모델링

---

15 *https://istio.io*

데이터 리니지 모델링lineage modeling

연결된 데이터 프로덕트 전반의 데이터 플로우 및 운영 추적 모델링

다의적 개념 식별 모델링polysemy identification modeling

다양한 데이터 프로덕트에서 공통된 비즈니스 개념을 글로벌하게 식별하여 처리하는 아이덴티티 시스템 모델링

SLO API를 예로 들어보겠습니다. 플랫폼은 (범분야적인 특성을 구현하는 모든 데이터 프로덕트와 함께 배포되는 실행 콘텍스트execution context[16]인) **사이드카**sidecar(9.4.1절 참조)를 삽입합니다. 이를 통해 모든 데이터 프로덕트에 대해 일관되게 SLO API를 구현할 수 있습니다.

5.3.2 코드로서의 정책

모든 데이터 프로덕트는 규정 준수, 액세스 제어, 액세스 감사, 프라이버시 보호와 같은 글로벌 정책을 구현해야 합니다. 여기서 플랫폼은 이러한 정책을 모든 데이터 프로덕트에 임베딩하는 데 핵심적인 요소입니다. 데이터 프로덕트는 이러한 **정책 구성을 코드로 정의**하고 데이터 프로덕트의 수명 주기 동안 이를 테스트하고 실행할 수 있습니다. 데이터 메시 플랫폼은 정책 관리를 코드로 구현하는 기반 엔진을 제공합니다.

규정 준수를 예로 들어봅시다. 모든 데이터 프로덕트는 **개인 식별 정보를 보호**하면서도 본질적으로 모집단 전체에서 개인 식별 정보에 접근해야 하는 머신러닝이나 분석 워크로드를 지원할 수 있어야 합니다. 예를 들어 청취자 데이터 프로덕트는 이름, 나이, 주소 등과 같은 개인 식별 정보 데이터 유형에 대한 액세스를 보호해야 합니다. 이와 동시에 청취자 데이터 프로덕트는 인구 분석을 통해 연령이나 지리적 위치에 따라 청취자의 인구통계학적 분포를 감지할 수 있어야 합니다. 이러한 정책을 구현하기 위해 데이터 프로덕트는 차등 프라이버시differential privacy(DP)[17]와 같은 기술을 구현합니다. 이를 통해 개인 식별 정보에 대한 접근을 자제하면서 인구통계학적 특징을 유지하면서 익명화된 데이터에 대한 액세스를 제공할 수 있습니다. 이때 플랫폼은 청취자 데이터 프로덕트에서 어떤 어트리뷰트가 개인 식별 정보인지, 누가 해당 어

---

16 옮긴이_ 코드를 실행하기 위한 환경을 모두 모아놓은 것을 의미합니다.
17 https://oreil.ly/qkSqU

트리뷰트에 대해 모집단 분석을 실행할 수 있는지 간단히 선언합니다. 이러한 과정을 거치면서 플랫폼이 정책 정의^{policy definition}를 체계화할 수 있는 수단을 제공할 수 있습니다. 데이터에 접근하는 동안 RAPPOR^{Randomized Aggregatable Privacy-Preserving Ordinal Response}[18]와 같은 차등 개인 정보 보호 기술을 적용하는 것은 플랫폼의 역할입니다.

다음은 플랫폼에서 코드로서 컴퓨팅적으로 구성하고 실행하는 데 도움이 될 수 있는 정책에 대한 몇 가지 예시입니다.

데이터 프라이버시 및 보호 data privacy and protection

데이터가 도난, 손실 또는 실수로 삭제되는 것을 방지하기 위한 전략. 이때 승인된 당사자만 민감한 데이터에 액세스할 수 있도록 합니다.

데이터 지역화 data localization

데이터 스토리지의 지리적 위치 및 프로세싱과 관련된 요구 사항

데이터 액세스 제어 및 감사 data access control and audit

특정 데이터 요소에 액세스할 수 있는 인원 제어 및 모든 액세스 추적

데이터 동의성 data consent

데이터 오너가 보존 및 공유를 허용하는 정보 추적 및 제어

데이터 주권 data sovereignty

데이터 오너십 및 제어 보존

데이터 보유성 data retention

정의된 보유 기간 및 정책에 따른 데이터 가용성 및 스토리지 관리

---

18 옮긴이_ 프라이버시를 강하게 보장하면서 최종 사용자 클라이언트 소프트웨어(end-user client software)와 관련된 통계를 자율적으로 크라우드소싱(crowdsourcing)하는 기술을 의미합니다(*https://oreil.ly/fDlom*).

5.3.3 자동화된 테스트

플랫폼이 데이터 거버넌스를 전산적으로 지원하는 또 다른 방법은 자동화된 테스트^{automated test}를 실행하는 것입니다. 자동화된 테스트를 통해 데이터 품질과 무결성 측면에서 데이터 프로덕트가 보증을 준수하는지 확인합니다. 플랫폼은 CI/CD 파이프라인을 설정하고 실행하는데, CI/CD 파이프라인은 데이터 프로덕트 개발자가 데이터 프로덕트 코드를 대상으로 테스트하는 데 활용합니다. 자동화된 테스트는 개발자에게 피드백 루프를 신속히 제공하여, 가능한 한 조기에 저렴한 비용으로 오류를 감지하고 해결할 수 있도록 합니다.

5.3.4 자동화된 모니터링

정책을 유지하고 관리하기 위해서는 런타임에 데이터 메시와 데이터 프로덕트의 상태를 지속적으로 관찰하는 모니터링 시스템이 필요합니다. 데이터 메시 모니터링 시스템은 데이터 프로덕트가 글로벌 정책을 준수하는지를 감지할 수 있습니다. 이때 런타임 모니터링^{runtime monitoring}을 통해 데이터 프로덕트가 의도한 목표를 향해 이동하고 있는지, 아니면 벗어나고 있는지를 확인합니다. 이러한 목표는 허용 임곗값^{tolerance threshold}으로 구성되고 경보 시스템과 알림 시스템으로 갖춰져 있습니다.

예를 들어 거버넌스 팀은 SLO 준수 기능^{SLO compliance function}으로 모니터링 시스템을 구성할 수 있습니다. 이러한 기능은 자동으로 데이터 메시를 스캔하고 데이터 프로덕트의 SLO 메트릭 API^{SLO metrics API}에서 데이터를 폴링^{polling}합니다. SLO API에 필요한 버전으로 응답하지 않는 것은 규정 준수의 부족을 감지하는 첫 번째 신호입니다. 이러한 신호를 통해 규정 준수가 부족한 데이터 프로덕트를 담당하는 팀에 알리는 것부터 해당 데이터 프로덕트 사용을 금지하는 것까지 다양한 조치를 취할 수 있도록 합니다.

5.4 연합 컴퓨팅 거버넌스 원칙 적용하기

지금까지 연합 컴퓨팅 거버넌스를 운영하고 구현하기 위한 프레임워크를 소개했습니다. 이번 절에서는 특히 조직에서 중앙 집중식 거버넌스 모델을 운영 중일 때, 조직을 데이터 메시 모델에 적합한 조직으로 변환하는 데 필요한 변화를 요약해서 보여줍니다.

5.4.1 도메인에 책임을 위임하라

조직에서 데이터 거버넌스를 채택한 경우 아마도 로버트 사이너^{Robert Seiner}[19]와 같은 독창적인 사상가들의 연구에 영향을 받았을 가능성이 높습니다. 그러나 이러한 거버넌스는 중앙화되어 있습니다. 데이터 메시 거버넌스에는 도메인 데이터 프로덕트 오너와 주제별 전문가, 중앙 팀의 조력자로 구성된 연합 팀(5.2.1절 참조)이 필요합니다. 데이터 오너십을 중앙 집중식으로 후견하는 모델에서 데이터를 소유하는 도메인이 서로 연합된 모델로 전환하기 위해서는 도메인이 주도하는 새로운 책임 구조를 수립해야 합니다. 이러한 책임 구조는 기존 데이터 스튜어드 중 일부를 기술-비즈니스 연계 팀으로 이동시켜 데이터 프로덕트 오너라는 새로운 역할을 부여함으로써 달성할 수 있습니다.

5.4.2 각 데이터 프로덕트에 정책을 임베딩하여 실행하라

오늘날 데이터 거버넌스 팀은 정책을 정의하고 규제 요건^{regulatory requirement}을 도입할 책임이 있을 뿐만 아니라, 이러한 책임을 실행하고 보증하는 데에도 크게 관여합니다. 이러한 정책을 고품질의 신뢰할 수 있는 데이터를 제공하는 가치 흐름에 투입하여 감독하고 통제합니다.

반면, 데이터 메시의 글로벌 거버넌스는 정책과 표준을 정의하고 설계할 책임이 있습니다. 이러한 정책은 플랫폼이 맡아서 실행합니다. 정책을 실행할 책임은 도메인에 주어지며, 각 도메인은 데이터 프로덕트에 정책을 구축하고 임베딩합니다.

글로벌 데이터 거버넌스 기능은 더 이상 데이터를 수동으로 확인하고 테스트하면서 데이터 생성 가치 흐름이나 데이터 액세스 가치 흐름에 투입할 필요가 없습니다.

예를 들어 거버넌스 기능에는 **데이터 품질을 구성하는 요소**와 함께 각 데이터 프로덕트가 이러한 데이터 품질의 구성 요소를 표준에 맞춰 전달하는 방법을 정의할 책임이 있습니다. 다시 말해, 이러한 거버넌스 기능은 더 이상 각 데이터 프로덕트의 품질을 관리할 책임이 없습니다. 반면 플랫폼 팀은 데이터 품질을 검증하고 품질 메트릭을 전달하는 특성을 구축할 책임이 있습니다. 한편 각 도메인과 데이터 프로덕트 오너는 이러한 품질 메트릭을 준수하고 양질의 데이터 프로덕트를 제공할 책임이 있습니다.

---

[19] 로버트 S. 사이너의 저서 『Non-Invasive Data Governance』(Technics Publications, 2014)

마찬가지로, 거버넌스 기능은 글로벌한 특성상 **데이터 보안**을 책임지지 않습니다. 그러나 거버넌스 기능은 각 데이터 프로덕트가 지원해야 하는 데이터 민감성 수준^{data sensitivity level}과 같이 데이터 보안에 수반되는 사항을 정의할 책임이 있습니다. 플랫폼은 이러한 민감성 수준을 설명하고 시행하는 기능을 임베딩하고 있어야 하며, **각 도메인 데이터 프로덕트 오너**는 거버넌스의 정의에 따라 데이터 프로덕트가 플랫폼을 안전하게 활용할 수 있도록 할 책임이 있습니다.

5.4.3 수동적인 개입에서 벗어나 거버넌스에 모니터링과 활성화를 자동화하라

오늘날의 데이터 기술 환경에는 놀라울 정도로 정교한 데이터 거버넌스 도구로 가득합니다. 데이터 거버넌스 도구는 데이터 거버넌스 팀의 워크플로우를 용이하게 하고, 생성한 데이터를 데이터 레이크나 랜딩 존^{landing zone}[20]에 수집한 후 거버넌스 정책을 적용하기 위해 개발되었습니다. 이러한 데이터 거버넌스 도구를 통해 수집한 데이터를 데이터 공유 가치 흐름에 제공한 후 거버넌스 기능을 가치 흐름에 개입시켜 문제를 해결할 수 있습니다.

데이터 메시 거버넌스는 이러한 제어 과정을 데이터의 소스 도메인에서 처리하도록 전환합니다. 데이터 메시 거버넌스는 우회적인 개입 방식보다는 원활한 자동화를 통해 조기에 올바른 작업을 수행할 수 있도록 지원합니다. 이를 통해 데이터 거버넌스 도구의 특성을 감시에서 활성화로, 사후에 문제를 해결하는 것에서 가능한 한 조기에 문제를 감지하고 복구하는 것으로 변화시킵니다.

즉, 데이터 메시 거버넌스는 오류나 위험을 관리하는 방식을 자연스럽게 다른 방식으로 처리할 수 있도록 합니다. 이에 따라 플랫폼과 책임 구조는 오류를 될 수 있으면 소스와 면밀한 곳에서 로컬하게 감지하고 처리하는 역할을 합니다. 그동안 글로벌 거버넌스는 오류 발생 시 플랫폼에 적용될 복구 메커니즘을 정의하는 데 집중합니다.

---

20 옮긴이_ 코드를 통해 미리 프로비저닝된 워크로드를 호스트하기 위한 환경을 가리킵니다(*https://learn.microsoft.com/ko-kr/ azure/cloud-adoption-framework/ready/landing-zone*).

5.4.4 간극을 모델링하라

오늘날 데이터 거버넌스 팀은 중앙 집중식 엔터프라이즈 데이터의 진정한 표준 모델^{true canonical}^{model}을 만드는 데 많은 시간을 할애합니다. 진정한 표준 모델은 더 작은 모델들로 구성되어 있음에도, 웨어하우스와 레이크 그 어디에 배치되든 중앙 집중식 모델을 정의하는 데 핵심적인 역할을 합니다. 이와 대조적으로, 데이터 메시는 데이터 모델링을 데이터와 가장 가까운 요소인 도메인이 처리하도록 합니다. 그러나 도메인 내의 데이터 사이에서 상호 운용성과 연계성을 확보하기 위해, 모든 도메인에서 일관된 방식으로 모델링해야 하는 데이터 개체가 각 도메인에 존재합니다. 이러한 개체를 다의적 개념^{polyseme}이라고 합니다(2.4.2절 참조). 도메인 사이에서 다의적 개념을 **모델링하고 식별하며 매핑하는 방법**을 표준화하는 것이 바로 글로벌 거버넌스의 기능입니다.[21]

5.4.5 네트워크 효과를 측정하라

오늘날 데이터 거버넌스는 엔터프라이즈 수준의 데이터를 중앙에서 지원해야 하는 막중한 책임이 있습니다. 이러한 책임으로 인해 거버넌스 기능의 성공 여부를 테스트 과정을 거친 데이터의 **양**으로 측정하게 되었습니다. 필자는 페타바이트(PB) 크기의 데이터 테이블이나 수천 개의 데이터 테이블이 자부심과 성공으로 이어지는 대화에 너무 많이 참여한 바 있습니다. 이러한 메트릭을 만들게 된 배경은 이해할 수 있지만, 데이터의 양과 가치 사이의 상관관계와 관련하여 직접적이고 신뢰 가능한 연결고리는 없습니다.

데이터 메시에서는 거버넌스 팀이 데이터 사용량을 기반으로 성공을 입증할 수 있는 새로운 방법을 도입합니다. 데이터 메시의 상호 운용성과 데이터에 대한 신뢰가 강할수록, 데이터 메시에서의 소비자와 제공자 간 **상호 연결**의 개수가 많아집니다. 거버넌스의 성공 여부는 이러한 상호 연결의 수와 데이터 메시의 네트워크 효과에 기반하여 측정됩니다.

---

21 베타리더_ 다의적 개념의 정의를 참고할 때, 같은 대상을 지칭하더라도 각 도메인에서 지칭하는 말이 서로 다를 수 있습니다. 따라서 글로벌 거버넌스 기능을 통해 도메인 간 다의적 개념을 모델링하거나 식별하는 방법, 그리고 매핑하는 방법을 표준화해야 합니다.

5.4.6 데이터 메시 거버넌스의 변화를 수용하라

오늘날의 거버넌스 관행은 엔터프라이즈 차원에서의 표준 데이터 모델을 정의하거나 액세스를 제어하는 정책과 같은 형태로 이루어져 있습니다. 이러한 관행은 다운스트림 데이터 사용자를 변경하고 중단하는 것을 줄여야 한다는 것에서 비롯됩니다. 관행에 따라 이러한 작업을 줄이고 일관성을 유지하는 일은 작은 규모로 이루어진 곳에서는 가능할 수는 있습니다. 하지만 수많은 도메인과 다양한 사용 사례로 엔터프라이즈 데이터의 범위가 확장됨에 따라 이러한 관행은 금방 무용지물이 됩니다.

데이터 메시 거버넌스의 관행은 다음과 같은 지속적인 변화를 수용해야 합니다.

- 새로운 데이터가 지속적으로 도착하면서 발생하는 변화
- 데이터 모델의 변화
- 데이터 사용 사례 및 사용자의 급격한 변화
- 새로운 데이터 프로덕트의 생성과 오래된 데이터 프로덕트의 폐기

정리하기

탈중앙화된 방식으로 데이터 메시를 실현할 수 있는지에 대한 질문 중 일부는 거버넌스 관심사와 얽혀 있습니다. 개별 데이터 프로덕트가 일련의 공통 정책을 준수하여 보안, 규정 준수, 상호 운용성, 신뢰성을 보장하도록 하려면 어떻게 해야 할까요? 특히, 각 도메인이 자체적으로 데이터 프로덕트를 소유하고 제어하며 중앙 팀이 더 이상 데이터에 대한 통제권을 갖지 않는 상황에서 이러한 특성을 어떻게 보장할 수 있을까요? 중앙 집중식 거버넌스 팀은 어떻게 될까요?

이러한 질문의 해답은 연합 컴퓨팅 거버넌스라고 하는 데이터 메시 거버넌스 모델에 있습니다. 데이터 메시는 이전 모델인 데이터 레이크와 웨어하우스와 유사한 거버넌스 목표를 달성합니다. 하지만 이러한 목표를 달성하는 방식과 운영 모델은 기존 모델과 차별화된 모델입니다.

데이터 메시 거버넌스 모델은 세 가지의 상호 보완적인 요소로 구성됩니다. 먼저 데이터 메시를 독립적이면서도 상호 연결된 데이터 프로덕트, 플랫폼 시스템, 팀으로 구성된 생태계로 보는 시스템 사고가 필요합니다. 그런 다음, 데이터 프로덕트를 대규모로 공유하여 가치를 창출

하는 목표를 향해 데이터 메시의 전체 동작을 제어할 수 있는 레버리지 포인트와 피드백 루프를 찾아야 합니다.

두 번째로는 데이터 메시에 연합 운영 모델을 적용해야 합니다. 사회조직적 관점에서 개별 도메인 대표와 플랫폼 대표로 구성된 연합 팀을 구성하세요. 도메인 데이터 프로덕트의 성공성과 더 넓은 생태계의 성공성에 모두 부합하는 인센티브 체계를 구축하세요. 도메인의 영향력과 통제 영역에 있는 정책에 대해 로컬하게 자율성과 책임을 갖도록 하세요. 그 이외의 교차 기능 정책은 글로벌하게 정의하길 바랍니다.

마지막으로 데이터 메시 거버넌스를 실용적으로 구현하는 관점에서, 데이터 메시 거버넌스는 거버넌스 정책을 자동화된 컴퓨팅 방식으로 각 데이터 프로덕트에 임베딩하는 데 크게 의존합니다. 물론 이는 기반 데이터 플랫폼 요소에 크게 의존하기 때문에 올바른 작업을 정말 쉽게 수행할 수 있습니다.

[그림 5-5]는 이러한 세 가지 기둥이 통합된 데이터 메시 거버넌스 모델의 예시에 대해 보여줍니다.

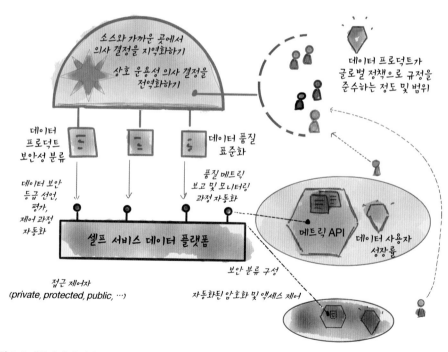

그림 5-5 데이터 메시 거버넌스 운영 모델 예시

자동화와 전산적인 계산을 충족하는 탈중앙화된 가치 체계와 교차된 영역에서 데이터 메시 거버넌스는 기존의 접근 방식을 개선하는 방법을 찾고 있습니다.

데이터 메시 거버넌스는 데이터 프로덕트 팀 생태계에서 올바른 작업을 정의하고 적용하는 방법을 제시합니다. 무엇이 옳은 작업인지, 어떻게 옳은 작업을 하는지에 대한 정의는 고대 그리스의 아리스토텔레스부터 독일 관념론 시대^{German Idealism era}를 거쳐 현대 정치 체제에 이르기까지 수세기 동안 위대한 사상가들의 관심사였습니다. [22] 인류는 **공동선(公同善)**^{common good}[23]과 **공리주의**^{utilitarianism}[24], **개인주의**^{individualism}[25] 사이에서 무엇이 옳은지에 대한 정의와 규제를 놓고 씨름해왔습니다.

데이터 메시가 철학의 한 분야는 아니지만, 위와 비슷한 딜레마와 씨름하고 있습니다. 바로 서로 다른 도메인의 자율성, 자유, 개인주의를 유지하면서 어떻게 하면 모든 데이터 프로덕트에서 일관성과 표준화를 통해 더 큰 선을 달성할 수 있을지에 대한 문제입니다. 한편 동적 평형 상태는 각 도메인이 빠르게 나아갈 수 있도록 의사 결정을 하는 지역화와 모든 요소가 멀리 나아가도록 의사 결정을 하는 전역화 사이에서 이루어집니다. 이때 데이터 메시는 데이터 거버넌스의 접근 방식을 통해 이러한 평형 상태를 지속적으로 찾으려는 시도에 대해 정의합니다.

필자는 도메인의 자율적인 특성으로 인해, 컴퓨팅 거버넌스와 이중 시스템 인센티브 구조 같은 촉매제가 궁극적으로 데이터 메시 생태계에 더 큰 이익으로 이어질 수 있다고 생각합니다. 그러나 각 프로덕트와 시스템에 임베딩된 머신러닝 기반 시스템을 통해 도메인을 지능적으로 증강하지 않는 한, 데이터 메시는 최적의 상태에 도달할 수 없습니다. 이러한 머신러닝 기반 솔루션을 학습시키기 위해 여러 도메인에 걸쳐 신뢰할 수 있고 유용한 데이터가 지속적으로 요구해야 합니다. 이것이 데이터 메시 거버넌스를 채택하고 올바른 일을 하는 궁극적인 동기가 될 것입니다.

---

22 *https://oreil.ly/eOqi6*

23 *https://oreil.ly/TlAyl*

24 공동체 내에서 최대의 이익과 행복을 얻을 수 있는 방법을 추구하는 이념을 의미합니다(*https://oreil.ly/nMQpg*).

25 개인의 행복과 자유를 최우선으로 하여 행동하는 이념을 가리킵니다(*https://oreil.ly/7KJjw*).

왜 데이터 메시인가

2부

의심에 빠짐으로써 우리는 의문을 제기하고, 의문을 제기함으로써 우리는 진실에 도달한다.

— 피에르 아벨라르^{Pierre Abélard}

조직을 변환하는 것은 쉬운 일이 아니며, 시간과 비용이 많이 듭니다. 데이터 메시에 적합하게 조직을 변환하는 것도 예외는 아닙니다. 프롤로그에서는 다프 주식회사의 이야기를, 1부에서는 데이터 메시의 원칙을 설명하면서 데이터 메시에 잠재적으로 영향을 준 데이터 컬처, 아키텍처, 기술에 대해 알아보았습니다. 추가로 데이터 메시로 개편된 조직이 분석 데이터를 가치 있게 사용하고 공유하는 방식에 미치는 영향에 대해서도 확인했었죠.

그렇다면 왜 모든 조직이 데이터 메시를 사용해야 할까요? 그것도 왜 지금 당장 해야 할까요? 2부에서는 이 질문에 답하고자 합니다.

6장에서는 거시적 계기^{macro driver}, 다시 말해 과거 아키텍처의 진화적 접근 방식이 더 이상 제공하지 않는 티핑 포인트^{tipping point}에 도달하게 해준 과정에 대해 분석해봅니다. 7장에서는 데이터 메시를 도입함으로써 나타난 결과와 해당 결과에 어떻게 도달했는지에 대해 소개합니다. 마지막으로 8장에서는 분석 데이터 관리 아키텍처의 역사에서 흥망성쇠가 일어나게 하는 요인과 그 이유에 대해 간단히 요약해서 설명합니다.

전략적 변곡점

변곡점에서 기존의 전략을 철회하고 새로운 전략을 도입하는 것은 사업을 새롭게 성장시킬 수 있는 계기가 된다. 그러나 이 변곡점에 제대로 대처하지 않으면 사업은 최고 절정기에 다다른 후 그대로 쇠퇴해버리기 마련이다.

— 앤드류 S. 그로브Andrew S. Grove[1]

데이터 메시는 데이터에 대한 접근 방식, 태도, 기술이 변화하는 시점인 변곡점inflection point 이후에 도입되는 것입니다. 변곡점이란 수학적으로 곡선이 한 방향에서 다른 방향으로 구부러지기 시작하는 순간의 점을 말합니다. 그러나 이 책에서 말하는 (전략적) 변곡점은 이전 기술을 철회하면서 새로운 기술을 사용하는 순간을 가리킵니다.

데이터 메시가 데이터 관리 발전 과정에서 처음이자 마지막 변곡점이 되지는 않을 겁니다. 그러나 분명한 것은 현재가 데이터 메시를 도입하기에 가장 적절한 시기라는 점입니다. 데이터 관리 방식을 데이터 메시라는 새로운 방향으로 이끌도록 한 계기와 경험적 신호가 있습니다. 필자는 2018년에 이러한 전환점에 서 있었던 적이 있습니다. 이때는 개인적으로 많은 기업이 비즈니스 스케일과 복잡성, 데이터에 대한 열망을 표출할 수 있는 새로운 데이터 아키텍처를 찾고 있었을 때였죠. 6장을 읽은 후, 여러분도 아키텍처를 변화하고자 하는 중요한 시점에 도달하여, 기존 데이터 관리 방식 대신 새로운 방식을 추구할 수 있길 바랍니다.

[그림 6-1]은 앞에서 언급했던 변곡점을 그림으로 간단히 나타낸 것입니다. x축은 변곡점에

---

1 『승자의 법칙』(한국경제신문사, 2003) p. 53 발췌

도달하도록 하는 거시적 계기에 대해 나타내고 있습니다. 거시적 계기는 불확실성으로 인해 증가하는 비즈니스 복잡성, 데이터 기대치와 사용 사례의 다양성, 유비쿼터스적인 소스에서 사용 가능한 데이터의 증식을 포함합니다. y축은 거시적 계기로 인한 영향을 의미합니다. 이러한 영향에 대한 예시로 비즈니스적 민첩성이나 데이터에서 가치를 창출하는 능력, 변화에 대한 복원력을 들 수 있습니다. 이들 축으로 이루어진 그래프에서 변곡점을 볼 수 있는데, 여기서 새로운 접근 방식을 적용하는지의 여부에 따라 기존 접근 방식을 계속 사용하다가 정체기에 도달하거나, 데이터 메시 접근 방식을 취하여 새로운 성장을 맞이할 수 있습니다.

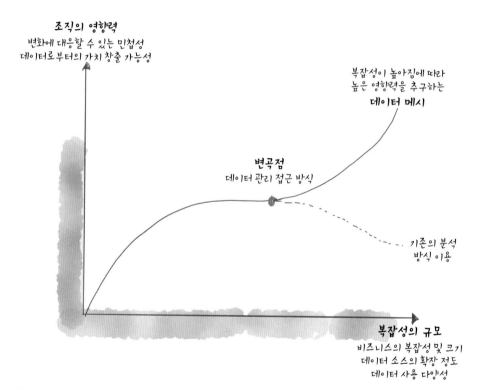

그림 6-1 분석 데이터 관리와 관련된 접근 방식에서의 변곡점

이번 장에서는 데이터 메시의 주요 계기로 작용하는 오늘날의 데이터 환경에 대한 전반적인 현실을 소개하겠습니다.

6.1 데이터에 대한 높은 기대치

기술 컨설턴트technology consultant의 특권 중 하나는 다양한 산업과 기업을 돌아다니며 궁극적으로 희망과 도전 의식을 파악할 수 있다는 점입니다. 이러한 여정에서 분명한 사실은 데이터 지향 비즈니스를 구축하는 것이 경영진의 전략에서 최우선으로 잡아야 하는 목표 중 하나라는 것입니다. 데이터는 지능형 서비스와 프로덕트를 만드는 데 있어 가장 중요한 요소이며, 실시간 비즈니스에서 의사 결정을 뒷받침하는 역할을 합니다.

다음은 데이터 중심 비즈니스를 구축하는 데 영감을 준 인용문입니다.

> 저희 회사 인튜이트Intuit[2]의 사명은 세계적인 AI 기반 전문 플랫폼 회사로서 소비자와 중소기업, 자영업에 종사하는 고객이 직면한 금융 문제를 해결하는 것입니다.
>
> — 금융 SaaS[3] 회사

> 우리 기업의 임무는 데이터와 AI를 통해 조직과의 모든 접점에서 모든 구성원의 사용자 경험을 개선하는 것입니다.
>
> — 의료서비스 기관 (병원) 및 보험사

> 우리는 사람의, 사람에 의한, 사람을 위한 감독 작업을 인공지능과 통합합니다. 사람이 중심이 되는 AI는 인력을 향상하고 역량을 확장하며 사회 전체에 혜택을 줄 수 있습니다.
>
> — 텔코Telco[4]

업계와 회사 모두 분야에 상관없이, 아래와 같은 방식으로 인공지능이 갖고 있는 역량을 도입[5]하고 싶다는 의사를 분명히 밝히고 있습니다.

- 개인별 데이터에 기반하여 고객에게 최상의 사용자 경험 제공
- 데이터 기반 최적화를 통한 운영 비용 및 시간 절감
- 경향 분석과 비즈니스 인텔리전스를 통해 더 좋은 결정을 내리는 직원 장려

---

2 *https://oreil.ly/QEoLj*

3 옮긴이_ 'Software as a Service'의 준말로, 인터넷 브라우저를 통해 최종 사용자에게 애플리케이션을 제공하는 클라우드 기반 소프트웨어 모델을 가리킵니다(출처: Amazon AWS, 'SaaS란 무엇인가요?').

4 *https://oreil.ly/UOkCj*

5 크리스토프 와인드휴저(Christoph Windheuser)의 포스트 'What Is Intelligent Empowerment?'(*https://oreil.ly/jQ9OO*)

이러한 시나리오는 모두 다양하고 최신의 사실에 입각한 대량의 데이터가 필요하며, 이러한 데이터를 통해 기반 분석과 머신러닝 모델을 구동할 수 있습니다.

10년 전만 해도 많은 기업에서 주로 비즈니스 인텔리전스^{business intelligence}(BI)[6]에 국한된 데이터에 열망하고 있었습니다. 이들은 보고서와 대시보드를 생성하여 더 여유롭게 운영상 위험성을 관리하고, 규정 준수에 대응하며, 궁극적으로 비즈니스의 사실에 기반하여 의사 결정을 내릴 수 있기를 원했습니다. 기존의 통계 학습은 BI 외에도 보험, 의료, 금융과 같은 산업에서 비즈니스를 운영할 때 사용되어 왔습니다. 과거에는 이러한 사용 사례의 초기에는 고도로 전문화된 팀으로부터 제공되어 데이터 관리 접근 방식에 가장 영향력 있는 계기로 운영되었습니다.

오늘날 데이터에 대한 열망은 BI를 넘어 조직의 모든 측면에서 진화하고 있습니다. 예를 들어 머신러닝을 다양한 상황(AI 비서와 같은 프로덕트를 설계할 때, 개인 의료서비스와 같은 고객 사용자 경험 서비스를 설계할 때, 실시간 로지스틱과 같은 간소화 작업을 설계할 때 등)에서 사용하고 있다는 점을 들 수 있습니다. 뿐만 아니라, 데이터 민주화^{data democratization}를 통해 많은 사람이 데이터를 기반으로 액션을 취할 수 있도록 하는 것도 기대할 수 있습니다.

이러한 기대치를 충족하기 위해 데이터 관리에 대한 새로운 접근 방식, 즉 데이터를 다양한 용도로 사용할 수 있는 접근 방식이 필요합니다. 이때 데이터를 다방면적으로 사용하기 위해서는 다양한 데이터 액세스 방식을 요구해야 합니다. 예를 들어 단순히 보고를 위해 정형 데이터를 조회하는 것 외에도 머신러닝 학습 목적으로 반정형 데이터를 지속적으로 재구성하고, 이벤트에 대해 실시간으로 세분화된 액세스를 일괄적으로 집계하는 것까지 말입니다. 이에 부응하기 위해서는 데이터를 하나의 기술 스택에서 다른 기술 스택으로 이전할 필요 없이 다양한 사용 사례를 조직 내에서 네이티브하게 지원해야 합니다.

머신러닝이 널리 사용되면서 애플리케이션 개발과 데이터에 대한 새로운 태도가 더욱 중요해졌습니다. 머신러닝을 도입함에 따라 (특정 입력 데이터가 주어지면 그에 맞춰 출력이 나오는) 결정론적이고 규칙에 기반한 애플리케이션 개발을 비결정론적이면서 확률론적인 데이터에 기반한 애플리케이션 개발로 전환합니다. 이러한 애플리케이션은 특정 데이터를 입력하면 시간이 지남에 따라 결과가 다양하게 변경될 가능성이 있죠. 이러한 애플리케이션 개발 접근 방식은 시간이 지남에 따라 머신러닝 모델을 지속적으로 리파인하고 최신 데이터에 지속적으로 원

---

[6] 옮긴이_ 전략적 결정을 내리는 데 필요한 인사이트를 직관적인 시각적 형식 등으로 제공하는 프로세스 전반을 의미합니다(출처: Microsoft, '비즈니스 인텔리전스란 무엇인가?').

활하게 액세스할 수 있어야 합니다.

데이터에 대한 기대치가 크고 다양해짐에 따라, 한 걸음 물러서서 현재와 그 이후에 있을 수요의 다양성을 보편적으로 더 간단하게 해결할 수 있는 데이터 관리 접근 방식이 있는지 고민해야 합니다.

6.2 데이터의 이분법적 분화

오늘날 많은 조직이 직면하고 있는 기술적 복잡성은 데이터를 **운영 데이터**operational data와 **분석 데이터**analytical data로 분리해온 방식[7]에서 비롯됩니다. 이러한 방식은 이들 두 가지 데이터를 관리하는 팀이 사일로화되는 방식과 이들 데이터를 지원하는 기술 스택이 늘어나는 방식, 그리고 두 데이터를 통합하는 방식으로 파생됩니다.

오늘날에는 수집된 운영 데이터는 분석 데이터로 변환됩니다. [그림 6-2]에서 보이는 것과 같이, 분석 데이터는 머신러닝 모델을 학습시키는 데 사용한 다음 인공지능을 도입하는 서비스 형태로 운영 시스템에 도입됩니다.

> **✎ NOTE** 시간이 지남에 따라 분석 데이터 플레인은 두 가지의 아키텍처와 기술 스택으로 나뉘었습니다.
> 처음에는 **데이터 웨어하우스**가 나왔고, 그다음에는 **데이터 레이크**[8]가 나왔습니다. 데이터 레이크는 데이터
> 과학의 액세스 패턴을 지원하고 데이터를 원래 형태로 보존하는 한편, 데이터 웨어하우스는 중앙 통합된 온
> 톨로지ontology[9]에 부합하는 데이터로 분석 패턴과 BI 보고 액세스 패턴을 지원합니다. 최근에는 **데이터 레이
> 크하우스**[10]라는 형태로 데이터 웨어하우스가 데이터 과학 워크플로우를 온보딩하고 데이터 레이크가 데이터
> 분석가와 BI를 지원하면서 두 기술 스택을 융합하기 시작했습니다.

---

7 1장에서 이러한 데이터의 두 가지 유형에 대해 설명합니다.

8 https://oreil.ly/qew01

9 옮긴이_ 사람들이 세상에 대하여 보고 듣고 느끼고 생각하는 것에 대하여 서로 간의 토론을 통하여 합의를 이룬 바를 개념적이고 컴퓨터에서 다룰 수 있는 형태로 표현한 모델로, 개념의 유형이나 사용상의 제약 조건들을 명시적으로 정의한 기술을 의미합니다(출처: 위키백과).

10 https://oreil.ly/PltYF

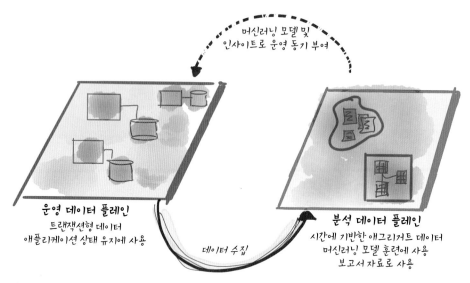

그림 6-2 두 가지 데이터 플레인

현재 설계된 데이터 기술과 아키텍처, 그리고 조직은 분석 데이터 플레인과 운영 데이터 플레인이 통합되어 있으면서도 분리되어 있는 양상을 나타냅니다. 각 데이터 플레인은 서로 다른 조직에 따라 개별적으로 운영됩니다. 최고 데이터 분석 책임자^{chief data and analytics officer}(CDAO)의 지휘 하에 BI와 데이터 분석 팀, 그리고 데이터 과학 팀이 분석 데이터 플레인을 관리하고, 비즈니스 부서와 협업 기술 팀이 운영 데이터를 관리합니다. 기술적 관점에서 보면, 2개로 파편화된 기술 스택이 각 플레인을 지원하는 방향으로 성장했습니다. 두 플레인 간에는 겹치는 부분이 제한적입니다.

이러한 차이로 인해 2개의 데이터 플레인으로 구성된 데이터 토폴로지와, 두 플레인 사이에 파편화되기 쉬운 통합 아키텍처가 발생했습니다. 운영 데이터 플레인은 ETL 작업과 같이 일련의 자동화된 프로세스나 스크립트를 통해 분석 데이터 플레인에 데이터를 공급합니다. 운영 데이터베이스에는 데이터 공유를 위한 ETL 파이프라인에 대해 명시적으로 정의된 계약이 없는 경우가 많습니다. 이로 인해 ETL 작업이 파편화되면서 예기치 않은 업스트림의 변경은 다운스트림 파이프라인 장애로 이어질 수 있습니다. ETL 파이프라인은 [그림 6-3]처럼 운영 데이터를 다양하게 변환하여 분석 데이터 플레인에 제공합니다. 이러한 방식으로 운영 데이터 플레인에서 분석 플레인으로, 다시 운영 데이터 플레인으로 데이터를 흐르게 하면 시간이 지날수록 파이프라인의 복잡성이 증가하게 됩니다.

데이터를 두 가지 플레인으로 나누어 관리하는 것은 파이프라인과 중앙 집중식 데이터 아키텍처로 통합된 구조에서는 다루기 어렵다는 문제점이 있습니다. 반대로 말하면 이러한 문제점은 미지의 솔루션에 대해 생각하도록 하는 주요 계기 중 하나입니다.

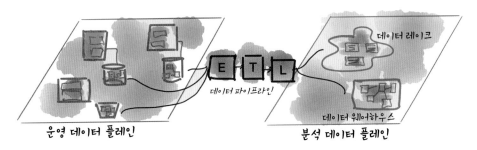

그림 6-3 파이프라인에 기반한 두 데이터 플레인의 통합

6.3 스케일: 전례 없는 새로운 걸림돌

2000년대 중반부터 데이터 업계는 데이터의 **양**^{volume}, **속도**^{velocity}, **다양성**^{variety} 측면에서 데이터를 대규모로 처리하기 위해 기술 솔루션을 발전시켜왔습니다. 초기 세대의 대규모 병렬 데이터 프로세싱$^{parallel\ data\ processing}$**11**은 웹 애플리케이션과의 접점에서 생성되는 데이터를 대규모로 처리했습니다. 스트림 처리 백본$^{stream\ processing\ backbone}$**12**은 모바일 장치에서 나오기 시작한 고속 데이터를 처리하기 위해 만들어졌습니다. 이후 텍스트, 이미지, 음성, 그래프, 파일, 시계열과 같은 다양한 데이터 형식**13**을 관리할 수 있는 범용 스토리지 시스템과 특수 목적 스토리지 시스템이 만들어졌습니다.

오늘날 우리는 데이터의 **오리진**^{origin}과 **위치**^{location}라는 새로운 종류의 스케일에 직면하고 있습니다. 데이터 기반 솔루션은 비즈니스 도메인이나 조직, 기술 경계를 넘어 데이터에 액세스해

---

11 옮긴이_ 수집된 소스나 배열에서 동일한 작업이 동시에, 즉, 병렬로 수행되는 과정을 가리킵니다(출처: Microsoft, '데이터 병렬 처리'). 2000년대 초반에 구글이 맵리듀스(MapReduce, *https://oreil.ly/ObWvl*)를 개발한 것이 그 시초가 되었습니다.

12 스탠퍼드 대학의 데이비드 룩함(David Luckham, *https://oreil.ly/WDCvC*)이 이벤트 처리의 초기 개척자 중 한 명이었습니다. 하지만 2010년대 초에야 아파치 카프카(Apache Kafka, *https://oreil.ly/1sSUc*)와 같이 대용량의 이벤트와 스트림을 빠른 속도로 처리를 지원하는 오픈 소스 기술을 사용할 수 있게 되었습니다.

13 다양한 데이터 형식을 저장하기 위한 스토리지에서 가장 영향 있는 작업은 아마도 2000년대 중반에 AWS S3(*https://oreil.ly/L570b*)를 통해 최초로 클라우드 기반으로 구현된 오브젝트 스토리지일 것입니다.

야 하는 경우가 많습니다. 데이터는 비즈니스를 운영하는 모든 시스템, 고객과의 모든 접점, 혹은 기타 조직에서 오리진화^{originate}(생성)될 수 있습니다. 데이터를 관리할 때에는 데이터의 오리진이 늘어난다는 점과 데이터는 유비쿼터스[14]적인 특성이 있다는 점을 인지하면서 접근해야 합니다.

다양한 소스에서 데이터를 연결할 때 흥미로우면서 예상치 못한 인사이트가 발생합니다. 예를 들어, 지능형 의료서비스는 종단(縱斷)적인^{longitudinal} 인적 기록(⑩ 환자의 진단 기록, 약품 기록, 개인 습관 등)을 기반으로 합니다. 이러한 서비스를 수행하기 위해서는 다양한 데이터가 필요하기 때문에 단일 조직이 통제할 수 있는 범위를 벗어납니다. 또 다른 예로는 은행에서 이루어지는 금융 거래와 그 이상의 데이터가 필요한 지능형 뱅킹 서비스를 들 수 있습니다. 은행은 고객의 주택 정보, 주택 시장, 쇼핑 습관과 같이 고객의 꿈과 수요를 파악하여 고객에게 필요한 서비스를 제공할 수 있어야 합니다.

이렇게 전례 없는 스케일의 다양성을 가진 소스는 데이터 관리 방식에 전환이 필요합니다. 다시 말해 어떤 상황이든 중앙화된 소스로부터 데이터를 수집하는 방식에서 벗어나 데이터를 연결하는 방식으로 전환해야 합니다.

6.4 비즈니스의 끊임없는 복잡성과 변동성

필자는 2020년부터 2년 동안의 팬데믹 기간에 이 책을 집필했습니다. 팬데믹 이전에는 조직 차원에서 **복잡성, 불확실성, 변동성**을 탐색해야 한다는 것에 의심의 여지가 있었다면, 팬데믹의 발생 유무와 상관없이 조직은 이들 성질을 의심 없이 탐색해야 합니다. 다시 말해 팬데믹이 지나간 지금도 조직의 변동성과 변화를 항상 인지하고 있어야 하죠.

끊임없이 변화하는 비즈니스 환경에서 발생하는 복잡성은 데이터에 반영됩니다. 이때 신속한 새로운 피처^{feature} 전달, 서비스 추가 및 변경, 새로운 접점, 새로운 파트너십, 새로운 인수 등으로 인해 데이터는 지속적으로 재구성됩니다.

그 어느 때보다 조직은 데이터의 흐름을 파악하고 변화에 민첩하게 대응할 수 있는 능력을 갖춰야 합니다.

....

14 옮긴이_ 언제 어디서든 기기에 구애받지 않고 데이터에 접근할 수 있다는 특성을 의미합니다(출처: 위키백과).

이는 데이터 관리에서 어떤 의미를 지닐까요? 이벤트가 발생한 시점에서는 비즈니스 수준에서 신뢰할 수 있을 정도로 높은 품질의 데이터에 액세스할 수 있어야 합니다. 이를 위해서는 데이터 플랫폼은 이벤트 발생 시점과 분석 시점 사이의 시공간적 거리를 좁혀야 합니다. 또한 분석 솔루션은 실시간으로 의사 결정에 대해 안내해야 합니다. 이렇게 변화에 대해 신속히 대응하는 것은 비즈니스 수준에서 더 이상 시기상조적인 최적화[15]가 아닙니다. 오히려 기본적으로 실행해야 하는 것이죠.

미래에 데이터를 관리할 때는 기본적으로 변화를 수용하는 방식으로 구축되어야 합니다. 경직된 데이터 모델링과 쿼리 언어로 시스템을 어떤 상황에서도 변화하지 않는 스키마에 넣으면 분석 시스템에 결함이 생겨 사용할 수 없게 될 수밖에 없습니다.

데이터를 관리할 때는 현재 조직의 복잡한 특성을 수용해야 하며, P2P 방식의 데이터 협업을 통해 팀의 자율성을 보장해야 합니다.

오늘날 복잡성은 비즈니스의 표면을 넘어 물리적 플랫폼까지 확장되었습니다. 많은 조직에서 데이터 플랫폼은 여러 클라우드와 온프레미스on-premise[16] 제공자에게 걸쳐 있습니다. 미래에 데이터를 관리하기 위해서는 기본적으로 여러 호스팅 플랫폼에서 데이터 관리와 액세스를 지원해야 합니다.

6.5 데이터 투자 및 수익률 간 불협화음

앞서 언급한 끊이지 않는 조직의 변동성 외에도, 데이터와 AI 분야에 투자한 만큼에 비해 수익률이 돌아오지 않는다는 또 다른 징후가 있습니다. 이에 대해 알아보려면 데이터 및 AI 채택에 관한 주제로 기업의 고위 경영진을 대상으로 매년 실시하는 설문조사인 뉴벤티지 파트너 연간 보고서NewVantage Partners annual reports[17]를 살펴보는 것이 좋습니다. 데이터와 분석 플랫폼 구축에 대한 노력과 투자가 증가하고 있다는 말을 반복해서 언급하고 있다는 것을 알 수 있습니다. 대다수의 기업이 투자에 대한 성공적인 결과를 보고하고 있지만, 이러한 성과는 중간 정도에 머물

---

15 도널드 커누스(Donald Knuth)는 '시기상조적인 최적화는 모든 악의 근원'이라고 주장한 바 있습니다.

16 옮긴이_ 온프레미스 소프트웨어, 줄여서 온프렘(on-prem)이라고도 하며, 서버 팜이나 클라우드에서 실행하는 것이 아닌, 컴퓨터에 직접 설치하여 실행하는 소프트웨어를 의미합니다(출처: 위키백과).

17 『NewVantage Partners Releases 2021 Big Data and AI Executive Survey』(https://oreil.ly/Qhclv)

고 있습니다.

예를 들어, 2021년 보고서에서는 설문조사에 참여한 전체 기업 중 24.4%의 기업만이 '데이터 컬처[18]를 구축했다'고 응답했습니다. 또한 전체 기업 중 24.0%의 기업만이 '데이터 기반으로 의사 결정 구조를 전환했다'고 응답했으며, 41.2%의 기업만이 '데이터 분석을 사용하여 경쟁하고 있다'고 응답했습니다. 반면 설문조사에 참여한 기업의 99%가 빅데이터와 AI에 투자하고 있으며, 62%는 5천만 달러를 초과하는 투자를 하고 있다고 답했습니다.

필자는 조직이 수십 년 동안 사용하던 레거시 시스템[legacy system]과 데이터 사용에 대한 레거시 컬처[legacy culture]에서 벗어나 여타 비즈니스와 경쟁하면서 다각적인 도전에 직면하고 있음을 잘 알고 있습니다.

미래에는 데이터 관리 차원에서 이러한 현상을 주의 깊게 살펴보고, 과거의 솔루션이 오늘날 우리가 투자를 인적으로, 그리고 재정적으로 투입했을 때와 비교할 만한 결과를 내지 못하는 이유를 살펴봐야 합니다. 근본적인 원인으로는 데이터 및 AI 솔루션을 구축하고 실행하는 데 필요한 기술 부족, 조직과 기술, 그리고 거버넌스의 병목 현상, 데이터 검색, 테스트, 액세스 및 사용 과정에서의 마찰 등을 들 수 있습니다.

정리하기

데이터 메시는 오늘날 조직의 데이터가 보여주는 현실과 그 궤적(변천사)을 포용합니다. 이러한 데이터 메시는 오늘날 기존의 데이터 솔루션(데이터 웨어하우스, 데이터 레이크)이 맞닥뜨린 한계를 돌파할 접근 방식으로 탄생했습니다.

[그림 6-4]는 데이터 메시로 전환하는 변곡점의 실제 모습을 요약한 것입니다.

---

18 옮긴이_ 데이터에 기반하여 의사 결정을 하는 기업 문화를 의미합니다.

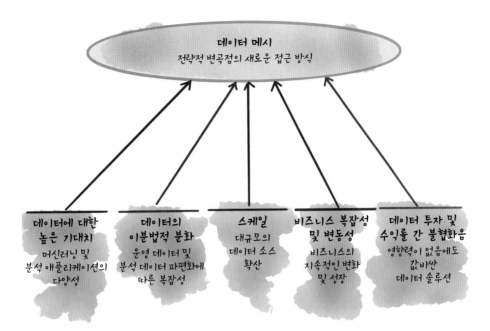

그림 6-4 데이터 메시 구현의 거시적 계기

데이터 메시는 조직의 경계 안팎에서 하나 또는 여러 개의 클라우드 플랫폼에 걸쳐 데이터 오리진이 늘어나는 것을 기본 상태로 가정합니다. 또한, 분석 데이터에 대한 다양한 사용 사례를 가정하기도 합니다. 이는 매우 복잡하고 변동성이 큰 조직 환경에 반하지 않고 함께 이루도록 하죠.

다음 장에서는 변곡점 이후의 솔루션으로서 데이터 메시를 통해 조직적으로 기대할 수 있는 영향과, 데이터 메시가 이를 달성하는 과정에 대해 살펴봅니다.

7장

전략적 변곡점 이후

변화에 대해 이해하기 위해서는 변화 속으로 직접 뛰어들어 변화에 동화되면서 움직여야 한다.

— 알렌 와트Alan Watts

새로운 기술을 도입하는 시점, 즉, 전략적 변곡점에 서는 것은 마법 같은 경험입니다. 전략적 변곡점에서는 지나온 길을 돌아보면서 얻은 교훈을 바탕으로 새로운 길을 선택할 수 있기 때문입니다. 다시 말해 변곡점에 서는 것은 다양한 결과를 바라보면서 새로운 방향으로 전환할 수 있는 선택의 기로에 서 있다는 것을 의미합니다. 이번 장에서는 조직의 변곡점에서 데이터 메시를 선택할 때 기대할 수 있는 결과에 대해 소개합니다.

데이터 메시는 이전 장에서 소개한 환경을 기본 상태로 가정합니다. 다시 말하자면 데이터 메시는 데이터가 **유비쿼터스적인 특성**, 즉 어디에든 존재한다는 특성을 전제로 합니다. 이러한 특성에 따라 데이터는 어떤 오리진이든 속할 수 있습니다. 그 말인 즉슨, 데이터는 조직 내부 시스템과 외부 시스템 모두에 존재할 수 있으며, 조직 수준에서 신뢰의 경계를 넘나들 수 있습니다. 또한 모든 기반 플랫폼은 클라우드 호스팅 등의 서비스를 통해 데이터를 제공할 수 있습니다. 그리고 데이터 메시는 데이터의 사용 사례가 다양하며, 데이터 메시만의 고유한 방식으로 데이터에 액세스합니다. 이러한 데이터 사용 사례는 과거 데이터 분석과 보고부터 머신러닝 모델 학습과 데이터 집약적인 애플리케이션에 이를 정도로 다양합니다. 마지막으로, 데이터 메시는 **비즈니스 환경의 복잡성**(지속적인 증가, 변화, 다양성)을 자연스러운 상태로 가정합니다.

데이터 메시는 과거의 솔루션을 기반으로 학습하여 단점을 해결합니다. 데이터 메시는 학습하는 과정에서 병목 현상을 일으키는 **중앙 집중화 지점**point of centralization을 줄입니다. 또한 동기화에 구애받지 않고 조직의 속도를 유지하면서 데이터 아키텍처를 도메인별로 분해하는 새로운 방법을 찾습니다. 데이터 메시는 데이터를 오리진화하는 곳과 사용하는 곳 사이의 간극을 없애며, 파이프라인을 통해 두 데이터 플레인 사이에서 발생하는 **우발적인 복잡성을 제거**할 수 있습니다. 데이터 메시는 엄격하게 통제되는 하나의 데이터 소스나 표준 데이터 모델과 같은 통념에서 벗어납니다.

데이터 메시는 조직이 데이터를 사용하여 비즈니스를 개선하고 최적화할 뿐만 아니라, 궁극적으로 비즈니스를 재구성하여 **대규모로 데이터에서 가치를 창출할 수 있도록 하는 것**을 목표로 합니다. 데이터 메시로 인한 결과는 [그림 7-1]과 같이 요약할 수 있습니다.

- (비즈니스의 본질적인 복잡성, 변동성, 불확실성에 의한) 변화에 우아하게 대응하기
- 복잡성의 증가 속에서 민첩성 유지하기
- 투자 대비 데이터의 가치 비율 높이기

변화와 비즈니스의 복잡성에   복잡성의 증가 속에서   투자 대비 데이터의
우아하게 대응하기   민첩성 유지하기   가치 비율 높이기

그림 7-1 조직 내 데이터 메시의 결과

이번 장에서는 데이터 메시로 이뤄낸 결과에 대해 소개하고, 데이터 메시 원칙이 어떻게 이러한 결과를 달성하는지에 대해 설명합니다.

7.1 복잡한 비즈니스 내의 변화에 우아하게 대응하기

비즈니스는 서로 다른 속도로 변화하여 각각 고유한 책임 구조와 목표를 갖고 있는 여러 도메인으로 이루어진 복잡한 시스템입니다. 비즈니스가 전체적으로 동작하는 것은 도메인과 기능

사이의 복잡한 관계망과 상호 작용, 그리고 의존성으로 이루어낸 결과입니다. 비즈니스가 운영하는 시장과 규정에서 나타나는 변동성과 빠른 변화는 비즈니스의 복잡성을 더욱 가중시킵니다.

이러한 복잡성이 데이터에 미치는 영향에 대해 비즈니스가 어떻게 관리할 수 있을까요? 조직이 어떻게 데이터에서 계속 가치를 창출하면서 변화할 수 있을까요? 데이터 환경의 변화로 인해 관리 비용이 증가하는 것을 피하려면 어떻게 해야 할까요? 지속적인 변화 속에서도 끊임없이 신뢰성 있는 데이터를 제공하려면 어떻게 해야 할까요? 이러한 질문들은 복잡한 조직에서 변화를 수용하는 것으로 귀결됩니다.

비즈니스의 복잡성이 증가함에 맞서 데이터 메시가 변화를 수용하는 몇 가지 방법을 살펴보겠습니다.

7.1.1 비즈니스, 기술, 오늘날의 분석 데이터를 조정하기

복잡성을 관리하는 방법 중 하나는 복잡성을 여러 가지 독립적인 요소로 쪼개서 관리하도록 세분화하는 것입니다. 비즈니스는 여러 도메인으로 복잡한 작업을 세분화하여 독립적으로 관리합니다. 예를 들어 다프는 비교적 독립적인 결과와 기능에 따라 팟캐스트 관리, 아티스트 관리, 플레이어 애플리케이션, 플레이리스트, 페이먼트, 마케팅 등으로 도메인을 세분화합니다.

이를 통해 각 도메인은 비즈니스 다른 파트에 대해 다른 도메인과 긴밀하게 동기화가 이루어질 필요 없이 빠르게 작업을 수행할 수 있습니다.

비즈니스 수준에서 도메인 단위로 업무를 나누는 것처럼 기술도 이에 맞춰 조정할 수 있으며, 오히려 조정되어야 합니다. 오늘날의 디지털 비즈니스는 기술 인력을 비즈니스 단위(도메인) 중심으로 배치합니다. 이를 통해 전담 기술 팀이 오랜 기간 구축하고 유지 관리해온 전용 디지털 프로덕트와 서비스로 각 비즈니스 단위를 지원하고 구축하여 형성할 수 있도록 합니다. 최근 마이크로서비스를 운영하는 방향으로 전환하는 것도 주로 이러한 종류의 세분화를 수행하기 위한 것입니다. 비즈니스 단위는 파트너 기술 팀의 지원을 받아 운영 애플리케이션과 운영 데이터를 제어하고 관리합니다.

데이터 메시의 첫 번째 원칙은 분석 데이터를 도메인별로 분해하여 처리하는 작업, 다시 말해 데이터의 도메인 오너십에 대한 원칙입니다.[1] 각 비즈니스 단위(도메인)는 각자가 소유하는 분석 데이터 오너십과 데이터 관리에 대한 책임을 맡습니다. 데이터를 가장 면밀히 다루는 사람들이 어떤 분석 데이터가 존재하고 어떻게 해석해야 하는지 가장 잘 이해할 수 있기 때문입니다.

도메인 오너십은 기존의 분석 데이터를 분해하여 각 도메인이 데이터 아티팩트^{data artifact}(데이터셋, 코드, 메타데이터, 데이터 정책)를 관리하는 분산형 데이터 아키텍처로 전환합니다.

[그림 7-2]는 다프에 적용된 비즈니스와 기술, 그리고 데이터가 연합된 구조를 보여줍니다. 각 도메인에는 비즈니스의 기능과 목표가 있고, 애플리케이션과 서비스 같은 일련의 기술 솔루션으로 활성화되고 형성되며, 데이터와 분석을 통해 강화된다는 특징이 있습니다. 이러한 도메인은 명시적으로 정의된 데이터와 서비스 계약을 통해 의존성을 갖게 됩니다.

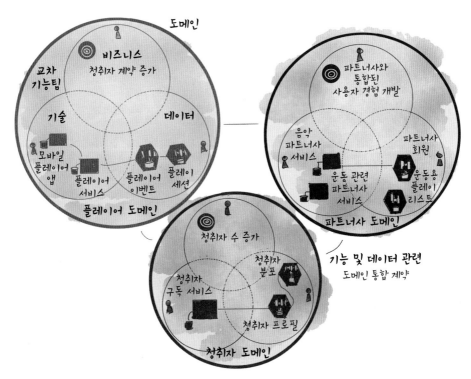

그림 7-2 복잡성을 관리하기 위한 비즈니스, 기술, 데이터의 연합

---

1   2장에서 데이터의 도메인 오너십 원칙에 대해 더 자세히 다룹니다. 여기서는 데이터의 복잡성에 이 원칙이 왜 필요한지 이해하기에 충분할 정도로만 다루겠습니다.

7.1.2 분석 데이터 플레인과 운영 데이터 플레인 사이의 간극 완화하기

올바른 의사 결정을 내리기 위해서는 분석 데이터가 비즈니스의 사실을 충실히 반영해야 합니다. 다시 말해, 비즈니스의 의사 결정이 내려지는 순간에 분석 데이터는 비즈니스의 사실과 현실에 최대한 근접한 내용을 반영해야 합니다. 그러나 결함 있는 데이터 파이프라인과 중개 데이터 팀으로 서로 멀리 떨어진 두 개의 데이터 플레인(분석 데이터와 운영 데이터)을 연결하는 것은 쉽지 않습니다. 따라서 데이터 파이프라인으로 연결하는 방식 대신 가능한 한 소스에 면밀한 분석 데이터와 특성을 제공하는 새로운 방식으로 전환해야 합니다.

프로덕트에 새로운 피처feature를 추가하거나, 새로운 서비스를 도입하거나, 비즈니스 프로세스를 수정하는 것과 같이 비즈니스의 변화를 분석 데이터에 준 실시간으로 반영하려면 어떻게 해야 할까요?

데이터 메시는 데이터를 프로덕트 형태로 공유하고 두 데이터 플레인 사이의 간극과 피드백 루프를 좁힐 것을 제안합니다. 데이터 메시는 새로운 구조를 통해 두 가지 데이터 플레인을 연결합니다. 이 구조는 데이터 프로덕트와 애플리케이션이 P2P 방식으로 연결된 네트워크로 분석 데이터를 교환하는 그물mesh과 같은 구조를 이룹니다.

데이터 메시 원칙 중 **제품으로서의 데이터 원칙**은 각 도메인이 분석 데이터를 프로덕트 형태로 공유할 책임을 새로 도입합니다. 제품으로서의 데이터 원칙은 양질의 데이터를 검색하고 이해하여 신뢰하는 과정, 더 나아가서는 양질의 데이터를 사용하는 과정을 간소화하여 데이터 사용자의 경험을 만족시키는 것을 목표로 합니다. 제품으로서의 데이터 원칙은 데이터 품질과 오랫동안 사일로화된 데이터 문제 및 데이터 사용자의 불만을 해결하기 위해 고안되었습니다.[2]

[그림 7-3]은 데이터 메시상에서 운영 데이터 플레인과 분석 데이터 플레인을 더 긴밀하고 빠른 피드백 루프와 통합하는 접근 방식에 대해 보여주고 있습니다. [그림 7-3]에서 알 수 있듯이, 두 플레인을 가로지르는 중앙 집중화된 파이프라인 개념이 제거된 상태입니다. 이들 플레인은 비즈니스 도메인에 따라 분리됩니다. 각 도메인에 대응하는 운영적인 플레인 서비스와 데이터 프로덕트, 그리고 분석 데이터 플레인 사이에 통합을 이루는 것은 다소 단순하며 그렇게 높은 기술을 요하지 않는 문제입니다. 단순히 데이터의 이동에 관한 문제인 것이죠. 데이터 프로덕트는 운영 데이터를 분석적인 형태로 변환하는 데 필요한 인텔리전스와 코드를 임베딩하

---

2 해당 내용은 3장에서 자세히 다루고 있습니다. 아까 전과 마찬가지로 여기서는 조직적인 복잡성과 관련한 데이터 프로덕트의 역할을 이해하기에 충분할 정도로 설명합니다.

고 추상화합니다.

분석 작업을 디지털적인 사용자 경험에 임베딩하는 방식으로 인공지능의 의사 결정과 액션을 현대적인 시스템에 반영함에 따라 분석 데이터 플레인과 운영 데이터 플레인의 경계가 사라지고 있습니다. 데이터 메시는 운영 데이터와 분석 데이터 사이의 근본적인 기술적 차이를 계속 존중하는 한편, 두 플레인 사이의 간극을 좁히면서 긴밀하게 통합합니다.

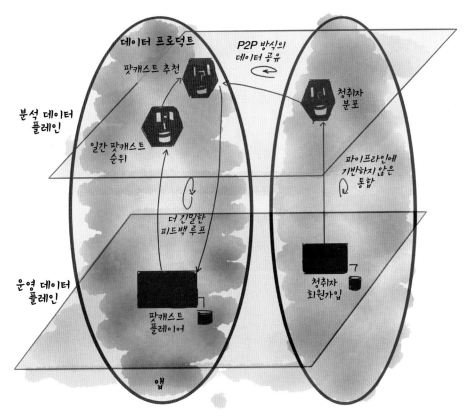

그림 7-3 피드백 루프와 통합을 통해 운영 데이터와 분석 데이터 사이의 간극을 줄이는 과정

7.1.3 데이터의 변화를 비즈니스 도메인으로 지역화하기

데이터 메시를 사용하면 다운스트림 데이터 사용자에게 치명적인 영향을 미치거나 데이터 액세스 속도를 저하시키지 않고도 데이터 모델을 지속적으로 변화시킬 수 있습니다. 그 과정에서 데이터 메시는 글로벌 공유 표준 데이터 모델global shared canonical data model을 제거하여 변경 사항을 동기화할 필요성을 없앱니다. 데이터 메시는 변경 사항을 도메인별로 지역화하며, 단일 공유 표준 모델single shared canonical model을 따로 조정할 필요 없이 비즈니스에 대한 이해를 바탕으로 각 도메인에 데이터를 모델링할 수 있는 자율성을 부여합니다.

데이터 메시는 도메인 데이터를 공유하기 위해 잘 정의되고 보장된 데이터 계약을 적용합니다. 도메인 데이터 계약domain data contract은 데이터 사용자가 정상적으로 새로운 리비전revision에 마이그레이션migration할 때까지 이전의 리비전을 지원합니다. 이를 통해 도메인이 데이터 사용자에게 영향을 끼치지 않고도 데이터 모델을 지속적으로 변경할 수 있습니다.

7.1.4 우발적인 파이프라인의 복잡성과 중복 데이터 절감하기

프레드 브룩스Fred Brooks의 유명한 논문 『은탄이란 없다No Silver Bullet—Essence and Accident in Software Engineering 』[3]에서 소프트웨어 시스템을 구축하는 과정에서 발생하는 복잡성에는 두 가지 유형으로, 본질적 복잡성과 우발적 복잡성이 있다고 합니다. 첫째, 본질적 복잡성essential complexity은 문제 공간에서 필수적이고 내재적인 복잡성을 의미합니다. 이러한 복잡성은 비즈니스 도메인에서 이루어집니다. 둘째, 우발적 복잡성accidental complexity은 우리(엔지니어, 아키텍트, 디자이너)가 생성하는 솔루션으로부터 나오는 복잡성을 의미합니다. 이러한 우발적 복잡성은 줄일 수 있으면 반드시 줄여야 합니다.

분석 솔루션의 세계는 우발적인 복잡성을 제거할 수 있는 기회로 가득합니다. 데이터 메시를 통해 우발적으로 발생하는 몇 가지 복잡성에 대해 알아보겠습니다.

오늘날 또 다른 액세스 방식이나 계산 모델을 위해 데이터가 필요하기 때문에 데이터를 계속 복사합니다. 이때 데이터를 운영 시스템으로부터 랜딩 존과 데이터 레이크로 복사합니다. 그다음 데이터 과학자를 위한 피처 스토어feature store로 복사합니다. 이후 데이터 레이크로 복사한 데

---

3 https://oreil.ly/HV9yG
옮긴이_ 여기서 말하는 '은탄'은 어떤 문제도 해결할 수 있는 '만병통치약'이라는 의미로 쓰입니다.

이터를 다시 데이터 분석가가 액세스할 수 있는 레이크쇼어 마트^{lakeshore mart}로 데이터를 복사한 다음, 라스트 마일^{last mile4}을 위해 다운스트림 대시보드 또는 보고용 데이터베이스로 복사합니다. 이러한 일련의 과정에서 데이터 복사 작업을 위해 복잡하고 파편화되기 쉬운 파이프라인을 구축하게 됩니다. 이처럼 데이터 복사의 여정은 한 기술 스택에서 다른 기술 스택으로, 한 클라우드 벤더에서 다른 벤더로 계속 이어집니다. 따라서 데이터 레이크나 데이터 웨어하우스에 있는 모든 데이터를 복사하는 클라우드 제공자(벤더)를 미리 결정해야 분석 워크로드를 실행하여 데이터에서 가치를 얻을 수 있습니다.

데이터 메시는 새로운 아키텍처 단위를 생성함으로써 앞에서 보았던 복잡하고 파편화되기 쉬운 파이프라인에 의해 발생하는 우발적인 복잡성 문제를 해결합니다. 새로운 아키텍처 단위는 도메인 데이터의 시맨틱을 캡슐화하는 동시에 사용자에게 적합한 데이터와 다양한 사용 사례에 대한 다양한 액세스 방식을 제공합니다. 이러한 새로운 아키텍처 단위를 **데이터 프로덕트 퀀텀**^{data product quantum}, 줄여서 **데이터 퀀텀**^{data quantum}이라고 합니다. 데이터 퀀텀은 SQL, 파일, 이벤트 등의 각 기본 액세스 방식에 대한 명시적인 계약과 보증을 가지고 있습니다. 데이터 퀀텀은 외부 데이터 사용자에게 데이터를 제공하기로 결정한 경우 인터넷 어디에서나 액세스할 수 있으며, 액세스하는 시점에서 각 인터페이스에 대한 액세스 제어와 정책 적용 기능을 제공합니다. 또한 데이터 퀀텀이 데이터를 변환하고 유지하는 코드를 캡슐화합니다. 한편 기존 아키텍처의 데이터 파이프라인은 분해되어 데이터 퀀텀 내부 로직의 구성 요소로서 재구성됩니다. 이로써 데이터 퀀텀은 중개 파이프라인^{intermediary pipeline} 없이도 데이터를 공유합니다. 결론적으로 복잡하고 결함이 있으며 미로 같은 파이프라인을 제거함으로써 업스트림 데이터를 변경할 때 장애가 발생할 가능성을 절감합니다.

7.2 복잡성의 증가 속에서 민첩성 유지하기

오늘날 비즈니스의 성공은 다방면에 걸친 성장(새로운 인수, 새로운 서비스 라인, 새로운 프로덕트, 지리적 위치 확장 등)에 달려 있습니다. 이러한 성장 요소는 비즈니스가 관리해야 할 새로운 데이터 소스와 구축해야 할 새로운 데이터에 기반한 사용 사례로 이어집니다. 많은 조직은 성장하는 정도에 따라 데이터에서 가치를 제공하는 속도, 새로운 데이터를 온보딩하는 속

---

4 옮긴이_ 소스에서 도메인을 거쳐 가공한 데이터를 최종 사용자에게 제공하는 과정을 가리킵니다.

도, 사용 사례를 제공하는 속도가 느려지거나 정체됩니다.

복잡성의 증가 속에서 민첩성을 유지하기 위한 데이터 메시의 접근 방식은 조직 전반의 병목 현상과 조정, 그리고 동기화를 줄이는 몇 가지 기술로 요약할 수 있습니다. 민첩성^{agility}은 의존성을 최소화하여 자율적으로 성과를 달성할 수 있는 비즈니스 도메인의 능력에 달려 있습니다.

7.2.1 중앙 집중식 모놀리식 아키텍처의 병목 현상 제거하기

모놀리식 데이터 레이크나 데이터 웨어하우스를 관리하는 중앙 집중식 데이터 팀은 민첩성이 제한됩니다. 특히 온보딩할 소스의 수나 지원해야 할 사용 사례의 수가 늘어날수록 더욱 제한되죠. 데이터 메시는 아키텍처의 커뮤니케이션 방식과 인간의 커뮤니케이션 방식으로부터 나온 중앙 집중식 병목 현상, 특히 다자간 동기화가 이루어지는 지점을 주의 깊게 찾습니다. 아키텍처적으로 이러한 병목 현상은 데이터 레이크와 데이터 웨어하우스에서 자주 발생합니다.

데이터 메시는 데이터를 제공하고 소비할 때 데이터를 조합하는 과정에서 P2P 접근 방식이라는 대안을 제시합니다. 소비자는 이러한 데이터 메시의 접근 방식을 활용하여 소스 데이터 프로덕트에서 데이터를 직접 검색해서 사용할 수 있습니다. 예를 들어, 데이터 레이크나 웨어하우스와 같은 중앙 집중식 아키텍처 구성 요소나 중개 데이터(파이프라인) 팀 없이도 독립적인 데이터 프로덕트에 직접 액세스하여 머신러닝 학습 기능이나 보고 기능을 사용할 수 있습니다.

[그림 7-4]는 기존 아키텍처와 데이터 메시의 주요 아키텍처 관리 목표에 대해 보여주고 있습니다. 데이터 메시의 각 데이터 프로덕트는 버전별로 P2P 방식의 데이터 소비를 허용하는 인터페이스를 제공합니다. 이를 통해 여러 데이터 프로덕트의 데이터를 새로운 상위 데이터 프로덕트로 구성하고 집계할 수 있습니다.

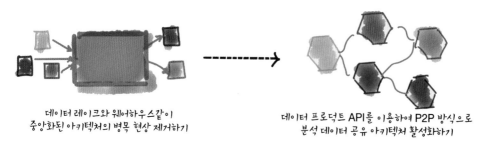

데이터 레이크와 웨어하우스같이
중앙화된 아키텍처의 병목 현상 제거하기

데이터 프로덕트 API를 이용하여 P2P 방식으로
분석 데이터 공유 아키텍처 활성화하기

그림 7-4 데이터 메시 도입 전후의 데이터 아키텍처 관리 목표

7.2.2 데이터 파이프라인의 조정 절감하기

최근 수십 년 동안 운영적인 스케일을 넘어선 기술에는 한 가지 공통점이 있습니다. 바로 **조정과 동기화를 최소화했다는 점**입니다. 예를 들어 비동기 I/O$^{asynchronous\ I/O}$를 통해 기존의 블로킹 I/O$^{blocking\ I/O}$보다 네트워크 애플리케이션의 처리량을 확장했다는 점이 있습니다.[5] 한편 리액티브 선언$^{Reactive\ Manefesto}$의 리액티브[6] 애플리케이션$^{Reactive\ application}$은 메시지의 병렬 처리 속도를 향상시켰습니다. 다른 예로 맵리듀스의 함수형 프로그래밍은 대용량 데이터 처리를 여러 서버에 분산시켰습니다. 그리고 코레오그래피 이벤트$^{choreographed\ event}$[7]에 기반한 마이크로서비스[8]는 비즈니스 워크플로우를 확장했습니다.

핵심 기술에서 조정과 동기화를 끊임없이 제거함에도 불구하고, 우리는 대부분 조직과 아키텍처의 조정을 소홀히 해왔습니다. 그 결과 컴퓨터 시스템이 아무리 빠르게 실행되더라도 팀과 사람의 활동을 조정하느라 성과 산출이 뒤쳐졌습니다.

데이터 메시는 이러한 아키텍처적 조정과 인적 조정 모두를 절감시킵니다.

기존 아키텍처는 구성 요소(❹ 수집, 처리, 제공 등과 같은 파이프라인 작업)를 기술적으로 분해하면서 구축하는데, 이러한 방식으로 구성 요소를 분해하는 것은 새로운 데이터 소스나 사용 사례가 제공될 때마다 많은 조정이 필요합니다. 데이터 메시는 소스에서 얻은 데이터를 가공하여 제공하는 과정을 기술적 파티셔닝$^{technical\ partitioning}$에서 도메인별 파티셔닝$^{domain-oriented\ partitioning}$으로 분해하는 방식으로 전환합니다. 도메인 데이터 프로덕트는 다른 데이터 프로덕트와 독립적으로 개발되어 발전합니다. 이러한 도메인 지향적 데이터 분해는 결과를 달성하기 위한 조정의 필요성을 줄여줍니다. 대부분의 경우, 도메인 데이터 프로덕트 팀은 새로운 데이터 소스를 사용 사례에 맞춰 처리할 수 있습니다. 간혹 도메인 외부의 새로운 데이터 프로덕트

---

5 옮긴이_ 동기/비동기와 블로킹/논블로킹을 혼동하는 경우가 많습니다. 블로킹/논블로킹은 제어권(control), 즉 코드를 실행할 권리를 넘겨주는지의 여부에 따라 달라집니다. 호출부(caller)가 피호출부(callee)를 호출한 뒤 제어권을 피호출부에 넘겨주면 블로킹이고, 호출부가 계속 제어권을 갖고 있으면 논블로킹입니다. 한편 동기/비동기는 호출부가 다음 단계로 진행하기 전에 피호출부의 응답을 기다리는지의 여부에 따라 달라집니다. 피호출부가 응답을 기다려야 한다면 동기, 기다리지 않고도 다른 프로세스를 진행할 수 있다면 비동기입니다(출처: 「소프트웨어 아키텍처 101」 p. 42 발췌).

6 옮긴이_ 반응성(responsive)과 복원성(resilient), 융통성(elastic)을 지닌 메시지 중심형(message driven) 특성을 의미합니다(https://oreil.ly/fFk2P).

7 옮긴이_ 비동기적인 이벤트 패턴(asynchronous event pattern)을 이용하여 비즈니스 작업과 연결을 하는 이벤트를 의미합니다. 오케스트레이터가 중재자로서 여러 도메인 간에 소통을 이루는 오케스트레이션과 비교하면, 코레오그래피 이벤트는 오케스트레이터(중재자) 없이 이벤트 브로커(event broker)를 통해 각 도메인이 서로 소통할 수 있도록 한다는 차이점이 있습니다(출처: Microsoft, 'Choreography pattern').

8 https://oreil.ly/qpnuH

에 액세스를 요구하는 경우가 있습니다. 이때는 새로운 데이터 프로덕트를 사용할 수 있을 때까지, 소비자가 새로운 데이터 프로덕트의 표준 계약과 목mock 및 스텁stub9, 그리고 합성 데이터synthetic data10 인터페이스를 활용하여 도메인 외부의 데이터 프로덕트에 액세스할 수 있습니다. 이는 개발 과정에서 소비자와 제공자 간의 조정을 용이하게 하는 계약의 장점입니다. [그림 7-5]는 데이터 메시와 기존 아키텍처 간 파이프라인 조정을 줄이는 방식에 대해 보여줍니다.

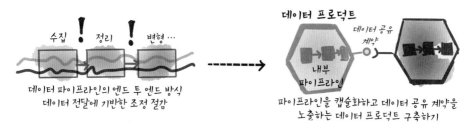

그림 7-5 아키텍처별 파이프라인의 조정을 절감하는 방식

7.2.3 데이터 거버넌스의 조정 절감하기

조정과 관련된 또 다른 주요 병목 현상은 데이터 거버넌스의 중심 기능입니다. 오늘날 데이터 액세스를 허용하고 데이터의 품질을 확인하면서 데이터 변경 사항이 조직의 정책에 부합하는지 검증하기 위해서는 데이터 거버넌스를 조정해야 합니다. 데이터 거버넌스는 중앙화되고 수동적인 작업이 많은 프로세스상 데이터 공유 과정에서의 민첩성을 저해합니다.

데이터 메시는 다음 두 가지 기능을 통해 거버넌스를 조정하는 과정에서 발생하는 마찰을 줄여 줍니다.

- 각 데이터 프로덕트에서 정책을 코드 형태로 임베딩하거나 자동화하는 기능
- 개별 도메인 데이터 프로덕트 오너를 대상으로 하여 거버넌스의 중앙 책임을 위임하는 기능

----

9 옮긴이_ 목(mock)은 호출 시 미리 프로그래밍된 결과를 돌려주도록 하는 테스트 대역(test double)을 가리키는 반면, 스텁(stub)은 테스트 중에 만들어진 호출에 대해 미리 만들어진 답변을 제공하는 테스트 대역을 의미합니다. 이들 모두 같은 객체를 검증한다고 하더라도 목은 객체와 함께 기대 동작을 선언하여 특정 메소드를 제대로 호출하는지 동작 검증(behavior verification)을 하는 데 반해, 스텁은 객체만을 선언하여 객체가 올바른 상태를 호출하는지 상태 검증(state verification)을 한다는 점에서 차이가 있습니다(*https://oreil.ly/XV0zh*).

10 옮긴이_ 합성 데이터란 보통 실제 세계가 아닌 가상 세계에서 알고리즘을 통해 생성된 정보를 의미합니다. 합성 데이터는 수학적 모델을 검증하거나 머신 러닝 모델을 훈련할 때 사용됩니다(출처: 위키백과).

이러한 기능은 데이터 메시의 연합 컴퓨팅 거버넌스 모델에 의해 구현됩니다.[11]

운영적으로 거버넌스 팀은 개별 도메인의 데이터 프로덕트 오너로 구성됩니다. 이때 이들 오너는 도메인 내 데이터 공유를 장기적으로 담당하는 프로덕트 오너를 가리킵니다. 구조적으로 데이터 거버넌스 기능은 정책을 모든 데이터 프로덕트에 컴퓨팅적이고 자동화된 방식으로 임베딩하여 실행합니다. 이를 통해 오늘날 거버넌스의 기능을 크게 개선합니다. 거버넌스 기능은 주요 동기화 지점 중 하나로서 데이터를 검색하고 승인하며, 필수적인 정책을 따르도록 합니다.

도메인의 자율성을 확인하지 않으면 바람직하지 않은 결과를 초래할 수 있습니다. 예를 들어 도메인이 고립되거나, 특정 도메인의 데이터 프로덕트가 다른 도메인과 호환되지 않아 단절되거나, 여러 도메인의 데이터를 소비할 때 사용자 경험이 파편화되는 등의 일이 발생할 수 있습니다. 데이터 메시 거버넌스는 도메인의 데이터 프로덕트를 사용하는 데 일관되고 연결되며 신뢰성 있는 경험을 위해 거버넌스와 관련된 관심사를 자동화하는 것에 크게 의존합니다.

[그림 7-6]은 수동적인 중앙 거버넌스 기능이, 코드 형태로 임베딩된 정책을 포함하여 데이터를 자동적으로 운반하는 데이터 프로덕트로 전환하는 과정을 보여줍니다.

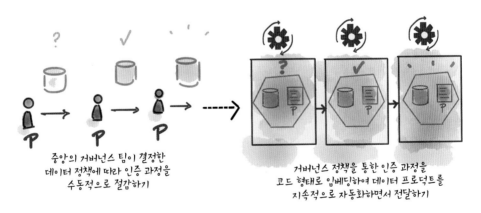

그림 7-6 아키텍처별 데이터 거버넌스의 동기화를 절감하는 과정

---

11 해당 내용은 5장에서 자세히 다루고 있습니다. 여기에서는 연합 컴퓨팅 거버넌스의 원칙이 조직적인 민첩성에 어떤 영향을 주는지에 대해 충분히 이해할 수 있을 정도로 설명합니다.

7.2.4 팀 자율성 활성화하기

팀이 얼마나 자율적인지와 팀에서 성과가 얼마나 잘 나오는지 간의 상관관계는 조직관리론 차원에서 연구되어 왔습니다.[12] 연구에 따르면 팀이 자유롭게 의사 결정을 내리면서 미션을 완수하면 팀의 성과가 향상될 수 있다고 합니다. 그러나 자율성이 지나치면 일관성이 결여되고, 팀 사이에 중복되는 업무가 나타나며, 팀 간의 단절과 고립화를 초래할 수 있습니다.

데이터 메시는 팀 자율성, 그리고 팀 간 상호 운용성과 협업 사이에서 균형을 맞추고자 노력합니다. 데이터 메시를 사용함으로써 도메인 팀에 자율성을 부여하여 의사 결정을 로컬하게 제어할 수 있도록 합니다. 예를 들어 도메인 팀이 데이터 프로덕트에 가장 적합한 데이터 모델을 선택할 수 있는 것과 같이 말입니다. 또한, 데이터 메시를 통해 모든 데이터 프로덕트에서 일관된 환경을 구현할 수 있습니다. 이는 컴퓨팅 거버넌스 정책으로 모델링 언어를 표준화하여 모든 도메인에서 활용하도록 하는 것을 예로 들 수 있습니다. 결론적으로 데이터 메시는 도메인 팀에게 데이터 프로덕트를 구축하고 유지 관리할 수 있는 자율성을 부여하면서, 일관되고 비용 효율적인 방식으로 팀이 이를 수행할 수 있도록 도메인에 구애받지 않는 데이터 플랫폼을 마련합니다.

셀프 서비스 데이터 플랫폼의 원칙은 도메인 팀이 자율적으로 데이터 프로덕트의 수명 주기를 용이하게 관리할 수 있도록 합니다. 또한 제너럴리스트 개발자가 데이터 프로덕트의 수명 주기를 관리하는 기술을 활용할 수 있도록 합니다.[13] 이러한 원칙에 따라 데이터 프로덕트 개발자는 셀프 서비스 데이터 인프라를 통해 데이터 프로덕트를 구축, 배포, 모니터링하고 유지 관리할 수 있습니다. 그리고 이러한 데이터 인프라는 데이터 프로덕트를 검색, 학습, 액세스하는 데 사용될 수 있습니다. 셀프 서비스 데이터 인프라는 도메인 팀 간의 독립성을 유지하면서 여러 데이터 프로덕트를 조인하고 상호 연관시켜, 궁극적으로 데이터 프로덕트 전반을 전체적으로 사용할 수 있도록 합니다.

---

12 *https://oreil.ly/jorX7*

13 4장에서는 데이터 메시 인프라의 기능과 형태에 대해 더 자세히 설명합니다. 지금은 데이터 메시가 조직의 민첩성에 미치는 영향에 대해 알아보는 것으로 충분합니다.

7.3 투자 대비 데이터 가치 비율 높이기

6장에서 언급한 뉴밴티지 파트너 보고서와 같은 업계 보고서의 내용과 필자의 개인적인 경험에 따르면, 데이터 관리에 대한 투자에 비해 데이터로부터 얻는 가치가 거의 없다는 사실에 대해 지적하고 있습니다. 데이터 팀과 데이터 솔루션에서 얻는 가치를 애플리케이션 개발 인프라와 같은 다른 기술의 투자 현황에 비교해보면 데이터 스케일이 증가하고 있음에도 가치 비율이 역행하고 있다는 사실을 알 수 있습니다.

데이터 메시는 새로운 데이터 플랫폼의 아키타입[14]을 만들어 오늘날의 기술적 복잡성을 추상화하는 방법을 모색합니다. 그 과정에서 분석 데이터를 관리하는 데 드는 노력에 비해 창출되는 가치의 비율을 높이는 방법을 사용합니다. 이때 조직적인 신뢰 범위^{trust boundary}나 물리적 위치를 넘어 데이터를 공유하는 개방형 데이터 인터페이스와, 데이터 사용자 경험에서 조직 내 마찰을 제거하는 프로덕트 중심 사고를 적용합니다.

7.3.1 데이터 플랫폼을 통해 기술적 복잡성을 추상화하기

오늘날의 데이터 관리 기술 환경은 너무 복잡합니다. 기술 복잡성에 대한 리트머스 시험지에 따르면 **데이터 엔지니어**와 **데이터 스페셜리스트**에 대한 수요가 계속 증가하고 있습니다. 하지만 이러한 테스트 결과에도 불구하고, 다른 리트머스 시험지에서는 데이터 파이프라인 프로젝트에 들이는 노력에 비해 창출되는 가치 비율이 낮다는 결과가 나왔습니다. 결론적으로 양질의 데이터셋에 원활하게 액세스하기 위해 많은 노력을 기울이지만 돌아오는 가치는 거의 없다는 현실을 보여줍니다.

데이터 메시는 기존의 기술 환경을 비판적으로 바라보고 기술 솔루션을 **데이터 프로덕트 개발자나 데이터 프로덕트 사용자 중심** 플랫폼으로 재구성합니다. 이러한 데이터 메시는 전문화된 지식을 가진 데이터 스페셜리스트의 필요성을 없애고 제너럴리스트 기술자가 데이터 프로덕트를 개발할 수 있도록 하는 것이 목표입니다.

또한 데이터 메시는 모든 데이터 프로덕트가 공유하는 다양한 행위 지원성^{affordance}(데이터 검색, 액세스 요청, 데이터 쿼리, 데이터 제공, 데이터 보안 등)을 위해 일련의 개방형 표준 인터

---

14 옮긴이_ 데이터 프로덕트의 아키타입(archtype)에 대해서는 2.3절에 자세히 설명하고 있습니다.

페이스^{open and standard interface}를 정의하여 보다 협업적인 기술 생태계를 구현합니다. 이를 통해 벤더 간 통합 비용을 절감할 수 있습니다. [15]

7.3.2 어디에서나 프로덕트 중심 사고 임베딩하기

데이터 메시는 데이터 사용자가 인식하는 가치에 집중할 수 있도록 몇 가지 변화를 도입합니다. 데이터 메시를 통해 일어나는 변화 중 하나는 데이터에 대한 사고가 전환되는 것으로, **자산**^{asset}으로서의 데이터에서 **제품**^{product}으로서의 데이터로 사고를 전환합니다. 이러한 데이터 메시는 성공성을 측정하는 방법을 데이터의 양^{volume}에 기반한 방식에서 데이터 사용자의 행복에 기반한 방식으로 전환할 수 있습니다.

데이터 메시 생태계에서 제품으로 취급되는 구성 요소는 비단 데이터만이 아닙니다. 셀프 서비스 데이터 플랫폼 자체도 하나의 제품입니다. 이러한 플랫폼은 데이터 프로덕트 개발자와 데이터 프로덕트 사용자에게 서비스를 제공합니다. 데이터 메시는 플랫폼의 성공성을 측정하는 척도를 단순히 플랫폼이 갖고 있는 특성의 개수에서 플랫폼의 리드 타임[16]을 단축하는 데 미치는 특성의 영향력으로 전환합니다.

이러한 프로덕트 중심 사고는 데이터 프로덕트 사용자와 개발자의 일상적인 경험에서 은연 중에 있는 노력과 비용을 절감하는 것으로 이끌게 합니다.

7.3.3 조직의 경계를 넘어서기

비즈니스의 기능을 개선하기 위해서는 도메인의 경계를 넘어서는 인사이트가 필수적으로 요구됩니다. 이를 위해서는 다양한 비즈니스 도메인의 데이터가 필요합니다. 마찬가지로, 조직이 고객과 직원, 그리고 파트너사에게 서비스를 제공할 때 생성되는 데이터에 기반하여 가치를 창출하기 위해서는, 조직이 생성하고 통제하는 것 이상의 데이터가 필요합니다.

다프를 생각해보세요. 음악 자동 재생을 통해 청취자에게 더 나은 경험을 제공하려면 청취자의 플레이리스트 데이터뿐만 아니라 청취자의 친구, 그리고 친구의 사회적, 환경적 영향과 동작을

---

15 11장에서 데이터 프로덕트 전반에 공유된 개방형 인터페이스(open interface)의 행위 지원성에 대해 열거하고 있습니다.
16 데이터 프로덕트 개발 경험을 개선하고 데이터 프로덕트를 제공하거나 검색해서 사용하는 데 걸리는 시간을 의미합니다.

파악할 수 있는 네트워크가 필요합니다. 이를 위해서는 뉴스, 날씨, 소셜 플랫폼 등 다프 안팎의 다양한 데이터가 필요합니다.

데이터 메시는 데이터 액세스가 기본적으로 다중 도메인multidomain과 다중 조직multiorg에 걸쳐져 있다고 가정합니다. 이러한 데이터 메시의 데이터 퀀텀은 데이터가 물리적으로 어디에 있든 데이터에 대한 액세스를 제공할 수 있습니다. 데이터 퀀텀은 기본적으로 적절한 액세스 제어 권한만 있으면 데이터의 물리적 위치에 관계없이 누구나 데이터 프로덕트를 검색하고 사용할 수 있도록 일련의 인터페이스를 제공할 수 있습니다. 이때 식별 스키마identification schema, 액세스 제어, 그리고 기타 정책을 시행하면서, 인터넷을 통해 활성화된 개방형 프로토콜을 사용한다고 가정합니다.

데이터 메시 아키텍처는 조직의 경계를 넘어 데이터를 연결하면서 더 많은 가치를 창출합니다.

정리하기

이 장을 읽고 나면 데이터 메시가 '은탄', 다시 말해 만병통치약이라고 생각할 수 있습니다. 그만큼 데이터 메시는 데이터 액세스를 진정으로 민주화할 수 있는 솔루션으로 중요하게 다뤄집니다. 그러나 데이터 메시는 만병통치약과는 거리가 먼 솔루션입니다. 데이터 메시를 통해 데이터에서 가치를 지속적으로 창출하기 위해서는 데이터 공유 외에도 해야 할 일이 훨씬 더 많죠. 데이터 메시를 관리하기 위해서는 반복 가능하고 완제품 수준의 품질을 가진 분석과 머신러닝에 기반한 솔루션을 지속적으로 제공해야 합니다. 그보다 초기 단계에서는 먼저 대규모로 데이터를 공유할 수 있어야 합니다. 이것이 바로 데이터 메시에 대해 중점을 두는 부분입니다.

이번 장에서는 데이터 메시의 목표를 달성하는 방법에 대한 내용을 다루었습니다. 특히, 데이터를 효율적으로 거버닝하기 위한 솔루션을 설계하는 방법과 팀을 구성하는 방법에 대해 소개했죠. [표 7-1]에 간략히 정리했습니다.

표 7-1 데이터 메시로 이루는 전략적 변곡점 이후 요약

데이터 메시의 목표	해야 할 것	하는 방법
복잡하고 변칙적이며 불확실한 비즈니스 환경에서 데이터의 변화를 우아하게 관리하기	비즈니스, 기술, 분석 데이터의 목표 조정	각 데이터 오너십을 장기적으로 책임질 수 있는 교차 기능 비즈니스, 기술 및 데이터 팀 구축 **데이터의 도메인 오너십 원칙**
	운영 데이터 플레인과 분석 데이터 플레인 사이의 간극 완화	조직 전반의 파이프라인으로 연결된 채 파편화된 두 플레인으로 이루어진 데이터 아키텍처 제거 덤 파이프dumb pipe[17]를 통해 애플리케이션과 데이터 프로덕트를 더 면밀히 통합 **제품으로서의 데이터 원칙**
	데이터의 변화를 비즈니스 도메인으로 지역화	데이터 프로덕트의 정비와 오너십을 각 도메인별로 지역화 조정으로 인한 부담을 절감하기 위해 도메인 데이터 프로덕트 사이에서 명확한 계약 작성 **제품으로서의 데이터 원칙**
	우발적인 파이프라인의 복잡성과 중복 데이터 절감	파이프라인 분석 시 필수적인 변환 로직을 그에 상응하는 데이터 프로덕트에 옮긴 후 해당 데이터 프로덕트를 내부 구현으로 추상화 **제품으로서의 데이터 원칙** **데이터 프로덕트 퀀텀 아키텍처의 구성 요소**
복잡성의 증가 속에서 민첩성 유지하기	중앙 집중식 모놀리식 아키텍처의 병목 현상 제거	중앙 집중식 데이터 웨어하우스 및 데이터 레이크 제거 데이터 프로덕트 인터페이스로 P2P 방식으로 프로덕트 내 데이터 공유 활성화 **데이터의 도메인 오너십 원칙** **제품으로서의 데이터 원칙**
	데이터 파이프라인의 조정 절감	최상위 수준의 기능으로 파이프라인 아키텍처를 세분화하는 것에서 도메인에 따라 아키텍처를 세분화하는 것으로 전환 도메인 데이터 프로덕트 간 데이터 계약 도입 **데이터의 도메인 오너십 원칙** **제품으로서의 데이터 원칙**
	데이터 거버넌스의 조정 절감	거버넌스 책임을 자율적인 도메인 및 데이터 프로덕트 오너에게 위임 각 데이터 프로덕트 퀀텀이 코드로서의 거버넌스 정책을 임베딩하고 확인하여 자율화 **연합 컴퓨팅 거버넌스의 원칙**

---

17 옮긴이_ 덤 네트워크(dumb network)라고도 하며, 콘텐츠의 우선순위를 지정할 필요 없을 정도로 고객의 장치와 인터넷 간에 정보를 전송할 수 있을 만큼 충분히 높은 대역폭을 가진 단순한 파이프를 의미합니다(출처: 위키백과).

데이터 메시의 목표	해야 할 것	하는 방법
복잡성의 증가 속에서 민첩성 유지하기	팀 자율성 활성화	빠르고 독립적으로 도메인 및 팀 자율성 제공
		데이터 메시상에서 상호 운용성 및 전체적으로 일관된 사용자 경험을 제공하기 위해 컴퓨팅 표준으로 팀 자율성에 균형 이루기
		셀프 서비스 방식으로 도메인에 구애받지 않는 인프라 특성을 제공하여 도메인에 자율성 부여
		연합 컴퓨팅 거버넌스의 원칙
		셀프 서비스 데이터 플랫폼의 원칙
투자 대비 데이터 가치 비율 높이기	데이터 플랫폼을 통해 기술적 복잡성을 추상화	데이터 개발 및 사용 여정에서 숨어있는 마찰과 비용을 제거하기 위해 데이터 개발자 중심 인프라 및 데이터 사용자 중심 인프라 개발
		벤더 통합으로 인한 복잡성을 줄이기 위해 데이터 프로덕트의 개방적인 표준 인터페이스 정의
		셀프 서비스 데이터 플랫폼의 원칙
		제품으로서의 데이터 원칙
	어디에서나 프로덕트 중심 사고 임베딩	데이터 사용자와 개발자의 행복에 기반한 성공에 초점을 맞추고 측정
		데이터 및 데이터 플랫폼을 프로덕트 형태로 다루기
		셀프 서비스 데이터 플랫폼의 원칙
		제품으로서의 데이터 원칙
	조직의 경계를 넘어서기	표준과 인터넷에 기반한 데이터 프로덕트 전반의 데이터 공유 규칙으로 플랫폼과 조직의 물리적 경계와 논리적 경계를 넘어 데이터를 공유
		제품으로서의 데이터 원칙
		셀프 서비스 데이터 플랫폼의 원칙

다음 장에서는 변곡점 이전에 어떤 일이 있었는지, 우리를 여기까지 오게 한 데이터 관리 접근 방식이 앞으로는 사용할 수 없는 이유에 대해 살펴보겠습니다.

8장

전략적 변곡점 이전

어제의 '해결책'이 오늘의 문젯거리일 수 있다.

— 피터 센게Peter M. Senge

조직이 복잡해지고 데이터 소스가 늘어나고 데이터에 대한 기대치가 높아지면서 분석 데이터 관리와 관련된 기존의 접근 방식을 전환할 필요성도 커지고 있습니다. 데이터 웨어하우스부터 데이터 레이크, 멀티모달 클라우드 아키텍처에 이르기까지 데이터 아키텍처는 지금까지 괄목할 만한 발전을 이루었습니다. 이들 아키텍처는 먼저 여러 개로 분산된 데이터 스토리지를 통해 다양한 데이터 유형을 대량으로 관리하고, 스트림을 통해 데이터를 안정적으로 신속하게 전송할 수 있었습니다. 뿐만 아니라 데이터 집약적인 워크로드를 동시에 빠르게 처리하는 머신을 확장할 수 있었습니다. 하지만 이러한 아키텍처는 현재 조직의 복잡성과 인적 규모를 고려했을 때 한계가 있습니다.

이번 장에서는 데이터 아키텍처의 현재 환경과 그 배경의 특징, 그리고 지금의 데이터 아키텍처가 미래에는 문젯거리가 되는 이유에 대해 살펴보겠습니다.

8.1 분석 데이터 아키텍처의 진화

비즈니스 차원의 의사 결정을 보조하는 것부터 머신러닝으로 강화된 지능형 프로덕트에 이르기까지, 분석 데이터를 관리하는 방식은 새로운 소비 모델이 주도하는 변화에 따라 진화해왔습니다. 분석 데이터 기술의 개수는 시간에 따라 빠르게 증가해온 반면, 해당 분석 데이터 기술의 기반이 되는 **하이 레벨 아키텍처**high-level architecture (HLA)는 거의 변화하지 않았습니다. 따라서 먼저 분석 데이터의 하이 레벨 아키텍처에 대해 살펴본 다음, 이전의 아키텍처와 비교했을 때 변하지 않는 특징에 대해 검토해보겠습니다.

> **NOTE** 여기서 소개할 데이터 아키텍처를 이루는 기반 기술은 패러다임이 정립되고 전환되는 과정에서 많은 반복과 개선을 거쳤습니다. 따라서 이러한 아키텍처의 기술과 구현보다는 아키텍처의 패턴을 중심으로 설명하겠습니다.

8.1.1 1세대: 데이터 웨어하우스 아키텍처

오늘날의 데이터 웨어하우스 아키텍처는 1960년대에 공식화된 초기 개념 (사실fact과 차원 dimension[1] 등)에 의해 영향을 받았습니다. 데이터 웨어하우스 아키텍처는 운영 시스템에서의 데이터를 비즈니스 인텔리전스business intelligence (BI) 시스템으로 전환하도록 의도했습니다. 기본적으로 BI 시스템은 조직의 운영 계획을 통해 데이터를 관리했습니다. 데이터 웨어하우징 솔루션은 크게 발전했지만, 아키텍처 모델의 원래 특성과 가정에서 많은 부분이 동일하게 유지되고 있습니다. 데이터 웨어하우스의 데이터는 다음과 같은 특징을 갖고 있습니다.

- 대다수의 운영 데이터베이스와 소스에서 추출됩니다.
- 유니버설 스키마universal schema로 변환되어 다차원적이며 시간에 따라 변하는 테이블 형식으로 표시됩니다.
- 웨어하우스 테이블에서 적재(로드)됩니다.
- SQL 같은 쿼리를 통해 액세스됩니다.
- 일반적으로 데이터 분석가는 데이터를 시각화하고 분석을 위한 보고서를 작성하는 데 사용됩니다.

데이터 웨어하우스는 보통 여러 부서department에 걸쳐 통합된 더 큰 조직에 서비스를 제공하는 반면, 데이터 마트data mart는 조직 내의 단일 부서에 서비스를 제공합니다. 이러한 차이점을 기

---

1 옮긴이_ 샘플을 대상으로 머신러닝을 학습할 때 사용되는 요소로, 샘플 하나에 수백만 개의 특성(차원)이 있을 수 있습니다. 이 경우 훈련을 느리게 할 뿐만 아니라 좋은 솔루션을 찾기 어렵게 만드는데, 이러한 문제를 차원의 저주(curse of dimensionality)라고 합니다(출처: 『핸즈온 머신러닝』(한빛미디어, 2018) p. 269 참조).

반으로 데이터 웨어하우스는 데이터 접근 방식을 데이터 마트로 세분화했습니다. 데이터 웨어하우스와 데이터 마트 모두 데이터 아키텍처 모델링 관점에서 보면 아키텍처의 범위와는 관계없이 비슷한 특징을 가지고 있습니다.

엔터프라이즈급 데이터 웨어하우스를 지원하는 기술을 하나의 기술로 만드는 것은 어려우며 비용이 많이 듭니다. 이로 인해 엔터프라이즈 데이터 웨어하우스[2] 솔루션은 종종 독점적이고 비용이 많이 들며 사용하려면 전문 지식이 필요합니다. 시간이 지남에 따라 데이터 웨어하우스 솔루션에는 전문화된 그룹만이 이해하고 유지 관리할 수 있는 수천 개의 ETL 작업과 테이블, 보고서가 포함됩니다. 데이터 웨어하우스의 탄생 과정과 발전 과정을 고려할 때, 데이터 웨어하우스 솔루션은 CI/CD 같은 현대적인 엔지니어링 관행에 적합하지 않은 경우가 많습니다. 또한 데이터 웨어하우스 솔루션은 시간이 지남에 따라 기술 부채technical debt[3]와 유지 보수 비용이 증가합니다. 이러한 기술 부채에서 벗어나려는 조직은 하나의 데이터 웨어하우스 솔루션에서 다른 데이터 웨어하우스 솔루션으로 마이그레이션해야 하는 악순환에 끊임없이 빠져들게 됩니다. [그림 8-1]은 로우 레벨 데이터 웨어하우스 아키텍처에 대해 보여줍니다.

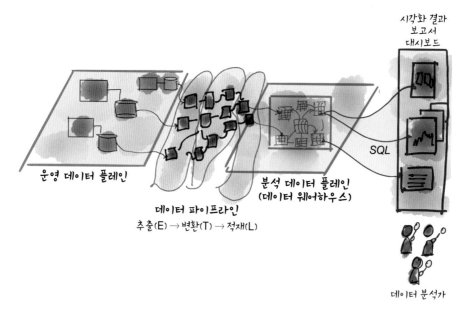

그림 8-1 분석 데이터 아키텍처(데이터 웨어하우스)

2 https://oreil.ly/nqSol
3 옮긴이_ 다른 사항을 고려하지 않고 완료한 결과물로 인해, 추후 새로운 기능을 개발할 때 일어나는 장애를 의미합니다.

8.1.2 2세대: 데이터 레이크 아키텍처

데이터 과학자가 데이터 웨어하우스 아키텍처로 머신러닝 모델을 학습할 때처럼, 기존 아키텍처를 이용하여 새로운 분야의 문제를 해결하는 데 어려움이 발생할 때가 있습니다. 이러한 어려움을 해소하기 위해 2010년에 데이터 레이크 아키텍처가 도입되었습니다.[4] 데이터 레이크를 사용하는 데이터 과학자는 비즈니스의 현실을 최대한 반영한 형태의 데이터가 필요합니다. 이들은 데이터를 정확히 어떻게 모델링해야 할지 예측할 수 없기에 미가공 데이터raw data에 대한 액세스를 선호합니다. 또한 머신러닝 학습을 위해 대규모 데이터를 병렬로 읽는 기능을 요구합니다.

데이터 웨어하우스와 유사하게, 데이터 레이크 아키텍처는 운영 시스템에서 추출한 데이터를 중앙 리포지토리에서 오브젝트 스토어object store (모든 유형의 데이터를 저장하는 스토리지)로 적재(로드)합니다. 그러나 데이터 웨어하우스와 달리 데이터 레이크는 사전에 데이터 변환과 모델링을 거의 실행하지 않은 채로 데이터를 원래 형태에 가깝게 유지합니다. 이러한 데이터 레이크에서 데이터를 사용할 수 있게 되면, 데이터 레이크는 정교한 변환 파이프라인을 구축함으로써 확장됩니다. 이를 통해 데이터 레이크는 데이터를 더 높은 가치로 모델링하여 데이터 레이크의 경계에 있는 레이크쇼어 마트lakeshore mart나 피처 스토어feature store에 저장합니다. 이러한 접근 방식에는 데이터 레이크를 좀 더 잘 구성할 수 있는 방법이 여럿 있는데, 그중 하나가 바로 데이터 레이크에 '영역zone'을 할당하여 다양하게 클렌징되고 변환된 데이터를 저장하는 방법입니다.

데이터 웨어하우스에서 데이터 레이크로 진화할 때는 광범위한 사전 모델링up-front modeling에서 발생하는 마찰과 비효율성을 개선하는 것을 목표로 합니다. 이러한 사전 변환up-front transformation은 데이터 웨어하우스에서는 필요로 하지만 모델의 반복 학습 속도를 더디게 하는 장애물입니다. 게다가 사전 변환된 운영 시스템 데이터는 용도에 따라 특성이 변하기 때문에 이 변형된 데이터로 학습된 모델은 의도한 것과 다른 결과를 낼 수 있다는 문제가 있습니다.

예를 들어 데이터 웨어하우스에서 사전 변환된 데이터를 기반으로 학습한 **음악 추천기**music recommender에 대해 알아봅시다. 음악 추천기는 변질된 데이터를 기반으로 학습했기에, (로그인된 청취자 세션 정보로 추천 서비스에 의해 호출된 상황과 같은) 운영 콘텍스트에서 호출할 때 의도한 것과 다른 결과를 낼 수 있습니다. 이때 심하게 변환되어 변질된 데이터는 청취자의 어

---

4 https://oreil.ly/Hlq5t

트리뷰트^{attribute}(속성) 중 일부를 놓치거나 다른 방식으로 인코딩되어 있습니다. 이러한 시나리오에서는 데이터 웨어하우스 대신 데이터 레이크가 도움이 됩니다.

데이터 레이크 아키텍처에서 주목할 만한 특징은 다음과 같습니다.

- 데이터는 운영 데이터베이스와 소스에서 추출됩니다.
- 데이터는 원본 콘텐츠와 구조를 최대한 많이 나타냅니다.
- 데이터는 파케이^{Parquet}, 아브로^{Avro} 등 널리 사용되는 스토리지 형식에 맞게 최소한의 변환만 이루어집니다.
- 소스 스키마에 최대한 가까운 데이터가 확장 가능한 오브젝트 스토리지에 적재됩니다.
- 데이터는 2차원 배열과 같은 구조인 파일이나 데이터 프레임으로 읽히는 객체 스토리지 인터페이스를 통해 액세스됩니다.
- 데이터 과학자들은 주로 데이터 분석과 머신러닝 모델 학습을 위해 레이크 스토리지에 액세스합니다.
- 데이터 레이크의 다운스트림에 위치한 레이크쇼어 마트는 전용 데이터 마트^{fit-for-purpose data mart}로서 만들어집니다.
- 레이크쇼어 마트는 운영 애플리케이션과 분석 사용 사례에서 사용됩니다.
- 데이터 레이크의 다운스트림에는 머신러닝 학습을 위해 모델링되고 저장된 전용 컬럼 지향 데이터로 피처 스토어가 생성됩니다.

[그림 8-2]는 하이 레벨 데이터 레이크 아키텍처를 보여줍니다.

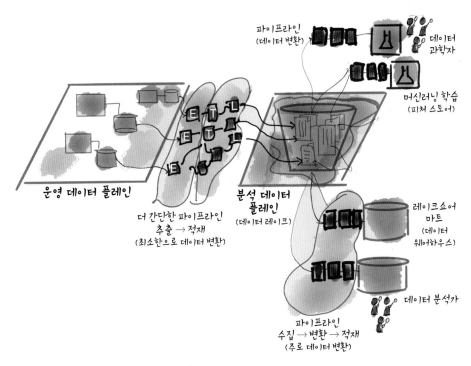

그림 8-2 분석 데이터 아키텍처(데이터 레이크)

데이터 레이크 아키텍처는 복잡성과 성능 저하를 겪고 있습니다. 이는 고도로 전문화된 데이터 엔지니어로 구성된 중앙 팀이 일괄batch (배치) 작업이나 스트리밍 작업을 운영하는 과정에서 복잡하고 다루기 어려운 파이프라인을 생성합니다. 뿐만 아니라 시간이 지남에 따라 성능이 저하되기도 합니다. 데이터 레이크 아키텍처에는 종종 신뢰할 수 없고 접근하기 어려운 데이터셋이 많이 존재합니다. 이러한 데이터셋들은 제한적인 가치를 제공합니다. 또한 데이터 리니지와 데이터 종속성은 모호하여 추적하기 어렵습니다.

8.1.3 3세대: 멀티모달 클라우드 아키텍처

데이터 메시 이전의 3세대 데이터 아키텍처는 이전 세대의 데이터 아키텍처와 거의 비슷하지만, 몇 가지 현대적인 요소를 가미했습니다.

- 카파^{Kappa5}와 같은 아키텍처를 통해 준 실시간 데이터 가용성을 위한 스트리밍을 지원합니다.

- 데이터 변환을 위해 일괄 프로세싱$^{batch\ processing}$과 스트림 프로세싱$^{stream\ processing}$을 아파치 빔^{Apache} Beam[6]과 같은 프레임워크로 통합합니다.

- 격리된 컴퓨팅과 스토리지를 통해 클라우드 기반 관리형 서비스$^{cloud-based\ managed\ service}$를 완전히 수용하고 현대적인 클라우드 네이티브$^{cloud-native}$를 구현합니다. 이때 비용 최적화를 위해 클라우드의 탄력성을 활용합니다.

- 데이터 웨어하우스와 데이터 레이크를 하나의 기술로 통합합니다. 그 과정에서 데이터 웨어하우스를 확장하여 임베디드 머신러닝 학습을 포함시키거나, 데이터 웨어하우스의 무결성, 트랜잭션, 쿼리 시스템을 데이터 레이크 솔루션[7]으로 빌드합니다.

3세대 데이터 플랫폼은 실시간 데이터 분석과 같은 기술로 이전 세대의 부족한 부분을 해결하고 빅데이터 인프라 관리 비용을 절감하고 있습니다. 하지만 이러한 플랫폼도 이전 세대에서 여전히 몇 가지 한계점을 계승하고 있습니다.

이제 기존 분석 데이터 아키텍처의 특징에 대해 알아봅시다.

8.2 분석 데이터 아키텍처의 특징

분석 데이터 아키텍처의 역사를 간략히 살펴보면, 분석 데이터 아키텍처가 진화적으로 개선되어 왔음을 알 수 있습니다. 그 사이 분석 데이터 아키텍처를 지원하는 기술과 프로덕트는 캄브리아기 대폭발$^{Cambrian\ explosion}$처럼 규모와 복잡성이 급격히 증가했습니다. 퍼스트마크^{FirstMark8}의 연간 전망과 빅 데이터 및 AI의 '최신 상태(그림 8-3)'를 보면 이 분야에서 개발된 혁신적인 솔루션이 얼마나 많은지 확인할 수 있습니다.

---

5 *https://oreil.ly/zpfeK*

6 *https://oreil.ly/bJksG*

7 이 글을 작성하는 시점에서 구글의 빅쿼리 ML(BigQuery ML)이나 스노우플레이크(Snowflake)의 스노우파크(Snowpark)는 일부 머신러닝 특성을 임베딩한 기존 데이터 웨어하우스 솔루션의 예시입니다. 한편 데이터브릭스(Databricks)의 레이크하우스(Lakehouse)는 데이터 웨어하우스와 유사한 트랜잭션과 쿼리를 지원하여 제공하는 기존 데이터 레이크 스토리지 솔루션의 예입니다.

8 뉴욕에 있는 초기 단계의 벤처 캐피탈 회사입니다.

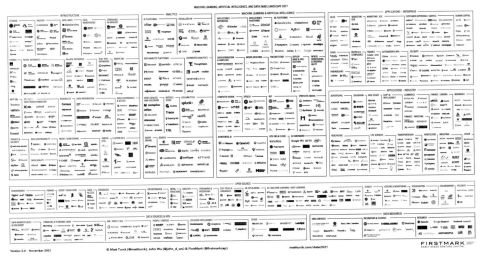

그림 8-3 캄브리아기 대폭발 같은 빅 데이터 및 인공지능 기술의 규모와 복잡성. 보기만 해도 어지러워지네요.[9]

이러한 혁신을 거쳤음에도 변하지 않는 특징이 있을까요? 지금까지 소개한 분석 데이터 아키 텍처가 공통적으로 가지고 있는 특징은 무엇일까요? 지난 수십 년 동안 세 번에 걸쳐 진화한 아키텍처에는 다음과 같이 미처 생각하지 못한 특징이 있으며, 이들 특징을 면밀히 검토해야 합니다.

- 데이터는 전사적인 분류 체계를 갖춘 중앙 집중식 조직에서 관리되기 위해 중앙화되어야 한다는 점
- 데이터 관리 아키텍처, 기술, 조직이 모놀리식으로 이루어져 있다는 점
- 활성화 기술enabling technology이 아키텍처와 조직의 패러다임을 주도한다는 점

> **NOTE** 중앙 집중화centralization를 포함하여 이번 장에서 설명하는 아키텍처의 특징은 논리적 아키 텍처logical architecture에만 적용됩니다. 데이터가 물리적으로 저장되는 위치와 같은 물리적 아키텍처physical architecture 관심사는 논리적 아키텍처 관심사와는 무관하며 이번 장에서 논의할 범위를 벗어납니다. 논리적 아키텍처는 데이터 개발자와 소비자의 사용자 경험 계층UX layer에 초점을 맞추고 있습니다. 예를 들어 데이터 오너십에 따라 데이터가 단일 팀에 의해 관리되고 있는지, 데이터 모델링 과정에서 데이터에 단일 스키마가 있는지, 종속성에 의해 하나의 데이터 모델에 대한 변경이 다운스트림 사용자에게 긴밀한 결합과 영향을 미 치는지 등이 있습니다.

---

9   퍼스트마크에서 제공하는 자료입니다(*https://oreil.ly/pCK1o*).

이러한 가정과 각 가정에 따른 한계점을 자세히 살펴보겠습니다.

8.2.1 모놀리식 특성

데이터 메시가 비판적으로 바라보는 것은 모놀리식 특성을 갖고 있는 데이터 아키텍처, 조직, 기술입니다. 모놀리식 아키텍처부터 살펴보겠습니다.

모놀리식 아키텍처

> 아키텍처 스타일은 크게 (전체 코드를 단위 단위로 배포하는) 모놀리식과 (원격 액세스 프로토콜을 통해 여러 단위로 배포하는) 분산형으로 나눌 수 있다.
>
> ─『소프트웨어 아키텍처 101』p. 170 발췌

[그림 8-4]는 모놀리식 데이터 플랫폼 아키텍처를 추상적인 관점에서 바라본 모습입니다. 모놀리식 아키텍처의 목표는 다음과 같습니다.

- 비즈니스를 운영하는 도메인의 운영 시스템과 트랜잭션 시스템부터 기업에 대한 지식을 보강하는 외부 데이터 제공업체에 이르기까지 기업 내 모든 곳에서 **데이터를 수집하기**
  - 예를 들어 다프의 경우 데이터 플랫폼은 다양한 데이터를 수집하는 역할을 담당하고 있습니다. 이러한 데이터로는 미디어 플레이어의 성능, 청취자가 플레이어와 상호 작용하는 방식, 청취자가 재생하는 음악이나 팔로우하는 아티스트, 다프가 온보딩하는 신규 레이블과 아티스트(ⓓ 음악 산업 관련 기업 하이브^{HYBE}가 온보딩하는 신규 아티스트), 아티스트와의 금융 거래, 고객 인구 통계 정보와 같은 외부 시장 조사 데이터 등이 있습니다.
- 소스 데이터를 **클렌징**^{cleanse}, **보강**^{enrich}, **변환**^{transform}하여 다양한 소비자의 요구를 충족하고 신뢰할 수 있는 **데이터로 전환하기**
  - 예를 들어 다프는 청취자의 클릭 스트림을 의미 있는 청취자 여정으로 전환하는 식으로 소스 데이터를 변환합니다. 이를 통해 청취자 여정과 동작을 집계적이고 종단적인 관점으로 재구성합니다.
- 각자의 요구 사항을 가진 다양한 소비자에게 **데이터셋 제공하기**
  - 여기에는 데이터 탐색과 머신러닝 학습부터 비즈니스 인텔리전스 보고서에 이르기까지 다양한 작업이 포함됩니다. 다프의 경우 플랫폼은 분산된 로그 인터페이스를 통해 미디어 플레이어의 오류를 준 실시간$^{near-real-time}$으로 제공해야 합니다. 이와 동시에 개별 아티스트의 음반에 대한 조회를 일괄적으로 집계한 후 제공하여 월별 파이낸스 페이먼트를 계산해야 합니다.

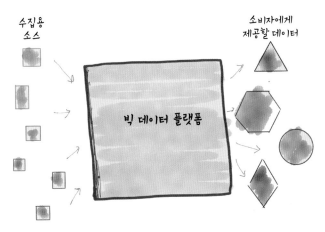

그림 8-4 추상화된 관점으로 바라본 모놀리식 데이터 플랫폼

모놀리식 아키텍처를 통해 하나의 코드 베이스와 하나의 팀을 관리하는 등 적절한 솔루션을 간단하게 빌드할 수 있습니다. 하지만 이러한 솔루션의 확장성에 비해 모놀리식 아키텍처가 따라갈 역량이 되지 못한다는 단점이 있습니다. 조직이 복잡해지고 소스와 사용 사례가 증가하면 아키텍처와 조직 구조에 긴장과 마찰이 발생합니다.

증식하는 유비쿼터스 데이터 및 소스

데이터의 유비쿼터스적인 특성에 따라 데이터를 언제 어디서나 사용할 수 있게 될수록 중앙 집중식 플랫폼과 팀이 한 곳에서 데이터를 관리하기 어려워집니다. 이에 대한 예시로 고객 정보 도메인에 대해 생각해봅시다. 다프의 서비스에 가입하는 고객이 많아지면서 조직에서 제공하는 기존 고객과 잠재 고객의 정보 또한 늘어나고 있습니다. 여기에서 기존 모놀리식 아키텍처의 경우 가치를 창출하기 위해서는 고객 정보 데이터를 중앙 고객 마스터 데이터 관리(MDM) 시스템에 수집하고 통합해야 합니다. 하지만 이는 병목 현상을 일으키며 데이터 소스를 활용하는 능력이 저하됩니다. 다시 말해 데이터를 제공하는 소스(고객)가 늘어날수록 중앙 집중식 플랫폼과 팀의 능력에 비해 데이터의 양이 방대해지기 때문에 조직의 대응 속도가 느려집니다.

증식하는 조직의 혁신 아젠다*innovation agenda* 및 사용 사례

조직에서 실험을 신속하게 진행함에 따라 플랫폼에서 데이터를 소비하는 사용 사례를 많이 도입하고 있습니다. 이는 테스트 주기와 학습 주기를 충족할 수 있는 데이터를 생성하기 위한 변환(집계^{aggregate}, 투영^{projection}, 슬라이싱^{slice})[10] 횟수가 계속해서 증가한다는 것을 암시합니다.[11] 데이터 소비자의 요구를 충족하기 위해 길어진 응답 시간은 이전부터 조직 마찰의 요인이었으며, 현대적인 데이터 플랫폼 아키텍처에서도 여전히 그렇습니다. 기업에는 실제 소스와 팀에서의 사용 사례를 이해하기 위해 데이터가 필요한 사람과, 이러한 데이터를 오리진화하여 가장 잘 알고 있는 시스템이 있습니다. 이러한 사람과 시스템 간의 단절은 기업의 데이터에 기반한 혁신을 저해합니다. 이로 인해 올바른 데이터에 액세스하는 데 시간이 오래 걸립니다. 이는 가설을 기반으로 하는 개발에 방해가 되어 데이터 품질과 데이터에 대한 신뢰를 떨어뜨릴 수도 있습니다.

조직의 복잡성

앞에서 언급했듯이 조직이 복잡해지고 소스와 사용 사례가 확장되어가는 양상에 데이터 환경의 변동성과 지속적인 변화를 더하면, 해당 모놀리식 아키텍처에서 동기화나 우선순위 지정을 수행하기가 극도로 어려워집니다. 조직 내에서 지속적으로 변화하는 데이터 우선순위와 활동 전반을 중앙 집중식 데이터 플랫폼에 맞추는 것은 결코 성공할 수 없습니다.

모놀리식 기술

기술적인 관점에서 보면, 모놀리식 아키텍처는 활성화 기술에 따라 조화를 이룹니다. 이러한 활성화 기술은 기본적으로 데이터 레이크나 데이터 웨어하우스 아키텍처와 같은 모놀리식 아키텍처를 지원합니다. 예를 들어 스노우플레이크^{Snowflake}[12], 구글 빅쿼리$^{Google BigQuery}$[13], 시냅스^{Synapse}[14]와 같은 데이터 웨어하우스 기술은 모두 모놀리식 논리적 아키텍처를 가지고 있습니다. 스노우플레이크가 스토리지 리소스에서 컴퓨팅 리소스 스케일링을 분리하고, 빅쿼리가 최신 세대의 분산 파일 시스템을 사용하는 등 물리적 계층과 구현 계층에서는 리소스 분리 및 분해에 엄청난 진전이 있었습니다. 하지만 이들 기술의 사용자 경험 구조는 여전히 모놀리식입니다.

---

10 옮긴이_ 집계는 여러 데이터베이스에서 정보를 컴파일하여 하나의 데이터셋으로 나타내는 작업을 의미합니다. 한편, 투영은 데이터를 한 차원 낮추는 것(⑩ (x, y, z)로 된 3차원 데이터를 2차원 면(이를테면 z=y/2+1)에서, 또는 (x, y)로 된 2차원 데이터를 x축에서 투영하기)을 의미합니다. 그리고 슬라이싱은 일정 범위 내에 있거나 특정 조건을 만족하는 데이터만 추출하는 것(⑩ 국가 관련 데이터베이스 중 아시아 국적인 나라의 데이터만 추출하기)을 의미합니다. 집계, 투영, 슬라이싱 모두 조직 차원에서 신속히 실험할 수 있도록 데이터의 차원이나 크기를 줄이는 작업입니다.

11 *https://oreil.ly/pKPjB*

12 *https://oreil.ly/g1isJ*

13 *https://oreil.ly/LPNUQ*

14 *https://oreil.ly/xaf4z*

오브젝트 스토리지와 파이프라인 오케스트레이션 도구와 같이 데이터 레이크에 쓰이는 기술은 분산된 방식으로 배포될 수 있습니다. 그러나 이들 기술은 기본적으로 모놀리식 데이터 레이크 아키텍처를 생성합니다. 예를 들어 비순환 방향 그래프directed acyclic graph (DAG) 방식으로 된 데이터 프로세싱 파이프라인의 정의와 오케스트레이션에는 파이프라인 작업의 종속성과 복잡성을 추상화하는 인터페이스와 계약과 같은 구조가 부족합니다. 이로 인해 모놀리식 데이터 레이크 아키텍처는 미로 같은 파이프라인이 빼곡히 결합되어 진흙잡탕a big ball of mud[15] 같은 모놀리식 아키텍처[16]로 변하게 됩니다. 이러한 아키텍처는 변경이나 실패를 프로세스 하나로 격리하기 어려워집니다. 일부 클라우드 제공업체는 모놀리식으로 설정한 데이터 레이크가 소수에 불과할 것이라고 가정하여 데이터 레이크 스토리지의 개수에 제한을 두고 있습니다.

모놀리식 조직

아래에 인용된 콘웨이의 법칙Conway's law은 조직의 관점에서 모놀리식 조직 구조가 조직 전반의 데이터를 담당하는 데 적용됩니다. 이러한 모놀리식 조직 구조(비즈니스 인텔리전스 팀, 데이터 분석 그룹, 데이터 플랫폼 팀)는 지금도 콘웨이의 법칙이 적용하고 있습니다.

> 어떤 조직이 (광범위하게 정의된) 시스템을 설계할 때, 해당 시스템 구조는 그 조직의 커뮤니케이션 구조를 닮는다.
>
> — 멜빈 E. 콘웨이Melvin E. Conway[17]

데이터 플랫폼을 빌드하고 운영하는 사람들의 삶을 관찰할 수 있을 정도로 가까이 다가가봅시다. 데이터를 오리진화하거나 사용하는 조직의 운영 단위에서 고도로 전문화된 데이터 엔지니어 그룹이 사일로화되어 있음을 알 수 있습니다. 데이터 엔지니어는 조직적으로 사일로화되어 있을 뿐만 아니라 데이터 도구에 대한 기술적인 전문 지식에 따라 팀으로 분리되어 그룹화되어 있습니다. [그림 8-5]에 나온 것처럼, 데이터 엔지니어 그룹에는 비즈니스 지식과 도메인 지식이 없는 경우가 많습니다.

---

15 옮긴이_ 뭐 하나 뚜렷한 아키텍처 구조가 전무한 상태를 의미합니다. 진흙잡탕은 브라이언 푸트(Brian Foote)와 조지프 요더(Joseph Yoder)가 1997년에 발표한 논문에서 처음 사용한 안티패턴의 이름에서 유래됐습니다(출처: 『소프트웨어 아키텍처 101』 p. 166 발췌).

16 https://oreil.ly/5KVDc

17 옮긴이_ "How Do Committees Invent?", 『Datamation』(F. D. Thompson Publications Inc., 1968) p. 28-31 발췌

교차 기능
도메인 팀 중
소스 팀

고도로 전문화된
데이터 및 머신러닝
엔지니어 팀

교차 기능
도메인 팀 중
소비자 팀

그림 8-5 고도로 전문화된 데이터 팀의 사일로화

필자는 개인적으로 모놀리식 데이터 조직에서 일하는 데이터 엔지니어의 삶이 부럽지는 않습니다. 이들은 의미 있고 정확하며 진실된 데이터를 공유하기 위해, 합의된 계약에 따라 인센티브 없이 운영 팀의 데이터를 소비해야 합니다. 데이터 팀은 [그림 8-5]처럼 다른 도메인 팀 사이에서 사일로가 형성되어 있습니다. 이러한 점 때문에 고도로 전문화된 데이터 엔지니어는 언제나 최선을 다하지만 데이터를 생성하는 소스 도메인에 대한 이해가 부족하며, 팀 내에서 도메인 전문성을 갖추지 못합니다. 따라서 이들은 데이터를 어떻게 사용하는지 이해하지 않아도 다양한 요구 사항에 맞는 데이터를 제공할 수 있도록 하는 시스템이 마련되어야 합니다.

예를 들어 다프의 경우 소스 측에는 재생 음악 이벤트, 구매 이벤트, 재생 음질 등 사용자가 미디어 플레이어 피처와 상호 작용하는 방식에 대한 신호를 제공하는 교차 기능 미디어 플레이어 팀이 있습니다. 반면 소비자 측에는 곡 추천 팀, 판매 핵심성과지표Key performance indicator (KPI)를 보고하는 영업 팀, 재생 이벤트에 따라 정산한 금액을 아티스트에게 지급하는 아티스트 페이먼트 팀 등 교차 기능 소비자 팀이 있습니다. 데이터 메시를 도입하기 전에는 안타깝게도 그 중간에는 모든 소스를 대신하여 모든 소비자에게 분석 데이터를 제공하는 데이터 팀이 있었습니다.

실제 상황에서는 단절되어 데이터를 제공하기 어려운 소스 팀, 데이터 팀의 백로그에서 한 자리를 차지하기 위해 싸우는 불만스러운 데이터 소비자, 과도하게 업무 범위가 확장되었지만 업무 실적이 높지 않아 과소평가된 데이터 팀을 발견할 것입니다.

복잡한 모놀리스

모놀리식 아키텍처가 (여기서는 소스와 소비자, 변환 관련 다양성에서의) 스케일을 만나면 이들 모두 비슷한 운명에 직면하여 복잡해지고 유지 관리가 어려워집니다.

조직의 팀은 가치를 창출할 새 없이 복잡성 부채complexity debt[18]를 해결하느라 바쁘게 지내고 있습니다. 이러한 일이 발생한 배경은 방대한 데이터 파이프라인, 데이터 수집 로직과 변환 로직을 구현하는 덕트 테이프 스크립트duct-taped script[19], 명확한 아키텍처와 조직적 모듈성이 없는 (테이블 형태나 파일 형태로 된) 수많은 데이터셋, 해당 데이터셋을 기반으로 빌드된 수천 개의 보고서 등이 있습니다.

즉, 모놀리식 아키텍처와 기술, 조직 구조는 복잡한 대규모 조직의 분석 데이터 관리에 적합하지 않습니다.

8.2.2 중앙 집중식 데이터 오너십

플레이 이벤트, 판매 KPI, 아티스트, 앨범, 레이블, 오디오, 팟캐스트, 음악 이벤트 등과 같이, [그림 8-6]에서 나오는 것처럼 모놀리식 데이터 플랫폼이 다양한 도메인에 속하는 데이터를 호스팅하고 소유하는 것이 일반적인 관례입니다.

---

18 *https://oreil.ly/amHMJ*
19 옮긴이_ 덕트 테이프로 감아놓은 조각품처럼 서로 다른 스크립트가 허술하게 연결된 스크립트를 의미합니다.

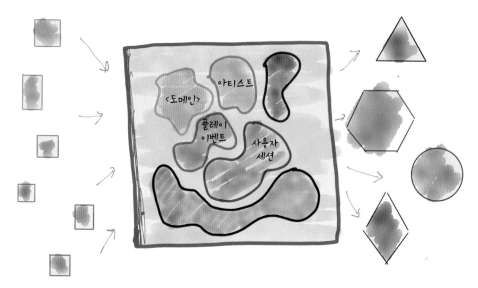

그림 8-6 도메인 경계가 명확하지 않은 중앙 집중식 데이터 오너십

지난 10년 동안 도메인 주도 설계(DDD)와 경계 콘텍스트^bounded context[20]를 운영 시스템 설계에 성공적으로 적용하여 소프트웨어의 복잡성을 대규모로 관리해왔지만, (분석) 데이터와 관련된 도메인 주도 설계 패러다임은 거의 무시되어 왔습니다. DDD의 전략적 설계[21]는 대규모의 복잡한 조직에서 소프트웨어 모델링을 대규모로 관리하기 위한 원칙을 도입합니다. 이러한 대규모 모델링 관리 원칙에 따라 단일 표준 모델에서 벗어나 여러 개의 경계 콘텍스트 모델로 전환할 것을 권장합니다. 뿐만 아니라 조직 단위에서 각각 여러 모델을 소유하고 관리할 것으로 가정하며, 이러한 모델 간의 관계를 명시적으로 표현합니다.

운영 시스템은 도메인 오너십을 통해 서비스와 그 데이터를 기존의 비즈니스 도메인에 맞추어 DDD의 전략적 설계 기법을 적용해왔습니다. 반면 분석 데이터 시스템은 도메인 외부의 중앙 집중식 데이터 오너십을 유지해왔습니다.

중앙 집중식 모델은 사용 사례 수가 적고 도메인이 단순한 조직에는 적합할 수 있지만, 도메인이 다양하고 복잡한 기업에는 적합하지 않습니다.

스케일을 제한하는 것 외에도 중앙 집중식 데이터 아키텍처의 또 다른 과제는 데이터 품질과

---

20 *https://oreil.ly/2RhbM*

21 *https://oreil.ly/OHz8I*

변화에 대한 복원력입니다. 데이터에 가장 익숙한 비즈니스 도메인 팀이 데이터의 품질까지 책임지지 않기 때문입니다. 데이터 소스에서 멀리 떨어져 있는 데이터 도메인과 격리된 중앙 데이터 팀은 데이터 클렌징 및 보강 파이프라인을 통해 데이터 품질을 다시 빌드하는 임무를 맡고 있습니다. 이때 파이프라인의 다른 쪽 끝에서 중앙 시스템으로 들어오는 데이터는 원래의 형태와 의미를 잃는 경우가 많습니다.

분석 데이터의 중앙 집중화는 일반적으로 **다크 데이터**^{dark data22}로 알려진, 사일로화되고 파편화된 애플리케이션 데이터베이스를 처리하기 위한 업계의 대응책이었습니다. 가트너^{Gartner}가 정의한 다크 데이터란, 조직이 일상적인 비즈니스 활동 중에 수집하고 처리하여 저장하지만, 일반적으로 분석이나 기타 목적으로는 사용하지 않는 정보 자산입니다.

8.2.3 기술 지향

데이터 웨어하우스에서 데이터 레이크를 거쳐 데이터 클라우드에 이르기까지 여러 세대의 분석 데이터 아키텍처를 되돌아보면, 우리는 기술 중심 아키텍처에 크게 의존해왔습니다. 전형적인 데이터 관리 시스템 솔루션 아키텍처는 엔드 투 엔드 스토리지^{end-to-end storage} 또는 프로세싱 플로우^{processing flow}와 같이 일부 기능을 수행하는 다양한 기술을 서로 연결할 뿐입니다. 이는 [그림 8-7]에 나온 것과 같이 인프라 업체가 제공하는 현대적인 솔루션 아키텍처 다이어그램을 통해 알 수 있습니다. [그림 8-7]에 나열된 핵심 기술은 강력하면서 데이터 플랫폼을 강화하는 데 유용합니다. 그러나 여기서 제안된 솔루션 아키텍처는 기술적 기능에 기반한 아키텍처의 구성 요소를 기능별로 분해한 다음 통합합니다. 구글 클라우드를 예로 들어 설명하겠습니다. 먼저 구글 클라우드의 Pub/Sub에서는 수집 기능을 지원합니다. 그다음 클라우드 스토리지^{Cloud Storage}에 데이터를 배포하고, 빅쿼리^{BigQuery}를 통해 데이터를 퍼블리싱합니다. 이러한 접근 방식은 기술 중심으로 분할된 아키텍처로 이어지며 결과적으로 활동별 팀 세분화로 이어집니다.

---

22 *https://oreil.ly/eTY5x*

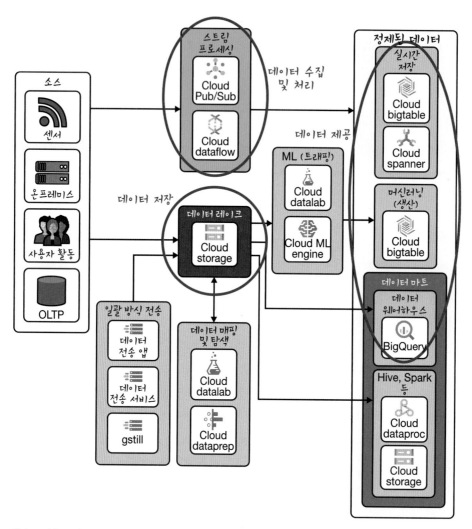

그림 8-7 기술 중심으로 세분화한 현대 분석 데이터 아키텍처의 예시

기술 중심으로 분할된 아키텍처

기존 데이터 관리의 한계를 해결하는 솔루션은 두 가지로, 다루기 힘든 복잡성을 관리하는 방식과 계속 성장하는 단일 데이터 플랫폼과 팀을 더 작은 파티션으로 분해하는 방식이 있습니다. 이중에서 우리는 더 쉬운 방식으로 후자, 즉 **기술적 파티셔닝**technical partitioning을 선택합니다.

조직의 아키텍트와 테크니컬 리더는 조직의 성장에 대응하여 아키텍처를 분해합니다. 이때 수많은 새로운 소스를 온보딩하거나 새로운 소비자의 증식에 대응하기 위해서는 플랫폼이 성장해야 합니다. 이와 관련된 아키텍트는 시스템을 최상위 구성 요소로 나누어 확장할 수 있는 방법을 찾아야 합니다.

『소프트웨어 아키텍처 101』[23]에서 정의한 바와 같이, **최고 수준 기술적 파티셔닝**top-level technical partitioning은 시스템을 기술적 특성과 관심사에 따라 분해합니다. 최고 수준 기술적 파티셔닝은 비즈니스 도메인과 관련된 관심사보다는 구현과 관련된 관심사에 더 가까운 분해 방식입니다. 모놀리식 데이터 플랫폼의 아키텍트와 테크니컬 리더들은 [그림 8-8]처럼 파이프라인 아키텍처를 기반으로 모놀리식 솔루션을 **수집**ingestion, **클렌징**cleansing, **집계**aggregation, **보강**enrichment, **제공**serving과 같은 기술적 기능으로 분해했습니다. 이렇게 시스템을 기능별로 세분화하는 것을 **최고 수준의 기능별 세분화**top-level functional decomposition라고 합니다. 그러나 이는 데이터의 변화에 대해 오버헤드가 동기화되어 느리게 대응하는 것으로 이어집니다. 이러한 세분화 대신 대안으로 적용하는 접근 방식이 바로 **최고 수준 도메인별 파티셔닝**top-level domain-oriented partitioning입니다. 다시 말해 앞에서 수집과 정제와 같은 기능들은 모두 도메인에 임베딩되어 있으며, 최상위 동기화 없이 도메인에 대한 변경 사항을 로컬하게(지역적으로) 관리할 수 있습니다.

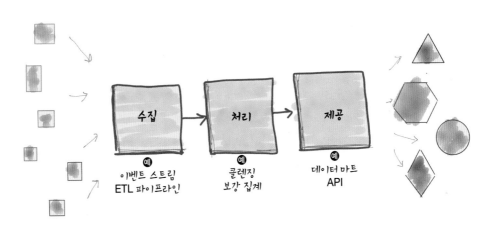

그림 8-8 모놀리식 데이터 아키텍처의 최상위 기술 파티셔닝

---

23 *https://oreil.ly/kMene*

활동별 팀 세분화

시스템을 아키텍처 구성 요소로 세분화하는 이유 중 하나는 각각의 아키텍처 구성 요소를 독립적으로 빌드하고 운영할 수 있는 팀을 구성하기 위함입니다. 이때 각 팀은 작업을 병렬화하여 운영 확장성을 더 증대시키고 확장 속도를 더 높일 수 있습니다. 최고 수준의 기능별 세분화에 따라, 팀을 **활동별 그룹**^{activity-oriented group}으로 분해하여 파이프라인의 각 단계에서 필요한 특정 활동에 집중하도록 했습니다. 예를 들어 하나의 팀을 다양한 소스로부터 데이터 수집에 집중하는 팀과 데이터 레이크쇼어 마트를 제공하는 팀 등으로 분류했습니다. 각 팀은 수집 패턴을 찾는 등 각자의 활동을 최적화하려고 시도합니다.

최고 수준의 기능별 세분화에 따라 팀을 세분화하는 모델은 데이터 플로우에 따라 다양한 활동에 팀을 할당함으로써 어느 정도의 스케일을 제공합니다. 하지만 해당 모델은 중요한 결과물을 제공할 수 있는 능력(예를 들어 새롭고 품질이 높으며 신뢰할 수 있는 데이터를 제공하는 능력)을 확장할 수 없다는 본질적인 한계를 가지고 있습니다. 이러한 모델에서 결과물을 제공하기 위해서는 팀 간의 동기화가 필요하며, 변경 사항을 활동 중심으로 조정해야 합니다. [그림 8-9]처럼 기능에 따라 팀을 세분화하는 것은 변화나 결과물에 영향을 주지 못합니다. 오히려 가치 전달을 늦추고 조직의 마찰을 유발합니다.

이러한 단점을 갖고 있는 최고 수준의 기능별 세분화와 달리, **결과별 팀 세분화**^{outcome-oriented team} ^{decomposition}[24]는 엔드 투 엔드 방식의 결과를 최적화하여 동기화 오버헤드를 낮춘 상태로 신속하게 전달됩니다.

결과별 팀 세분화에 대한 예시를 살펴봅시다. 다프는 음악과 앨범으로 서비스를 시작한 후 음악 이벤트, 팟캐스트, 라디오 쇼로 서비스를 확장했습니다. 여기서 팟캐스트 재생률에 대해 가시성^{visibility}과 같은 새로운 피처를 하나 추가하려면 파이프라인의 모든 구성 요소를 변경해야 합니다. 팀은 팟캐스트의 재생률을 조회하기 위해 데이터 수집 서비스와 데이터 클렌징 및 준비 서비스, 데이터 집계 서비스를 새로 도입해야 합니다. 이를 위해서는 서로 다른 구성 요소의 구현과 팀 간의 릴리스 관리 전반에 걸친 동기화가 필요합니다. 이러한 확장 과정에 대처할 수 있도록 많은 데이터 플랫폼은 새로운 소스를 쉽게 추가하거나 기존 소스를 수정하는 등, 일반적이고 구성에 기반한 수집 서비스를 제공합니다. 하지만 이렇게 해도 데이터 소비자의 관점에서 데이터셋을 새로 도입할 때 엔드 투 엔드 방식의 종속성 문제가 사라지지는 않습니다. 모놀

---

24 _https://oreil.ly/df5Xo_

리스^monolith는 새로운 기능을 지원하기 위해 변경해야 하는 가장 작은 단위로서 전체 파이프라인에 남아 있습니다. 이러한 모놀리스를 통해 새로운 데이터셋을 도입하여 새로운 소비 기술이나 기존의 소비 기술에 사용할 수 있도록 합니다. 그러나 결과별 팀 세분화 역시 새로운 소비자나 데이터 소스에 대응하여 더 빠른 속도와 스케일을 달성하는 데에는 한계가 있습니다.

그림 8-9 데이터의 변화(결과물)에 영향을 주지 못하는 아키텍처와 팀 세분화

결론적으로 어떤 방식으로든 모놀리식으로는 확장할 수 없는 아키텍처를 만들었으며, 데이터 중심 조직을 이룬다는 약속을 실현하지 못했습니다.

> **🖊 NOTE** 최근 몇 년 동안 중앙 데이터 팀을 도메인별로 세분화하려는 움직임이 있었습니다. 이는 개선된 방식이지만 장기적으로는 데이터 오너십 문제와 데이터 품질 문제를 해결하지는 못합니다. 데이터 팀은 실제 도메인과 멀리 떨어져 있으며, 도메인 시스템의 변화와 도메인의 요구 사항과 동기화되지 않습니다. 이것이 안티패턴입니다.

정리하기

어리석은 짓이란, 같은 일을 끊임없이 반복하면서 다른 결과를 기대하는 것이다.

— 알버트 아인슈타인Albert Einstein[25]

이번 장에서 분석 데이터 아키텍처와 조직 구조의 발전에 대해 새로운 관점을 제공했습니다. 또한 데이터 웨어하우스, 데이터 레이크, 데이터 멀티모달 클라우드 등 분석 데이터 플레인과 운영 데이터 플레인에 기반한 다양한 스타일의 데이터 아키텍처를 소개했습니다. 이러한 아키텍처는 모두 파이프라인에 기반한 통합 모델을 사용하는데, 여전히 결함이 있고 유지 관리가 어렵다는 점을 지적하기도 했습니다.

데이터 아키텍처의 진화가 점차 중요해지고 있지만, 기존의 모든 분석 데이터 아키텍처는 조직 적으로 확장하는 데 방해가 되는 공통적인 특징 몇 가지가 있습니다. 바로 이들은 모두 모놀리식 특징을 지녔고 중앙 집중식 데이터 오너십을 가졌으며 기술 중심으로 파티셔닝되어 있다는 점입니다.

위에서 언급한 특징은 분석 데이터 사용 사례를 충족하기 위해 도메인에서 추출된 데이터를 중앙 집중식 아키텍처의 중앙 리포지토리에 통합해야 한다는 통념에 따른 결과입니다. 이러한 통념은 데이터 사용 사례를 빈도가 낮은 보고 작업으로 제한했을 때, 그리고 소수의 시스템에서 데이터를 소싱했을 때 유효했습니다. 하지만 기업 안팎의 마이크로서비스 수백 개와 디바이스 수백만 개에서 데이터를 소싱할 때, 그리고 미래의 데이터 사용 사례가 오늘날 우리의 상상을 뛰어넘을 때 이러한 가정은 더 이상 유효하지 않습니다.

이상으로 2부를 마칩니다. 1부와 2부에서 데이터 메시가 무엇이며 왜 데이터 메시를 도입해야 하는지를 살펴봤다면, 3부에서는 데이터 메시를 어떻게 설계하는지에 대해 알아보겠습니다.

---

25 옮긴이_ 아이슈타인이 발언한 것으로 알려졌지만 명확한 근거는 없습니다. 해당 문장은 1981년 약물 의존자들의 회복을 목표로 하는 국제적인 모임인 '익명의 약물중독자들(Narcotics Anonymous, N.A.)'에 처음으로 등장한 말입니다(*https://quoteinvestigator.com/2017/03/23/same/*).

3부

데이터 메시 아키텍처의
설계 방법

3부

모든 이론의 궁극적인 목표는 간단한 경험 데이터에 대해 적절한 표현을 사용하면서, 더 이상 줄일
수 없는 기본 요소를 가능한 한 단순하고 적게 만드는 것이다.

— 알버트 아인슈타인[1]

지금까지 데이터 메시 아키텍처의 기술적 설계에 대해서는 여러분이 스스로 생각할 수 있도록
유도했습니다. 1부에서는 데이터 메시가 무엇인지에 대해 설명하고, 2부에서는 데이터 아키텍
처를 데이터 메시로 전환해야 하는 이유에 대해 설명했습니다. 이제 데이터 메시를 기술적으로
구현할 수 있는 아키텍처를 모델링할 차례입니다.

설명 범위

프롤로그에서도 언급했듯이, 이 책을 집필하는 시점에서 데이터 메시는 개발 초기 단계였습니
다. 따라서 데이터 메시의 설계 방법을 완벽하게 익히기에는 아직 많은 시간과 노력이 필요합
니다. 그래서 3부는 데이터 메시의 설계와 구현 방식이 계속 발전할 것이라는 점을 고려하여
작성했습니다. 아직 더 최적화된 설계 방법이 필요해도, 우리는 언젠가 데이터 메시를 설계해
야 합니다. 그래서 3부에서는 현재 **중요한 사항**the important stuff[2], 즉 향후 구현 개발에 계속 영향
을 미칠 것으로 생각되는 아키텍처 측면을 소개합니다.

그렇다면 그 중요한 사항이란 무엇일까요?

이를 알기 위해서는 **논리적 아키텍처**logical architecture에 대해 전체적으로 이해하는 것이 중요합니
다. 9장에서는 **도메인, 아키텍처 퀀텀으로서의 데이터 프로덕트, 데이터 플랫폼의 여러 플레인**과
같은 데이터 메시 아키텍처의 주요 논리적 구성 요소에 대해 소개하고, 이들이 서로 상호 작용
하는 방식에 대해 정의합니다.

10장에서는 데이터 메시를 빌드하고 실행하며 운영하는 기능을 구현하기 위해 데이터 (인프
라) 플랫폼이 제공해야 하는 특성에 대해 정의합니다. 그리고 기술에 구애받지 않는 플랫폼 설
계에 대한 전반적인 접근 방식을 제공합니다.

이 책에는 아키텍처의 물리적 계층과 오늘날 아키텍처 구성 요소를 구현하는 데 사용할 수
있는 특정 기술들을 포함하지 않았습니다. 예를 들어 데이터 프로덕트 변환 플로우data product

----

1 옮긴이_ 『Philosophy of Science Vol. 1, 2』(The University of Chicago Press, 1934) 중 아인슈타인의 저널 'On the Method
   of Theoretical Physics'에 기재된 문장입니다.
2 마틴 파울러가 아키텍처의 정의에 대해 요약한 것(https://oreil.ly/IdXKQ)은 랄프 존슨(Ralph Johnson)의 영향을 받았습니다.

transformation flow를 관리하기 위해 아파치 에어플로우^Apache Airflow나 프리펙트^Prefect, 애저 데이터 팩토리^Azure Data Factory를 사용해야 하는지에 대한 내용을 다루지 않습니다.

필자는 데이터 아키텍처와 관련하여 새로운 패러다임을 이끌어줄 기술과 도구를 우아하게 구현할 수 있도록 창의적으로 사고할 여지를 남기면서 3부를 작성했습니다. 그러면서 데이터 메시 아키텍처를 잘못 해석하여 오용할 여지를 없애고자 했습니다.

[그림 III-1]은 이 책에서 다루는 범위와 다루지 않는 범위를 보여줍니다.

그림 III-1 이 책은 아키텍처의 구현과 설계보다는 아키텍처 자체에 초점을 맞춰 작성됨

데이터 메시 내 구성 요소별 성숙도

3부에서는 데이터 메시 아키텍처를 구현한 경험과 개인적인 의견을 바탕으로 작성되었습니다. 일부 개념은 구현과 테스트가 완료된(성숙도^maturity가 높은) 상태이며, 일부 개념은 필자가 추측해서 작성한 성숙도가 낮은 개념으로 더 많은 실험과 테스트가 필요합니다.

또한, 현재 사용 가능한 기술을 기반으로 데이터 메시 아키텍처를 구현할 수 있는 방법에 대해 소개하기도 합니다. 이러한 방법은 추상적인 데이터 메시의 원리를 실제로 구현하는(인스턴스화하는) 한 가지 방법입니다. 현재 사용 가능한 기술을 기반으로 데이터 메시를 구현하는 방법은 유사한 스케일 아웃 아키텍처에서 이미 성공적으로 입증된 접근 방식의 영향을 받으며, 데이터 문제 공간^problem space[3]에 맞게 조정됩니다.

데이터 메시의 구성 요소 중에는 이미 잘 확립되어 성숙도가 높은 요소가 있는 반면, 성숙도가 낮은 실험적인 요소 또한 존재합니다. 그만큼 3부에서는 이들 요소의 성숙도가 각각 어떤 지에 대해 중점적으로 설명합니다.

------

3 옮긴이_ 특정 목표(문제)가 주어졌을 때 초기 상태에서 목표 상태에 이르기까지의 과정 중 문제를 해결하는 모든 상태의 집합을 의미합니다.

9장

논리적 아키텍처

형태는 기능을 따른다.

— 루이스 설리번Louis Sullivan

이번 장에서는 데이터 메시의 논리적 아키텍처에 대해 고수준의 구조적 요소와 그 관계를 설명합니다.

논리적 아키텍처logical architecture를 빌드하기 위해 먼저 데이터 메시의 원칙에 대해 살펴보겠습니다. **논리적 아키텍처를 빌드하는 기능과 의도를 따라가면서** 데이터 메시의 원칙이 새로운 구성 요소와의 통합을 통해 아키텍처에 전체적으로 어떤 영향을 미치고 있는지 알아봅시다.

분석 데이터 공유 인터페이스로 연결된 도메인

데이터의 도메인 오너십에 따라 분석 데이터를 도메인별로 소유하게 됩니다. 그렇게 데이터 오너십을 도메인별로 분산시킨 후, 각 도메인은 인터페이스를 통해 다른 도메인과 분석 데이터를 공유해야 합니다. [그림 9-1]에서 이러한 과정을 다이어그램으로 보여줍니다.

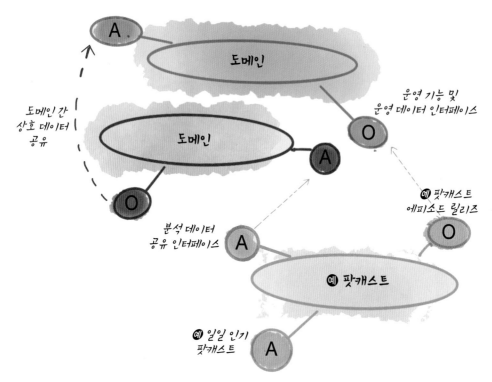

그림 9-1 분석 데이터 공유 인터페이스로 확장된 도메인 인터페이스

새로운 아키텍처 퀀텀(a.k.a. 데이터 퀀텀)을 도입하는 제품으로서의 데이터

데이터 메시에서는 각 데이터 프로덕트를 아키텍처 퀀텀으로 나타냅니다. 아키텍처 퀀텀으로서의 데이터 프로덕트는 분석 데이터를 안전하게 공유하는 동작과 사용성 특징을 구현하는 데 필요한 모든 구성 요소를 캡슐화합니다.

데이터 퀀텀은 데이터 메시 아키텍처의 기본 단위입니다. 데이터 퀀텀은 도메인별로 데이터를 탈중앙화하고 필요한 데이터를 변환하여 데이터 거버닝 정책과 함께 공유하는 코드를 보유하고 있습니다. [그림 9-2]는 데이터 퀀텀의 주요 구성 요소를 보여줍니다.

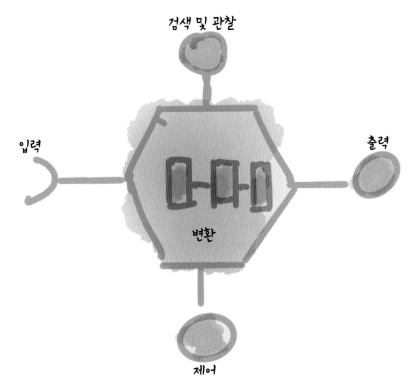

그림 9-2 새로운 아키텍처 단위, 데이터 (프로덕트) 퀀텀

멀티플레인 플랫폼 아키텍처를 구동하는 셀프 서비스 데이터 플랫폼

셀프 서비스 플랫폼은 데이터 생산자(데이터 프로덕트 개발자 및 오너), 데이터 소비자(데이터 분석가 및 과학자), 데이터 거버넌스 기능의 구성원 등 광범위한 데이터 메시 사용자가 업무를 수행할 수 있도록 하는 서비스를 제공합니다. 셀프 서비스 데이터 플랫폼은 데이터 메시에서 사용자 경험에 기초하여 협업 서비스 그룹인 세 가지 플레인으로 설계됩니다. [그림 9-3]은 셀프 서비스 데이터 플랫폼의 플레인을 보여줍니다.

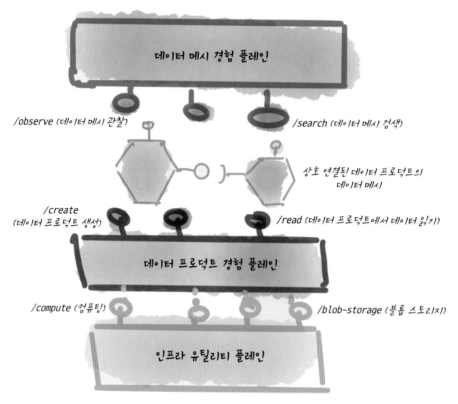

그림 9-3 선언적 인터페이스로 이루어진 멀티플레인 데이터 플랫폼

각 데이터 프로덕트에 컴퓨팅 정책이 임베딩된 연합 컴퓨팅 거버넌스

연합 컴퓨팅 거버넌스 원칙은 **사이드카**^{sidecar} 프로세스를 호스팅할 수 있는 컴퓨팅 컨테이너^{computational container}로 각 데이터 프로덕트를 확장할 수 있습니다. 이때 사이드카란 각 데이터 프로덕트에 컴퓨팅 정책^{computational policy}을 임베딩하여 데이터 플로우(**예** 빌드, 배포, 액세스, 읽기, 쓰기 등)에 따라 컴퓨팅 정책을 적시에 실행하는 프로세스를 의미합니다.

데이터 프로덕트 사이드카는 데이터 프로덕트의 실행 콘텍스트^{execution context}를 공유하는 프로세스로, 정책 실행과 같이 도메인에 구애받지 않는 범분야적인 관심사만 담당합니다. 정책 실행 외에도, 사이드카 프로세스를 확장하여 데이터 프로덕트 검색과 같이 데이터 프로덕트에서 표준화된 다른 피처를 구현할 수 있습니다.

사이드카는 모든 데이터 프로덕트에서 공통적으로 구현됩니다.

[그림 9-4]는 데이터 프로덕트로 컴퓨팅 컨테이너 (콘텍스트)를 공유하는 데이터 프로덕트 사이드카의 개념에 대해 소개합니다.

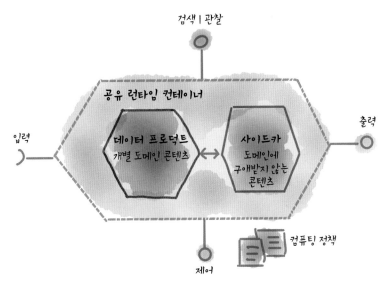

그림 9-4 정책 구성과 실행을 임베딩하는 사이드카를 통한 데이터 프로덕트 확장

이 책이 집필된 시점에서, 필자는 고객과 함께 작업하면서 데이터 프로덕트 사이드카를 비공개로 여러 번 구현한 적이 있습니다. 비공개로 데이터 프로덕트 사이드카를 구현했기에, 공개적으로 구현할 수 있는 사실상 표준de facto standard이나 레퍼런스가 존재하지 않습니다. 필자는 앞으로 이러한 표준과 레퍼런스가 표준화되어 공개되길 바랍니다.

이제 아키텍처의 구성 요소에 대해 좀 더 자세히 살펴보겠습니다.

9.1 도메인별 분석 데이터 공유 인터페이스

도메인별로 데이터 오너십을 세분화하기 위해서는 도메인이 분석 데이터[1]를 제공하도록 하는 아키텍처를 모델링해야 합니다. 이러한 아키텍처에서 나머지 도메인 인터페이스는 조직의 운

---

1 1장에서 분석 데이터와 운영 데이터에 대해 정의합니다.

영적 특성을 포함할 뿐만 아니라 도메인이 생성하고 소유하는 분석 데이터도 공유해야 합니다.

예를 들어, **팟캐스트** 도메인은 의미론적으로semantically 새 팟캐스트의 에피소드를 생성하는 운영 API를 제공합니다. 뿐만 아니라 장기간에 걸쳐 모든 팟캐스트 에피소드 데이터와 사용 통계를 검색할 수 있는 분석 데이터 인터페이스도 제공합니다.

각 도메인은 운영 데이터와 분석 데이터를 제어합니다. 도메인에는 운영 인터페이스인 애플리케이션 API가 있다고 가정합니다. 이러한 API는 데이터 메시가 도입한 것이 아니라, 데이터 메시가 운영 API와 통합된 것입니다. 도메인은 운영 API 외에도 분석 데이터 공유 API를 제어하고 관리합니다.

아키텍처를 확장하기 위해서는 운영 애플리케이션, 분석 데이터 프로덕트의 릴리스 및 배포와 관련된 도메인 팀의 자율성을 지원해야 합니다.

[그림 9-5]는 각 도메인이 하나 이상의 운영 인터페이스와 분석 인터페이스를 노출할 수 있다는 것을 표현하기 위해 사용하는 다이어그램입니다.

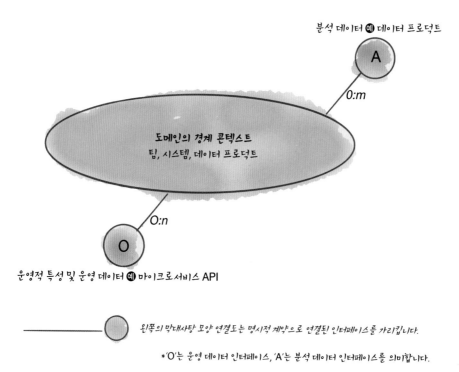

그림 9-5 도메인과 명시적으로 계약된 분석 인터페이스 및 운영 인터페이스 다이어그램

[그림 9-5]에서 언급된 인터페이스와 종속성에 대해 좀 더 자세히 살펴보겠습니다.

9.1.1 운영 인터페이스 설계

오늘날 도메인은 다양한 솔루션으로 운영적 특성을 구현합니다. 예를 들어 도메인에는 고객 대면 GUI 애플리케이션customer-facing GUI application[2]이나 헤드리스 애플리케이션head-less application[3], 레거시 시스템, SaaS 프로덕트, 마이크로서비스, 이벤트 기반 기능을 서비스로 하여 운영적 특성을 구현할 수 있습니다.

각 도메인은 솔루션의 유형에 관계없이 논리적으로 일련의 인터페이스를 통해 사용자(조직 안팎의 사람 및 시스템)에게 서비스를 제공합니다.

예를 들어 도메인 기능을 구현하는 마이크로서비스의 경우, 해당 마이크로서비스가 노출하는 API(GraphQL, REST, gRPC 등)가 도메인 인터페이스에 포함됩니다. 이러한 도메인 인터페이스는 [그림 9-5]의 다이어그램에서 'O'로 표시되어 있습니다.

운영 인터페이스는 아티스트 페이먼트나 청취자 구독 등의 기능을 의미론적으로 구현합니다. 이러한 기능은 CRUD[4]를 통해 수정되는 선언적 리소스를 운영함으로써 구문적으로syntactically 구현할 수 있습니다(**CII** HTTP POST/artists-payments).

운영 인터페이스는 일반적으로 더 작은 용량의 데이터에 액세스하도록 설계되어 준 실시간 스냅샷을 통해 시스템의 상태를 제공합니다. 예를 들어 **청취자 구독** 서비스의 운영 API는 행위지원성affordance을 통해 현재 북미 지역에서 구독 중인 청취자 목록을 가져올 수 있습니다(**CII** HTTP GET/listeners-subscriptions?region=NA).

데이터 메시는 엔터프라이즈 아키텍처에서 기존 아키텍처의 측면을 변경하지 않습니다. 그저 기존 측면이 존재한다는 것만 인정합니다. 경우에 따라, 데이터 메시는 운영 인터페이스를 통해 데이터 프로덕트를 생성합니다.

----

2 옮긴이_ 고객과 직접적으로 상호작용하는 GUI 애플리케이션을 의미합니다.

3 옮긴이_ GUI 없이 디바이스상에서 작업할 수 있는 애플리케이션을 의미합니다(출처: 위키백과).

4 옮긴이_ Create(생성), Read(읽기), Update(갱신), Delete(삭제)를 일컫는 말로, 대부분의 컴퓨터 소프트웨어가 가지는 기본적인 데이터 처리 기능을 의미합니다(출처: 위키백과).

9.1.2 분석 데이터 인터페이스 설계

분석 데이터 공유에 대한 도메인의 책임이 확장됨에 따라 새로운 인터페이스 세트가 도입됩니다. 이러한 인터페이스는 [그림 9-5]에서 'A'로 표시되어 있습니다.

분석 인터페이스는 데이터 프로덕트를 노출하여 데이터를 검색하고 파악하며, 관찰하고 공유하는 API입니다. 이 글을 작성하는 시점에서는 이러한 모든 기능을 캡슐화하는 고수준 API^high-level API에 대해 널리 통용되는 규칙이 없습니다.

분석 데이터 공유의 경우 액세스 정책이 적용되면 고수준 API가 클라이언트를 분석 데이터 기반 스토리지로 리디렉션하도록 선택할 수 있습니다. 데이터 공유 인터페이스는 데이터 프로덕트를 어떻게 구현함에 따라 스토리지나 스트림, 테이블 등에 리디렉션할 수 있습니다. 예를 들어 데이터 공유 인터페이스는 AWS S3의 파케이^Parquet 파일 같은 블롭 스토리지, 카프카 토픽^Kafka Topic 같은 이벤트 스트림, 빅쿼리 테이블^BigQuery Table 같은 테이블이나, 혹은 완전히 다른 것으로도 리디렉션이 가능합니다.

9.1.3 상호 도메인 분석 데이터의 종속성

물론 각 도메인은 다른 도메인의 운영 인터페이스와 분석 데이터 인터페이스에 종속성을 가질 수 있습니다.

[그림 9-6]에서 각 도메인은 몇 가지 운영 인터페이스와 분석 인터페이스를 제공합니다. 예를 들어, **팟캐스트** 도메인은 팟캐스트 에피소드를 만들거나 릴리스하기 위한 몇 가지 운영 API를 제공합니다. 또한 팟캐스트 도메인은 **팟캐스트 (청취자) 인구 통계 가져오기, 일일 인기 팟캐스트 가져오기** 등의 분석 데이터도 제공합니다.

각 도메인 간에는 종속성이 있습니다. 예를 들어 **팟캐스트** 도메인은 **청취자** 도메인의 **청취자 인구 통계**에 대한 정보를 사용하여 팟캐스트 청취자의 인구 통계에 대한 도표를 제공합니다.

비동기적으로 이벤트를 사용하는 방식이나 동기적으로 이벤트를 끌어오는 방식과 같이 종속성을 설정하는 메커니즘은 구현과 관련된 일입니다. 여기서 중요한 점은 데이터 프로덕트가 소스에 대한 종속성을 명시적으로 정의해야 한다는 것입니다.

데이터 메시 아키텍처에서 데이터 프로덕트는 업스트림 소스에서 데이터 종속성을 정의하고 제어합니다. 이를 통해 데이터 프로덕트는 소스가 무엇인지, 소스에서 어떤 데이터를 어떻게 소비하는지 완전히 제어할 수 있습니다.

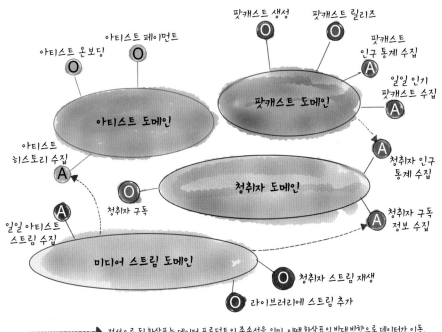

그림 9-6 도메인별 데이터 종속성의 예시

> **NOTE** 예시에서 인터페이스에 사용한 레이블은 인터페이스의 신택스가 아니라 인터페이스의 시맨틱을 정의합니다. 예를 들어 **아티스트 페이먼트**에 대한 시맨틱은 artist-payments와 같은 선언적 리소스 (RESTful 리소스RESTful resource나 GraphQL 쿼리GraphQL query)로 구현할 수 있습니다.

9.2 아키텍처 퀀텀으로서의 데이터 프로덕트

『진화적 아키텍처』(한빛미디어, 2023)에서 정의하기로, **아키텍처 퀀텀**architecture quantum[5]이란 독

---

5   *https://oreil.ly/Lrd6t*

립적으로 배포될 수 있고 기능적 응집도functional cohesion[6]가 높으며 '아키텍처 퀀텀의 기능에 필요한 구조적 요소'를 모두 포함하는 가장 작은 아키텍처 단위입니다.

데이터 메시의 경우 데이터 프로덕트는 하나의 아키텍처 퀀텀으로, 다시 말해 독립적으로 배포되어 관리될 수 있는 가장 작은 아키텍처 단위입니다. 데이터 프로덕트는 아키텍처 퀀텀으로서 기능적 응집도가 높아 특정한 분석 변환 작업을 수행하고, 그 결과를 분석 데이터 형태로 각 도메인에 안전하게 공유할 수 있습니다. 또한 데이터 프로덕트는 변환 코드, 데이터, 메타데이터, 데이터를 거버닝하는 정책, 인프라에 대한 종속성 등 기능을 수행하는 데 필요한 모든 구조적 구성 요소를 갖추고 있습니다.

> **✏️ NOTE** 이번 장처럼 아키텍처에 대해 엄격하게 논의할 때는 **(아키텍처 퀀텀으로서의) 데이터 프로덕트**data product (as an architecture quantum)를 줄여서 **데이터 프로덕트 퀀텀**data product quantum, 더 줄여서 **데이터 퀀텀**data quantum으로 사용할 수 있습니다. 이들 용어는 모두 서로 바꿔 부를 수 있습니다.
>
> 데이터 퀀텀은 데이터 메시 차원에서 독자적으로 데이터 프로덕트의 아키텍처를 설계하는 방식입니다.
>
> 데이터 메시 아키텍처를 설계하기 전에, 먼저 필자가 '**데이터 퀀텀**'이라는 거창하고 생소한 구절을 쓰는 이유에 대해 이해하는 것이 좋습니다. 데이터 퀀텀이라는 용어 대신에 다른 이름으로, 데이터 서비스data service나 데이터 액터data actor, 데이터 에이전트data agent, 데이터 오퍼레이터data operator, 아니면 데이터 트랜스포머data transformer는 어떨까요? 이들 단어 모두 괜찮은 선택지처럼 보일 수 있지만, 오퍼레이터나 트랜스포머와 같은 명칭은 데이터 퀀텀의 한쪽 측면(운영과 변환)만 강조될 수 있습니다. 마찬가지로 데이터 서비스는 '데이터를 제공한다'는 측면만 강조될 수 있죠. 데이터 퀀텀이라는 용어는 『Software Architect's Handbook』(O' Reilly, 2018)에서 처음 소개되었습니다. 이후 『소프트웨어 아키텍처 The Hard Parts』에서 어떤 작업이든 자율적으로 수행하는 데 필요한 의도에 맞게 데이터 퀀텀이라는 용어를 완전히 구체화하여 확장했습니다. 새로운 대상을 기술적인 어휘로 지칭하여 새로 명명했습니다.

[그림 9-7]에서 아키텍처 퀀텀은 확장 가능한 시스템의 축으로 비유됩니다. 데이터 메시는 데이터 프로덕트를 추가하고 연결함으로써 수평적으로 확장합니다. 아키텍처 퀀텀은 정적 결합static coupling (예 빌드타임 라이브러리build-time library)이나 동적 결합dynamic coupling (예 비동기 런타임 APIasynchronous runtime API)을 통해 다른 구성 요소와 통합됩니다. 데이터 프로덕트는 두 결합 중 데이터 공유 인터페이스의 동적 결합을 통해 다른 데이터 프로덕트와 통합됩니다.

---

6 옮긴이_ 모듈 내부의 구성 요소가 잘 정의된 목적으로 맺어진 정도를 의미합니다(출처: 『Software Architect's Handbook』). 서로 다른 모듈 사이에서 상호 의존하는 정도를 의미하는 결합도(coupling)와는 다릅니다.

4부에서 아키텍처 퀀텀으로서 데이터 프로덕트의 다양한 측면을 심층적으로 살펴보겠습니다.

9.2.1 데이터 프로덕트의 구조적 구성 요소

데이터 프로덕트는 데이터 그 이상을 캡슐화하는데, 이를 위해 데이터 프로덕트는 규정을 준수하고 안전한 방식으로 데이터를 계속 공유할 수 있어야 합니다. 동시에 검색 가능성, 이해 가능성, 어드레싱 가능성과 같은 기본 사용성 어트리뷰트를 자율적인 방식으로 표현하는 데 필요한 구조적 구성 요소를 모두 포함해야 합니다.

[그림 9-7]에서 알 수 있듯이, 데이터 프로덕트에는 코드, 데이터 및 메타데이터(및 데이터 구성), 인프라 종속성이라는 세 가지 유형의 구조적 고수준 구성 요소가 있습니다.

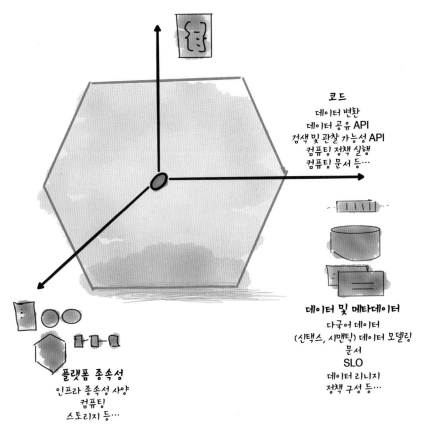

코드
데이터 변환
데이터 공유 API
검색 및 관찰 가능성 API
컴퓨팅 정책 실행
컴퓨팅 문서 등⋯

데이터 및 메타데이터
다국어 데이터
(신택스, 시맨틱) 데이터 모델링
문서
SLO
데이터 리니지
정책 구성 등⋯

플랫폼 종속성
인프라 종속성 사양
컴퓨팅
스토리지 등⋯

그림 9-7 데이터 프로덕트의 구조

코드

데이터 프로덕트는 (1) 데이터를 생성하는 비즈니스 로직을 유지하고 (2) 데이터 리비전을 제어하며 (3) 데이터의 액세스를 관리하고 (4) 데이터를 공유함으로써 분석 데이터의 수명 주기를 독립적으로 제어합니다. 이러한 방식으로 수명 주기를 제어하려면 코드를 컴퓨팅 콘텍스트computational context 내에 포함하여 실행해야 합니다. 이것이 데이터 메시가 데이터 프로덕트라고 부르는 것과 그 이외의 데이터 아티팩트 간의 근본적인 차이점입니다. 데이터 프로덕트는 능동적인 반면, 파일이나 테이블 같은 데이터 아티팩트는 수동적입니다.

데이터 프로덕트가 제어하는 코드의 유형에 대해 몇 가지 살펴보겠습니다.

코드로서의 데이터 변환

데이터 프로덕트는 인접한 운영 시스템과 같은 업스트림 소스에서 수신한 데이터를 변환하거나 데이터 자체를 오리진화합니다. 어느 쪽이든 데이터를 생성하고 공유하기 위해서는 분석적 컴퓨팅analytical computation이 필요합니다.

예를 들어, 팟캐스트 인구 통계는 청취자 인구 통계와 청취자가 재생한 팟캐스트를 기반으로 산출됩니다. 분석 변환 코드analytical transformation code는 이 두 가지를 집계하고, 청취자의 동작(청취자가 듣는 팟캐스트 카테고리 등)을 기반으로 청취자의 인구 통계에 대한 기타 정보를 도출하고 추가합니다. 이후 그 결과를 팟캐스트 인구 통계로 공유합니다. 분석 변환 코드는 새 팟캐스트가 재생될 때마다 이러한 과정으로 계속 실행됩니다.

기존 아키텍처의 분석 변환 코드는 데이터 프로덕트 외부의 데이터 파이프라인 형태로 존재합니다. 이때 파이프라인은 독립적인 아티팩트로, 보통 비순환 방향 그래프(DAG)[7] 구조로 관리됩니다. 한편 분석 변환 코드에서 출력된 데이터는 데이터 웨어하우스에서 테이블 형태로 독립적으로 관리됩니다.

데이터 메시는 외부 파이프라인의 개념을 없애는 동시에 내부 변환 코드internal transformation code를 도입합니다. 내부 변환 코드는 파이프라인처럼 구현될 수도 있고 그렇지 않을 수도 있습니다. 여기서 중요한 차별점은 내부 변환 코드가 데이터 프로덕트에서 내부적으로 구현하여 캡슐화된다는 것입니다. 이러한 내부 변환 코드의 수명 주기는 데이터 프로덕트에 의해 제어되며, 데

---

7   옮긴이_ 해당 용어에 대한 자세한 정보는 8.2.1절에서 확인하길 바랍니다.

이터 프로덕트에 할당된 실행 콘텍스트에서 실행됩니다.

내부 변환 코드는 도메인별로 다르며 도메인의 비즈니스 로직과 데이터 집계, 데이터 모델링 같은 작업을 캡슐화합니다. 데이터 프로덕트 개발자가 가장 많은 시간을 들이는 코드가 바로 데이터 프로덕트 내부의 변환 코드입니다. [그림 9-8]에서는 데이터 프로덕트의 변환 코드를 다이어그램 형식으로 나타내고 있습니다.

데이터 프로덕트의 변환 코드에는 데이터 구현 과정과, 이러한 과정을 검증하는 자동화된 테스트가 모두 포함되어 있습니다.

데이터 메시와 기존 데이터 파이프라인의 차이점을 더욱 명확하게 보여주기 위해, 변환 코드를 통한 **데이터 수집**이나 **데이터 클렌징**과 같이 기존의 파이프라인에서도 이루어지는 단계는 생략합니다.

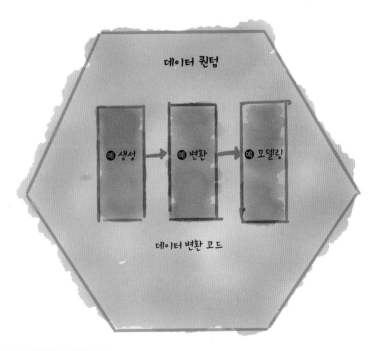

그림 9-8 데이터 프로덕트의 변환 코드

대부분의 데이터 프로덕트와 같은 업스트림 소스에서는 데이터 클렌징^{data cleansing}과 관련된 작업을 수행합니다. 업스트림 소스는 무결성을 가진 데이터를 제공합니다. 따라서 일반적으로 데이터 프로덕트 코드에서는 클렌징 과정이 거의 필요 없습니다. 기존 파이프라인의 데이터 클렌징 과정에는 불완전하거나 부정확하거나 관련성이 없는 데이터를 다룹니다. 따라서 기존 파이프라인을 통해 클렌징을 거친 데이터 또한 불완전해질 수 있습니다. 반면 데이터 메시의 경우, 보증에 따라 업스트림 데이터 프로덕트가 클렌징 처리된 데이터를 제공합니다. 예를 들어 청취자 인구 통계의 경우 데이터 프로덕트는 데이터의 완전성과 무결성, 적시성 측면에서 일정 수준의 품질을 보장합니다. 이때 데이터 공유 인터페이스를 통해 이러한 측면에서의 품질 보장을 명시하여 전달합니다. 불완전한 데이터를 수신하는 것은 오류이며 예외이지 표준이 아닙니다. 반면 완전성과 무결성, 적시성 측면에서 품질이 보장되어 인터페이스를 통해 공유되는 데이터는 추후에 있을 집계를 위해 보증된 데이터를 요구하는 작업(예 팟캐스트 인구 통계)을 하기에 충분합니다. 따라서 추가적인 클렌징이 필요하지 않습니다.

반면에 데이터를 보장하는 수준이 다운스트림의 데이터 프로덕트가 필요로 하는 수준보다 낮은 경우가 있을 수 있습니다. 이 경우에는 변환 코드에 클렌징 절차를 포함시킬 수 있습니다. 예를 들어, 다프는 비동기적으로 실제 결제 데이터에서 구독 정보를 다룹니다. 그 과정에서 청취자 구독 데이터 프로덕트는 결제 정보 없이 준 실시간 구독 이벤트를 생성합니다. 이 경우 다운스트림의 구독 결제 데이터 프로덕트는 구독 프로세스를 완전히 생성하기 위해 이벤트를 결제 정보와 통합해야 합니다. 필자는 이러한 청취자 구독 데이터 프로덕트를 불완전한 데이터라고 부르지 않습니다. 청취자 구독 데이터 프로덕트는 누락된 정보가 있더라도 다른 많은 사용 사례에 사용되는 합리적인 데이터 프로덕트입니다. 누락된 결제 정보는 청취자 구독 데이터 프로덕트 계약의 일부로, 데이터 클렌징 작업을 빌드하는 중이라면 업스트림에서 수정해야 할 부분이 있다는 신호일 수 있습니다.

데이터 수집 과정과 관련된 부분은 데이터 프로덕트의 변환 코드가 아니라 **입력** 기능의 일부로 간주합니다. 이에 대해서는 9.2.2절의 '입력 데이터 포트'에서 자세히 설명합니다.

코드로서의 인터페이스

데이터 프로덕트는 인터페이스(API)를 통해 데이터, 검색 가능성 정보, 사용성 문서, 관찰 가능성 메트릭, SLO 등에 대한 액세스를 제공합니다. 이들 API는 데이터 프로덕트가 어떤 정보를 어떻게 전달할지에 대해 정의한 계약을 따릅니다.

이러한 인터페이스를 구현하기 위해 필요한 정보를 제공하는 것을 수행하는 코드가 있습니다.

데이터 프로덕트는 인터페이스와 이를 지원하는 코드를 막대사탕([그림 9-5]의 연결도)과 같은 구조로 캡슐화합니다. [그림 9-9]는 인터페이스의 종류를 다이어그램으로 보여줍니다.

출력 데이터 API

데이터 프로덕트의 출력 데이터를 이해하고 신뢰할 수 있는 방식으로 공유하는 일련의 협업 API가 있습니다.

출력 데이터 API는 데이터를 보유하고 있는 기반 테이블에서 SQL 쿼리를 실행하는 인터페이스처럼 데이터에 대한 원격 쿼리remote query를 수신하고 실행할 수 있습니다. 출력 데이터 API는 여러 형식으로 데이터를 공유합니다. 예를 들어, API를 통해 블롭 스토리지에서 반정형 파일을 읽거나 이벤트 스트림을 구독하는 작업을 수행합니다.

입력 데이터 API

입력 데이터 API는 데이터 프로덕트에 의해 업스트림 소스에서 내부적으로 데이터를 구성하고 읽는 데 사용됩니다. 해당 API는 업스트림의 출력 데이터 API를 구독하는 형태로 구현할 수 있으며, 출력 데이터를 사용할 수 있게 되면 비동기적으로 데이터를 수신할 수 있습니다. 이들 API는 업스트림 소스에서 실행되는 쿼리로 구현되어 데이터 프레임 형식으로 읽을 수 있습니다. 입력 데이터가 입력 데이터 API에 도착하면 변환 코드를 실행합니다.

검색 및 관찰 가능성 API

검색 및 관찰 가능성 API는 데이터 프로덕트에 대한 추가 정보를 제공하여 검색 가능성과 디버깅에 도움을 주는 인터페이스입니다. 예를 들어, 검색 API는 데이터 프로덕트를 유지 관리하는 팀에 대한 정보, 검색에 도움이 되는 태그, 시맨틱에 대한 설명서 등을 제공할 수 있습니다.

거버넌스는 모든 데이터 프로덕트에서 이러한 인터페이스의 정의를 표준화하며, 플랫폼은 이를 구현하기 위한 메커니즘을 제공합니다.

데이터 메시는 API에 대해 **포트**port라는 문구를 혼용하여 사용합니다. 이러한 API는 REST와 같은 동기식으로 구현될 수도 있고, 이상적으로는 Pub/Sub 메시징을 사용하는 것과 같이 비동기식으로 구현될 수도 있습니다.

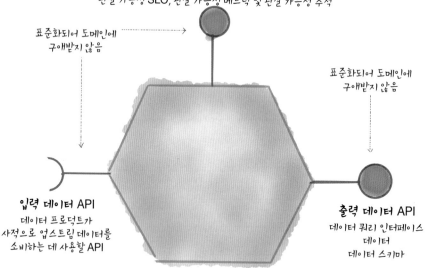

검색 및 관찰 가능성 API
데이터 프로덕트 자체 문서
관찰 가능성 SLO, 관찰 가능성 메트릭 및 관찰 가능성 추적

표준화되어 도메인에
구애받지 않음

표준화되어 도메인에
구애받지 않음

입력 데이터 API
데이터 프로덕트가
사적으로 업스트림 데이터를
소비하는 데 사용할 API

출력 데이터 API
데이터 쿼리 인터페이스
데이터
데이터 스키마

그림 9-9 코드로서의 데이터 프로덕트 API

기존의 중앙 집중식 공유 서비스는 앞에서 언급된 인터페이스(API) 세 가지를 구현합니다. 데이터 프로덕트 API의 수명 주기는 도메인의 데이터나 파이프라인과 독립적입니다. 예를 들어, (기존의 중앙 집중식 시스템에서) 데이터 소비자는 데이터에 액세스하기 위해 중앙 카탈로그로 이동하여 데이터셋을 찾습니다. 그런 다음 중앙 카탈로그에서 직접 플랫폼 스토리지 시스템 내부로 이동합니다. 이와는 대조적으로, 데이터 메시는 각 데이터 프로덕트를 코드처럼 사용할 수 있도록 인터페이스(API) 세 가지를 의도적으로 설계하여 도입합니다. 이러한 인터페이스를 통해 데이터 메시가 데이터를 검색하고 액세스할 수 있습니다. 해당 인터페이스는 궁극적으로 기반 스토리지에 곧바로 액세스할 수 있습니다. 그러면서 런타임 동안에는 데이터 프로덕트를 통해 기반 스토리지의 위치와 액세스 방법을 제어하는 방식으로 액세스합니다. 이러한 인터페이스는 버저닝을 통해 유지되며 나머지 데이터 프로덕트 코드 및 데이터와 동기화됩니다.

코드로서의 정책

데이터 프로덕트 구현을 통해 캡슐화된 코드의 마지막 유형은 다양한 동작 구조 정책(암호화, 액세스 제어, 품질, 규정 준수 등)을 구성하고 실행하는 코드입니다.

예를 들어 데이터 프로덕트가 프라이버시 등급^{privacy classification}을 protected[8]로 설정한다고 가정합니다. 그러면 데이터 프로덕트 내의 데이터를 사용할 때만 암호화가 적용됩니다. 반면 데이터를 읽을 때에는 읽기 권한이 필요한지 확인한 후에만 암호화되지 않은 상태로 저장됩니다. 이때 프라이버시 등급 관련 액션에 관여하는 코드는 데이터 프로덕트의 컴퓨팅 콘텍스트 내에서 데이터 플로우 방식으로 실행됩니다. 이러한 코드에는 프라이버시 등급을 해석하거나 유효성을 검증하고, 데이터를 읽는 사람의 권한을 확인하며, 데이터를 암호화하거나 복호화하는 것 등이 포함됩니다.

이러한 코드는 플랫폼에서 제공되는 것으로, 데이터 프로덕트 읽기 기능과 쓰기 기능을 사용하는 과정에서 호출됩니다.

이에 대해서는 9.4절에서 더 자세히 설명하겠습니다.

데이터 및 메타데이터

분석 데이터에 액세스할 때는 데이터 프로덕트를 사용하는 것이 좋습니다. 데이터 프로덕트는 도메인 데이터의 수명 주기를 관리하며, 데이터의 특성과 데이터 사용자의 요구 사항에 따라 파일, 테이블, 컬럼 등 다양한 방식으로 데이터에 액세스할 수 있습니다. 데이터 프로덕트의 구성 요소 중 변환 코드는 데이터를 최신 상태로 유지하며, 데이터 공유 API는 이러한 데이터를 공유합니다.

분석 데이터는 이전에 발생한 비즈니스의 사실이나 추세, 또는 미래에 대한 예측 사항과 권장 사항을 반영합니다.

데이터 프로덕트는 데이터를 사용할 수 있도록, **메타데이터**라고 하는 데이터와 관련된 정보 집합을 유지하고 관리합니다. 예를 들어 메타데이터는 데이터의 문서, 시맨틱 및 신택스 선언, SLO 등을 포함합니다. 메타데이터의 수명 주기와 변경 빈도는 메타데이터의 유형에 따라 다릅니다. 예를 들어, 시맨틱이나 신택스와 같은 데이터 모델은 변경 빈도가 낮으며 빌드타임에 변경됩니다. 반면, 대부분의 메타데이터는 데이터 프로덕트가 (통계적 속성과 현재 SLO 메트릭 값이 포함된) 데이터를 생성할 때마다 변경됩니다.

필자는 데이터 메시와 관련하여 메타데이터라는 용어를 거의 사용하지 않습니다. 메타데이터

---

8   옮긴이_ 예제에서는 프라이버시 등급을 public, protected, private로 분류한다고 가정합니다.

는 너무 포괄적인 내용을 내포하고 있어 데이터 사용자를 혼란스럽게 합니다. 특히 의도적인 설계와 시스템 지원이 필요한, 의미론적으로 서로 다른 개념을 메타데이터라는 것으로 하나로 묶어서 지칭하기도 합니다. 이러한 혼재는 시간이 지나면서 복잡하게 얽혀 결함 있는 중앙 집중화된 아키텍처를 생성하는 것으로 이어집니다. 데이터 메시 아키텍처에서는 메타데이터를 데이터 프로덕트 인터페이스 관련 계약의 일부로서 범주별로, 그리고 유형별로 관리하여 사용자 간 어떤 메타데이터를 지칭하는지의 문제를 해결하기를 기대합니다.

데이터 웨어하우스나 데이터 레이크 같은 기존 시스템의 경우 데이터가 생성된 후에 외부 시스템에서 메타데이터를 추출하고 추정하여 투영합니다. 이러한 시스템과는 반대로 데이터 메시에서는 데이터 프로덕트에서 자체적으로 메타데이터를 생성합니다. 이때 중앙 데이터 카탈로그와 같은 외부 시스템은 모든 데이터셋에서 메타데이터를 추출하고 수집하여 제공합니다.

플랫폼 종속성

데이터 프로덕트 플랫폼은 데이터 프로덕트를 빌드하고 배포하여 실행하는 기능을 활성화합니다. 그리고 인프라 리소스를 중앙에서 관리하는 동안 자율적인 운영을 지원하는 데이터 프로덕트별로 리소스를 프로비저닝하고 할당합니다. 이때 데이터 프로덕트를 배포하거나 업데이트하는 과정에서 다른 데이터 프로덕트에 영향을 미치지 않는 것이 중요합니다. 예를 들어 데이터 프로덕트 하나를 호스팅 인프라에 배포해도 공유 인프라에 있는 다른 데이터 프로덕트의 운영에 지장을 주지 않아야 합니다.

데이터 프로덕트는 플랫폼의 예상 목표 상태와 종속성을 정의하고 제어합니다. 예를 들어 데이터의 보존 기간이나 출력 데이터의 액세스 방식과 관련된 기대치의 경우, 해당 기대치는 플랫폼 종속성 형식으로 표현하여 플랫폼에 올바른 유형의 스토리지를 프로비저닝하고 관리하는 데 사용됩니다.

9.2.2 데이터 프로덕트의 데이터 공유 상호작용

대부분의 데이터 프로덕트 상호 작용은 데이터를 생산하고 소비하면서 공유하는 것에 관련되어 있습니다. [그림 9-10]은 9.1절에서 소개한 도메인과 분석 인터페이스를 확대해서 보여줍니다. [그림 9-10]을 통해 데이터 프로덕트가 협업하는 소스 운영 시스템이 다른 데이터 프로덕트와 어떻게 통합되는지 살펴봅시다.

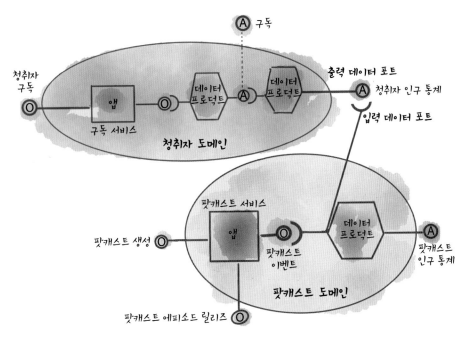

그림 9-10 데이터 공유 상호작용의 예시

각 도메인에는 여러 데이터 프로덕트가 있을 수 있습니다. [그림 9-10]에서 **청취자** 도메인에는 **구독**과 **청취자 인구 통계**라는 두 가지 데이터 프로덕트가 있습니다. 이러한 데이터 프로덕트에서 데이터를 공유하는 인터페이스(a.k.a. **출력 데이터 포트**^{output data port})는 도메인이 노출하는 분석 인터페이스가 됩니다.

데이터 프로덕트는 협업 운영 시스템이나 업스트림 데이터 프로덕트의 데이터를 소비할 수 있습니다. [그림 9-10]에서 팟캐스트 인구 통계 데이터 프로덕트는 팟캐스트 이벤트 데이터를 소비하는데, 해당 데이터는 협업 운영 애플리케이션의 팟캐스트 서비스와 업스트림 데이터 프로덕트의 청취자 인구 통계에서 온 것입니다. 이와 같이 데이터 프로덕트의 입력 인터페이스 (a.k.a. **입력 데이터 포트**^{input data port})는 소스와의 통합 기능을 구현하여 소스로부터 데이터를 수신합니다.

데이터 프로덕트의 입력 데이터 포트와 출력 데이터 포트를 구현하는 기반 기술은 데이터 메시 구현 방식에 따라 다를 수 있지만 아래 목록과 같은 공통 속성을 공유합니다.

입력 데이터 포트

입력 데이터 포트는 데이터 프로덕트가 하나 또는 여러 개 소스의 데이터를 소비하기 위해 도메인 차원에서 내부적으로 구현된 통합 메커니즘을 가리킵니다. 예를 들어, 데이터 프로덕트는 자신과 협업하는 마이크로서비스에서 준 실시간 도메인 이벤트를 소비한 다음, 해당 도메인 이벤트를 장기 보존이 가능한 과거 분석 데이터로 변환할 수 있습니다.

입력 데이터 포트는 이외에 시간 트리거 쿼리time-triggered query[9]로서, 해당 포트를 통해 데이터 프로덕트가 업스트림 데이터 프로덕트에서 쿼리 결과를 수신할 수 있습니다. 또한 쿼리 결과를 애그리거트 데이터로 변환하기 위해 호출할 수 있습니다.

[그림 9-10]에서 팟캐스트 인구 통계 데이터 프로덕트는 청취자의 인구 특징에 대한 통계를 요약하여 제공합니다. 팟캐스트 인구 통계 데이터 프로덕트는 분류 머신러닝classification machine learning 모델을 사용하여 청취자의 인구 통계를 기반으로 팟캐스트의 인구통계학적 분포를 식별합니다. 이러한 인구 통계는 팟캐스트 제작자뿐만 아니라 다프에서도 팟캐스트와 청취자를 잘 매칭시키기 위해 사용됩니다.

팟캐스트 인구 통계 데이터 프로덕트는 입력 데이터 포트를 사용하여 팟캐스트 인구 통계 데이터 프로덕트와 협업하는 마이크로서비스인 팟캐스트 서비스에서 데이터를 계속해서 수신합니다. 추가로 팟캐스트 인구 통계 데이터 프로덕트는 청취자 도메인의 데이터 프로덕트에서의 청취자 인구 통계 데이터 프로덕트 또한 지속적으로 수신합니다.

출력 데이터 포트

출력 데이터 포트는 데이터 프로덕트의 기반 데이터를 공유하여 외부로 어드레싱할 수 있는 API입니다. 각 데이터 프로덕트에는 하나 또는 여러 개의 출력 데이터 포트가 있습니다. 데이터 메시는 데이터에 액세스하기 전에 모든 소비자가 호출하는 출력 데이터 포트에 대해 표준화된 API를 갖추는 것을 제안합니다. 이러한 API는 소비자를 기반 데이터로 리디렉션하기 전에 액세스 제어와 같은 정책을 시행합니다.

[그림 9-10]에서 팟캐스트 인구 통계 데이터 프로덕트는 청취자를 기반으로 팟캐스트를 분류하고 보강합니다. 팟캐스트 인구 통계 데이터 프로덕트는 출력 데이터 포트를 통해 새로 분류

---

9   옮긴이_ 이미 정해진 작업 스케줄에 따라 하나 또는 여러 작업을 실행하는 쿼리를 의미합니다.

된 팟캐스트 인구 통계를 지속적으로 제공합니다.

9.2.3 데이터 검색 및 관찰 가능성 API

데이터 프로덕트는 일련의 동기식 인터페이스나 비동기식 인터페이스를 통해 검색, 이해, 디버깅 및 감사에 필요한 정보를 제공합니다. 예를 들어, 검색 API는 데이터 프로덕트의 식별자와 데이터 프로덕트를 소유하는 팀, 데이터 시맨틱, 문서, 검색에 도움이 되는 태그 등을 공유합니다. 관찰 가능성 API는 데이터 공유와 관련된 액세스 로그, 리니지, 메트릭을 제공합니다.

4부에서 이러한 API의 콘텐츠와 기능에 대해 더 자세히 다룹니다.

9.3 멀티플레인 데이터 플랫폼

4장에서 설명한 데이터 메시의 원칙은 데이터 플랫폼에 대한 원칙입니다. 데이터 플랫폼은 교차 기능 도메인 팀이 데이터 프로덕트를 자율적으로 관리할 수 있도록, 그리고 데이터 사용자가 데이터 프로덕트를 검색, 학습, 소비하도록 지원합니다. 이때 데이터 플랫폼은 이 모든 과정에 대해 데이터 메시 정책을 준수하면서 안전하게 처리해야 합니다. 누군가는 이러한 원칙을 충족하기 위해 데이터 플랫폼이 제공해야 하는 특성과 서비스가 길게 나열된 것을 상상할 수 있습니다.

데이터 플랫폼을 설계하는 방식에는 두 가지가 있습니다. 하나는 (모놀리식으로) 플랫폼 하나를 긴밀하게 통합하여 채택하는 방식이고, 다른 하나는 표준 인터페이스나 개방형 인터페이스를 노출하는 느슨하게 통합된 서비스셋을 사용하는 방식입니다. 전자는 주요 벤더 하나에서 구매하여 사용하고, 후자는 여러 벤더에서 빌드하거나 구매하여 사용한다는 차이점이 있습니다.

데이터 메시 플랫폼 설계는 후자에 속합니다. 인터페이스를 노출하는 일련의 서비스는 복잡한 플랫폼을 API를 통해 제공되는 특성으로 나누고, 노출된 인터페이스를 통해 다른 협업 특성과 통합할 수 있는 개방형 인터페이스를 선호합니다.

단일 플랫폼은 벤더 하나만 거래하면 된다는 점에서 매력적이지만 확장에 한계가 있습니다. 예를 들어, 단일 플랫폼은 서비스와 데이터를 호스팅할 수 있는 위치를 제한하고 특정 벤더에 종속되게 만듭니다. 그럼에도 불구하고 시간이 지남에 따라 조직의 복잡성으로 인해 여러 플랫폼을 채택하게 됩니다. 하지만 단일 플랫폼들은 각 플랫폼이 데이터나 애플리케이션을 유일하게 제어한다고 가정하기 때문에 플랫폼끼리 서로 잘 호환되지 않습니다. 이로 인해 플랫폼을 임시로 통합하여 데이터를 복사하는 과정에서 비용이 많이 들게 됩니다.

데이터 메시에서는 조직의 복잡성이 멀티 플랫폼 환경과 멀티 호스팅 환경으로 이어집니다. 이러한 모델을 지원하기 위해 데이터 메시는 표준 인터페이스로 서비스를 구성하는 플랫폼 아키텍처에 대한 접근 방식을 제공합니다. 이를 통해 다양한 서비스와 호스팅 환경에서 데이터를 공유할 수 있게 됩니다.

예를 들어, 데이터 프로덕트 수명 주기를 관리하려면 **데이터 프로덕트 초기화**, **데이터 프로덕트 빌드**, **데이터 프로덕트 테스트**, **데이터 프로덕트 배포**, **데이터 프로덕트 모니터링** 등과 같은 특성 모음이 필요합니다. 데이터 메시 플랫폼은 이러한 특성을 추상화하는 (개방형) 인터페이스의 설계를 강조합니다. 이러한 API 중심 접근 방식은 복잡성이 증가하는 상황에서도 유연하게 대처할 수 있게 해줍니다. 이를 통해 시간이 지남에 따라 새로운 특성으로 데이터 프로덕트 관리 경험을 확장하거나, 데이터 메시 사용자를 방해하지 않으면서 데이터 프로덕트 관리를 다른 인프라로 옮길 수 있습니다.

> **✎ NOTE** 필자는 일부러 플랫폼 **플레인**plane을 대상으로 **계층**layer이라는 용어를 사용하지 않습니다. 계층이라는 용어는 종종 엄격한 계층적 액세스hierarchical access를 통해 한 계층에서 다음 계층으로 정보와 제어의 흐름이 이동하는 것으로 간주합니다. 예를 들어 계층형 애플리케이션 아키텍처layered application architecture는 최하위 계층에서 데이터베이스 액세스를 숨겨, 상위 계층에서 매핑된 개체를 통해서만 데이터에 액세스할 수 있도록 하기를 요구합니다.
>
> 플랫폼 플레인의 경우, 데이터 메시 사용자는 필요에 따라 더 높거나 낮은 플레인의 서비스를 추상화하여 사용할 수 있습니다.

9.3.1 플랫폼 플레인

데이터 메시 플랫폼 특성을 논리적으로 설계하는 과정에서 필자는 **플레인**plane이라는 개념을 사용합니다. 플레인이란 엔드 투 엔드 형식으로 결과를 충족하는 데 있어 상호 보완적인 목표와 높은 기능적 응집력을 가진 특성이 논리적으로 집합된 것을 의미합니다.

각 플레인의 '**표면**'surface'은 인프라의 복잡성을 추상화하고, 이러한 복잡성을 구현하는 특성이 있는 인터페이스(API)가 있습니다.[10] 이러한 인터페이스를 통해 플레인 특성에 액세스할 수 있습니다.

데이터 프로덕트 개발자와 같은 최종 사용자는 플랫폼의 여러 플레인과 직접 상호 작용할 수 있습니다. 플랫폼 간에 느슨한 종속성은 있지만 계층화layering나 계층적 액세스 모델hierarchical access model이라는 강력한 개념은 없습니다. 플레인은 이러한 강력한 계층화로 인한 제약 없이 **관심사 분리**separation of concern[11]를 수용합니다.

데이터 메시 플랫폼의 논리적 아키텍처는 프로그래밍으로 액세스하거나 수동으로 액세스하는 플레인 인터페이스에 초점을 맞춥니다. 이러한 논리적 아키텍처는 플랫폼의 특성에 액세스하는 프로토콜을 설계하는 데 중점을 둡니다. 이는 데이터 메시에서 데이터 프로덕트를 개발하거나, 배포, 관리, 사용할 때 개별적으로 결과를 달성하기 위해서입니다.

아키텍처 모델링에서 필자는 논리적 인터페이스만 간주합니다. 인터페이스를 물리적으로 구현하는 것(이를테면 인터페이스가 커맨드라인 인터페이스command-line interface(CLI)나 API, GUI를 통해 구현되는지, 각 논리적 인터페이스에 대해 실제 물리적 호출 횟수가 어느 정도인지)은 아키텍처 설계 범위를 벗어납니다.

[그림 9-11]은 인프라 플랫폼의 특정 플레인에 대한 다이어그램을 나타낸 것입니다. 이때 인프라 플랫폼은 플레인 하나가 제공하는 논리적 인터페이스에 중점을 둡니다. 플레인 사용자는 셀프 서비스 방식으로 인터페이스를 사용할 수 있어야 하며, 인터페이스를 검색하고 이해, 액세스, 호출할 수 있어야 합니다. 플레인 사용자는 특정 플레인을 전담하는 시스템이나 사람일 수도 있고, 다른 플레인 시스템이나 사용자일 수도 있습니다.

---

10 옮긴이_ [그림 9-11]에서 막대사탕 모양 다이어그램이 인터페이스(API), 막대사탕 모양 다이어그램이 붙어있는 곳이 플레인의 '표면'입니다.

11 옮긴이_ 하나의 컴퓨터 프로그램을 (기능 등에서) 구별되는 여러 부분으로 분리시키는 설계 원칙으로, 각 부분은 개개인의 관심사를 해결합니다(출처: 위키백과).

그림 9-11 플랫폼 플레인 표면에 있는 API에 대한 다이어그램

데이터 메시 플랫폼의 복잡성과 광범위한 특성을 고려할 때, 데이터 메시 플랫폼의 논리적 아키텍처는 여러 플레인으로 구성됩니다. 지금부터 데이터 메시 인프라에 대한 플레인 세 가지를 알아보겠습니다.

9.3.2 데이터 인프라 (유틸리티) 플레인

데이터 인프라 (유틸리티) 플레인^{Data Infrastructure (Utility) Plane}은 스토리지, 컴퓨팅, 아이덴티티 시스템 등 데이터 메시를 빌드하고 실행하기 위해 로우 레벨 인프라 리소스^{low-level infrastructure resource}를 관리하는 역할을 담당합니다. 그리고 운영 시스템을 빌드하고 실행하는 디지털 애플리케이션 인프라와 통합되고 중첩됩니다. 예를 들어, 데이터 인프라는 나머지 도메인 팀이 애플리케이션을 개발하는 데 사용하는 데이터 프로덕트에 대해 동일한 CI/CD 엔진을 공유할 수 있습니다. 또 다른 예로 데이터 인프라 플레인은 분석 시스템과 운영 시스템 모두를 위한 오브젝트 스토어와 같은 공통 스토리지의 유형을 관리할 수 있습니다.

9.3.3 데이터 프로덕트 경험 플레인

데이터 프로덕트 경험 플레인^{data product experience plane}은 인프라 플레인을 사용하여 빌드된 데이터 프로덕트를 빌드, 유지 관리, 소비하기 위한 고수준 추상화^{high-level abstraction} 서비스입니다. 데이터 프로덕트 경험 플레인의 인터페이스는 데이터 프로덕트와 함께 직접 작동합니다. 예를 들어, 데이터 프로덕트 경험 플레인은 데이터 프로덕트 빌드와 배포 등을 지원하여 데이터 프로덕트 개발자가 데이터 프로덕트의 수명 주기를 관리할 수 있도록 합니다. 또한 데이터 프로덕트의 출력을 구독하거나 데이터 프로덕트에서의 데이터를 읽는 등 데이터 프로덕트 소비자가 데이터 프로덕트를 사용할 수 있도록 지원합니다.

9.3.4 데이터 메시 경험 플레인

데이터 메시 경험 플레인^{data mesh experience plane}은 여러 데이터 프로덕트에서 작동하는 특성을 데이터 메시 수준에서 추상화합니다. 예를 들어, 데이터 메시에서 데이터 프로덕트를 검색하거나, 데이터 메시의 여러 데이터 프로덕트에서 입력 데이터 프로덕트와 출력 데이터 프로덕트 간의 연결 고리인 리니지를 트래버싱^{traverse}하는 등의 작업을 지원합니다.

9.3.5 예시

[그림 9-12]는 플랫폼 플레인의 조감도의 예시를 각 플레인이 제공할 수 있는 논리적 인터페이스와 함께 보여줍니다. 플랫폼 플레인에 의해 엄격한 계층화가 적용되지 않아 권한이 부여된 모든 사용자(프로그램 또는 사람)가 모든 플레인의 인터페이스에 액세스할 수 있지만, 각 플레인 간에는 종속성이 존재합니다.

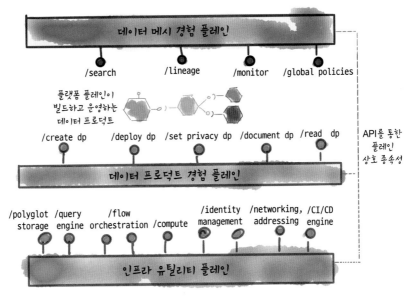

그림 9-12 셀프 서비스 데이터를 제공하는 여러 플랫폼 플레인 조감도

데이터 메시 경험 플레인은 데이터 프로덕트 경험 플레인이 집계하는 인터페이스에 따라 달라지며, 데이터 프로덕트 경험 플레인은 인프라 유틸리티 플레인이 추상화하는 인터페이스에 따라 달라집니다.

> **✏️ NOTE** [그림 9-12]에 언급된 인터페이스는 예시일 뿐 완전한 것은 아닙니다. 필자는 명확성을 위해 실생활에서 선언적 리소스 지향 설계를 사용할 가능성이 높은 명령형 언어를 사용했습니다. 예를 들어, 인터페이스의 의도를 명확히 하고자 `/deploy dp`를 사용하여 '데이터 프로덕트를 하나의 단위로 배포'하는 특성을 가진 인터페이스를 고안했습니다. 해당 인터페이스는 실생활에서 선언적 API를 설계할 때 사용할 수도 있습니다(**⚙** `HTTP POST/data-productdeployments`).

기존 플랫폼 중 서비스 메시와 같은 플랫폼에서는 네트워크 라우팅에서 **컨트롤 플레인**control plane 과 **데이터 플레인**data plane이라는 두 개의 협업 플레인 개념을 분리해서 차용합니다. 이러한 관심사 분리는 데이터 메시 플랫폼에도 적용될 수 있습니다. 예를 들어 누군가 데이터 프로덕트가 데이터 플레인을 구성하고, 데이터 플랫폼이 컨트롤 플레인을 구성한다고 상상할 수 있듯이 말입니다. 필자는 의도적으로 이러한 설계를 멀리했습니다.

필자는 **경험**experience이라는 개념을 사용하여, 개별적인 데이터 프로덕트 수준과 데이터 프로덕트가 모인 데이터 메시 수준에서 플랫폼이 제공하는 다양한 수준의 **행위 지원성**affordance[12] (어포던스)과 경험에 초점을 맞췄습니다. 예를 들어, 플랫폼은 **서비스 검색**service discovery 기능과 **어드레싱**addressability 기능을 사용합니다. 서비스 검색 기능을 통해 다른 데이터 프로덕트가 프로그래밍 방식으로 다른 데이터 프로덕트를 이름별로 찾고, 어드레싱 기능으로 데이터 프로덕트가 데이터를 소비할 수 있는 기능을 제공합니다. 물론 이것은 동적 레지스트리, 어드레싱, 라우팅 등을 구현하는 컨트롤 플레인과 유사한 플레인을 구현하는 것으로 상상할 수 있습니다. 필자는 이러한 구현 세부 사항을 경험에 따라 고려합니다.

기본적으로 데이터 메시 아키텍처는 사용자에게 제공하는 경험의 계약에 따라 플랫폼을 설계합니다.

추후 10장에서 이러한 플랫폼의 특성에 대해 자세히 살펴보겠습니다.

---

12 옮긴이_ 행위 지원성에 대한 자세한 내용은 11장을 참고하길 바랍니다.

9.4 임베딩된 컴퓨팅 정책

5장에서 데이터 메시 거버넌스를 지원하는 몇 가지 컴퓨팅 유형, 즉 **컴퓨팅 정책, 데이터 프로덕트 표준화 프로토콜, 자동화된 테스트 및 모니터링**에 대해 소개했습니다.

아키텍처를 모델링하는 이유는 정책을 구성하여 실행하고, 표준을 적용하며, 데이터 프로덕트가 품질 기대치를 준수하고, 데이터 프로덕트를 유지하기 위해서입니다. 이러한 이유로 아키텍처를 모델링하는 방법은 거버넌스 기능에 미치는 효과에 직접적인 영향을 미칩니다. 아키텍처는 효과적인 거버넌스를 위한 통로이며, 데이터 메시의 모든 데이터 프로덕트에 정책과 표준을 적용합니다.

데이터 퀀텀은 분산된 방식으로 컴퓨팅 정책을 임베딩할 수 있는 강력하고 확장 가능한 구조입니다. 이러한 데이터 퀀텀은 **코드로서의 정책**을 정의하고 실행할 수 있습니다.

데이터 메시 전체에 걸쳐 균일하게 코드로 표현된 정책은 각 데이터 프로덕트에 제공되며, 각 데이터 프로덕트는 이를 적시에 평가하고 적용할 수 있습니다.

데이터 메시 아키텍처는 데이터 프로덕트 정책을 코드로 관리하기 위해 몇 가지 논리적 구성 요소를 더 도입합니다.

데이터 프로덕트 사이드카

데이터 프로덕트 사이드카data product sidecar는 데이터 메시 전체에서 표준화해야 하는 데이터 프로덕트의 정책 실행과 기타 측면을 구현하는 과정입니다. 이러한 사이드카는 플랫폼에서 제공하며, 데이터 프로덕트를 하나의 단위로 배포하고 실행합니다.

데이터 프로덕트 컴퓨팅 컨테이너

데이터 프로덕트 컴퓨팅 컨테이너data product computational container는 플랫폼이 실행 정책을 데이터 프로덕트와 함께 배포 가능한 하나의 단위로 캡슐화합니다. 간단하게 이를 데이터 컨테이너data container라고 부르기도 합니다.

컨트롤 포트

컨트롤 포트control port는 데이터 프로덕트의 정책을 관리하고 제어하기 위한 일련의 표준 인터페이스를 제공합니다.

[그림 9-13]에서는 위에서 설명한 논리적 구성 요소를 보여줍니다. 이상적으로는 플랫폼이 사이드카, 컨트롤 포트 구현, 입력 포트 및 출력 포트와 같이 도메인에 구애받지 않는 구성 요소를 공급하고 표준화합니다.

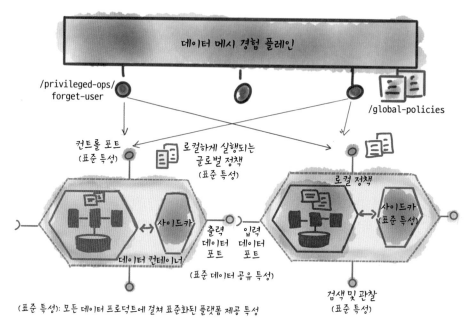

그림 9-13 임베디드 컴퓨팅 정책의 논리적 아키텍처 구성 요소

논리적 구성 요소는 각각 하나 이상의 물리적 구성 요소로 구현될 수 있습니다. 예를 들어 사이드카는 다양한 종류의 정책 집행 기관policy enforcement agency을 위해 확장 가능한 논리적 플레이스홀더입니다.

9.4.1 데이터 프로덕트 사이드카

데이터 프로덕트 사이드카는 각 데이터 프로덕트의 런타임 콘텍스트를 장식하고 데이터 메시 전체에서 표준화될 것으로 예상되는 범분야적인 관심사를 실행하는 논리적 구성 요소입니다.

사이드카는 데이터 프로덕트와의 동적이고 느슨한 결합을 만들기 위해 별도의 프로세스로 구현되는 경우가 많습니다. 이러한 경우에 의해 종종 배포 시점에 데이터 프로덕트 컨테이너에 사이드카를 주입하는 경우가 있습니다. 추가로 시간이 지남에 따라 교차기능적인 특성으로 사이드카를 하나 더 추가하거나 확장할 수도 있습니다. 이러한 상황에도 언제나 더 많은 정책을 포함할 수 있도록 설계를 확장할 수 있어야 합니다.

데이터 프로덕트 전반의 일관성을 지원하기 위해 사이드카를 확장할 수 있는 몇 가지 방법을 살펴보겠습니다.

정책 실행

데이터 프로덕트 사이드카의 책임 중 하나는 정책을 실행하는 것입니다. 데이터 메시 거버넌스는 데이터 모델링과 같이 여러 차원에 걸쳐 다양한 데이터 프로덕트를 포용하지만, 모든 데이터 프로덕트에 일관되게 적용되는 정책이 필요합니다.

데이터 메시 같은 분산된 아키텍처에서는 우발적인 경합 지점과 병목 현상을 제거해야 합니다. 따라서 중앙 집중식 게이트웨이가 아닌 각 데이터 프로덕트에서 실행 콘텍스트를 지역화하여 정책을 구성하고 실행하는 것이 가장 좋습니다.

이를 위해서는 보통 로컬 콘텍스트에 정책을 반영하여 실행해야 합니다. 이 경우 각 데이터 프로덕트와 함께 제공되는 데이터 프로덕트 사이드카가 출력 포트에 액세스할 때 접근 제어 정책을 평가하여 적용하거나 데이터 프로덕트가 새 데이터를 쓸 때 암호화를 적용할 수 있습니다.

이러한 전략은 사이드카 패턴sidecar pattern[13]을 통해 운영 시스템 아키텍처에 구현되었습니다. 사이드카 패턴은 범분야적인 관심사로 애플리케이션의 동작을 보강하는 프로세스입니다. 예를 들어, 사이드카 패턴은 서비스 메시에 의해 사용되어 서비스 내의 인바운드 콜inbound call과 아웃바운드 콜outbound call에서 라우팅, 보안, 복원력, 그리고 기타 정책을 구현하는 데 사용됩니다.

표준화된 프로토콜 및 인터페이스

거버넌스는 상호 운용 가능한 데이터 프로덕트의 생태계를 만드는 것이 중요합니다. 데이터와 동작(**입력 데이터 포트, 검색 포트, 출력 데이터 포트, 컨트롤 포트**)을 표면적으로 드러내는 데이터 프로덕트 인터페이스는 데이터 프로덕트 간의 상호 운용성을 위한 기본 요소입니다.

데이터 프로덕트의 모든 인바운드 통신과 아웃바운드 통신의 흐름에 배치되는 사이드카는 표

----

13 *https://learn.microsoft.com/ko-kr/azure/architecture/patterns/sidecar*

준화된 API를 제공할 수 있습니다. 예를 들어, 사이드카는 각 데이터 프로덕트의 SLO 메트릭을 노출하기 위해 표준화된 API를 제공할 수 있습니다. 이때 이들 데이터 프로덕트는 이러한 API의 표준을 구현하여 고유한 콘텐츠를 노출한 상태로 생성됩니다.

9.4.2 데이터 프로덕트 컴퓨팅 컨테이너

[그림 9-13]에서 볼 수 있듯이, 사이드카, 정책 구성, 데이터 프로덕트 변환 코드, 데이터 프로덕트의 데이터, 데이터 공유 인터페이스 등 꽤 많은 구조적 구성 요소가 함께 제공됩니다. 이는 자율적으로 사용 가능한 데이터 프로덕트를 만들기 위함입니다.

연합 거버넌스를 효과적으로 만들기 위한 다른 요소는 데이터 프로덕트의 모든 구조적 요소를 아키텍처 퀀텀으로 감싸는 컨테이너입니다.

데이터 프로덕트 경험 플레인은 모든 데이터 프로덕트에 컨테이너를 일관적으로 구현하여 제공합니다.

9.4.3 컨트롤 포트

컴퓨팅 거버넌스는 모든 데이터 프로덕트에 컨트롤 포트라는 새로운 인터페이스를 도입합니다. 컨트롤 포트란 권한이 높은 몇 가지 작업을 실행하기 위해 일련의 API를 노출하는 포트입니다. 이는 (1) 각 데이터 프로덕트에 대한 정책을 구성하고, (2) 거버넌스 요구 사항을 충족하기 위함입니다.

정책 구성

컨트롤 포트는 데이터 프로덕트의 콘텍스트 내에서 실행되어야 하는 정책을 구성하기 위한 인터페이스입니다. 이러한 정책은 데이터 프로덕트 자체에서 로컬하게 작성해서 제어하거나 데이터 메시 경험 플레인에서 글로벌하게 작성하여 제어할 수 있습니다.

예를 들어, 데이터 익명화에 관한 정책은 데이터 프로덕트의 개인 식별 정보 어트리뷰트를 선언하여 **로컬하게 작성하는 것**이 가장 좋습니다. 도메인 데이터 프로덕트 오너는 데이터 프로덕트와 가장 관련성 높은 정보를 가지고 있어 개인 식별 정보가 있는지 여부를 파악하고 구성할 수 있습니다. 반면, 역할을 정의하고 도메인 데이터의 액세스를 제어하는 것은 글로벌하게 작성된 후 각 데이터 프로덕트에서 로컬하게 적용되는 경우가 많습니다.

데이터 프로덕트를 대상으로 데이터 액세스를 제어할 때 어느 한 가지 형태의 정책으로만 작성하여 제어할 필요가 없습니다. 다시 말해, 하나의 데이터 프로덕트에 두 가지 형태의 정책(로컬하게 작성한 것, 글로벌하게 작성한 것)을 모두 적용하여 제어할 수 있습니다.

컨트롤 포트는 새로운 유형의 정책이 메시로 도입될 때 이를 지원할 수 있도록 확장할 수 있게 설계해야 합니다.

권한 높은 작업

거버넌스 기능에는 모든 데이터 프로덕트에 대해 높은 권한을 가진 소수의 작업을 실행할 수 있는 방법이 필요합니다. 예를 들어, 조직에서 수집한 모든 데이터를 삭제할 수 있는 개인의 권리인 GDPR의 **잊혀질 권리**right to be forgotten[14]를 실행하는 작업 등이 있습니다.

예시에서 청취자 중 한 명이 다프가 보존한 정보를 모두 삭제하기로 했다고 가정해봅시다. 글로벌 거버넌스 기능에는 데이터 메시의 모든 데이터 프로덕트에 플래그를 지정할 수 있는 방법이 있어야 합니다. **컨트롤 포트**는 개인의 잊혀질 권리를 구현하는 특정 권한 이상의 인터페이스를 노출할 수 있습니다.

[그림 9-13]에서 볼 수 있듯이, 데이터 메시 경험 플레인과 같은 플랫폼은 모든 데이터 프로덕트에 대한 컨트롤 포트를 표준화합니다.

정리하기

이번 장에서는 데이터 메시 원칙을 보다 구체적이고 구현에 가깝게 만드는 논리적 아키텍처를 제공했습니다.

이 글을 작성하는 시점에서 논리적 아키텍처의 구성 요소는 성숙도가 서로 다릅니다. 일부는

---

14 옮긴이_ 데이터 사용자가 온라인상의 자신과 관련된 모든 정보에 대한 삭제와 확산 방지를 요구할 수 있는 자기결정권 및 통제 권리를 뜻합니다. 잊혀질 권리에 대한 개념은 '자신이 과거에 저지른 행동에 구애받지 않고 자신의 삶을 자율적으로 발전시키고자 하는 욕구'를 가진 몇몇 개인들에 의해서 시작되었습니다(출처: 위키백과).

구현과 테스트가 완료된 상태인 반면, 일부는 아직 실험 단계에 있습니다. [표 9-1]은 이러한 성숙도를 명확하게 보여줍니다.

논리적 아키텍처의 구성 요소는 논리적인 것으로 간주되며 다른 형태로 물리적 구현을 취할 수 있습니다. 예를 들어 사이드카를 통한 정책 실행 아이디어는 물리적으로 동적 결합에 의해 데이터 퀀텀에 수반되는 프로세스나 서비스 형태로 구현될 수도 있고, 정적 결합에 의해 공유 라이브러리 형태로 구현될 수도 있습니다. 필자는 논리적 아키텍처와 물리적 구현이 가능한 한 서로 가깝게 구현될 수 있을 정도로 기술이 발전하기를 바라고 있습니다.

[표 9-1]은 이번 장에서 소개한 논리적 아키텍처 구성 요소를 요약한 것입니다.

표 9-1 데이터 메시의 논리적 아키텍처 구성 요소 및 각 구성 요소의 성숙도

아키텍처 구성 요소	설명
도메인	비즈니스 도메인 기능과 결과물을 제공하고, 더 넓은 비즈니스와 고객으로 분석적 특성과 운영적 특성을 공유하기 위해 정렬된 시스템과 데이터 프로덕트 및 교차 기능 팀.
	도메인은 잘 확립된 개념입니다.
도메인 분석 데이터 인터페이스 (9.1.2 참조)	도메인별로 데이터 프로덕트를 검색, 접근, 공유하는 표준 인터페이스.
	이 글을 작성하는 시점에서 도메인 분석 데이터 인터페이스를 담당하는 API는 커스텀으로 구현[15]되었거나 특정 플랫폼에 특화되어 구현되었습니다.
	이때 해당 플랫폼은 호스팅 플랫폼으로 원활한 데이터 공유와 상호 운용성을 위해 열린 인터페이스를 제공해야 합니다.
도메인 운영 인터페이스 (9.1.1 참조)	비즈니스 도메인이 더 넓은 조직으로 트랜잭션 특성과 상태를 공유하는 API 및 애플리케이션.
	도메인 운영 인터페이스는 구현과 테스트가 완료된 개념입니다.
	도메인 운영 인터페이스는 REST, GraphQL, gRPC 등의 사실상 표준 API 아키텍처로 지원됩니다.
데이터 (프로덕트) 퀀텀 (9.2 참조)	작업을 수행하는 데 필요한 모든 구조적 구성 요소(코드, 데이터, 인프라 사양, 정책)가 캡슐화된 아키텍처 퀀텀으로 구현된 데이터 프로덕트.
	아키텍처 담론에 참고되어, 데이터 프로덕트와 상호 교환적으로 사용됩니다.
	이 글을 작성하는 시점에서 데이터 퀀텀은 커스텀으로 구현된 실험적인 개념으로, 표준화가 되어있지 않아 성숙도가 낮은 개념입니다.
데이터 (프로덕트) 컨테이너 (9.4.2 참조)	사이드카로 하나의 단위처럼 전개되어 실행되는 데이터 프로덕트의 모든 구조적 구성 요소를 번들하기 위한 메커니즘.
	이 글을 작성하는 시점에서 데이터 컨테이너는 커스텀으로 구현된 실험적인 개념으로 성숙도가 낮은 개념입니다.

---

15 옮긴이_ 아직 표준화되어 있지 않아 조직마다 다른 형태로 구현된 요소라는 의미입니다.

아키텍처 구성 요소	설명
데이터 프로덕트 사이드카 (9.4.1 참조)	데이터 프로덕트와 동행하는 프로세스. 해당 프로세스는 데이터 프로덕트 컨테이너의 콘텍스트로 실행되어, 글로벌 정책 실행과 같은 교차기능적이고 표준화된 동작을 구현합니다. 이 글을 작성하는 시점에서 데이터 프로덕트 사이드카는 커스텀으로 구현된 실험적인 개념으로 성숙도가 낮은 개념입니다.
입력 데이터 포트 (9.2.2의 '입력 데이터 포트' 참조)	하나 이상의 업스트림 소스에서 데이터를 지속적으로 받기 위한 데이터 프로덕트 메커니즘. 이 글을 작성하는 시점에서 입력 데이터 포트는 기존의 이벤트 스트리밍 관리 기술과 파이프라인 관리 기술로 커스텀 구현된 개념입니다.
출력 데이터 포트 (9.2.2의 '출력 데이터 포트' 참조)	데이터를 지속적으로 공유하기 위한 데이터 프로덕트의 표준 API. 이 글을 집필한 당시 출력 데이터 포트는 특정 벤더에 특화되어 커스텀으로 구현되었습니다. 해당 요소를 성숙하게 구현하기 위해서는 템포럴 데이터에 대해 다양한 액세스 방식을 지원하는 개방된 데이터 공유 표준이 필요합니다.
검색 및 관찰 가능성 API (9.2.3 참조)	검색 가능성 정보(데이터 프로덕트 검색, 어드레싱, 학습 및 탐색)와 관찰 가능성 정보(리니지, 메트릭, 로그 등)를 제공하기 위한 데이터 프로덕트의 표준 API 이 글을 작성하는 시점에서 검색 및 관찰 가능성 API에 대한 커스텀 구현이 빌드된 상태입니다. 해당 요소를 성숙하게 구현하기 위해서는 검색 가능성 및 관찰 가능성 정보 모델링과 공유를 개방한 표준이 필요합니다. 이중 몇몇 표준[16]은 현재 개발 중에 있습니다.
컨트롤 포트 (9.4.3 참조)	정책을 구성하거나 높은 권한의 거버넌스 작업을 수행하기 위한 데이터 프로덕트의 표준 API. 이 글을 작성하는 시점에서 컨트롤 포트는 실험적인 개념입니다.
플랫폼 플레인 (9.3.1 참조)	API를 통해 표면화하여 기능적 응집력이 높은 셀프 서비스 플랫폼 특성 그룹. 플랫폼 플레인은 잘 확립된 일반적인 개념입니다.
데이터 인프라 유틸리티 플레인 (9.3.2 참조)	컴퓨팅, 스토리지, 아이덴티티 등 로우 레벨 인프라 리소스 관리를 제공하는 플랫폼 플레인. 이 글을 작성하는 시점에서 데이터 인프라 유틸리티 플레인을 구성하는 서비스는 프로비저닝을 자동화하여 지원하는 많은 벤더에 의해 제공되는 성숙한 개념입니다.
데이터 프로덕트 경험 플레인 (9.3.3 참조)	데이터 프로덕트에 대한 운영을 제공하는 플랫폼 플레인. 이 글을 작성하는 시점에서 데이터 프로덕트 경험 플레인은 이미 구현된 데이터 프로덕트 실험 플레인으로 구성된 서비스로 커스텀 구현되었습니다. 공개적으로 구현된 레퍼런스는 존재하지 않습니다.
데이터 메시 경험 플레인 (9.3.4 참조)	데이터 메시에 대한 운영을 제공하는 플랫폼 플레인. 이 글을 작성하는 시점에서 데이터 메시 경험 플레인은 이미 구현된 데이터 메시 경험 플레인(검색 서비스 등)으로 구성된 여러 서비스로 커스텀 구현되었습니다. 공개적으로 구현된 레퍼런스는 존재하지 않습니다.

---

16 오픈리니지(OpenLineage, *https://oreil.ly/366Nj*)는 데이터 프로덕트가 적용할 수 있는 관찰 가능성 공개 표준(open standard)의 한 예시입니다.

10장

멀티플레인 데이터 플랫폼 아키텍처

존재의 진실은 많은 어려움과 고난을 겪은 후에야 비로소 밝혀진다.

— 잘랄레딘 모하마드 루미Jalal al-din Muhammad Rumi

이전 장에서는 데이터 메시 아키텍처의 상위 구성 요소인 멀티플레인 데이터 플랫폼에 대해 살펴봤습니다. 하지만 하이 레벨 아키텍처와 실제 구현 사이의 간극에는 아직 많은 질문이 남아 있습니다. 하이 레벨 아키텍처를 구현하기 위해 정확히 어떤 기술을 구매하거나 빌드해야 할까요? 이러한 기술을 어떻게 평가할까요? 그리고 이러한 기술을 어떻게 통합할까요?

이번 장에서는 조직과 사용 가능한 기술 스택의 맥락에서 이러한 질문에 답하기 위해 적용할 수 있는 프레임워크에 대해 소개합니다. 이는 플랫폼을 구성하는 요소에 대한 예시를 제공하여 창의적인 여정을 시작하는 데 도움을 줍니다. 그리고 무엇이 여러분의 조직에 적합한 것인지를 찾는 과정에서 우여곡절을 겪으며 따라야 하는 길을 보여줍니다.

여러분은 이제 데이터 메시 플랫폼에 대해 설명할 수 있을 정도로 데이터 메시 플랫폼의 개념에 어느 정도 익숙해졌을 겁니다.

4장에서는 데이터 메시 플랫폼을 다음과 같이 소개했습니다.

> 도메인에 구애받지 않고 교차기능 도메인 팀을 활성화하는 상호 운용 가능한 서비스와 도구, API의 집합체. 인지 부하를 낮추면서 자율적으로 데이터 프로덕트를 진행하고 소비하기 위한 것.

9장에서는 멀티플레인 플랫폼으로 계층화를 적용하지 않아도 운영 범위에 따라 서로 다른 클래스의 플랫폼 서비스를 구분할 수 있었습니다.

멀티플레인 플랫폼에는 세 가지 플레인이 포함됩니다.

데이터 인프라 (유틸리티) 플레인

스토리지, 파이프라인 오케스트레이션, 컴퓨팅 등과 같은 물리적 리소스를 프로비저닝하고
관리하는 원자적인[atomic1] 서비스입니다.

데이터 프로덕트 경험 플레인

데이터 프로덕트에서 직접 작동하여 데이터 프로덕트 생산자와 소비자가 데이터 프로덕트
를 생성, 액세스 및 보호할 수 있도록 지원하는 고수준 추상화 서비스입니다. 데이터 프로덕
트 경험 플레인은 데이터 프로덕트에서 실행되는 다른 작업 중에서도 데이터 프로덕트 생산
자와 소비자가 데이터 프로덕트를 생성하거나 액세스하며 보호할 수 있도록 지원합니다.

데이터 메시 경험 플레인

연결된 데이터 프로덕트로 이루어진 데이터 메시에서 작동하는 서비스(데이터 프로덕트 검
색, 데이터 프로덕트 간 데이터 리니지 관찰 등)입니다.

이러한 플레인은 모두 데이터 프로덕트 개발자, 소비자, 오너, 거버넌스 기능 등 플랫폼 소비자
가 직접 액세스할 수 있습니다.

[그림 10-1]은 플랫폼 플레인과 플랫폼 사용자 페르소나를 보여줍니다.

---

1 옮긴이_ '원자'는 화학적 성질을 띠는 가장 작은 단위이지만 그 내부에 전자, 양성자, 중성자로 구성되어 있습니다. 데이터 인프라 플레인
   역시 여러 특성이 하나인 것처럼 일관되게 작동된다는 것을 의미합니다(출처: 『소프트웨어 아키텍처 The Hard Parts』).

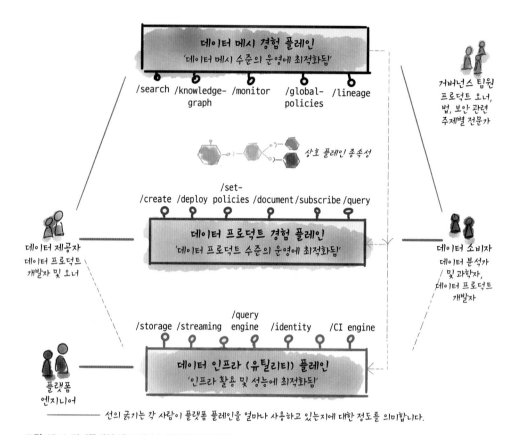

그림 10-1 멀티플레인 셀프 서비스 플랫폼 및 사용자

데이터 메시 경험 플레인은 전체적으로 데이터 메시를 운영하고 거버닝하며 조회해야 하는 사람들의 사용자 경험을 최적화합니다. 예를 들어, 거버넌스 팀원과 데이터 프로덕트 오너는 데이터 메시 경험 플레인의 서비스와 상호 작용하여 정책의 현재 상태를 평가하고, 데이터 메시의 일반적인 운영 상태를 모니터링하며, 기존 데이터 프로덕트를 검색할 수 있습니다. 한편 데이터 프로덕트 소비자와 제공자는 리니지와 로그를 통해 데이터 프로덕트를 불러와서 검색하거나 디버깅하는 것과 같이 데이터 프로덕트를 모아 작업해야 하는 과정에서 데이터 메시 경험 플레인을 사용합니다.

데이터 프로덕트 소비자와 제공자는 주로 데이터 프로덕트 경험 플레인과 상호 작용하여 데이터 프로덕트를 검색, 학습, 이해, 소비, 빌드하고 유지 관리합니다. 데이터 프로덕트 경험 플레인은 소비자와 제공자 간에 교환되는 가치의 단위로서 데이터 프로덕트를 제공하거나 소비하는 것에 최적화되어 있습니다. 데이터 프로덕트 소비자와 제공자는 데이터 프로덕트 경험 플레인이 필요한 서비스를 아직 제공하지 않는 경우 인프라 플레인에서의 서비스를 덜 사용할 수도 있습니다. 예를 들어, 특정 데이터 프로덕트가 그래프 쿼리 언어graph query language를 통해 출력 포트를 노출하기를 원하지만, 데이터 프로덕트 경험 플레인experience plane이 아직 그래프 쿼리 언어를 출력 포트로 구현하는 것을 지원하지 않을 수 있습니다. 이 경우 데이터 프로덕트 개발자는 인프라 서비스를 직접 사용하여 그래프 쿼리 엔진을 프로비저닝한 다음, 그래프 쿼리 엔진을 출력 포트에 연결하여 구현할 수 있습니다. 추후 그래프 쿼리 엔진 출력 포트는 플랫폼에서 지원하는 표준 출력 포트에서 다시 빌드되도록 구현하는 것이 이상적입니다.

데이터 메시 플레인은 서비스에 액세스할 때 계층화를 엄격하게 적용하지 않습니다. 데이터 프로덕트 경험 플레인은 데이터 프로덕트에 대해 일련의 작업을 제공하고 기반 인프라 프로비저닝의 복잡성을 관리합니다. 하지만 플랫폼 사용자가 인프라 플레인에 액세스하는 것을 엄격하게 차단하려는 의도는 없습니다. 단지 데이터 프로덕트 작업을 너무 쉽게 만들어서 도메인 팀이 인프라 서비스를 직접 사용하지 않도록 유도하려는 것입니다.

데이터 프로덕트 경험 플레인이 사용자 경험을 최적화하는 반면, 데이터 인프라 유틸리티 플레인은 리소스의 성능과 활용도를 최적화합니다. 그리고 스토리지, 컴퓨팅, 오케스트레이션 등과 관련하여 기본 인프라 제공자가 제공하는 기능을 최대한 활용할 수 있도록 최적화합니다. 이러한 플레인은 데이터 프로덕트 경험 플레인을 기반 물리적 호스팅 환경에 맞게 조정합니다. 데이터 인프라 유틸리티 플레인은 기반 리소스와 사용자를 중심으로 구성되며, 사용자 중 대부분은 다른 플레인을 빌드하는 플랫폼 엔지니어로 구성됩니다. 대다수의 데이터 인프라 플레인 서비스는 운영 시스템으로 공유됩니다.

이번 장에서는 사용자 경험 중심 접근 방식으로 데이터 메시 플랫폼 특성을 설계하는 과정을 자세히 살펴보겠습니다. 그리고 데이터 프로덕트 개발자와 소비자의 몇 가지 주요 여정을 살펴보고, 플랫폼이 이러한 여정을 간소화하기 위해 어떤 인터페이스를 노출하는지 알아보겠습니다.

10.1 사용자 여정 중심 플랫폼 설계

플랫폼을 설계하는 궁극적인 목적은 교차기능 도메인 팀이 데이터 프로덕트를 제공하거나 소비할 수 있도록 지원하는 것입니다. 따라서 플랫폼 설계를 시작하는 가장 좋은 방법은 플랫폼 사용자의 주요 여정을 이해하고 플랫폼을 성공적으로 사용하면서 여정을 원활히 완수하는 방법을 평가하는 것입니다.

데이터 메시 생태계에는 다음과 같은 고수준 페르소나, 즉 데이터 메시 생태계에 관여하는 주요한 유형이 몇 가지 있습니다.

데이터 프로덕트 개발자

각 개발자의 스킬셋을 고려했을 때 데이터 프로덕트 개발자의 역할은 일반적인 프로그래밍 기술을 갖춘 제너럴리스트 개발자부터 기존의 분석 데이터 프로세싱 기술에 정통한 스페셜리스트 데이터 엔지니어까지 다양합니다.

데이터 프로덕트 소비자

다양한 직업이 데이터 프로덕트 소비자에 해당하지만, 이들이 데이터를 사용하기 위해서는 데이터에 접근해야 한다는 공통점이 있습니다. 직업별로 데이터 프로덕트 소비자가 수행하는 업무는 다음과 같습니다.

- 데이터 과학자: 머신러닝 모델을 학습하거나 추론하기
- 데이터 분석가: 보고서와 대시보드 개발하기
- 데이터 프로덕트 개발자: 기존 프로덕트 내 데이터를 소비하는 새로운 데이터 프로덕트 개발하기
- 애플리케이션 개발자: 운영 데이터 도메인에서 데이터 기반 서비스 애플리케이션 빌드하기

데이터 프로덕트 소비자의 페르소나는 매우 광범위하여 세부적인 역할에 따라 관련 플랫폼 인터페이스와 서비스가 달라질 수 있습니다.

데이터 프로덕트 오너

데이터 프로덕트 오너는 특정 도메인을 위해 성공적인 데이터 프로덕트를 제공합니다. 데이터 프로덕트의 성공은 데이터 프로덕트의 채택과 가치 제공은 물론, 데이터 메시의 광범위한 정책 준수와 다른 데이터 프로덕트와의 상호 운용성에 달려 있습니다. 데이터 프로덕트 오너들은 플랫폼을 사용하여 데이터 프로덕트의 최신 상태를 유지합니다.

데이터 거버넌스 팀원

데이터 거버넌스는 연합 구조를 기반으로 하므로, 데이터 거버넌스가 특정한 역할을 하나만 담당하지는 않습니다. 그럼에도 불구하고 데이터 거버넌스 팀원들은 공통적으로 데이터 메시를 최적화하여 안전하게 운영하도록 하는 책임을 가지고 있습니다. 이러한 거버넌스 팀원은 보안과 법률 문제에 대한 주제별 전문가와 특정 책임을 맡은 데이터 프로덕트 오너 등 담당하는 역할이 다양합니다. 플랫폼은 이들 거버넌스 팀원의 역할을 개별적으로 용이하게 할 뿐만 아니라 사용자 여정을 집단적으로 용이하게 합니다.

데이터 플랫폼 프로덕트 오너

데이터 플랫폼 플레인이 운영하는 서비스는 앞서 언급한 다른 모든 역할을 사용자가 수행하는 프로덕트입니다. 데이터 플랫폼 프로덕트 오너는 최상의 사용자 경험과 함께 플랫폼 서비스를 프로덕트 형태로 제공해야 합니다. 그리고 플랫폼 사용자의 요구 사항과 제약 조건에 따라 플랫폼이 제공하는 서비스의 우선 순위를 정합니다.

데이터 플랫폼 개발자

플랫폼 개발자는 데이터 플랫폼을 빌드하고 운영하며 사용합니다. 데이터 프로덕트 경험 플레인 서비스를 개발하는 데이터 플랫폼 개발자는 유틸리티 플레인의 서비스를 사용합니다. 따라서 이들의 스킬셋과 여정은 유틸리티 플레인 서비스 설계에 중요합니다.

다음 절에서는 **데이터 과학자**의 두 가지 역할, 즉 **데이터 프로덕트 개발자**와 **데이터 프로덕트 소비자**를 예로 들어 플랫폼 설계에 접근하는 방법에 대해 설명하겠습니다.

10.2 데이터 프로덕트 개발자의 여정

데이터 프로덕트 개발자의 핵심 여정 중 하나는 데이터 프로덕트를 만들고 운영하는 것입니다. 이때 개발자들은 '모든 사람이 책임을 진다'는 지속적 배포 원칙continuous delivery principle[2]을 수용하는 것에 장기적으로 엔드 투 엔드 형식의 책임을 집니다. 즉, 데이터 프로덕트를 빌드하고 운영

---

2 https://oreil.ly/Z5lq2

하는 권한은 데이터 프로덕트 개발자에게 있습니다.

[그림 10-2]는 고수준 데이터 프로덕트 생성 여정의 단계를 보여줍니다. 이 단계는 지속적인 피드백 루프를 통해 반복됩니다. 설명의 편의를 위해 이러한 여정을 연속적이면서 선형적인 단계로 그렸습니다. 데이터 프로덕트 생성 여정은 데이터 프로덕트의 인셉션(시작)inception (아이디어 구상과 소스 탐색 등)과 관련된 활동에서부터 시작됩니다. 데이터 프로덕트 생성 여정은 데이터 프로덕트를 실제로 빌드하는 것부터 데이터 제공, 모니터링, 지속적인 발전을 거쳐 선택적으로는 폐기하는 것까지 이어집니다.

데이터 프로덕트 개발 여정은 다른 여정과 상호 작용합니다. 운영 시스템의 데이터를 사용하는 소스 데이터 프로덕트의 경우, 데이터 프로덕트 개발자는 소스 애플리케이션 개발자와 긴밀하게 협력합니다. 소스 애플리케이션 개발자는 애플리케이션이 운영 데이터를 데이터 프로덕트에 대한 입력처럼 공유하는 방법을 함께 설계하고 구현합니다. 이때 이들은 서로 같은 도메인 팀에 소속되어 있다는 점을 알아야 합니다. 예를 들어, 플레이 이벤트 데이터 프로덕트를 개발하기 위해서는 미가공 데이터를 생성하는 플레이어 애플리케이션과의 긴밀한 협업이 필요합니다.

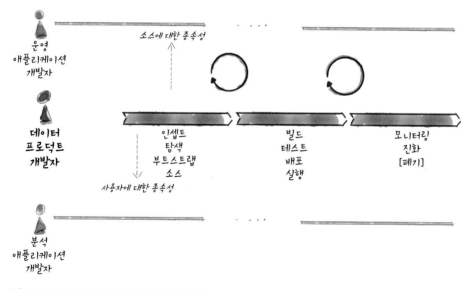

그림 10-2 고수준 데이터 프로덕트 개발 여정의 예시

데이터 프로덕트가 이미 알려진 분석 애플리케이션을 위해 빌드된 경우, 소비자 데이터 프로덕트는 초기부터 데이터 프로덕트 개발자와 분석 애플리케이션 개발자 사이에 협업이 이루어졌습니다. 데이터 프로덕트 개발자는 데이터 프로덕트가 지원해야 하는 데이터 필드와 보증 측면에서 분석 애플리케이션의 목표와 요구 사항을 이해해야 합니다. 예를 들어 다프의 경우, 머신 러닝 기반 플레이리스트 추천 애플리케이션에는 음악 프로필 데이터 프로덕트의 데이터가 필요합니다. 음악 프로필 데이터 프로덕트 개발자는 플레이리스트 추천 애플리케이션 팀과 긴밀히 협력하여 프로필에 따라 음악을 예상하여 분류해야 합니다.

[그림 10-3]을 통해 플랫폼 인터페이스를 지원하기 위해 설계한 방법에 대해 고수준 데이터 프로덕트 개발 단계와 함께 살펴보겠습니다.

> **✎ NOTE** 다이어그램의 인터페이스(포트)에 있는 문구는 최종 구현을 대표하지 않습니다. 명령형 언어는 기능에 초점을 맞추기 위해 선택된 언어지만, 실제로는 선언적 형식의 API가 더 바람직합니다. 예를 들어, /deploy 인터페이스는 /deployments처럼 이미 배포된 데이터 프로덕트와 관련된 선언적 리소스로 구현될 가능성이 매우 높습니다.
>
> [그림 10-3]의 인터페이스는 예시이며, CLI, UI, API와 같은 인터페이스의 실제 신택스나 메커니즘보다는 작업의 시맨틱을 중점적으로 보여줍니다.

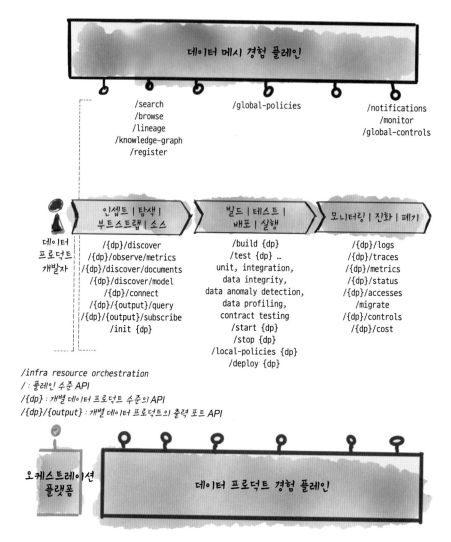

그림 10-3 플랫폼을 이용한 고수준 데이터 프로덕트 개발 여정 관련 예시

10.2.1 인셉트, 탐색, 부트스트랩, 소스

우리는 잠재적인 분석 사용 사례를 둘 이상 탐색하는 과정에서 데이터 프로덕트를 생성하는 경우가 많습니다. 데이터 프로덕트, 특히 소스 데이터 프로덕트에는 상상을 초월할 정도로 다양

한 사용 사례가 있습니다. 하지만 데이터 프로덕트를 인셉트incept[3](생성)할 때는 사용 사례를 기반으로 실제 상황에 맞춰 데이터 프로덕트의 가치를 창출해야 합니다. 소비자 데이터 프로덕트는 하나 이상의 특정한 사용 사례에 직접적으로 도움을 줍니다. 이를 위해서는 반드시 소비자와 직접적으로 협력하여 소비자 데이터 프로덕트를 인셉트해야 합니다.

데이터 프로덕트를 생성하는 동안 개발자는 데이터 프로덕트의 잠재적인 소스를 찾는 **탐색 단계**exploratory phase에 있습니다. 해당 소스는 업스트림 데이터 프로덕트 또는 (조직 기준에서의) 외부 시스템, (조직 내) 운영 시스템처럼 검색될 수 있습니다. 이러한 소스를 검색하는 동안 개발자는 업스트림 소스의 **검색 정보**(업스트림 소스의 적합성, 데이터 보증, 문서화, 데이터 프로파일링, 기존 사용자 등)를 조회하여 평가할 수 있습니다.

어떤 소스를 사용할지 정해지면 개발자는 **헬로 월드 데이터 프로덕트**hello world data product를 신속하게 **부트스트래핑**bootstrap할 수 있습니다. 이때 플랫폼은 필수적인 인프라를 프로비저닝합니다. 이를 통해 데이터 프로덕트 개발자는 소스에 연결하여 데이터를 **합성 데이터**synthetic data나 **난독화된 데이터**obfuscated data, 아니면 실제 데이터의 형태로 사용할 수 있습니다. 이 시점에서 개발자는 소스 데이터와 데이터 프로덕트의 변환 로직으로 실험을 시작하는 데 필요한 모든 리소스를 갖게 됩니다.

10.2.1절에서 진행하는 단계는 데이터 프로덕트를 인셉트하기 위한 탐색 단계에 해당합니다. 신속한 검색과 소스 출력 데이터에 대한 액세스, 신속한 데이터 프로덕트 스캐폴딩scaffolding과 인프라 프로비저닝은 모두 인셉트 단계와 부트스트래핑 단계에 필요한 요소입니다.

예를 들어, **플레이리스트** 팀은 여러 국가의 휴일 시즌에 맞춰 새로운 플레이리스트를 생성할 계획입니다. 이를 위해서는 지역별 공휴일과 그 정서에 대한 데이터는 물론, 공휴일과 연관된 레이블이 지정된 음악 프로필이 필요합니다. 먼저 플레이리스트 팀은 데이터 메시에서 유사한 정보를 가진 기존 데이터 프로덕트를 검색합니다. 이후 음악 프로파일링을 위한 몇 가지 소스를 찾은 다음, 기존 데이터 프로덕트에 연결합니다. 기존 데이터 프로덕트에 연결된 소스는 음악 프로파일링 시 주제와 유사한 속성을 지닌 음악을 수집하여 만든 플레이리스트의 완전성과 관련성을 평가하는 데 사용됩니다. 그리고 간단한 휴일 플레이리스트 데이터 프로덕트를 빠르게 생성하여 휴일 음악 프로파일링에서 어떤 플레이리스트를 생성할 수 있는지 확인합니다.

---

3   옮긴이_ 단어 자체로는 데이터 프로덕트를 '시작(begin)'한다는 뜻으로, 여기서는 데이터 프로덕트를 생성함으로써 수명 주기를 시작한다고 이해하면 됩니다.

위 단계에서 사용된 플랫폼 API를 요약하면 [표 10–1]과 같습니다.

표 10-1 데이터 프로덕트 인셉트(생성)을 지원하는 플랫폼 플레인이 제공하는 인터페이스의 예시

개발 단계	플랫폼 플레인	플랫폼 인터페이스	플랫폼 인터페이스 설명
인셉트 | 탐색	데이터 메시 경험 플레인	/search	적합한 소스를 찾기 위해 기존 데이터 프로덕트를 검색하는 인터페이스입니다. 운영 시스템, 도메인, 데이터 타입과 같은 다양한 매개 변수를 기반으로 데이터 프로덕트를 검색합니다.
	데이터 메시 경험 플레인	/knowledge-graph	관련 데이터 베이스의 시맨틱 모델을 불러오는 인터페이스입니다. 시맨틱 모델의 시맨틱 관계를 트래버싱하여 원하는 데이터 소스를 식별합니다. **예** 플레이리스트 팀은 기존에 발견한 휴일 관련 음악 프로파일링 사이에서 시맨틱 관계를 불러옵니다.
	데이터 메시 경험 플레인	/lineage	데이터 메시의 다양한 데이터 프로덕트 사이에서 입출력 데이터 프로덕트의 리니지를 트래버싱한 다음, 데이터의 오리진과 변환의 발자취에 기반하여 원하는 소스를 식별하는 인터페이스입니다. **예** 플레이리스트 팀은 기존 휴일 음악 프로파일링을 생성하는 방법과 해당 프로파일링이 추적하는 소스, 그리고 분류를 위해 시행하는 데이터 변환을 볼 수 있습니다. 이는 기존 휴일 음악 프로파일링의 적합성을 평가하기 위한 것입니다.
부트스트랩 | 소스	데이터 프로덕트 경험 플레인	/{dp}/discover	소스가 식별되면 문서화, 데이터 모델, 사용 가능한 출력 포트 등 검색 가능한 데이터 프로덕트 정보에 모두 액세스합니다.
	데이터 프로덕트 경험 플레인	/{dp}/observe	소스가 식별되면 데이터 프로덕트의 데이터가 릴리즈되는 빈도, 최근 릴리즈 날짜, 데이터 품질 메트릭과 같은 보증과 메트릭을 실시간으로 액세스합니다. **예** 플레이리스트 팀이 휴일 음악 프로파일링을 찾으면, 플랫폼에서 제공되는 모든 음악과 비교하여 데이터가 얼마나 자주 갱신되는지와 완성도가 어느 정도인지 평가해야 합니다. 이러한 평가를 통해 데이터를 더욱 신뢰할 수 있도록 합니다.

개발 단계	플랫폼 플레인	플랫폼 인터페이스	플랫폼 인터페이스 설명
부트스트랩 | 소스	데이터 프로덕트 경험 플레인	/init {dp}	베어본 데이터 프로덕트를 부트스트래핑하여 소스 데이터로 실험을 시작하는 기능을 담당합니다. 이때 해당 인터페이스는 확인용 단일 액세스 방식으로 소스 연결, 소스 데이터 액세스, 데이터 변환 실행, 출력 제공을 충분히 수행 가능한 인프라를 통해 부트스트래핑합니다. 데이터 프로덕트 스캐폴딩은 데이터 프로덕트의 지속적 배포 파이프라인, 초기 환경, 데이터 프로세싱 클러스터 프로비저닝, 인프라 리소스를 실행하고 액세스할 수 있는 계정을 할당합니다. 이는 데이터 프로덕트 수명 주기의 시작을 의미합니다.
	데이터 메시 경험 플레인	/register	새로운 데이터 프로덕트는 초기화하는 과정에서 데이터 메시에 자동으로 등록됩니다. 고유한 글로벌 식별자와 주소가 부여되어 데이터 메시와 거버넌스 프로세스에서 데이터 프로덕트를 볼 수 있게 됩니다.
	데이터 프로덕트 경험 플레인	/{dp}/connect	소스가 검색되면 데이터 프로덕트는 해당 소스에 연결하여 액세스할 수 있습니다. 그 과정에서 소스를 거버닝하는 액세스 제어 정책의 유효성을 검증하는 기능을 담당합니다. 이렇게 하면 데이터 프로덕트에 액세스할 수 있는 권한 요청을 트리거할 수 있습니다.
	데이터 프로덕트 경험 플레인	/{dp}/{output}/ query /{dp}/{output}/ subscribe	소스 데이터 프로덕트의 개별 출력 포트를 통해 데이터를 읽는 기능을 담당합니다. 이러한 작업은 풀 기반 조회 모델에서 실행되거나 변화를 구독하는 과정에서 수행됩니다.

10.2.2 빌드, 테스트, 배포, 실행

데이터 프로덕트 개발자는 엔드 투 엔드 방식으로 데이터 프로덕트를 빌드하고 테스트하며 배포하고 실행합니다. 필자가 간단히 '빌드, 테스트, 배포, 실행'이라고 표현한 단계는 데이터 프로덕트 개발자가 성공적인 데이터 프로덕트에 필요한 모든 구성 요소를 제공하기 위해 지속적이고 반복적으로 활동을 수행하는 단계를 의미합니다. 이 데이터 프로덕트는 자율적으로 검색 가능하고, 이해 가능하고, 신뢰할 수 있고, 어드레싱할 수 있고, 상호 운용과 구성이 가능하고, 안전하고, 네이티브하게 액세스할 수 있으며, 그 자체로 가치가 있습니다(3.1.1절 참조).

[표 10-2]에는 데이터 프로덕트를 제공하는 고수준 인터페이스를 보여줍니다.

표 10-2 데이터 프로덕트 개발을 지원하는 플랫폼 플레인이 제공하는 인터페이스의 예시

개발 단계	플랫폼 플레인	플랫폼 인터페이스	플랫폼 인터페이스 설명
빌드	데이터 프로덕트 경험 플레인	/build {dp}	데이터 프로덕트의 모든 구성 요소를 컴파일하고, 유효성을 검증하며, 배포 가능한 아티팩트에 컴파일한 요소를 구성합니다. 이때 아티팩트는 다양한 배포 환경에서 데이터 프로덕트를 실행하기 위해 사용됩니다. 이 단계에서 사용되는 데이터 인프라 플레인 인터페이스는 [표 10-3]을 참조하길 바랍니다.
테스트	데이터 프로덕트 경험 플레인	/test {dp}	데이터 프로덕트의 다양한 측면을 테스트합니다. 이때 데이터 변환, 출력 데이터의 무결성, 데이터 버저닝 및 업그레이드 프로세스에 대한 기대치, 데이터 프로필에 대한 기대치(예상되는 통계적 특징), 테스트 편향 등을 기반으로 데이터를 테스트합니다. 테스트 특성은 다양한 배포 환경에서 제공됩니다.
배포	데이터 프로덕트 경험 플레인	/deploy {dp}	데이터 프로덕트가 빌드된 리비전을 개발자의 로컬 머신이나 타겟 포스팅 환경에서의 개발용 샌드박스(❶ 특정 클라우드 제공업체), 또는 프로덕션 환경(또는 사전 프로덕션 환경)과 같은 환경에 배포합니다.
실행	데이터 프로덕트 경험 플레인	/start {dp} /stop {dp}	개별 환경에서 데이터 프로덕트 인스턴스를 실행하거나 종료합니다.
빌드|테스트|배포|실행	데이터 프로덕트 경험 플레인	/local-policies {dp}	데이터 프로덕트의 주요 구성 요소 중 하나는 데이터와 기능을 거버닝하는 정책입니다. 정책에는 암호화, 액세스, 보유, 지역성, 프라이버시 등이 포함됩니다. 데이터 프로덕트 경험 플레인은 데이터 프로덕트를 개발하는 동안 로컬 정책을 구성하고 작성하며, 데이터 프로덕트를 테스트하는 동안 정책의 유효성을 검증합니다. 이후 데이터에 액세스하는 동안 정책을 실행하면서 데이터와 기능을 거버닝하는 데 도움을 줍니다.
	데이터 메시 경험 플레인	/global-policies	대부분의 조직에서 데이터 프로덕트를 거버닝하는 정책은 글로벌한 (연합) 거버넌스 팀에 의해 작성됩니다. 따라서 데이터 메시 경험 플레인을 통해 글로벌 정책을 작성하여 모든 데이터 프로덕트에서 글로벌 정책을 적용할 수 있습니다.

데이터 인프라 플레인에서 관련된 내용을 자세히 살펴보겠습니다.

데이터 프로덕트를 빌드하기 위해서는 데이터 프로덕트의 모든 구성 요소를 컴파일하고 유효성을 검사하는 등 많은 작업이 필요합니다. 따라서 데이터 프로덕트 개발자는 데이터 프로덕트를 자율적으로 구현하기 위해 모든 요소를 구성하거나 코딩해야 합니다. 플랫폼은 각 구성 요소의 코딩이나 구성에 필요한 비용과 노력을 절감하는 데 중요한 역할을 합니다.

[그림 10-4]는 데이터 프로덕트의 다양한 구성 요소를 빌드하고 실행하는 과정을 로우 레벨 플랫폼 인터페이스low-level platform interface인 **인프라 플레인** API에 매핑한 것입니다. 대부분의 경우 데이터 프로덕트 개발자는 단일 데이터 퀀텀을 빌드하고 배포하며 테스트하는 데이터 프로덕트 경험 플레인과 간단히 상호 작용합니다. 데이터 프로덕트 경험 플레인은 데이터 인프라 플레인에 위임하여 데이터 프로덕트 구성 요소를 구현하도록 합니다.

개발자는 데이터 인프라 플레인이 제공하는 기술을 고려하여 데이터 프로덕트의 다양한 측면과 구성 요소를 이해하고, 코딩하고, 구성해야 합니다. 예를 들어, 데이터 프로덕트의 **변환**transformation 측면을 코딩하는 방법은 데이터 인프라 플레인이 어떤 계산 엔진을 지원하는지에 따라 달라집니다.[4] 데이터 프로덕트 개발자는 지원되는 계산 엔진에 따라 사용 가능한 기술을 통해 변환 측면을 코딩하는 데 집중합니다. 그 이후, 개발자는 데이터 프로덕트의 변환을 다른 모든 구성 요소와 함께 빌드하고 배포하며 실행하는 것을 관리할 수 있도록 변환 측면을 데이터 프로덕트 경험 플레인에 맡깁니다. 이 과정에서 데이터 프로덕트 경험 플레인은 변환 실행 관련 세부 사항을 데이터 인프라 플레인에 위임합니다.

---

4 예를 들어 데이터 인프라 플레인은 프리펙트(Prefect) 또는 서버리스 기능(Serverless functions)으로 오케스트레이션된 아파치 스파크(Apache Spark) 작업이나 아파치 빔(Apache Beam) 작업을 제공할 수 있습니다.

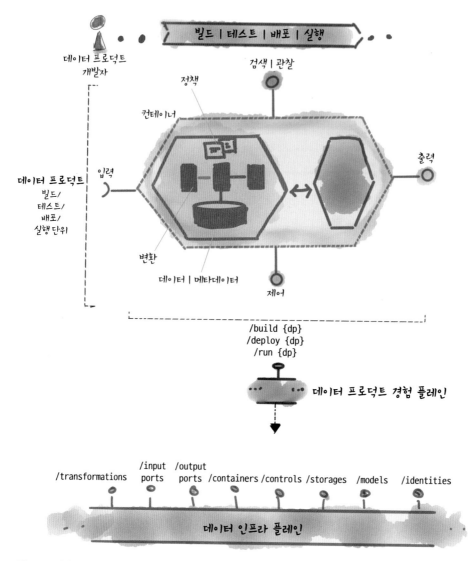

데이터 프로덕트 개발자

빌드 | 테스트 | 배포 | 실행

검색 | 관찰

정책

컨테이너

입력

출력

데이터 프로덕트
빌드/
테스트/
배포/
실행단위

변환

데이터 | 메타데이터

제어

/build {dp}
/deploy {dp}
/run {dp}

데이터 프로덕트 경험 플레인

/transformations /input ports /output ports /containers /controls /storages /models /identities

데이터 인프라 플레인

그림 10-4 데이터 프로덕트를 지원하는 데이터 인프라 플레인 인터페이스의 예시

[표 10-3]에서는 데이터 프로덕트를 개발하는 동안 활용된 데이터 인프라 플레인 특성 중 일부를 보여줍니다.

표 10-3 데이터 프로덕트 경험 플레인 API를 지원하는 데이터 인프라 플레인 인터페이스의 예시

플랫폼 인터페이스	설명
/input-ports	데이터 프로덕트의 설계에 따라 다양한 데이터 소비 메커니즘을 제공하는 인터페이스입니다. 이러한 메커니즘에는 이벤트 스트리밍 입력, 원격 데이터베이스 조회, 파일 읽기 등이 있습니다. 해당 인터페이스는 데이터를 사용할 수 있을 때 변환할 수 있도록 하는 트리거입니다. 입력 포트 메커니즘은 새로운 데이터를 사용할 수 있게 되면 소비 진행 작업을 추적합니다.
/output-ports	액세스 데이터 프로덕트를 제공하는 방식(스트림, 파일, 테이블 등)에 따라 데이터를 제공하는 메커니즘을 다양하게 제공합니다.
/transformations	데이터를 변환하는 데 필요한 모든 연산을 실행하는 실행 매커니즘을 다양하게 제공합니다.
/containers	데이터 프로덕트에 필요한 모든 인프라 리소스의 수명 주기를 자율적인 단위로 관리합니다.
/controls	액세스 제어, 암호화, 프라이버시, 보유, 지역성 등 진화하는 다양한 정책을 코드로 구성하고 실행할 수 있는 광범위한 기술을 제공합니다.
/storage	입력 포트 인터페이스, 출력 포트 인터페이스, 변환 인터페이스는 모두 데이터 및 메타데이터(SLO, 스키마 등)를 위해 영구 스토리지와 임시 스토리지에 대한 액세스가 필요합니다. 플랫폼은 다양한 유형의 스토리지(블롭, 관계형, 그래프, 시계열 등)와 모든 운영적 특성(장애 극복, 복구, 백업 및 복원 등)에 대한 액세스를 제공해야 합니다.
/models	데이터의 시맨틱 스키마 모델과 신택스 스키마 모델을 설명하고 공유하며 연계하는 메커니즘입니다.
/identities	데이터 메시에서 데이터 프로덕트를 고유하게 식별하고 어드레싱하는 메커니즘입니다.

10.2.3 유지 관리, 진화, 폐기

데이터 프로덕트의 **유지 관리**^{maintenance}와 **진화**^{evolution} 과정에는 데이터 프로덕트에 대한 지속적인 변화(변환 로직 개선, 데이터 모델 발전, 데이터에 대한 새로운 액세스 방식 지원, 정책 보강 등)가 포함됩니다. 이러한 데이터 프로덕트의 변화를 통해 데이터 프로세싱과 데이터 공유 작업을 끊임없이 유지하면서 **빌드**^{build}, **테스트**^{test}, **배포**^{deploy}, **실행**^{run} 작업을 지속적으로 반복합니다(10.2.2절 참조).

플랫폼은 '데이터 프로덕트를 **어떻게** 유지 관리해야 하는지'에서 '**어떤** 프로덕트를 유지 관리해야 하는지'로 오버헤드를 줄여야 합니다. 예를 들어, 데이터 프로덕트를 새로 빌드하여 시맨틱과 스키마를 변경하는 경우, 데이터 프로덕트 개발자는 새 모델에 기반한 데이터 모델의 변경과 데이터 변환에만 집중하면 됩니다. 다양한 버전의 (시맨틱 및 신택스) 스키마를 관리하는 방법과 연관 데이터와 연결하는 방법, 그리고 소비자가 플랫폼에 액세스하는 방법의 복잡성은

플랫폼에서 관리합니다.

어떤 경우에는 데이터 프로덕트의 진화가 기반 인프라 구조 리소스에 영향을 미치지 않을 수 있습니다. 예를 들어 변환 코드의 버그를 수정하는 경우가 있는데, 이때는 데이터 프로덕트를 다시 빌드하여 재배포한 후 생성된 데이터를 수정하면 됩니다. 반면에 어떤 경우에는 진화가 기반 리소스에 영향을 미칠 때가 있습니다. 예를 들어 데이터 프로덕트를 새로운 환경으로 마이그레이션하여 스토리지 벤더를 변경하는 경우가 있습니다. 이때는 먼저 스토리지 리소스를 재할당하고 데이터 프로덕트의 기반 데이터를 마이그레이션해야 합니다.

각 데이터 프로덕트의 로컬 운영 상태와 데이터 메시의 글로벌 운영 상태를 모니터링하는 것은 이번 단계에서 플랫폼이 제공하는 또 다른 핵심 특성입니다. 데이터 메시의 운영적 우수성은 각 데이터 프로덕트의 다양한 측면(성능과 안정성, SLO, 컴퓨팅 정책의 효율성, 리소스 사용량에 따른 운영 비용 등)을 모니터링하는 데 달려 있습니다. 데이터 메시 경험 플레인은 개별 데이터 프로덕트를 모니터링하는 것 외에도 데이터 메시 차원에서 전체적으로 인사이트를 수집하고 상태를 모니터링해야 합니다. 그 예시로 **마스터 데이터 프로덕트**master data product[5]를 감지하면 알림을 보내는 등의 상황을 들 수 있습니다.

데이터 프로덕트의 수명 주기 동안 데이터 메시 수준의 행정 통제administrative control를 호출해야 할 때가 있습니다. 예를 들어, 잊혀질 권리는 기반 스토리지의 데이터 제거 기능을 통해 구현될 수 있습니다. 이때 잊혀질 권리를 구현하는 과정에서 행정 통제는 데이터 메시 수준의 **글로벌 통제**를 통해 트리거되고, 모든 데이터 프로덕트 각각의 **컨트롤 인터페이스**(컨트롤 포트)에 위임됩니다.

어떤 경우에 데이터 프로덕트를 폐기해야 할까요? 이러한 물음에 대해 두 가지 시나리오를 생각해 볼 수 있습니다. (1) 새로운 데이터 프로덕트로 마이그레이션하는 경우, (2) 지금까지 생성한 모든 데이터 레코드를 폐기하고 새로운 레코드를 생성하지 않아야 하는 경우가 있습니다. 두 가지 경우 모두 시간이 지남에 따라 다운스트림의 소비자가 새로운 소스로 마이그레이션하거나 스스로 폐기할 수 있습니다. 데이터 프로덕트 개발자가 데이터 프로덕트를 정상적으로 폐기할 수 있도록 플랫폼 차원에서 지원하기 때문입니다. 누군가가 과거 데이터를 사용하는 한, 더 이상 변환을 실행하거나 새로운 데이터를 생성하지 않더라도 데이터 퀀텀은 계속 존재합니다. 휴면 처리된 데이터 프로덕트는 이전 데이터를 계속 서비스하고 정책을 시행하는 반

---

5 소스 데이터를 너무 많이 집계하여 사람들이 많이 사용함에 따라 병목 현상이 발생하는 데이터 프로덕트를 의미합니다.

면, 완전히 폐기된 데이터 프로덕트는 단순히 소멸됩니다.

[표 10-4]를 통해 데이터 프로덕트 개발의 유지 관리 단계와 진화 단계, 그리고 폐기 단계를 지원하는 몇 가지 플랫폼 인터페이스를 보여드리겠습니다.

표 10-4 데이터 프로덕트의 유지 관리를 지원하는 데이터 플랫폼 인터페이스의 예시

플랫폼 플레인	플랫폼 인터페이스	플랫폼 인터페이스 설명
데이터 프로덕트 경험 플레인	/{dp}/status	데이터 프로덕트의 상태를 확인합니다.
	/{dp}/logs /{dp}/traces /{dp}/metrics	데이터 퀀텀의 관찰 가능성 설계(14.3.1절 참조)에 따라 로그, 추적, 메트릭과 같은 형태로 런타임 관찰 가능성 정보를 배포하는 메커니즘입니다. 데이터 메시 계층 모니터링 서비스는 이러한 메커니즘에서 제공하는 데이터를 활용합니다.
	/{dp}/accesses	데이터 프로덕트에 대한 모든 액세스 로그를 담당합니다.
	/{dp}/controls	개별적인 데이터 퀀텀 차원에서 잊혀질 권리와 같이 권한 높은 행정 통제를 호출하는 기능을 담당합니다.
	/{dp}/cost	데이터 프로덕트의 운영 비용을 추적합니다. 이때 운영 비용은 리소스 할당량과 사용량을 기준으로 계산할 수 있습니다.
	/migrate	데이터 프로덕트를 새로운 환경으로 마이그레이션하는 기능을 담당합니다. 데이터 프로덕트의 리비전을 업데이트하는 기능은 단순히 프로덕트를 **빌드**하여 **배포**하는 기능입니다.
데이터 메시 경험 플레인	/monitor	데이터 메시 수준에서 로그, 상태, 규정 준수 등 다양한 모니터링 특성을 제공합니다.
	/notifications	데이터 메시에서 감지된 이상 징후에 대해 알림을 보냅니다.
	/global-controls	데이터 메시의 데이터 프로덕트 모음 차원에서 잊혀질 권리와 같이 권한이 높은 행정 통제를 호출하는 기능을 제공합니다.

이제 데이터 프로덕트 소비자의 여정으로 관심을 옮겨, 데이터 프로덕트 소비자의 페르소나를 지원하는 플랫폼 인터페이스를 어떻게 발전시킬 수 있는지 살펴봅시다.

10.3 데이터 프로덕트 소비자의 여정

데이터 소비자의 페르소나는 다양한 기술 집합과 책임을 가진 광범위한 사용자로 표현됩니다. 이번 절에서는 머신러닝 모델을 데이터 프로덕트로 배포하는 데이터 과학자 페르소나를 예로 들어 살펴보겠습니다. 이때 데이터 과학자는 기존 데이터 프로덕트를 사용하여 머신러닝 모델을 학습한 다음, 추론을 수행하고 새로운 데이터를 생성하기 위해 모델을 배포하고 있다고 합시다. 다프에서는 매주 월요일에 모든 청취자가 한 주를 시작할 수 있도록 큐레이팅된 플레이리스트를 생성하기 위해 머신러닝 모델을 사용합니다. 월요일 플레이리스트를 생성하는 머신러닝 추천 모델은 **청취자 프로필**, **청취자 재생 이벤트**, 청취자가 좋아하거나 좋아하지 않은 음악에 대한 최근 반응, 최근에 들었던 **플레이리스트** 등 기존 데이터 프로덕트의 데이터를 사용하여 학습됩니다.[6]

이후 머신러닝 모델이 학습되면 해당 머신러닝 모델은 **월요일 플레이리스트** 데이터 프로덕트로 배포됩니다.

7장에서 살펴봤듯이, 데이터 메시는 긴밀하게 통합된 운영 플레인과 분석 플레인을 만듭니다. 또한 데이터 메시는 도메인별로 세분화된 (마이크로)서비스와 데이터 프로덕트를 상호적으로 연결합니다. 두 플레인 간의 긴밀한 통합과 피드백 루프에도, 데이터 메시는 각 플레인의 책임과 특징을 계속 존치하고 있습니다. 그 예로 온라인 요청이나 이벤트에 응답하여 비즈니스를 운영하는 마이크로서비스와 다운스트림 분석 데이터 사용 사례(머신러닝 모델 학습 또는 인사이트 생성)에 템포럴 데이터를 큐레이팅하고 변환하여 공유하는 데이터 프로덕트를 들 수 있습니다. 운영 플레인과 분석 플레인 간의 경계를 명확히 하려고 하지만, 머신러닝 모델이 경계를 모호하게 합니다.

이는 머신러닝 모델이 운영 플레인과 분석 플레인 모두에 속할 수 있기 때문입니다. 그중 하나로, 최종 사용자가 요청할 때 머신러닝 모델을 마이크로서비스 형태로 배포하여 머신러닝 모델을 통해 온라인으로 추론할 수 있도록 할 수 있습니다. 예를 들어 새 청취자를 등록하는 동안 새 청취자에 대한 정보가 제공될 때, 청취자 분류 머신러닝 모델을 호출하여 청취자 프로필 분류 과정을 기반으로 사용자 정보를 보강하도록 할 수 있습니다([그림 10-5]의 좌측 타원 모양 영역 참조). 다른 방식으로는 머신러닝 모델을 데이터 프로덕트의 변환 로직 형태로 배포할 수

---

6 이 예시는 필자가 개인적으로 매주 월요일에 어떤 음악이 나올지 기대하는 Spotify의 Discover Weekly(*https://oreil.ly/4h8m4*) 피처에서 영감을 얻었습니다.

도 있습니다. 예를 들어, 플레이리스트 추천 머신러닝 모델은 데이터 프로덕트 형태로 배포되는데, 데이터 프로덕트는 매주 월요일마다 추론 작업을 수행하여 새로운 플레이리스트를 생성합니다([그림 10-5]의 우측 타원 모양 영역 참조). 그러면 청취자에게 플레이리스트를 제시하는 운영 서비스에 플레이리스트 추천 머신러닝 모델을 데이터 프로덕트 형태로 제공할 수 있습니다.

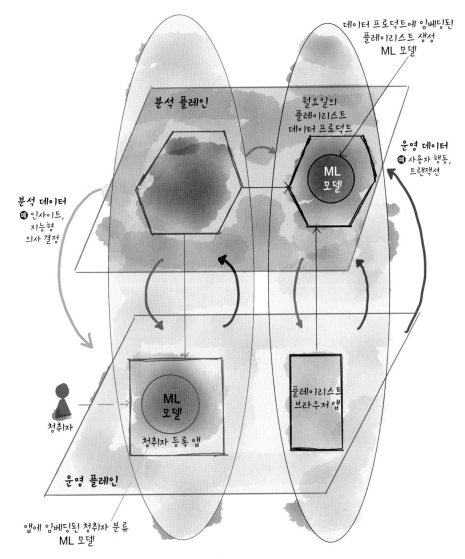

그림 10-5 머신러닝 모델의 두 가지 배포 방식의 예시

이번 절에서는 데이터 과학자가 머신러닝 모델을 데이터 프로덕트로 배포하는 여정을 살펴보고, 데이터 과학자의 여정과 데이터 메시 플랫폼의 특성이 어떻게 겹치는지 설명하겠습니다. [그림 10-6]은 머신러닝 모델을 데이터 프로덕트 형태로 지속적으로 제공하기 위한 여정을 보여줍니다. 이러한 가치 흐름은 **머신러닝을 위한 지속적 배포**continuous delivery for machine learning(CD4ML)[7]의 관행을 따릅니다. 이러한 관행을 따르면서 신속한 피드백 루프를 통해, 반복 가능한 프로세스[8](가설 수립, 학습, 전개, 모니터링 프로세스)를 거쳐 머신러닝 모델을 지속적으로 개선합니다.

---

7   https://oreil.ly/fQh2I

8   이러한 프로세스를 MLOps라고도 하지만, 해당 프로세스가 소프트웨어와 데이터 프로덕트의 지속적 배포(CD)와 긴밀하게 겹쳐서 통합된다는 점 때문에 필자는 CD4ML 다이어그램을 사용했습니다.

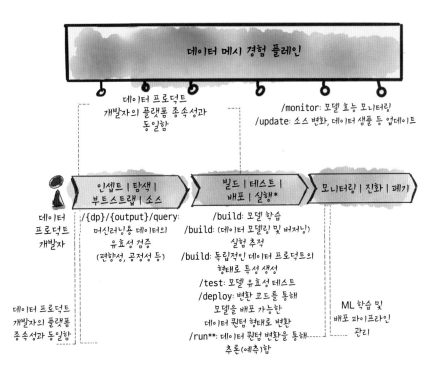

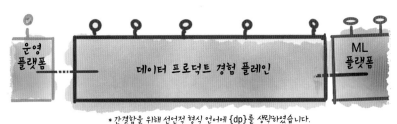

그림 10-6 ML 모델 개발 여정의 예시

데이터 플랫폼의 관점에서 보면 10.2절의 '데이터 프로덕트 개발자의 여정'과 매우 유사하지만 몇 가지 차이점이 있습니다.

10.3.1 인셉트, 탐색, 부트스트랩, 소스

이번 예시에서 머신러닝 모델 개발자는 궁극적으로 모델에 임베딩될 데이터 프로덕트를 인셉트하는 것으로 여정을 시작합니다. 해당 데이터 프로덕트를 인셉트하는 과정에는 기존 데이터를 기반으로 지능형 액션이나 의사 결정에 대해 가설을 수립하는 것이 포함됩니다. 예를 들어 '많은 청취자가 다시 재생할 만한 플레이리스트를 큐레이팅하고 추천할 수 있을까?'라는 가설을 세워보겠습니다.

가설을 검증하기 위해 머신러닝 모델 개발자는 검색 가능성 API를 사용하거나 출력 포트 데이터를 샘플링하여 기존 데이터 프로덕트를 탐색하고 평가합니다. 탐색 단계에서 플랫폼 인터페이스는 앞서 설명한 것과 동일하게 유지됩니다. 여기서 가장 큰 차이점은 데이터 과학자가 관심을 갖는 검색 가능성 정보의 유형일 것입니다. 데이터 과학자는 데이터에 편향성 여부와 공정성을 평가해야 합니다. 이는 소스 데이터 프로덕트 출력 포트를 샘플링하고 프로파일링하는 방식으로 평가할 수 있습니다.

10.3.2 빌드, 테스트, 배포, 실행

머신러닝 모델 개발 여정에서는 계속해서 업스트림 데이터 프로덕트 출력 포트를 사용하여 모델을 빌드하고 학습합니다. 모델을 학습시키는 동안 머신러닝 모델 개발자가 학습 데이터셋을 변경해야 한다고 판단할 때, **피처**feature를 통해 업스트림 데이터 프로덕트의 데이터를 수정할 수 있습니다. 예를 들어, 머신러닝 학습 피처training feature는 **음악 프로필**과 조인join된 **플레이리스트** 정보로만 이루어진 집합만 포함할 수 있습니다. 이 경우 피처를 생성하는 데이터 변환 파이프라인이 그 자체로 데이터 프로덕트가 됩니다. 예를 들어 **월요일 플레이리스트 피처**는 그 자체로 다른 프로덕트와 비슷하게 구현된 데이터 프로덕트가 됩니다.

이 단계에서 모델 개발자는 모델에서 개별적으로 리비저닝하는 데이터를 추적해야 합니다. 이때 소스 데이터(학습 데이터 및 테스트 데이터)를 버저닝하는 과정에서 모든 데이터 프로덕트에 노출된 **처리 시각**processing time[9] 매개변수를 데이터 리비전data revision으로 사용할 수 있습니다. 이때 처리 시각은 데이터의 각 상태에 고유한 특성을 가진 타임스탬프로, 데이터가 처리되고 퍼블리싱된 시점을 나타냅니다. 처리 시각 매개변수를 사용하면 소스 데이터 프로덕트에서 항

---

9 옮긴이_ 어떤 특정한 시점을 가리킬 때는 '시각'으로, 한 시각과 다른 시각 사이의 간격을 가리킬 때는 '시간'으로 번역했습니다.

상 과거 데이터를 검색할 수 있으므로, 향후 모델을 재사용하거나 반복해서 실행하기 위해 복사한 데이터[10]를 보관할 필요가 없어집니다. 이러한 처리 시각을 매개변수로 하는 바이템포럴 데이터 모델링bitemporal data modeling에 대해서는 12장에서 자세히 설명하겠습니다.

모델 훈련과 추적 프로세스는 머신러닝 플랫폼에서 처리할 수 있습니다. 머신러닝 플랫폼은 머신러닝 모델 학습 파이프라인의 고유 요구 사항을 충족하는 기술과 도구로 이루어진 플랫폼입니다. 머신러닝 플랫폼 서비스는 데이터 플랫폼과 긴밀하게 작동하여 통합됩니다.

머신러닝 모델을 배포하는 과정에서는 머신러닝 모델을 **월요일 플레이리스트** 데이터 프로덕트의 변환 코드로 실행할 수 있는 형식으로 패키징해야 합니다.[11] 모델을 실행하는 과정에서 데이터 인프라 플레인 변환 엔진은 머신러닝 모델 실행에 필요한 고유한 요구 사항을 GPU나 TPU[12] 같은 타깃 하드웨어에서 실행하는 것과 같이 처리할 수 있습니다.

10.3.3 유지 관리, 진화, 폐기

다른 데이터 프로덕트와 마찬가지로 개발자는 모델의 성능을 지속적으로 모니터링하고 출력 데이터(플레이리스트)가 예상대로 생성되는지 확인합니다.

머신러닝 모델을 모니터링하는 과정에서 특별히 요구되는 사항 중 하나는 머신러닝 모델의 효능을 관찰하고 액션을 모니터링하는 것입니다. 예를 들어, 10.3.1절에서 언급했던 가설에 따라 새로 리비저닝된 머신러닝 모델이 있습니다. 과연 리비저닝된 머신러닝 모델로 생성한 플레이리스트에서의 청취 시간, 재생 횟수, 청취자 수가 이전보다 증가했을까요? 이러한 매개변수를 모니터링하는 과정에서 모니터링 메트릭의 운영 플레인 특성을 활용할 수 있습니다. 앞서 설명했던 예시의 경우에서는 플레이어 애플리케이션이 모니터링 메트릭을 제공할 수 있습니다.

---

10 오늘날 분석 데이터를 네이티브하게 버저닝하는 방법이 부족하기 때문에, 머신 러닝 모델 학습에 사용되는 데이터를 버저닝하기 위해 DVC(*https://dvc.org*)와 같은 도구를 사용해야 합니다.

11 예를 들어 파이썬 모델은 피클(Pickle, *https://oreil.ly/M0IXy*)이라는 바이너리 파일 형식으로 직렬화됩니다.

12 옮긴이_ 텐서 처리 장치(Tensor Processing Unit)를 의미하는 말로, 구글에서 맞춤 개발한 주문형반도체(ASIC)로서 머신 러닝 워크로드를 빠르게 처리하는 데 사용되는 장치입니다(*https://oreil.ly/38Yuv*).

정리하기

이번 장에서 강조하고 싶은 한 가지는 플랫폼과 같은 개체 하나만으로 여정이 완성되지 않는다는 점입니다. 플랫폼 사용자 여정을 이루기 위해서는 API, 서비스, SDK, 라이브러리 같은 여러 개체가 존재해야 하죠. 사용자가 데이터 프로덕트 개발자이든지 혹은 데이터 프로덕트 소비자이든지, 플랫폼 사용자의 여정은 데이터 메시 플랫폼 서비스와 밀접하게 연결되어 있습니다. 이러한 사용자는 스트리밍 특성을 사용하여 마이크로서비스의 데이터를 소비하는 것처럼, 운영 시스템을 지원하는 API로 경계를 넘나드는 경우가 많습니다. 또한 머신러닝 모델 학습 특성으로, 가설을 입증하는 실험을 추적하거나 GPU를 활용하면서 경계를 넘나들 수 있습니다. 그러므로 플랫폼을 사용자에게 한결 같은 경험을 제공하기 위해 잘 통합된 서비스셋으로 간주하길 바랍니다.

두 번째로 말씀드리고 싶은 점은 플레인을 분리하여 사용자 경험과 기계 효율성 모두를 최적화할 수 있도록 선택해야 한다는 것입니다. 예를 들어, 데이터 프로덕트 경험 플레인을 사용하면서 논리적으로 데이터 퀀텀과 상호 작용하는 수준에서 사용자 경험을 최적화할 수 있습니다. 또한 별도의 데이터 인프라 플레인을 생성하면서 머신러닝 과정을 최적화합니다. 이러한 과정을 최적화하기 위해 컴퓨팅과 스토리지를 분리하여 독립적으로 확장하도록 처리하거나, 모든 데이터의 위치를 공동화하여 데이터 이동을 줄이는 등의 방식을 사용합니다. 이때 하위 플레인을 최적화하는 과정에서 개발자 환경이 손상되어서는 안 됩니다. 그 반대의 경우도 마찬가지입니다.

마지막으로 데이터 메시 플랫폼을 생성하는 단계에서, 데이터 프로덕트 개발자나 소비자와 같은 역할에 최적화된 여정을 탐색하고 설계하는 것부터 시작해야 합니다. 이를 통해 사용자의 불편함을 최소화하여 기분 좋게 참여할 수 있도록 만들어야 합니다. 데이터 프로덕트 개발자와 소비자에게 최적화된 여정을 설계한 후에는 이들 역할에게 적합한 도구를 갖춘 데이터 메시 플랫폼을 생성하길 바랍니다.

데이터 프로덕트 아키텍처의 설계 방법

4부

데이터 프로덕트는 데이터 메시의 핵심 개념입니다. 아키텍처적인 관점에서, 데이터 프로덕트는 **아키텍처 퀀텀**architecture quantum처럼 설계되었다는 점에서 **데이터 퀀텀**data quantum이라고도 불립니다. 데이터 퀀텀은 제품으로서의 데이터를 처리하고 공유하는 데 필요한 동작과 구조적 구성 요소를 모두 캡슐화하여 구현합니다(3장 참조). 그리고 자율성을 가지면서 빌드되고 실행되면서도 데이터 메시 내 다른 데이터 퀀텀과 연결됩니다. 이러한 데이터 퀀텀 간 상호적인 연결을 통해 대칭적인 스케일 아웃 아키텍처scale-out architecture를 생성합니다.

모든 데이터 프로덕트는 업스트림 소스에서 데이터를 소비하고, 변환하며, 제공하고, 거버닝하는 등 일련의 공통적인 속성을 공유합니다. 4부에서는 이러한 속성을 각각 설계하는 방법에 대해 설명합니다.

데이터 프로덕트의 개별 행위 지원성affordance[1], 다시 말해 사람(또는 시스템)이 데이터 프로덕트와 상호 작용할 수 있는 방법과 그 데이터 프로덕트의 속성 간의 관계를 중심으로 전개됩니다. 예를 들어, 데이터 메시 사용자가 데이터 프로덕트의 수명 주기를 검색하고, 읽고, 관리하면서 데이터 프로덕트와 직접 상호 작용하는 방식에 대해 다룹니다.

11장에서는 데이터 프로덕트 설계에 대한 접근 방식을 소개합니다. 이어서 12장에서는 데이터 프로덕트가 다양한 사용자(프로그램 및 사람)를 위해 데이터를 소비, 변환, 제공하는 방법에 대해 설명합니다. 또한 분산된 데이터 공유 시스템을 작동시키는 데 필요한 일련의 설계 제약 조건에 대해 설명합니다.

---

[1] 행위 지원성은 도널드 노먼이 그의 저서 『디자인과 인간 심리』에서 정의한 개념입니다.

13장에서는 데이터 프로덕트가 사용자가 데이터를 검색하고, 이해하고, 신뢰할 수 있도록 지원하는 방법에 대해 다룹니다. 추가로 데이터 사용자가 탈중앙화된 방식으로 새로운 유형의 데이터를 집계하여 생성할 수 있도록 데이터 프로덕트가 데이터 컴포저빌리티^{composability}를 지원하는 방법을 소개합니다. 14장에서는 데이터 컴포저빌리티 외의 나머지 속성이 어떻게 데이터 사용자가 데이터를 통제하고, 관찰하고, 수명 주기를 거버닝할 수 있도록 지원하는지에 대해 다룹니다.

4부의 목적은 데이터 메시의 비전과 호환되는 설계 기법을 식별하고 호환되지 않는 설계 기법을 구분하는 데 도움을 주는 것입니다. 다만 핸드북처럼 데이터 프로덕트를 구현하는 방법을 상세히 설명하지는 않습니다. 행위 지원성이 무엇이고 왜 중요한지, 행위 지원성에 대한 데이터 메시 접근 방식의 특징은 무엇인지에 대해 다룰 것입니다.

3부와 마찬가지로 4부 또한 특정 기술에 구애받지 않고 논의하지만, 이번에 소개할 각 행위 지원성의 설계에 대한 특징은 데이터 메시와 호환되는 기술을 선택하는 데 도움이 될 것입니다. 예를 들어, 데이터 프로덕트에서의 **덤 파이프**^{dumb pipe}와 **스마트 엔드포인트**^{smart endpoint}[2]에 각각 대응되는 **덤프 파이프**^{dump pipe}와 **스마트 필터**^{smart filter}의 원리는 데이터 프로세싱 파이프라인을 강요하지 않는 기술을 선택하여 데이터 프로덕트 간의 데이터 플로우를 제어할 수 있도록 안내합니다.

먼저, 아키텍처 퀀텀으로서의 데이터 프로덕트 설계에 대한 접근 방식을 전반적으로 살펴보겠습니다.

----

https://oreil.ly/x6Cny

11장

행위 지원성에 의한 데이터 프로덕트 설계

수 세기에 걸쳐 철학적 문헌을 괴롭혀온 오해는 '독립적인 존재independent existence'의 개념에서 나온다. 하지만 그러한 존재는 없으며, 모든 존재는 나머지 우주와 서로 얽히면서 연결되는 방식으로 이해되어야 한다.

— 알프레드 노스 화이트헤드Alfred North Whitehead[1]

데이터 프로덕트를 아키텍처 퀀텀architecture quantum처럼 설계하는 것(9.2절 참조)은 데이터 메시 아키텍처에서 가장 중요한 측면이라고 할 수 있습니다. 이는 데이터 메시만의 고유한 아키텍처 요소입니다. 아키텍처 퀀텀은 이전의 접근 방식과 학습을 기반으로 빌드되면서도 기존의 접근 방식과는 다른 방향으로 나아갑니다.

이번 장에서는 데이터 프로덕트의 설계를 중점으로 아키텍처에 대해 설명할 때 **데이터 퀀텀**data quantum이라는 약어를 사용합니다. 이때 데이터 퀀텀은 데이터 프로덕트와 같은 의미로 사용합니다.

분산된 스케일 아웃 아키텍처인 데이터 메시는 데이터 프로덕트를 독립적이고 자율적이며 동등한 노드인 데이터 퀀텀으로 설계합니다. 이때 각 데이터 프로덕트는 스스로 데이터를 생산하고 소비할 수 있도록 설계되어 사용자와 개발자에게 데이터 검색, 이해, 사용, 빌드, 거버닝, 디버깅 등 업무 수행에 필요한 모든 특성을 제공합니다. 이것이 필자가 자급자족형 데이터 프로덕트 설계 방법에 대해 작성한 이유입니다.

----

1 『Essays in Science and Philosophy』(Rider. 1948) p. 64 발췌

『소프트웨어 아키텍처 101』에서는 아키텍처의 구성 요소를 다음과 같이 정의합니다.[2]

구조

시스템 내의 구성 요소들과 그 요소 간 인터페이스, 상호 작용, 그리고 통합이 이뤄지는 방식

아키텍처 특징

신장성^{extensibility}과 신뢰성^{reliability} 등 시스템이 지원해야 하는 '~성'으로 끝나는 것

아키텍처 결정

시스템을 관리하고 구축하는 데 필요한 엄격한 규칙

설계 원칙

시스템 구축 결정에 영향을 미치는 지침

위의 4가지 구성 요소 외에 **행위 지원성**^{affordance}(행동 유도성, 어포던스)이라는 요소도 있습니다. 행위 지원성은 사람(또는 시스템)이 데이터 프로덕트와 상호 작용할 수 있는 방법과 그 데이터 프로덕트의 속성 간 관계를 의미합니다. 그 예로 사용자(프로그램)가 지속적으로 데이터를 받을 수 있도록 데이터 프로덕트에서 출력되는 데이터를 구독하는 방법이 있습니다. 또 다른 예로는 데이터 사용자(사람 또는 프로그램)가 데이터 프로덕트를 검색하고, 이를 이해하고, 데이터를 탐색할 수 있는 방법이 있습니다.

필자는 행위 지원성에 의한 데이터 프로덕트 아키텍처 설계 방식을 **행위 지원성에 의한 설계** design by affordances라고 부릅니다.

이번 장에서는 데이터 메시의 사고방식과 호환되는 데이터 프로덕트 아키텍처를 설계하는 방법에 대해 살펴봅니다. 이번 장에서 소개하는 접근 방식을 단순히 배우는 것에 끝나지 않고 실제 데이터 프로덕트를 설계할 때 적용해보길 바랍니다. 이러한 사고 방식은 각 데이터 메시 사용자의 고유한 상황에 맞게 맥락화^{contextualize}할 수 있는 아키텍처를 모델링하는 방법이자 사고 방식입니다.

이번 장에서 소개하는 데이터 프로덕트 설계 방식을 자신만의 데이터 프로덕트를 설계하는 데 활용하길 바랍니다.

---

2 『소프트웨어 아키텍처 101』p. 28-33 발췌

11.1 데이터 프로덕트의 행위 지원성

인지 공학의 아버지라 불리는 도널드 노먼[3]은 그의 저서 『디자인과 인간 심리』에서 행위 지원성을 상호작용의 다섯 가지 기본 원칙[4] 중 하나로 꼽았습니다. 그는 행위 지원성에 대해 다음과 같이 설명합니다.

> 행위 지원성이라는 용어는 물리적인 대상과 사람(혹은 동물, 인간, 기계, 로봇이든 어떤 상호작용하는 행위자[agent]) 사이의 관계를 가리킨다.
>
> 행위 지원성은 물체의 속성과 행위자의 능력 간 관계성으로, 그 물체가 가능하면 어떻게 사용될 수 있을 것인지를 결정한다. 의자는 받침을 제공하고 받침을 위한 것이므로 앉음을 지원한다. 대부분의 의자는 단 한 사람의 힘만으로 나를 수 있는, 즉, 들기를 지원하는데, 일부 의자는 힘이 센 몇몇 사람만이 들 수 있다. 어리거나 비교적 약한 사람이 의자를 들 수 없다면, 이런 사람에게 의자는 그런 행위 지원성을 가지고 있지 않다. 즉, 그 의자는 들기를 지원하지 않는다.
>
> 행위 지원성의 존재는 물체의 속성과 이와 상호작용하는 행위자의 능력에 의해 공동으로 결정된다. 행위 지원성이 갖는 이런 관계적인 정의는 많은 사람에게 상당한 어려움을 준다. 우리는 속성이 물체와 연관되어 있다고 생각하는 데 익숙하다. 그러나 행위 지원성은 속성이 아니라 관계성이다. 행위 지원성이 존재하는지 아닌지는 물체와 행위자 모두의 속성에 달려있다.
>
> —『디자인과 인간 심리』 p. 32 발췌

데이터 프로덕트의 인터페이스와 특성을 설계하는 과정에서 행위 지원성이 중요한 이유는 무엇일까요? 이는 바이템포럴 데이터[bitemporal data] 제공 속성(12.1.2절 '바이템포럴 데이터' 참조)과 같은 각 데이터 프로덕트의 속성[property]에 따라 상호 작용할 대상(🄲🄳 시간을 인식하는 행위자)과 해당 대상이 수행할 수 있는 특성에 대한 가정이 있기 때문입니다. 이렇게 행위 지원성에 의해 정의된 가정은 탈중앙화된 시스템이 무결성[integrity]과 신뢰성[reliability]을 가지고 작동하기 위해 필요합니다. 데이터 메시 생태계의 다른 행위자(데이터 제공자, 소비자, 오너, 거버넌스, 데이터 플랫폼의 서비스 및 기타 데이터 프로덕트)가 기타 구성 요소와의 적절한 관계와 특성을 검사하여 데이터 프로덕트를 설계하는 것이 본질적으로 중요합니다.

---

3 https://oreil.ly/cotSU
4 옮긴이_ 행위 지원성(affordance), 기표(signifier), 매핑(mapping), 피드백(feedback), 개념 모형(conceptual model)을 가리킵니다.

대부분의 경우 이러한 행위 지원성을 데이터 프로덕트의 속성처럼 생각할 수 있습니다. 하지만 이러한 속성을 어떤 행위자에게 제공해야 할지, 혹은 제공하지 않아야 할지에 대해 고려해야 합니다.

[그림 11-1]은 데이터 프로덕트의 행위 지원성에 대해 나열한 것입니다. 행위 지원성은 다른 데이터와 연결될 수 있는 의미 있고 이해 가능하며 신뢰성 있는 데이터를 자율적으로autonomously 변환하여 제공하는 특성을 지닙니다. 여기서 자율적이라는 단어는 다른 데이터 프로덕트를 중단시키지 않으면서 데이터 프로덕트 각각의 수명 주기를 독립적으로 관리한다는 것을 의미합니다. 이처럼 데이터 메시에는 데이터 프로덕트를 관리하는 역할을 수행하기 위한 구조적 구성 요소를 갖추고 있습니다. 다른 데이터 프로덕트나 플랫폼 서비스에 대한 종속성은 명시적인 계약이 있는 API를 통해 느슨한 결합을 만듭니다.

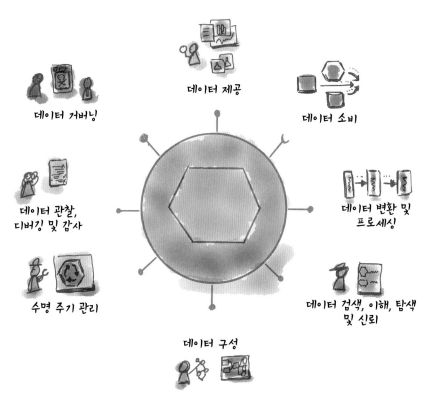

그림 11-1 데이터 프로덕트의 행위 지원성

> **✏️ NOTE** 이후 문단이나 표에서 언급할 **데이터 프로덕트 사용자**란 데이터 프로덕트 생태계에서 데이터 프로덕트와 상호 작용하는 모든 행위자를 의미합니다. 여기에는 데이터 프로덕트 개발자, 데이터 프로덕트 오너, 데이터 프로덕트 소비자, 거버넌스 그룹 등과 같은 사람뿐만 아니라 멀티플레인 데이터 플랫폼에서의 다른 데이터 프로덕트 및 서비스와 같은 시스템도 포함됩니다.

[표 11–1]은 각 행위 지원성을 요약해서 보여줍니다. 더 자세한 내용은 별도로 표기한 절을 참조하길 바랍니다.

표 11-1 데이터 프로덕트의 행위 지원성

데이터 프로덕트의 행위 지원성	설명
데이터 제공 (12.1절 참고)	데이터 프로덕트는 불변의 바이템포럴 데이터를 공유하여, 다양한 액세스 방식을 지원하는 읽기 전용 인터페이스를 명확히 정의하여 사용 가능하도록 합니다. 또한 다양한 데이터 프로덕트 사용자가 머신러닝 모델 학습, 보고서 생성, 데이터 분석 및 탐색, 데이터 집약적인 애플리케이션 빌드에 필요한 데이터에 액세스할 수 있도록 데이터 제공을 지원합니다. 데이터 제공은 데이터를 업데이트하거나 삭제하여 현재 상태를 유지하는 트랜잭션과 운영 애플리케이션에는 적합하지 않습니다.
데이터 소비 (12.2절 참고)	데이터 프로덕트는 다양한 유형의 업스트림 소스에서 데이터를 소비합니다. 그리고 데이터 프로덕트는 협업하는 운영 애플리케이션, 다른 데이터 프로덕트 또는 외부 시스템에서 데이터를 소비할 수 있습니다. 데이터 프로덕트는 플랫폼을 통해 식별하고 구성한 소스의 데이터만 소비할 수 있습니다. 식별되지 않거나 구성되지 않은 소스 데이터는 소비할 수 없습니다.
데이터 변환 (12.3절 참고)	데이터 프로덕트는 입력 데이터를 처리한 후 새로운 데이터로 변환하여 제공합니다. 그리고 데이터 프로덕트는 데이터 프로덕트 개발자에게 다양한 변환 컴퓨팅 모드를 지원합니다. 이렇게 변환되는 대상은 프로그램 코드나 머신러닝 모델, 추론을 실행하는 복잡한 쿼리일 수 있습니다. 이렇게 데이터를 변환하는 과정을 통해 새로운 데이터를 생성하거나 입력 데이터의 품질을 리모델링하거나 개선할 수 있습니다.
데이터 검색, 이해, 탐색 및 신뢰 (13.1절 참고)	데이터 프로덕트는 데이터 프로덕트 사용자가 데이터를 검색, 이해, 탐색 및 신뢰할 수 있도록 API와 정보를 제공합니다.
데이터 구성 (13.2절 참고)	데이터 프로덕트는 데이터 프로덕트 사용자가 데이터를 구성하고, 상호 연관시켜 다른 데이터 프로덕트와 조인할 수 있게 지원합니다. 데이터 퀀텀은 집합(테이블 또는 그래프) 연산을 컴퓨팅적으로 수행하는 방식으로 데이터의 컴포저빌리티를 지원합니다. 그러나 다양한 데이터 프로덕트에 걸쳐서 공유된 단일 데이터 스키마나 강하게 결합된 데이터 스키마(SQL 스키마 등)를 요구하는 시스템에는 데이터 컴포저빌리티를 제공하지 않습니다.

데이터 프로덕트의 행위 지원성	설명
수명 주기 관리 (14.1절 참고)	데이터 프로덕트는 데이터 프로덕트 사용자가 데이터 프로덕트의 수명 주기를 독립적으로 관리할 수 있게 지원합니다. 이러한 프로덕트는 데이터 프로덕트 개발자가 데이터 프로덕트를 빌드, 프로비저닝, 유지 관리할 수 있도록 일련의 빌드타임 및 런타임 구성 코드를 제공합니다.
데이터 관찰, 디버깅 및 감사 (14.3절 참고)	데이터 프로덕트 사용자는 데이터 프로덕트의 동작을 모니터링하고, 데이터 프로덕트의 문제를 디버깅하며, 데이터 프로덕트를 감사할 수 있습니다. 데이터 프로덕트는 데이터 프로세싱 로그, 리니지, 런타임 메트릭, 액세스 로그 등 필요한 정보를 제공하기 위한 프로그래밍 방식의 API를 제공합니다.
데이터 거버닝 (14.2절 참고)	데이터 프로덕트는 데이터 사용자(거버넌스 그룹, 데이터 프로덕트 개발자)가 데이터 메시 경험 플레인(행정 통제 및 정책 제어)에 데이터를 자체적으로 거버닝할 수 있는 일련의 API와 컴퓨팅 정책을 제공합니다. 이를 통해 거버닝 정책을 빌드타임에 구성하고 데이터 액세스, 읽기 또는 쓰기 시점에 런타임을 실행할 수 있습니다. 예를 들어, 데이터에 대한 액세스를 제어하여 데이터 보안을 유지하고 암호화를 통해 개인 정보와 기밀을 보호합니다.

11.2 데이터 프로덕트 아키텍처의 특징

데이터 프로덕트를 공유하기 위한 설계에서는 공통된 아키텍처 특징을 고려해야 합니다. 이러한 공통된 특징을 활용하여 데이터 메시의 목표인 '대규모 데이터에서의 가치 창출$^{\text{getting value from}}$ $^{\text{data at scale}}$'을 달성할 수 있습니다.

변화를 위한 설계

데이터와 데이터 모델을 변화시키는 것은 데이터 프로덕트의 필수적인 설계 특징입니다. 7장에서 언급했듯이, **변화에 우아하게 대응하는 것**은 데이터 메시의 목표이자 모든 데이터 프로덕트의 특징입니다.

예를 들어, 먼저 API 형태로 데이터 프로덕트의 다양한 측면을 설계함으로써 데이터와 데이터 모델의 변화를 더 쉽게 관리할 수 있습니다. 또 다른 예로, 데이터 프로덕트의 여러 측면에 시간 요소를 어트리뷰트로서 추가하면 데이터 스냅샷$^{\text{data snapshot}}$, 데이터 모델 스냅샷^{data} $^{\text{model snapshot}}$, SLO 시간$^{\text{the time of SLOs}}$ 등의 매개변수를 더 쉽게 변경할 수 있습니다. 기본적으로 모든 데이터 프로덕트 아티팩트와 데이터는 시간이라는 개념을 사용하여 버전화됩니다.

신장을 위한 설계design for extension는 특성 변화를 위한 설계design for change characteristics의 하위 집합으로 간주할 수 있습니다. 데이터 프로덕트의 특성은 시간이 지남에 따라 진화하고 성숙해집니다. 예를 들어, 데이터 프로덕트 출시 첫날에는 파일을 통한 단일 액세스 모드만 지원하다가, 나중에는 이벤트와 테이블까지 지원할 수 있습니다. 이러한 특성은 데이터 프로덕트가 신장성 있는 설계extensible design를 가지고 있음을 의미합니다. 협업하는 사이드카나 행위자와 같이 느슨하게 결합된 구성 요소는 신장성extensibility을 향상시킵니다. 이러한 구성 요소는 새로운 특성으로 확장하여 배포 시간이나 런타임 시 데이터 프로덕트에 주입할 수 있지만, 정적으로 연계되거나 공유된 라이브러리는 데이터 프로덕트를 다시 빌드해야 사용할 수 있으므로 신장성이 떨어집니다.

확장을 위한 설계

데이터 프로덕트는 스케일 아웃 데이터에 초점을 맞추면서 설계해야 합니다. 동시에 데이터 메시는 데이터에 액세스하는 속도와 변화에 대한 민첩성을 유지하면서 데이터 프로덕트, 데이터 소스, 데이터 사용자와 관련된 규모를 확장해야 합니다.

중앙 집중식 동기화와 조정, 액세스는 트레이드오프trade-off를 향한 민첩성과 데이터 액세스 속도를 저해할 수 있습니다. 이것이 바로 데이터 프로덕트가 자율적이어야 하는 이유입니다.

예를 들어, 데이터 프로덕트의 실행 콘텍스트execution context (사이드카 등)에서 액세스 제어나 기타 정책을 적용하는 설계 결정은 스케일 아웃 아키텍처에 대해 이루어지는 결정입니다. 반면 데이터 사용자와 데이터 프로덕트 사이에 중앙 게이트웨이central gateway를 사용하여 액세스를 제어하는 것은 시간이 지남에 따라 걸림돌이 될 수 있습니다.

가치를 위한 설계

데이터 프로덕트 설계는 소비자와의 마찰을 최소한으로 하여 가치를 전달해야 합니다. 이는 다소 뻔하고 불필요한 것처럼 보일 수 있지만, 소프트웨어 엔지니어링의 세계에는 가치 전달에 거의 도움이 되지 않는 현학적인 설계 방식이 산재해 있습니다.

데이터 프로덕트 인터페이스를 설계할 때는 최소한의 단계와 확인, 개입으로 사용자가 쉽게 이해할 수 있고 신뢰할 수 있으며 안전한 데이터를 공유하는 데 초점을 맞춰야 합니다. 예를 들어, 분산 시스템에서 데이터의 무결성과 신뢰를 유지하고 추론하기 위해서는 데이터의 이

중 시간성[bitemporality]이 필요하지만, 많은 사용자는 일상적인 사용에서 시간을 신경 쓰지 않습니다. 따라서 데이터 프로덕트는 내부적으로 이중 시간성을 유지하지만, 기본적으로 '지금[now]'이나 '최신[least]'을 가정하여 시간 개념을 줄이는 바로 가기 API를 제공할 수 있습니다.

11.3 복잡적응계의 간결함에 영향을 받는 설계

데이터 메시와 같은 아키텍처는 복잡적응계[complex adaptive system]를 통해 속성을 공유합니다.[5] 이러한 시스템은 동적 상호 연결성[dynamic interconnectivity]을 통해 자율적인 자기 조직화 행위자[self-organizing agent]의 네트워크로 구성됩니다.[6] 이러한 복잡적응계에서 영감을 얻는 것은 두 가지 방식으로 아키텍처 설계에 영향을 미칩니다.

11.3.1 간결한 로컬 규칙으로부터 창발하는 동작[7]

먼저, 강력한 집단 동작은 모든 행위자를 로컬하게 거버닝하는 간단하고 작은 규칙 집합에서 발생한다는 사실에서 영감을 얻을 수 있습니다. 예를 들어, 간혹 가을 하늘을 보면 찌르레기 수천 마리가 아름답게 형성된 무리를 볼 수 있습니다. 그런데 각 찌르레기에 대해 미시적으로 바라보면, 이들 찌르레기는 각각 분리[separation](가까이 있는 무리와 부딪히지 않기), 정렬[alignment](가까이 있는 선두 무리를 따라가기), 응집[cohesion](주변 무리와 비슷한 속도로 이동하기)이라는 세 가지 규칙[8]을 따르는 것을 볼 수 있습니다. 찌르레기들은 글로벌 오케스트레이터나 전체 무리에 대한 지식이 없어도 무리를 형성할 수 있습니다.

5　https://oreil.ly/XUaMQ

6　베타리더_ 위키백과에서는 복잡적응계를 복잡계(complex system)와 적응계(adaptive system)로 분리하여 설명합니다. 여기서 복잡계란 동적 네트워크(dynamic network) 내의 여러 구성 요소가 독립적이면서 서로 상호작용하는 시스템이라는 의미로 사용됩니다. 한편 적응계란 변화를 일으키는 마이크로이벤트나 이벤트 모음에 따라 구성 요소의 개별적인 동작과 집단적인 동작을 변형하거나 자체적으로 조직화하는 시스템을 의미합니다. 다시 말해 복잡적응계란 동적 네트워크에서 독립적으로 상호 작용하는 구성 요소의 동작을 변형하거나 자체적으로 조직화하는 시스템을 가리킵니다.

7　베타리더_ 이번 절에서는 데이터 프로덕트 간의 코레오그래피(choreography)에 대해 다룹니다. 별도의 오케스트레이터가 중앙에서 데이터 프로덕트를 관리하고 중재하는 오케스트레이션과는 달리, 코레오그래피는 이러한 오케스트레이터 없이 데이터 프로덕트끼리 상호작용하는 것을 의미합니다(출처: 『소프트웨어 아키텍 The Hard Parts』 p. 356-357 참조).

8　Craig Reynolds, "Flocks, Herds and Schools: A Distributed Behavioral Model." SIGGRAPH '87: Proceedings of the 14th Annual Conference on Computer Graphics and Interactive Techniques. Association for Computing Machinery, pp. 25-34. CiteSeerX 10.1.1.103.7187. (1987)

마찬가지로, 각 데이터 프로덕트에 대한 간단한 특징과 동작을 로컬하게 정의함으로써 데이터 메시에서 강력한 집단 동작이 나타납니다. 예를 들어, 각 데이터 프로덕트는 입력 포트(업스트림 소스에서 즉각적으로 나온 입력 데이터를 어디에서 어떻게 소비하는지)와 출력 포트(출력 데이터를 어떤 데이터와 어떻게 공유하는지)에 대해 정의합니다. 데이터 프로덕트는 입력 포트를 정의한 후 다른 업스트림 데이터 프로덕트의 출력 포트에 연결할 수 있습니다. 이후 입력 포트와 출력 포트는 각 데이터 프로덕트에서 구성된 **데이터 플로우**data flow를 로컬하게 설정하여 정의합니다. 이러한 데이터 플로우의 규칙에 따라, 모든 데이터 프로덕트 사이에서 데이터 메시에 대해 전반적인 데이터 플로우 그래프인 리니지 그래프lineage graph가 데이터 메시 수준으로 나타나게 됩니다.

그런데 이 경우, 앞에서 언급한 찌르레기의 사례와 유사하게 데이터 플로우 그래프나 리니지에 대해 '중앙 집중식으로 정의된' 개념이 없습니다. 다시 말해 어떤 데이터 프로덕트도 데이터 메시에 대해 알지 못합니다. 또한 데이터 메시 내에서는 전체적인 구성에 대해 알고 있는 중앙 파이프라인 오케스트레이터가 존재하지 않습니다. 데이터 파이프라인 설계와 비교했을 때, 기존 아키텍처에서는 파이프라인으로 구성되어 중앙 리포지토리로 작업하는 중앙의 오케스트레이터가 존재한다는 점에서 차이가 납니다.

많은 예시에서 데이터 프로덕트 수준의 간결한 로컬 규칙을 형성함으로써 새로운 데이터 메시 수준 속성을 창발(創發)emergent하는 것을 볼 수 있습니다. 이러한 예시로 글로벌 지식 그래프 global knowledge graph와 데이터 메시 수준의 런타임 성능mesh-level runtime performance을 들 수 있습니다. 전자는 로컬하게 정의된 데이터 프로덕트 각각의 시맨틱과 데이터 프로덕트 사이에 직접 연결된 노드immediate node에서 창발하고, 후자는 상관관계 식별자correlation identifier[9]를 통해 각 데이터 프로덕트에서 제공되는 로컬 메트릭과 로그에 기반합니다.

창발하는 속성과 동작은 데이터 플랫폼의 **데이터 메시 경험 플레인** 서비스를 통해 표면화될 수 있습니다.

---

9   옮긴이_ 어떤 요청 메시지(request message)가 응답 메시지(reply message)와 대응을 이루는 것인지 나타내는 고유한 식별자를 의미합니다(https://oreil.ly/S06JU). 여기서는 콜 그래프(call graph)처럼 연결된 데이터 프로덕트 사이에서 메트릭과 로그를 요청하거나 응답할 때 사용됩니다.

11.3.2 중앙 오케스트레이터의 부재

복잡적응계와 마찬가지로, 데이터 메시에는 중앙에서 제어하는 아키텍처 요소가 필요하지 않습니다. 오케스트레이터가 없는 찌르레기 떼도 속도, 거리, 리더를 감지하는 방법을 정의하는 일련의 생물학적 **표준**standard이 있는 것과 마찬가지입니다.

마찬가지로 데이터 메시에서는 각 데이터 프로덕트가 상호 운용성과 동작의 일관성을 위해 따르는 일련의 표준을 도입합니다. 예를 들어, 10장에서는 데이터 메시 경험 플레인이 제공하는 서비스로 '글로벌 정책'을 소개했습니다. 이러한 정책을 통해 각 데이터 프로덕트에 대한 액세스 제어 규칙을 글로벌하고 편리하게 구성할 수 있습니다. 그러나 이러한 규칙을 해석하고 실행하는 것은 중앙 액세스 제어의 개입 없이 데이터 프로덕트 내에서 적절한 시점(액세스 읽기 또는 쓰기)에 로컬하게 이루어집니다.

일부 조직에서는 규칙 작성 자체가 탈중앙화되어 로컬하게 데이터 프로덕트에 위임되어 있습니다. 그러나 플랫폼은 규칙을 일관적으로 해석하여 실행하기 위해 표준화된 사이드카를 각 데이터 프로덕트 내에 임베딩하고 있습니다.

정리하기

이제 데이터 메시 아키텍처의 핵심 요소인 아키텍처 퀀텀으로서의 데이터 프로덕트 설계에 대한 마음가짐과 접근 방식을 정립했길 바랍니다.

11장에서 데이터 메시 내의 데이터 프로덕트와 다른 구성 요소, 사용자 간의 관계인 행위 지원성(데이터 제공, 데이터 소비, 데이터 검색, 데이터 거버닝, 데이터 감사 등)을 통해 데이터 프로덕트를 올바르게 설계하는 방법에 대해 알아봤습니다.

그다음 스케일 아웃 아키텍처를 설계하여 다른 데이터 프로덕트를 중단시키지 않고 변환시킬 수 있는 데이터 프로덕트를 생성하는 방식에 대해 살펴봤습니다. 이러한 데이터 프로덕트는 중앙 집중식 아키텍처로 인해 발생하는 병목 현상 없이 가치를 전달합니다.

마지막으로 복잡적응계의 원칙을 통해 각 데이터 프로덕트에 단순한 로컬 규칙과 동작을 설계하는 과정에 대해 알아봤습니다. 이러한 복잡적응계의 원칙은 집합적으로 데이터 메시 수준의 지식과 인텔리전스의 출현으로 이어질 수 있도록 합니다.

이렇게 새롭게 형성된 사고방식을 바탕으로 다음 장에서 데이터 프로덕트 행위 지원성의 설계에 대해 살펴보겠습니다.

12장

데이터 소비, 변환 및 제공 설계

데이터 프로덕트의 주요 역할은 입력 데이터 포트를 통해 업스트림 소스의 데이터를 변환한 다음, 출력 데이터 포트를 통해 영구적으로 액세스할 수 있는 데이터 형태로 결과를 제공하는 것입니다.

이번 장에서는 모든 데이터 프로덕트가 구현하는 세 가지 기본 특성인 데이터 제공(12.1절), 데이터 소비(12.2절), 데이터 변환(12.3절)에 대해 설명합니다.

먼저 데이터 메시의 고유 속성과 가장 연관이 깊은 행위 지원성부터 설명하겠습니다.

12.1 데이터 제공

데이터 프로덕트는 9장에서 소개한 출력 데이터 포트(인터페이스)를 통해 다양한 분석 데이터 소비자에게 도메인 데이터를 제공합니다. 출력 데이터 포트에는 **명시적으로 정의된 계약**과 API가 있습니다.

데이터 메시 내 데이터 프로덕트와 행위자 사이의 관계, 행위자의 특성과 요구 사항을 고려할 때, 행위 지원성은 '도메인이 주도하여 데이터를 제공serving domain-driven data'한다는 흥미로운 속성이 있습니다.

데이터 프로덕트와 데이터 사용자 간의 관계를 살펴보겠습니다.

12.1.1 데이터 사용자의 니즈

[그림 12-1]은 데이터 프로덕트가 데이터 사용자의 니즈를 충족하는 방법에 대해 보여줍니다.

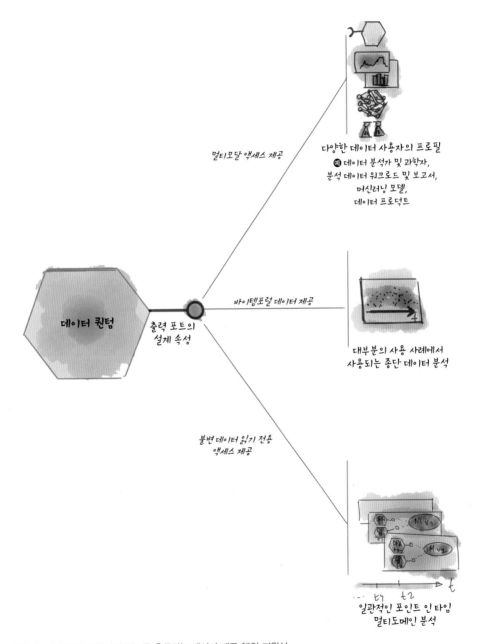

그림 12-1 데이터 사용자의 니즈를 충족하는 데이터 제공 행위 지원성

데이터 프로덕트가 데이터를 제공하는 방법을 설계할 때, 아래와 같은 데이터 사용 주체의 니즈를 충족해야 합니다.

다양한 프로필을 갖고 있는 분석 데이터 사용자

데이터 사용자란 데이터에 액세스하여 사용하는 페르소나(예 데이터 분석가, 데이터 과학자, 데이터 애플리케이션 개발자)와 시스템(예 데이터 보고서, 데이터 시각화, 통계 및 머신러닝 모델)을 총체적으로 이르는 말입니다. 3장을 상기해보면, 데이터 프로덕트는 데이터 사용자에게 네이티브한 방식으로 데이터를 제공합니다. 이러한 기본 사용성 어트리뷰트를 데이터 프로덕트의 **네이티브한 액세스 가능성**이라고 부릅니다.

이러한 요구 사항을 설계하는 것은 동일한 데이터 시맨틱을 다양한 형식과 액세스 방식으로 제공하는 멀티모달 액세스를 통해 데이터를 제공해야 한다는 것을 암시합니다.

종단 데이터가 필요한 분석 데이터 사용자

데이터 메시에서는 데이터를 분석할 목적으로 전체적인 데이터의 상태를 종단적으로 볼 수 있습니다. 이때 가장 중요한 것은 **오프 더 메시**^{off-the-mesh} (데이터 메시 외부의) 데이터 레이크와 데이터 웨어하우스같이 글로벌 상태를 유지(조정^{orchestrate})하는 외부 시스템 없이도 전체 상태를 유지한다는 점입니다.

지속적으로 변화하는 글로벌 데이터 상태는 다른 아키텍처 요소 없이 연결된 데이터 프로덕트 그래프에 의해 저장되고 유지됩니다. 이것이 바로 아키텍처의 탈중앙화입니다.

회고적이든 미래지향적이든, 인사이트는 시간의 흐름을 고려할 때 가장 강력한 요소입니다. 시간에 따라 지속적으로 변화하는 데이터에 액세스할 수 있어야만 추세를 공식화하고, 예측하고, 여러 도메인에 걸쳐 서로 다른 이벤트 간의 상관관계를 발견할 수 있습니다. 데이터 메시는 데이터를 표시하고 조회할 때 시간을 항상 존재하는 매개변수로 가정합니다.

종단 데이터^{longitudinal data}, 즉 시간에 따라 이벤트와 상태가 변화하는 데이터에 액세스하는 기능을 설계하기 위해서는 각 데이터 퀀텀이 바이템포럴 데이터를 제공해야 합니다.

한 시점에 여러 도메인을 동시에 조회해야 하는 분석 데이터 사용자

대부분의 분석 데이터 사용 사례에서는 여러 데이터 프로덕트의 데이터를 처리합니다. 이러한 사용 사례는 여러 데이터 프로덕트를 한 시점(時點)에서 일관적으로 상호 연관시킵니다. 예를 들어, 다프가 다음 달의 구독자 수의 증가를 예측하기 위해 2021년 7월 1일에 머신러닝 모델을 학습시킨다고 가정해봅시다. 그러면 머신러닝 모델은 2021년 7월 1일에 여러 데이터 프로덕트에서 지난 3년간 **수집하고 처리한 데이터**를 기반으로 학습합니다.

성장 모델 중에서 2021월 7월 21일에 처리된 버전의 재현성^{repeatability}을 지원하기 위해, 데이터 메시는 2021년 7월 21일에 여러 데이터 프로덕트의 데이터를 변경 불가한 상태로 유지합니다.

재현성을 지원하고자 여러 데이터 프로덕트에 대해 일관된 포인트 인 타임 데이터에 데이터 버저닝을 결합하여 제공하면, 데이터 제공과 관련된 여러 가지 설계 고려 사항(이중 시간성, 불변성, 읽기 전용 액세스)을 도입할 수 있습니다.

12.1.2 데이터 제공 설계 사항

데이터 메시의 필수 요소인 **멀티모달리티**^{multimodality}, **불변성**^{immutability}, **이중 시간성**^{bitemporality}, **읽기 전용 액세스**^{read-only access}의 각 속성에 대해 좀 더 자세히 살펴보겠습니다.

멀티모달 데이터

데이터 프로덕트의 역할은 도메인별로 구체적이면서 고유한 **시맨틱**^{semantic}을 통해 각 도메인의 분석 데이터를 제공하는 것입니다. 그러나 데이터 프로덕트가 다양한 소비자에게 네이티브하게 서비스를 제공하려면 동일한 도메인 시맨틱을 다른 신택스로 공유해야 합니다. 시맨틱은 **컬럼 지향 파일**^{columnar file}, **관계형 데이터베이스 테이블**^{relational database table}, **이벤트**^{event} 등과 같은 형식으로 제공될 수 있습니다. 이때 데이터 소비자의 사용자 경험을 저해하지 않으면서 동일한 시맨틱이 제공됩니다. 보고서를 작성하는 사람들은 관계형 테이블 형태로 데이터를 사용합니다. 머신러닝 모델을 훈련하는 사람은 컬럼 지향 파일 형식으로 데이터를 사용하고, 실시간 앱 개발자는 이벤트 형식으로 데이터를 사용합니다.

개인적으로 필자는 분석 데이터를 **시간**과 **공간**의 차원으로 시각화하는 것이 도움이 된다고 생각합니다. 그중 공간이라는 차원을 사용함으로써 데이터를 다양한 **형식**^{format}(신택스)으로 구체화하여 표현합니다. 모든 데이터 프로덕트는 데이터를 **여러 가지 형식**^{multiple format}, 즉 **멀티모달 형식**^{multimodal format}으로 표시할 수 있습니다. 아래 목록은 데이터의 형식에 대한 예시입니다.

- 반정형 파일semi-structed file (예 컬럼 지향 파일)
- 개체-관계 모델entity relationship (예 관계형 테이블relational table)
- 그래프graph (예 속성 그래프property graph)
- 이벤트event

데이터 사용자가 최상위 데이터 프로덕트 검색 API(13.1절 참조)를 사용하여 데이터 프로덕트에 액세스한다고 가정해봅시다. 데이터 프로덕트 검색 API는 먼저 데이터 프로덕트의 시맨틱(프로덕트가 제공하는 도메인 정보, 예를 들어 **팟캐스트**, **팟캐스트 청취자** 등)을 파악합니다. 그런 다음 데이터 프로덕트의 출력 API(9.2.1절 중 '출력 데이터 포트' 참조) 중 하나에 액세스하여 개별적인 데이터 액세스 방식을 학습합니다. 데이터 제공 행위 지원성은 (물리적인) 기반 기술에 따라 달라집니다. 예를 들어 이벤트 로그 구독하기, 분산된 컬럼 지향 파일 읽기, 관계형 테이블에 대한 SQL 쿼리 실행하기 등이 있습니다. 데이터 프로덕트에서는 도메인 지향 시맨틱domain-oriented semantic을 가장 먼저 고려하고 결정하며, 데이터의 형식과 액세스 방식은 그 다음에 결정됩니다. 이는 기존 아키텍처와는 반대되는 모델입니다. 기존 아키텍처는 스토리지 기술과 인코딩 기술을 통해 데이터를 구성하는 방식(형식)을 먼저 결정한 다음 데이터를 제공하는 식으로 진행됩니다.

[그림 12-2]는 여러 액세스 방식을 예시와 함께 나타낸 것입니다. **플레이 이벤트** 데이터 프로덕트는 세 가지 액세스 방식으로 재생 이벤트 데이터에 대한 액세스를 제공합니다. 이러한 액세스 방식은 '플레이 이벤트' 주제 구독(로그인, 팟캐스트 재생, 재생 중지 등 청취자의 상태 변화 포착), 플레이 이벤트 SQL 쿼리(이벤트 어트리뷰트를 행row으로 하여 이루어진 테이블), 플레이 이벤트 컬럼 지향 파일(모든 이벤트의 각 어트리뷰트에 대한 파일)로 나누어집니다.

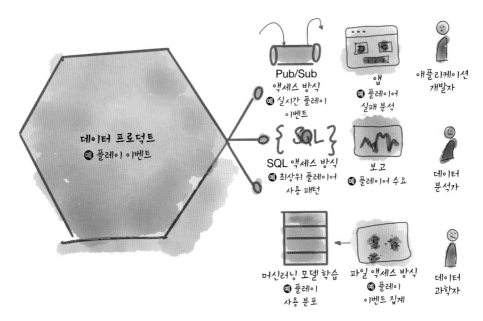

그림 12-2 데이터 프로덕트의 멀티모달 액세스 예시

[그림 12-2]와 같이 데이터 집약적인 애플리케이션^{data-intensive app}을 다루는 개발자가 플레이어의 품질을 개선하기 위해 오류 이벤트를 감시하는 경우가 있습니다. 이외에도 데이터 분석가가 동기식 SQL 액세스 모델^{synchronous SQL access model}을 사용하여 최상위 플레이어 사용 패턴에 대한 일일 보고서를 작성하거나, 데이터 과학자가 파일 액세스 방식을 이용하여 플레이 패턴의 분류를 발견하는 머신러닝 모델을 학습하는 경우가 있습니다. 이렇게 다양한 소비자 페르소나를 만족시킬 수 있는 세 가지 액세스 모드와 데이터 토폴로지에 대해 알아봤습니다.[1]

이 모든 것은 의미론적으로 동일한 데이터 프로덕트인 플레이 이벤트가 여러 데이터 포트를 통해 활성화된다는 것을 보여줍니다.

> **✎ NOTE** 오늘날 멀티모달 액세스를 지원하는 데 따르는 복잡성은 액세스에 기반한 인코딩과 형식에 구애받지 않으면서 데이터를 의미론적으로 표시하고 조회할 수 있는 고차적인 추상화 API가 없기 때문에 발생합니다.

---

1 데이터 토폴로지 하나에도 여러 가지 액세스 방식이 있을 수 있습니다. 예를 들어 이벤트 스트림 형식의 데이터는 SQL 액세스 방식이나 Pub/Sub 액세스 방식으로 사용될 수 있습니다.

불변 데이터

같은 강물에 두 번 들어갈 수 없다.

— 헤라클레이토스Heraclitus

불변 데이터immutable data는 한번 생성되면 변경되지 않습니다. 데이터 프로덕트는 일부 데이터를 데이터 사용자가 사용할 수 있도록 처리하여 데이터를 사용자에게 제공합니다. 이때 일부 특정 데이터는 불변의 성질로 인해 삭제되거나 업데이트되지 않습니다.

데이터를 변경할 때 종종 복잡성과 오류가 발생하는 경우가 있다는 것은 숙련된 프로그래머라면 누구나 알고 있는 사실입니다. 그렇기 때문에 데이터는 절대 변경되지 않는다는 것을 핵심 공리로 삼는 함수형 프로그래밍functional programming에 상당한 관심이 쏠리고 있습니다.

이는 특히 분석 데이터 사용 사례와 관련이 있습니다. 데이터 사용자는 불변 데이터를 통해 재현하는 방식으로 분석을 다시 실행할 수 있습니다. 이를 통해 특정 포인트 인 타임 데이터셋point-in-time dataset에 대한 모델이나 보고서를 다시 생성하여 분석을 실행해도 동일한 결과를 얻을 수 있습니다.

재현성이 필요한 이유는 데이터 분석가가 눈에 띄는 관찰 결과를 도출하기 위해 더 깊이 파고 들어야 하는 경우가 종종 있기 때문입니다. 사용 중인 데이터가 변경되면 눈에 띄는 결과를 재현하지 못할 수 있으며, 이러한 결과가 데이터 변경 때문에 생기는 것인지, 아니면 프로그래밍 오류 때문에 생기는 것인지 알 수 없습니다. 분석 과정에서 버그가 있는 경우, 분석가가 불안정한 데이터 소스로 작업할 때 동일한 코드를 반복적으로 실행해도 동일한 답을 얻을 수 없기 때문에 추적하기 훨씬 더 어렵습니다.

변경 가능한 데이터mutable data로 인한 혼란confusion과 복잡성complexity은 데이터 메시에서 더욱 심해집니다. 소스 데이터는 여러 데이터 프로덕트에서 사용될 수 있고, 데이터 프로덕트는 개별 분석 작업의 소스로서 비즈니스 상태를 더 잘 이해하기 때문입니다. 이러한 점 때문에 데이터 메시는 데이터 사용자에게 데이터의 불변성을 요구합니다. 이를 통해 (1) 포인트 인 타임 데이터가 여러 데이터 프로덕트 간에 일관성이 있고, (2) 특정 시점에서 데이터를 읽을 때 데이터가 변경되지 않아 읽기 및 처리 작업을 안정적으로 재현할 수 있다는 확신을 줄 수 있습니다.

[그림 12-3]은 이에 대해 간단한 예시를 보여줍니다. **청취자 인구 통계** 데이터 프로덕트는 매일 청취자가 플레이어를 실행한 위치를 토대로 청취자의 지리적 인구 통계를 제공합니다. 청취

자 인구 통계 데이터 프로덕트에는 **지역별 아티스트의 인기도**(특정 아티스트에 대한 대부분의 청취자가 위치한 지역)와 **시장 규모**(지역별 청취자 수)라는 두 가지 다운스트림 데이터 프로덕트가 있습니다. 이 두 데이터 프로덕트는 지역별로 타깃 마케팅 활동을 추천하는 **지역별 마케팅** 데이터 프로덕트의 일부 소스입니다. **지역별 시장 규모** 데이터 프로덕트는 시장에 미치는 영향이 가장 적은 저위험 국가를 파악하여 A/B 테스트나 실험을 진행하고, **지역별 아티스트의 인기도** 데이터 프로덕트는 아티스트의 인기도에 기반한 프로모션을 진행합니다.

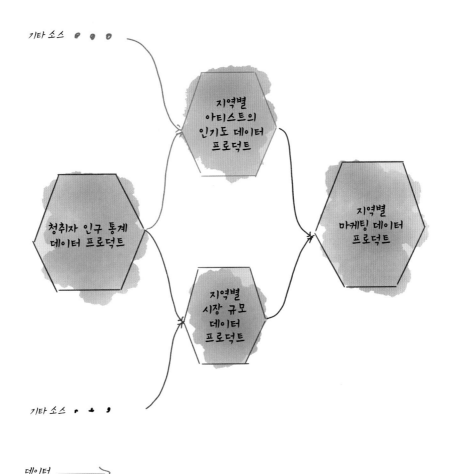

그림 12-3 비일관적으로 데이터 프로덕트를 상관하는 과정에 대한 예시

그러나 고유한 주기에 따라 독립적으로 데이터를 업데이트하는 데이터 프로덕트 특성상 모든

데이터가 동시에 업데이트되리라는 보장은 없습니다. 이는 죽음의 다이아몬드deadly diamond[2]로 이어질 수 있습니다. **지역별 마케팅** 데이터 프로덕트가 데이터를 분석하는 동안 **청취자 인구 통계** 데이터 프로덕트가 데이터를 업데이트하면, 청취자 인구 통계 데이터 프로덕트는 업데이트 이전의 데이터를 제공하게 됩니다. 반면 **지역별 시장 규모** 데이터 프로덕트는 업데이트 이후에 데이터를 제공할 수 있기 때문에 지역별 마케팅 데이터 프로덕트에서 일관되지 않은 데이터를 사용할 수 있습니다. 더 좋지 않은 상황은 지역별 마케팅 데이터 프로덕트가 이러한 불일치에 대해 잘 알지 못한다는 것입니다.

데이터 메시는 데이터 사용자가 업데이트된 데이터를 감지하지 못할 가능성을 제거하고 이 문제를 해결합니다. 데이터 변경 사항은 항상 시간 가변적 어트리뷰트time-variant attribute를 식별하는 새로운 데이터 조각으로 표시됩니다. 따라서 데이터 사용자는 서로 다른 데이터 프로덕트에서 일관되지 않은 데이터 조각을 상호 연관시키지 않아도 됩니다. 이를 수행하는 가장 일반적인 방법은 다음 절에서 다루는 바이템포럴 데이터를 사용하는 것입니다.

예를 들어, **청취자 인구 통계** 데이터 프로덕트는 {listener_id: '123', location: 'San Francisco', connection_time: '2021-08-12T14:23:00, processing_time: '2021-08-13T01:00'}와 같은 튜플로 데이터를 공유합니다. 각 정보에는 두 개의 시간 가변적 식별 필드time-variant identifying field가 있는데, 청취자가 음악을 듣기 위해 연결한 시각인 connection_time과 **청취자 인구 통계** 데이터 프로덕트가 정보를 처리한 시각인 processing_time이 있습니다. 이 튜플이 처리되어 데이터 사용자가 사용할 수 있게 되면 이들 시각은 절대 변경되지 않습니다. 물론 동일한 청취자가 다음 날 다른 위치에서 콘텐츠를 청취할 수 있습니다. 이때 {listener_id: '123', location:'New York', connection_time: '2021-08-13T10:00', processing_time: '2021-08-14T01:00'}와 같이 새로운 데이터 개체가 추가되는 것으로 나타납니다. 이 두 시각은 서로 다른 시각이지만 여전히 수신자의 새로운 위치를 업데이트하여 전달합니다.

데이터의 불변성은 분산된 데이터 메시에서 공유되는 소비자 상태를 업데이트할 때, 우발적인 복잡성으로 인해 발생하는 부작용을 처리해야 하는 경우와 분산 트랜잭션distributed transaction이라는 난해한 컴퓨터 과학 문제를 해결해야 하는 경우를 줄입니다. 데이터 메시에서 이미 소비한

----

2 옮긴이」 [그림 12-3]의 청취자 인구 통계 데이터 프로덕트처럼 두 개 이상의 프로덕트에 데이터를 제공하는 것을 다중 상속(multiple inheritance)이라고 합니다. 그런데 다중 상속받은 데이터 프로덕트 두 개가 데이터 프로덕트 하나에 데이터를 제공하는 경우가 있는 데, 이를 '죽음의 다이아몬드'라 부릅니다.

데이터가 계속 변경되거나 동일한 코드를 재현해도 다른 결과가 나오는 경우, 각 다운스트림 데이터 리더data reader의 코드에 반영되는 복잡성에 대해 생각해보세요. 불변성은 새로운 처리 시각과 불변의 상태를 전파함으로써 데이터 메시의 **최종 일관성**eventual consistency[3]을 유지하고 **변화를 위한 설계**를 가능하게 하는 또 다른 핵심 요소입니다.

데이터를 불변으로 유지하는 것은 데이터 메시에서 더욱 중요합니다. 하지만 새로운 정보가 입수되거나 데이터 프로세싱 과정에서 버그가 수정되면 과거의 데이터도 변경되므로 데이터를 리트랙션retraction하는 기능이 있어야 합니다. 이러한 기능을 반영하기 위해서는 이중 시간성 bitemporality(바이템포럴리티)에 대해 살펴봐야 합니다. 이를 통해 데이터 메시가 불변성과 변경을 리트랙션하는 기능을 어떻게 구현하는지, 그리고 어떻게 불변 데이터로 데이터를 변경할 수 있는지에 대해 알 수 있습니다.

바이템포럴 데이터

> 변화에는 시간이 걸리고, 시간에 따라 위치와 시간이 정해지며, 시간에 따라 변화하는 양상이 보이는 등 변화와 시간은 떼려야 뗄 수 없는 관계처럼 보인다. 이렇듯 시간과 변화의 불가분성은 일종의 논리적인 진리이다.
>
> — 레이먼드 탤리스Raymond Tallis

바이템포럴 데이터bitemporal data는 모든 데이터에 '이벤트가 실제로 발생한 시점이나 실제 상태가 반영된 시점'인 실제 시각actual time과 '데이터가 처리된 시점'인 처리 시각processing time이라는 두 가지 타임스탬프timestamp가 기록되도록 데이터를 모델링하는 방법입니다.

바이템포럴 데이터 모델링을 사용하면 데이터를 불변하는 개체(**CID** {데이터 프로덕트 필드, 실제 시각, 처리 시각} 형식의 튜플과 같이 새로운 데이터 개체를 처리할 때마다 처리 시각이 단조롭게 증가하는 개체)의 형태로 제공할 수 있습니다.[4] 뿐만 아니라 데이터를 시간적으로 분석한 결과와 시간 여행time travel (**CID** 과거의 추세를 살펴보고 미래의 가능성을 예측하는 것) 같은 형태로도 제공할 수 있습니다. 이러한 두 가지 결과물은 모두 데이터 메시의 핵심입니다.

---

3   데이터 프로덕트에서 새로 처리된 데이터가 다운스트림의 소비자에게 전파되면 어느 시점에서 데이터 메시가 일관성을 갖게 된다는 의미입니다.

4   과거 데이터의 오류를 수정하는 등 이전 데이터를 재처리하면 새로운 데이터 개체와 처리 시각이 발생합니다. 이때 데이터 프로덕트의 오래된 레코드 정책에 따라 과거(오류) 데이터 개체의 유지 여부가 결정될 수 있습니다.

예를 들어, 다프의 비즈니스 성장을 예측하는 시간적 분석 데이터 사용 사례인 성장 예측 모델 growth prediction model을 생각해보겠습니다. 성장 예측 모델은 장기간에 걸친 구독 변화를 사용하여 패턴과 추세를 발견합니다. 이러한 성장 예측 모델은 구독 데이터 프로덕트의 **실제 시각**(구독자가 실제로 멤버십에 가입하거나 탈퇴한 시간)을 **마케팅 활동, 캘린더, 지원 이슈** 데이터 프로덕트와 관련된 다른 이벤트의 실제 시각과 연관시켜 사용합니다. 이러한 데이터 프로덕트는 서로 다른 주기로 데이터를 처리하고 제공합니다. 서로 다른 데이터 프로덕트의 데이터를 일률적으로 사용하여 재현 가능한 버전의 모델을 학습시키기 위해, **성장 예측 모델**은 공통적으로 **처리 시각**(데이터 프로덕트가 이벤트를 처리하고 인식하는 시점)을 기준으로 합니다. 예를 들어 2022-01-02T12:00에 학습된 버전의 모델은 2022-01-02T12:00(처리 시각)을 기준으로 최근 3년(실제 시각)간 알려지고 처리된 가입자 정보, 지원 문제 및 마케팅 이벤트를 사용합니다.

실제 시각과 처리 시각은 서로 얽혀있는 시간축으로 데이터 프로덕트가 보존하고 제공하는 요소입니다.

실제 시각의 플럭스flux(흐름)

분석 사용 사례의 요구 사항을 충족하는 형태로 데이터를 표현하기 위해, 데이터 프로덕트는 시간이 경과함에 따라 도메인의 상태(또는 이벤트)를 무한한 시간 범위[5]에 걸쳐 포착하고 공유합니다. 예를 들어, 팟캐스트 청취자 데이터 프로덕트는 '1년 전부터 지금까지의 일일 팟캐스트 청취자 정보'를 공유할 수 있습니다.

실제 시각은 이벤트가 실제로 발생한 시점이나 실제 상태가 반영된 시점입니다. 예를 들어, 2021년 7월 15일은 다프의 팟캐스트를 실제로 청취한 팟캐스트 청취자(데이터)의 실제 시각입니다. 예측 분석predictive analytics이나 진단 분석diagnostic analytics은 어떤 일이 실제로 발생할 당시의 시간에 민감하기 때문에 실제 시각이 중요한 요소로 작용합니다. 하지만 많은 운영 기능은 그렇지 않습니다. 대부분의 운영 기능은 '마케팅 자료를 인쇄하여 청취자에게 보낼 수 있도록 현재 팟캐스트 청취자의 현주소를 알려주세요'와 같이 데이터의 **현재 상태**에 관여합니다.

실제 시각은 변동적입니다. 데이터 프로덕트는 소스 데이터를 교정한 후 순서가 맞지 않는 실제 시각을 관찰하거나 동일한 실제 시각에 대한 새로운 데이터를 수신할 수 있습니다.

------

5   무한의 정의는 데이터 퀀텀의 데이터 보존 정책에 따라 달라집니다.

처리 시각은 특정한 실제 시간 동안 데이터 프로덕트의 상태 또는 이벤트에 대한 지식이나 이해를 관찰하고 처리하여 기록하고 제공할 때의 시각입니다. 예를 들어, 2021-08-12T01:00에 **팟캐스트 청취자** 데이터 프로덕트는 2021년 8월 11일에 팟캐스트를 청취한 사람들에 대한 모든 데이터를 처리하여 당시 청취자의 상태가 어떻게 변경되었는지(11일 몇 시에 어떤 음악을 들었는지 등)를 포착합니다. 다시 말해 2021-08-12T01:00은 데이터 프로덕가 데이터를 처리한 시점이므로 처리 시각으로 볼 수 있습니다.

데이터의 필수 어트리뷰트로 처리 시각을 제공하는 것은 **변화를 위한 설계**design for change의 핵심입니다. 과거에 발생한 오류를 수정하거나 과거에 대한 이해를 향상시키는 새로운 정보를 알게 되면 과거에 대한 이해가 달라집니다. 과거에 일어난 시점(실제 시각)은 바꿀 수 없지만 현재 시점에서 처리 시각은 바꿀 수 있습니다. 결론적으로 처리 시각을 이용하여 과거(실제 시각)에 발생한 데이터에서 수정 사항을 반영함으로써 새로운 데이터를 제공합니다.

처리 시각은 단조롭게 진행된다고 신뢰할 수 있는 유일한 시간입니다.

> **✎ NOTE** 필자는 서로 다른 4개의 시각을 처리 시각 하나로 뭉쳤습니다.
>
> - **관찰 시각**observation time: 데이터 프로덕트가 이벤트 또는 상태를 인식하는 시점
> - **처리 시각**processing time: 데이터 프로덕트가 관찰한 데이터를 처리하고 변환하는 시점
> - **기록 시각**record time: 데이터 프로덕트가 처리한 데이터를 저장하는 시점
> - **퍼블리싱 시각**publish time: 데이터 사용자가 데이터에 액세스할 수 있게 되는 시점
>
> 이러한 미묘한 차이는 데이터 사용자가 아닌 데이터 프로덕트와 내부적으로 가장 관련이 있습니다. 따라서 데이터 사용자에게 가장 중요한 시간인 처리 시각 하나로 통합했습니다.

마틴 파울러는 'Bitemporal History'[6]라는 간단하면서 훌륭한 포스팅에서 이중 시간성에 대해 설명했습니다. 이번 절에서는 통합 모델에서 데이터 프로덕트가 처리 레이턴시latency of the processing와 데이터의 형태(이벤트 또는 스냅샷)에 관계없이 이중 시간성을 채택하는 방법을 소개합니다.

----

6 `https://oreil.ly/0HKiC`

이중 시간성의 영향

몇 가지 시나리오를 보면서 이중 시간성의 긍정적인 영향에 대해 간략히 살펴보겠습니다.

리트랙션

우리가 세상을 이해하는 방식은 끊임없이 변화하며 진화합니다. 그 과정에서 기존에 누락된 정보나 오류를 발견할 수 있습니다.[7] 데이터 메시는 여기에 착안한 방식으로 추후에 정보를 처리하는 시점에서 오류를 수정합니다. 예를 들어, 2021-08-12T1:00(처리 시각)에 데이터 프로덕트는 '2021년 8월 11일(실제 시간)에 팟캐스트를 청취한 사람'에 대한 모든 정보를 처리합니다. 그런데 청취자 수를 잘못 계산하여 3,000명으로 계산했다고 가정합시다. 2021-08-13T10:00에 정보를 처리할 때는 오류를 수정하고 2021년 8월 11일에 2,005명의 청취자 수를 새로 생성합니다. 3,000과 2,005는 '팟캐스트 청취자 수 2021년 8월 11일'이라는 동일한 **아이덴티티**^{identity}에 대해 서로 다른 두 값이 되며, 2021-08-12T10:00에 처리된 상태와 2021-08-13T10:00에 처리된 상태라는 두 개의 개별 상태로 포착되어 공유됩니다.

이중 시간성을 사용하면 데이터 상태, 데이터 모델, SLO 메트릭 등의 변화 기능이 빌드됩니다. 지속적인 변화 프로세싱은 모든 소비자와 데이터 메시 전체에 임베딩된 기본 동작이 됩니다.

이는 데이터 사용자의 논리를 크게 단순화합니다. 과거의 데이터를 업데이트하는 것은 더 이상 특별하거나 놀라운 일이 아닙니다. 그저 과거 데이터의 리비전을 새로 처리된 데이터로 덮어씌우는 것입니다. 데이터 소비자는 과거의 특정 시점에 처리한 데이터를 추적하고 고정할 수 있으며, 추후 과거로 돌아가서 과거의 데이터 리비전에 액세스할 수 있습니다. 물론 이러한 시스템을 빌드하는 것은 쉬운 엔지니어링 작업이 아닙니다.

처리 시각과 실제 시각 사이의 스큐

스큐^{skew}란 실제 시각과 처리 시각 사이의 간격을 의미합니다. 진정한 실시간 시스템^{true real-time system}만이 무시할 수 있을 정도의 스큐를 가지고 있습니다. 다시 말해 해당 시스템만이

---

7 옮긴이_ 이해를 돕기 위해 다른 예시를 들어 설명하겠습니다. 예를 들어, DNA 검사 기술의 발전으로 인해 기존에 범죄자로 지목된 사람들이 무죄로 판결되는 사례가 있습니다. 실제로 이춘재 연쇄살인 사건 조사 과정에서 누명을 쓴 사람이 복역하였다가 해당 기술로 진범이 드러나면서 풀려난 사례가 있습니다. 그렇다고 해서 그 사람이 당시 벌금을 내거나 수감된 적이 있다는 사실 자체는 말소되지 않습니다.

이벤트가 발생하자마자 우리가 이해할 수 있도록 이벤트를 처리할 수 있습니다. 반면 실제 이벤트 소스부터 여러 데이터 프로덕트를 거쳐 데이터를 처리하는 분석 데이터 처리 시스템에서는 이러한 작업을 진행하기 어렵습니다. 이때 처리 시각과 실제 시각으로 데이터 사용자에게 스큐를 알려주면 데이터 사용자는 여러 데이터 프로덕트를 거쳐 데이터를 처리하는 시스템에서도 적시성에 대한 요구 사항에 따라 데이터를 처리하는 방법을 결정할 수 있습니다. 소스 데이터 프로덕트에서 데이터 프로덕트를 더 많이 거칠수록 스큐가 커질 수 있습니다.

윈도우 기법

데이터 프로덕트는 일정 기간 동안 업스트림 데이터를 집계하는 것이 일반적입니다. 예를 들어, **플레이 세션**은 청취자가 플레이어 장치에 참여하는 동안 모든 이벤트를 집계합니다. 이러한 이벤트로는 청취자가 한 팟캐스트에서 다른 팟캐스트로 이동하여 최종적으로 음악 하나를 선택한 다음, 몇 분간 청취한 후 중단하고 플레이어의 전원을 끄는 일련의 재생 이벤트 등이 있습니다. 이는 플레이어를 작동시키는 청취자의 행동 분석에 도움이 됩니다. 이 경우 재생 이벤트의 실제 시간은 몇 분 동안 타임 윈도우time window에 걸쳐 있을 수 있습니다. 이때 타임 윈도우에 대한 지식이 있는 데이터 사용자는 타임 윈도우를 고려하면서 데이터 운영 작업을 수행할 수 있습니다.

지속적인 변화에 대한 반응형 프로세싱

데이터 메시는 세상이 끊임없이 변화한다고 가정합니다. 이러한 변화는 처리 시각으로 표시되어 새로운 데이터가 도착하는 형태나 과거 데이터에 대한 이해가 진화하는 형태로 나타날 수 있습니다. 데이터 프로덕트는 업스트림 데이터 프로덕트가 변경된 경우, 즉 새로운 처리 시각을 사용할 수 있게 된 경우에 반응하여 지속적으로 변화를 처리할 수 있습니다.

처리 시각은 연결된 데이터 프로덕트 간에 반응형 데이터 처리와 비동기식 데이터 처리를 생성하는 기본적인 메커니즘이 됩니다.

데이터 프로덕트의 모든 측면을 버저닝하는 시간성

데이터 프로덕트의 시간적 개념인 처리 시각은 시간이 지남에 따라 변경되는 데이터 프로덕트의 모든 어트리뷰트(데이터 스키마, 데이터 시맨틱, 데이터 간의 관계, SLO 등)에 임베딩되어 있습니다. 이러한 어트리뷰트는 시간에 따라 자동으로 버저닝되어 관리됩니다.

처리 시각은 데이터 프로덕트의 영구 속성(⑩ 데이터 스키마)을 버저닝하여 관리하는 기본 요소가 됩니다. 처리 시각은 데이터 프로덕트의 SLO와 같은 시간에 가변적인 정보를 상호적으로 연관시키는 매개변수가 됩니다.

예시

이전의 '리트랙션' 항목에서 언급된 예시를 시각적으로 살펴보겠습니다. [그림 12-4]는 단일 데이터 프로덕트에 대한 시각 두 가지를 서로의 관계와 함께 보여줍니다.

[그림 12-4]는 몇 가지 주목할 만한 부분을 보여줍니다.

스큐

데이터 퀀텀(데이터 프로덕트)이 이벤트를 처리하고 데이터의 상태에 대한 이해를 얻는 시점이 이벤트가 실제로 발생하는 시점보다 늦어지는 것은 당연합니다. 예를 들어, 2021년 8월 11일 동안의 일일 청취자 상태는 데이터가 발생하는 시간인 2021-08-12T01:00보다 늦게 시스템에 의해 파악됩니다. 팟캐스트 청취자의 일일 상태를 파악하여 다음날 시스템에 보고하는 데는 최소 1시간부터 최대 25시간까지의 시간이 소요됩니다.

처리 오류

2021-08-12T01:00에 처리된 총 청취자 수 계산에 오류가 발생하여, 2021년 8월 11일의 일일 총 청취자 수가 2,005명이 아닌 더 낙관적인 수치인 3,000명으로 잡혔습니다.

리트랙션

2021-08-12T01:00에 발생한 오류는 데이터 프로덕트 개발자가 발견하여 데이터 프로세싱 코드를 통해 수정했습니다. 새로 수정한 값은 다음 처리 간격processing interval인 2021-08-13T01:00에 올바른 값인 2,005가 보고됩니다. 따라서 처리 시각 2021-08-13T01:00에 제공되는 데이터 중에는 2021년 8월 11일자와 2021년 8월 12일자의 일일 팟캐스트 청취자에 대한 데이터가 포함됩니다.

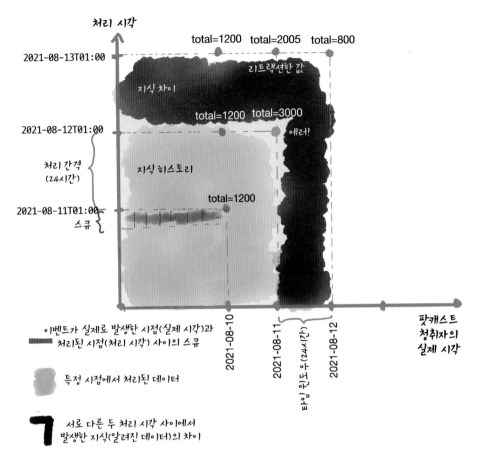

그림 12-4 실제 시각과 처리 시각 사이의 관계

[그림 12-4]에서 볼 수 있듯이 데이터 제공 인터페이스(API)는 처리 시각과 실제 시각이라는 두 개의 시간 매개변수를 가진 함수입니다. 사용 편의성을 위해 데이터의 최신 상태에만 관심이 있는 데이터 사용자를 대상으로 '**최신**^{latest}'과 같은 특수 기본 매개변수를 사용합니다.

[그림 12-4]에서는 단순화를 위해 저해상도 벽 시간$^{low-resolution\ wall\ time\ 8}$을 사용했습니다. 거버넌스는 시간을 표준화하는 방법을 표준화하고 플랫폼은 이러한 표준화를 일관되게 구현합니다. 여타 순서형 데이터$^{ordinal\ data}$의 차원처럼 **처리 시각** 또한 어느 데이터가 먼저 처리되었는지를 보장하는 차원입니다. 이때 처리 시각은 에포크^{epoch} 이후 증가하는 카운터$^{incremental\ counter}$인

---

8 옮긴이_ 벽 시간(wall time)이란 작업이 시작되는 시점부터 끝나는 시점까지 경과된 실제 시간을 의미합니다(출처: 위키백과).

내부 **시스템 시간** 형태로, 또는 단조롭게 증가하는 숫자 형태로 구현할 수 있습니다. 데이터 소비자는 처리 시각을 지표로 사용하여 어떤 데이터를 소비했는지 확인할 수 있습니다.[9] **실제 시각**은 ISO 8601과 같이 날짜와 시간과 관련된 표준$^{DateTime\ standard}$을 따를 수 있습니다.

분석 데이터 사용자는 데이터에 액세스할 때 '시간 여행$^{time\ travel}$'을 수행하여 시간을 앞뒤로 이동할 수 있습니다. 이때 리트랙션할 수 있는 시간의 상한은 가장 먼저 처리된 데이터 보고 시각부터 가장 최근의 데이터 보고 시각까지 다양합니다. 이러한 상한은 데이터 프로덕트의 보존 정책에 따라 다릅니다.

[그림 12-5]는 처리 시각 축을 기반으로 '시간 여행'을 간단하게 시각화한 것입니다.

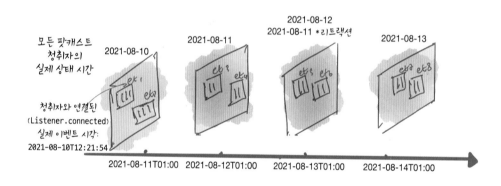

그림 12-5 처리 시각 축에 따른 데이터 제공 속성

상태 및 이벤트

시스템이 데이터를 인코딩하고 처리하는 방식은 포착하고자 하는 대상에 따라 상태^{state}와 이벤트^{event}로 나뉩니다.[10] **상태**는 특정 시점에 포착된 시스템의 상태(예 '오늘의 팟캐스트 청취자

---

9 카프카와 같은 기반 기술이 이러한 메커니즘을 제공하는 경우가 많습니다.

10 이러한 데이터 처리의 이중성은 많은 시스템에서 관찰할 수 있습니다. 예를 들어 스트림 v.s. 테이블(컨플루언트(Confluent, *https://oreil.ly/Y9va4*) 등), 스냅샷 v.s. 델타 파일(데이터브릭스 델타 레이크(Databricks Delta Lake, *https://delta.io*) 등)이 이에 해당합니다.

수')인 한편, **이벤트**는 '새 팟캐스트 청취자가 연결됨'과 같이 특정 변화를 포착한 것입니다. 상태와 (변화) 이벤트에는 데이터 저장 속성과 데이터 제공 속성이라는 서로 다른 두 가지 속성이 필요하지만, 필자는 여기서 언급한 시간 차원과 독립적인 문제라고 생각합니다. 변화 이벤트 스트림을 포착하거나 제공하는 것이 합리적일지, 시스템에서 추론된 상태 스트림을 스냅샷 형태로 포착하거나 제공하는 것이 합리적일지, 아니면 둘 다 수행하는 것이 합리적일지는 데이터 프로덕트의 로직에 따라 다릅니다. 데이터 리더^{data reader}는 변화 이벤트와 시스템에서 추론된 상태 둘 모두를 포착하기를 원할 가능성이 높습니다. 어쨌든 결론적으로, 세 경우 모두 두 가지 시간 축(실제 시각, 처리 시각)은 그대로 유지됩니다.

변화를 리트랙션하는 경우 줄이기

앞서 설명한 대로 데이터를 수정하거나 새 데이터가 도착함으로 인해 변화된(리트랙션된) 과거 데이터는 새로 처리된 데이터처럼 처리됩니다. 수정된 데이터는 실제 시각이 과거에 속하지만, 새로운 처리 시각을 가진 새로운 데이터 개체와 동시에 표시됩니다. 이에 대해 자세한 내용은 다음에 알아볼 '읽기 전용 액세스' 항목에서 설명합니다. 여기에서는 데이터 메시 수준에서 잊혀질 권리를 행사하는 것과 같은 특수한 경우에서 데이터 업데이트를 처리하는 방식에 대해 설명합니다.

리트랙션을 다루는 방법과 함께 데이터 프로덕트는 리트랙션의 필요성과 오류를 줄이기 위해 노력해야 합니다. 다음은 데이터 수정의 필요성을 줄이기 위한 몇 가지 전략입니다.

처리 시각 간격을 늘리는 방식으로 품질 제어 도입하기

플레이 이벤트 데이터 프로덕트에 대해 상상해보세요. 플레이 이벤트 데이터 프로덕트는 플레이어 기기에서 발생하는 이벤트를 포착하는데, 종종 이벤트를 놓치거나 지연된 이벤트를 수신할 때가 있습니다. 이는 네트워크 중단이나 온디바이스 캐시^{on-device cache}에 액세스를 할 수 없는 등의 원인으로 인해 발생합니다. 그러나 데이터 프로덕트 변환 코드는 처리 지연^{processing delay}을 도입함으로써 인위적으로 예측된 신호나 생성된 신호로 누락된 신호를 수정하거나, 동일한 데이터의 중앙값과 같은 기타 통계적 표현으로 신호를 집계할 수 있습니다. 이러한 방식으로 데이터 프로덕트에 실제 시각과 처리 시각 사이에 더 긴 스큐를 도입하여 오류를 제때 수정하고 데이터 리트랙션을 피할 수 있습니다. 이는 본질적인 조정^{reconciliation}이 필요한 비즈니스 프로세스에 적합한 기술인 경우가 많습니다. 예를 들어, 페이먼트 트랜잭선을 준 실시간으로 수신하는 동안, 추후에 제공될 결제 계정을 수정하고 조정하여 날마다 덤프하는 경우가 있습니다. 이 경우 거래의 적시성보다 계정의 정확성이 우선시되므로 처리 간격을 늘려야 합니다.

예상되는 오류를 반영하도록 데이터 프로덕트의 SLO 조정하기

앞의 예시를 계속 이어가면, 일부 소비자는 준 실시간 데이터의 오류를 완벽히 용인할 수 있습니다. 예를 들어 **플레이어 오류**를 감지하는 앱은 여기저기서 누락된 이벤트가 있더라도 상관하지 않습니다. 이 경우, **플레이 이벤트** 데이터 프로덕트는 '플레이어 오류 감지' 애플리케이션과 같은 소비자 카테고리를 조정하지 않으면서 데이터를 퍼블리싱할 수 있습니다. 대신 데이터 프로덕트는 누락된 신호와 관련하여 발생할 수 있는 예상 오류 범위에 따라 품질 목표를 전달합니다.

읽기 전용 액세스

다른 분석 데이터 관리 패러다임과 달리, 데이터 메시는 **단일 진실 공급원**single source of truth (SSOT)이라는 개념을 수용하지 않습니다. 모든 데이터 프로덕트는 최선을 다해 (특정 도메인에 대한) 현실 중 신뢰할 수 있는 **부분**truthful portion, 즉 **단일 진실 슬라이스**single slice of truth를 제공합니다. 이에 따라 하나의 데이터 프로덕트에서 데이터를 읽고 변환한 후 다른 데이터 프로덕트로 제공할 수 있습니다. 데이터 메시에서는 업스트림의 데이터 프로덕트로부터 다운스트림의 소비자에게 자동으로 **이중 시간성과 불변성을 갖고 있는 데이터를 추가**하는 방식으로 변경 사항을 전파함으로써 무결성을 유지합니다. 이와 같은 방식으로 새로운 데이터가 그래프를 통해 전파될 때 데이터 메시는 최종 일관성 상태를 유지할 수 있습니다.

데이터 메시나 개별 데이터 프로덕트에는 **업데이트 기능이 마치 버튼이 따로 있는 것처럼 직접적으로 보이지 않을 수 있습니다.** 데이터 메시에서의 업데이트란 기존의 내용을 수정하는 것이 아닌, 데이터 프로덕트에 데이터를 새로 추가하여 처리하는 과정입니다. 새로 추가된 데이터를 처리하는 형태로 데이터 프로덕트를 변화시키는 것은 데이터 프로덕트의 변환 코드에 의해서만 수행됩니다. 이렇게 하면 불변성을 보장하면서 데이터 메시에서 최종 일관성 상태를 유지할 수 있습니다.

그러나 글로벌 거버넌스 관리 기능이 GDPR과 같은 규정에 따라 **잊혀질 권리**를 실행하는 경우와 같이 데이터를 변화시키는 경우가 있습니다.

이러한 방식으로 데이터를 변화시킬 때는, 특수한 관리 기능을 통해 모든 데이터 프로덕트의 컨트롤 포트(9.4.3절 참조)에서 데이터 메시 경험 플레인으로 트리거함으로써 명령(여기에서는 암호화 파쇄$^{crypto\ shredding11}$)을 실행하는 것으로 생각할 수 있습니다. 데이터 프로덕트는 항상 사용자 정보를 암호화하여 인코딩하므로, 데이터 프로덕트가 아닌 플랫폼에 있는 암호화 키를 파기하면 사용자 정보를 읽을 수 없게 됩니다. 이미 처리된 데이터를 업데이트해야 하는 경우에는 출력 포트의 기능이 아닌 **글로벌 컨트롤 포트**의 기능으로 구현됩니다. 이러한 방식을 통해 출력 포트를 데이터 사용자가 데이터를 읽기만 할 수 있도록 유지하길 바랍니다.

12.1.3 데이터 제공 설계

이 모든 것을 종합하여 데이터를 제공하는 데이터 프로덕트를 설계하는 과정을 살펴보겠습니다. [그림 12-6]에서는 데이터 프로덕트가 논리적 아키텍처처럼 출력 데이터 포트 어댑터의 개념을 사용하여 도메인의 핵심 표현을 여러 공간 모달리티$^{multi\ spatial\ modality}$로 제공하는 특성을 보여줍니다. 각 포트는 이중 시간성과 불변성을 지닌 읽기 전용 데이터를 제공합니다. 데이터 보존 기간은 데이터 프로덕트의 정책에 따라 다릅니다. 모든 처리 시각에 걸친 데이터를 액세스할 수 있도록 보존할 수도 있고, 최신 데이터만 보존하거나, 그 중간 정도만 보존할 수도 있습니다.

---

11 *https://oreil.ly/eg5u7*

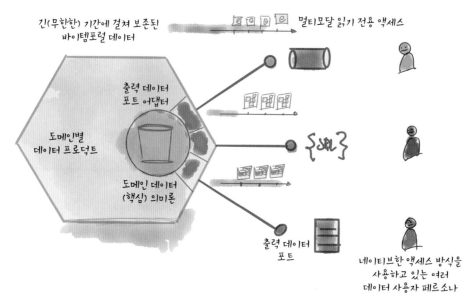

그림 12-6 데이터 프로덕트의 데이터 제공 관련 고수준 구성 요소

[표 12−1]은 데이터 제공 속성과 관련된 데이터 프로덕트의 구성 요소를 보여줍니다.

표 12-1 데이터 프로덕트의 데이터 제공 관련 고수준 구성 요소

데이터 제공 구성 요소	설명
출력 데이터 포트	구체적인 액세스 방식에 따라 정해진 개별 데이터 공간 형식(신택스)으로 데이터를 제공하기 위한 인터페이스(API). 단순히 개별 물리적 기술(웨어하우스 스토리지 내 바이템포럴 테이블, 레이크 스토리지 내 파일, 이벤트 로그의 주제 등)에 액세스하는 것을 리디렉션하는 API일 수도 있습니다.
출력 (데이터) 포트 어댑터	개별 출력 포트에 대한 데이터 표시를 담당하는 코드. 출력 포트 어댑터는 단순히 개별적인 신택스로 데이터를 저장하는 데이터 프로덕트 내 변환 코드의 일부분일 수도 있고, 저장된 핵심 데이터를 다양한 액세스 방식에 맞게 읽기 위해 조정하는 런타임 게이트웨이처럼 정교한 것일 수도 있습니다.
핵심 데이터 시맨틱	액세스 방식이나 공간적 신택스에 구애받지 않는 데이터 시맨틱 표현 방식

12.2 데이터 소비

대부분 조직 데이터는 운영 시스템 안팎에서 사람이나 기타 운영 행위자(**예** 디바이스)와의 상호 작용을 통해 오리진화^{originate}됩니다. 경우에 따라 데이터는 아카이브를 통해 구매하거나 무료로 다운로드하여 수신되기도 합니다. 예를 들어, 다프의 운영 데이터는 다양한 콘텐츠를 구독하고 청취하는 청취자, 음악을 퍼블리싱하는 콘텐츠 제공자, 아티스트 페이먼트에 대한 업무를 처리하는 아티스트 관리 팀 등에 의해 생성됩니다.

데이터 프로덕트는 이러한 운영 데이터를 소비한 후 분석 사용 사례에 적합한 방식으로 변환하여 제공합니다. 따라서 대부분 데이터 프로덕트는 하나 또는 여러 소스의 데이터를 소비합니다.

아키텍처적으로 입력 데이터 포트(9.2.2절의 '입력 데이터 포트' 참조)는 데이터 프로덕트가 소스 데이터의 소비를 정의하고 실행하는 데 필요한 메커니즘을 구현합니다. 이러한 입력 데이터 포트는 데이터 프로덕트가 데이터 소스에 연결하고, 쿼리를 실행하고, 데이터(이벤트 또는 스냅샷)를 연속 스트림 또는 일회성 페이로드$^{one-off\ payload}$로 수신할 수 있도록 하는 논리적 아키텍처 구조입니다. 이때 기반 기술을 선택하는 것은 입력 데이터 포트를 어떻게 구현하는지에 따라 다르며 데이터 플랫폼에 맡겨져 있습니다.

[그림 12-7]은 데이터 프로덕트가 데이터를 소비하는 방식에 대해 개략적으로 보여줍니다. 데이터 프로덕트는 하나 또는 여러 소스의 데이터를 소비합니다. 이때 소스는 협업 운영 시스템$^{collaborating\ operational\ system}$이나 여타 데이터 프로덕트일 수 있습니다. 그런 다음 소비된 데이터는 핵심 데이터 모델로 변환되어 출력 포트를 통해 다양한 방식으로 제공됩니다.

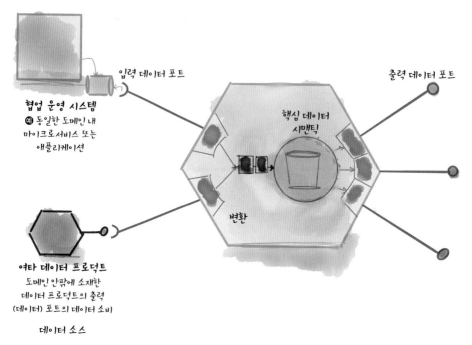

입력 데이터 포트

출력 데이터 포트

협업 운영 시스템
예 동일한 도메인 내
마이크로서비스 또는
애플리케이션

핵심 데이터
시맨틱

변환

여타 데이터 프로덕트
도메인 안팎에 소재한
데이터 프로덕트의 출력
(데이터) 포트의 데이터 소비

데이터 소스

그림 12-7 데이터 프로덕트 중 데이터 소비 설계

각 데이터 프로덕트에는 하나 또는 여러 개의 소스가 있습니다. 소스 데이터 프로덕트(2.3.1 절 참조)는 대부분 운영 시스템에서 데이터를 사용합니다. 한편 애그리거트 데이터 프로덕트 (2.3.2절 참조)에서는 다른 데이터 프로덕트가 소스가 되는 것을 볼 수 있습니다. 그리고 소비자 데이터 프로덕트(2.3.3절 참조)에서는 특정 사용 사례에 로컬하게 소싱된 데이터를 제공하기 위해 스마트 로직smart logic이나 머신러닝 모델이 포함되는 경우가 많습니다.

데이터 프로덕트의 입력 데이터 설계에 영향을 미치는 주목할 만한 특징에 대해 자세히 살펴보겠습니다.

12.2.1 데이터 소스의 아키타입

입력 데이터의 특성은 소스의 여러 아키타입을 지원하면서 설계해야 합니다. 다음은 최상위 범주에 대한 예시입니다.

- 협업 운영 시스템collaborating operational system

- 타 데이터 프로덕트other data product
- 데이터 프로덕트 그 자체self

협업 운영 시스템

소스 데이터 프로덕트는 협업 운영 시스템에서 데이터를 소비합니다. 이때 협업 운영 시스템은 도메인이 비즈니스를 진행하는 과정에서 부산물로 데이터를 생성하는 하나 또는 여러 개의 애플리케이션을 가리킵니다. 소스 데이터 프로덕트는 협업 운영 시스템이 생성한 운영 데이터를 소비하여 분석적인 사용에 적합한 형식으로 변환합니다. 이러한 소스 데이터 프로덕트는 다운스트림 분석 사용 사례를 애플리케이션 내부의 세부 정보에서 분리합니다.

'협업 운영 시스템' 중 '**협업**collaborating'이라는 단어는 데이터 프로덕트와 소스 운영 시스템 사이에 긴밀히 연결돼있는 상태를 의미합니다. 다시 말해 두 요소 모두 동일한 도메인에 속해야 합니다. 운영 데이터 계약operational data contract으로 인해 소스 애플리케이션과 데이터 프로덕트는 종종 긴밀하게 연결되어 있으며, 운영 시스템의 데이터와 모델에 대한 변화는 데이터 프로덕트의 데이터와 모델에 영향을 미칩니다.

그렇기 때문에 필자는 협업 운영 시스템의 소스와 협업하는 데이터 프로덕트를 동일한 도메인에 두는 것을 권합니다. 이렇게 하면 운영 시스템의 변화를 담당하는 도메인 팀이 데이터 프로덕트 개발자와 긴밀히 협력하여 두 구성 요소를 동기화할 수 있습니다.

간혹 운영 시스템이 도메인 하나에 위치해 있지 않은 경우가 있습니다. 예를 들어 데이터 프로덕트, 고객, 판매 등 여러 도메인을 하나로 캡슐화하는 상용 기성품(COTS)으로서의 고객 관계 관리(CRM)Customer Relationship Management as a Commercial Off-The-Shelf 프로덕트가 있습니다. 이 경우 COTS 시스템은 각 소스 데이터 프로덕트마다 여러 도메인의 인터페이스를 노출하여 연결시킬 수 있습니다.

[그림 12-8]은 소스 데이터 프로덕트 입력의 예를 보여줍니다. **청취자 구독** 데이터 프로덕트는 도메인의 마이크로서비스인 **청취자 구독 서비스**에서 데이터를 소비합니다. 이러한 데이터 프로덕트는 청취자 구독의 변화를 이벤트 로그에서 준 실시간으로 실시간 퍼블리싱되는 이벤트 형태로 수신합니다. **구독 이벤트** 로그는 단기 보존 매체로서 운영 시스템에 의해 제어되고 유지 관리됩니다. 데이터 프로덕트는 이벤트를 소비하고 변환하여, 궁극적으로 청취자 구독 정보를 장기적으로 보존하여 실시간으로 조회하는 형태로 제공합니다.

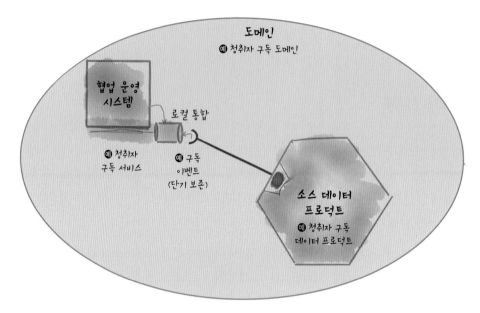

그림 12-8 협업 운영 시스템으로부터 입력을 반영하는 데이터 프로덕트의 예시

협업 운영 시스템에서 입력 포트를 구현하여 데이터를 소비하는 일반적인 메커니즘에는 현대적인 시스템의 경우 비동기 이벤트 주도 데이터 공유^{asynchronous event–driven data sharing}, 변경하기 어려운 레거시 시스템의 경우 **변경 데이터 캡처**^{change data capture[12]}(CDC)가 포함됩니다. 도메인 이벤트를 공유하는 현대적인 운영 시스템은 협업 데이터 프로덕트에 데이터를 공유하는 훌륭한 모델입니다. 그래서 이러한 시스템을 도입하는 것이 일반적인 관행으로 자리잡고 있습니다. CDC는 애플리케이션 데이터베이스의 변화를 발견하고 추적하기 위한 일련의 통합 패턴으로, 데이터 프로덕트에 입력하는 방식으로 소싱할 수 있습니다. 그러나 CDC는 협업 운영 시스템에서 데이터를 수신하는 방법 중 가장 바람직하지 않은 방법입니다. CDC는 데이터베이스 트랜잭션의 내부 구현을 외부로 노출하며, 비즈니스 도메인에 적합하지 않기 때문입니다. 하지만 레거시 시스템의 경우 이 방법이 유일한 선택지입니다.

데이터 프로덕트가 운영 시스템의 데이터를 소비하는 방식은 운영 시스템을 확장하는 팀의 능력에 따라 크게 영향을 받습니다. 데이터 소비 설계는 궁극적으로 도메인 팀에서 운영 시스템과 데이터 프로덕트를 통합하는 방법을 어떻게 결정했는지에 따라 달라집니다.

---

12 *https://oreil.ly/EB8m8*

여타 데이터 프로덕트

데이터 프로덕트는 같은 데이터 메시에 있다면 다른 도메인의 데이터 프로덕트에서도 데이터를 소비할 수 있습니다. 예를 들어, **팟캐스트 인구 통계** 데이터 프로덕트는 **청취자 프로필** 데이터 프로덕트와 **팟캐스트 청취자** 데이터 프로덕트에서 청취자에 대한 어트리뷰트를 수신합니다. 팟캐스트 인구 통계 데이터 프로덕트는 청취자의 프로필 정보를 팟캐스트 청취자와 상호 연관시킨 후 청취자 프로필 데이터 프로덕트와 팟캐스트 청취자 데이터 프로덕트에 분류 변환을 적용합니다. 그런 다음 팟캐스트 인구 통계에 대한 정보를 제공합니다. 이러한 예시는 [그림 12-9]에 나와 있습니다.

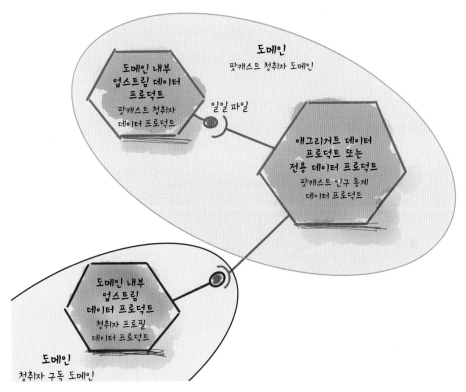

그림 12-9 여타 데이터 프로덕트로부터 입력을 반영하는 데이터 프로덕트의 예시

이러한 경우 입력 포트는 다른 데이터 프로덕트의 출력 포트에서 데이터를 소비합니다. 소스 데이터 프로덕트는 동일한 도메인이나 다른 도메인에 속할 수 있습니다. 그럼에도 불구하고 입

력 데이터 포트의 구현 과정과 다른 데이터 프로덕트의 출력 포트에서 데이터를 소비하는 방식은 표준화되어 있습니다.

데이터 프로덕트는 업스트림 출력의 **실제 시각**과 **처리 시각**을 활용하여 원하는 데이터를 선택합니다. 스트리밍 방식으로 입력하는 경우, 입력 포트 메커니즘은 소스 데이터의 처리 시각을 추적하여 새로운 데이터가 도착하면 원하는 데이터를 처리합니다.

데이터 프로덕트 그 자체

경우에 따라 로컬 수준으로 컴퓨팅된 데이터 프로덕트가 데이터의 소스가 될 수 있습니다. 예를 들어, 데이터 프로덕트는 머신러닝 모델 추론과 같은 로컬 변환을 통해 새로운 데이터를 생성할 수 있습니다. [그림 12-10]에 표시된 **아티스트** 데이터 프로덕트를 생각해보겠습니다. 아티스트 데이터 프로덕트에서는 아티스트 분류를 위해 **아티스트 온보딩** 마이크로서비스에서 수신하는 정보에 '신진 아티스트'나 '감소 아티스트' 데이터와 같은 새로운 데이터를 추가하는 머신러닝 모델을 실행합니다. 추가적으로 아티스트 데이터 프로덕트는 가능한 분류 목록과 같이 로컬 수준에서 저장된 데이터를 입력으로 사용합니다.

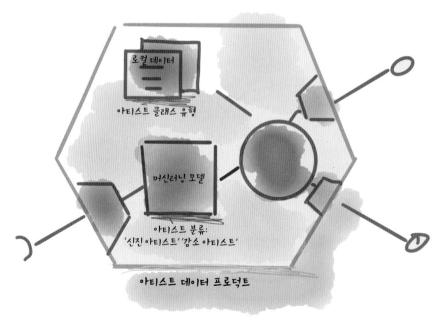

그림 12-10 로컬 수준의 입력을 반영하는 데이터 프로덕트의 예시

12.2.2 데이터 소비의 지역성

데이터 메시는 대다수의 구현을 기반 기술이 결정합니다. 데이터 메시 아키텍처는 (되도록이면) 기반 기술과 기반 인프라에 구애받지 않으려는 특성이 있습니다.

예를 들어, 데이터가 **물리적으로 어디에 위치하는지**, 소비 속성이 있는 데이터 프로덕트가 한 위치에서 다른 위치로 데이터를 **물리적으로 복사하는지**의 여부와 같이 기반 기술에 의해 결정되는 것은 플랫폼 수준에서 구현해야 하는 사항입니다. 반면 입력 포트와 출력 포트 같은 데이터 메시 아키텍처의 구성 요소는 데이터를 내부적으로 구현하거나 물리적 경계를 넘나드는 무브먼트 프로세싱movement processing을 추상화할 수 있는 훌륭한 인터페이스입니다. 간단한 API 집합을 통해 데이터 프로덕트의 입력 포트를 다른 프로덕트의 출력 포트에 연결함으로써 데이터가 하나의 물리적 스토리지에서 신뢰 범위trust boundary를 넘어 다른 물리적 스토리지로 이동하는 것을 숨길 수 있습니다. 마찬가지로, 데이터 소비 작업을 요청했을 때 한 컴퓨팅 환경computational environment에서 다른 컴퓨팅 환경으로 원격 쿼리를 실행할 수 있습니다.

이렇게 데이터 소비를 설계하는 것은 데이터 메시가 **하나 또는 여러 개의 물리적 인프라, 여러 클라우드, 온프레미스 호스팅 환경**on-prem hosting environment에 걸쳐 있다는 것을 의미합니다. 즉, 데이터 프로덕트가 소스에서 데이터를 소비하는 동안 하나의 기반 호스팅 환경에서 다른 기반 호스팅 환경으로 데이터를 물리적으로 이동할 수 있습니다. 단순해 보이는 이 특성은 **(멀티)클라우드 데이터 플랫폼으로의 데이터 마이그레이션**에 막대한 영향을 미칠 수 있습니다.

예를 들어, 다프는 모든 분석 데이터와 프로세싱 작업을 클라우드 환경으로 옮기고 있습니다. 현재 팟캐스트 서비스는 기반 운영 데이터베이스를 통해 온프레미스 인프라에서 실행됩니다. 한편 **팟캐스트 청취자** 데이터 프로덕트는 클라우드에서 실행되는데, 팟캐스트 청취자 데이터 프로덕트는 비동기식으로 입력 데이터 포트 인터페이스를 통해 데이터를 소비합니다. 이때 새 팟캐스트 청취자가 등록되면 팟캐스트 청취자 데이터 프로덕트는 기본적으로 데이터를 온프레미스 스트림에서 클라우드 스토리지로 복사합니다. 이를 통해 데이터 사용자가 클라우드 기반 출력 데이터 인터페이스로 데이터를 사용할 수 있도록 합니다.

이러한 과정으로 빅뱅 방식의 데이터 마이그레이션 전략big bang data migration strategy[13] 없이도 데이터 프로덕트를 통해 한 환경에서 다른 환경으로 데이터 마이그레이션을 지속적으로 구현할 수

---

13 옮긴이_ 빅뱅식 채택(big bang adoption)이라고도 하며, 새로운 시스템에 데이터를 일괄적으로 마이그레이션하는 것을 의미합니다(출처: 위키백과).

있습니다. 이와 동일한 메커니즘으로 한 클라우드 제공자에서 다른 클라우드 제공자로도 데이터를 이동시킬 수 있습니다. 예를 들어, 멀티클라우드 전략을 가지고 있는 기업이 여러 클라우드 제공업체에 걸쳐 데이터를 보관하는 경우 입력 포트를 구현하면 소스 클라우드 제공자에서 소비자 클라우드 제공자로 데이터를 이동시킬 수 있습니다. 물론 이를 실현하려면 기반 플랫폼 인프라가 몇 가지 주요 피처(데이터 프로덕트 내 인터넷 호환 어드레싱 기능, 신뢰 범위를 넘나드는 신원 인증 기능 및 권한 부여 기능, 출력 데이터 포트를 위한 인터넷 액세스 가능한 엔드포인트 등)를 지원해야 합니다.

[그림 12-11]에서는 두 환경에서 서로 다른 두 데이터 프로덕트 간의 데이터 소비 방식에 대해 보여주고 있습니다.

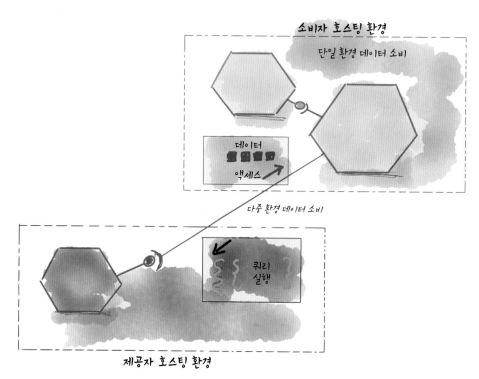

그림 12-11 다중 환경 데이터 소비 모델

12.2.3 데이터 소비 설계

데이터 프로덕트는 어떤 데이터를, 어떤 소스에서, 어떤 방식으로 데이터를 소비하는지 지정합니다. 또한 데이터 프로덕트는 데이터 소비 특성을 구체적으로 정의하고 제어합니다. 이는 데이터가 어디에서 어떻게 프로세서에 도달하는지에 대한 지식 없이 소스가 프로세서에 데이터를 덤프하는 다른 데이터 아키텍처와는 대조적입니다. 예를 들어, 기존 아키텍처에서는 여러 개의 프로세서가 각각 데이터를 수신하고 제공하는 방법을 정의하는 대신, 중앙에서 외부의 비순환 방향 그래프(DAG) 방식으로 프로세서를 연결하는 방법을 정의합니다.

[그림 12-12]는 입력 데이터 포트를 통해 데이터 프로덕트의 데이터 소비 관련 고수준 설계 구성 요소를 보여줍니다.

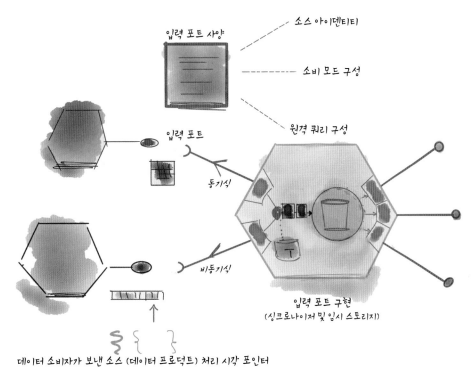

그림 12-12 데이터 프로덕트의 데이터 소비 설계 관련 고수준 구성 요소

[표 12-2]는 데이터 프로덕트의 데이터 소비 설계와 관련된 고수준 구성 요소를 보여줍니다.

표 12-2 데이터 프로덕트의 데이터 소비 설계 관련 고수준 구성 요소

데이터 소비 구성 요소	설명
입력 데이터 포트	데이터 프로덕트가 소스 데이터를 수신하여 추후 내부 변환에 사용할 수 있도록 하는 메커니즘을 가리킵니다.
입력 데이터 포트 사양	데이터가 어디에서 어떻게 소비되는지 구성하는 입력 데이터 포트의 선언적 사양을 가리킵니다.
비동기식 입력 데이터 포트	비동기식 입력 포트는 필수적인 소스 데이터를 사용할 수 있게 될 때 반응형으로 변환 코드를 호출하는 방식으로 구현됩니다. 이벤트 스트림 구독이나 비동기 I/O 방식의 파일 읽기가 비동기식 입력 포트의 예입니다. 비동기식 입력 포트는 소스 데이터 프로덕트의 **처리 시각** 포인터를 추적하여, 새로운 처리 시각에 대한 데이터를 수신할 때 반응형으로 변환을 실행합니다.
동기식 입력 데이터 포트	동기식 입력 포트는 소스에서 풀링한 데이터를 페칭할 때 변환 코드를 호출합니다. 예를 들어 '일일 팟캐스트 요약' 데이터 포트는 팟캐스트 청취자로부터 동기식으로 풀링한 데이터를 페칭할 때 팟캐스트와 관련된 정보를 계산하여 요약합니다. 이때 해당 포트는 매일 자정에 데이터를 풀링합니다.
원격 쿼리	입력 포트 사양에는 원하는 데이터를 수신하기 위해 소스에서 실행되는 쿼리가 포함될 수 있습니다. 이러한 특성을 사용하면 중복해서 페칭하는 데이터의 양을 줄일 수 있습니다. 이때 쿼리는 SQL, GraphQL, Flux 등 소스가 이해할 수 있는 쿼리 언어로 표현되며 입력 포트 사양에 의해 정의됩니다.
입력 포트 싱크로나이저 및 임시 스토리지	입력 포트는 종종 상호 의존적으로 데이터를 소비합니다. 예를 들어, **아티스트 분류** 변환 코드는 **아티스트**와 **청취자**라는 두 가지의 독립적인 소스 모두에서 데이터를 사용할 수 있을 때까지 실행할 수 없습니다. 필요한 모든 관찰 작업을 처리할 수 있을 때까지 관찰된 데이터와 처리되지 않은 데이터를 추적하려면 임시 스토리지가 필요합니다.

12.3 데이터 변환

거의 모든 데이터 프로덕트는 아무리 미미하더라도 변환transformation을 수행합니다. 우리가 데이터 프로덕트를 생성하는 이유는 기존 데이터의 새로운 분석 모델을 공유할 때 가치를 발견하기 때문입니다. 이 새로운 모델을 만들려면 변환이 필요합니다. 변환 코드를 만들고 유지 관리하는 것은 데이터 프로덕트 개발자가 가장 주의를 기울이는 부분입니다.

이러한 변환은 기존 아키텍처의 경우 입력 소스에서 출력 싱크output sink까지 데이터가 이동되는 데이터 파이프라인에서 구현되었습니다. 그러나 데이터 메시 설계 과정에서는 파이프라인으로 구현되든 그렇지 않든 변환 작업이 데이터 프로덕트에 인코딩되고 추상화됩니다.

데이터 변환은 데이터 프로덕트의 **내부에서 구현**되며 데이터 프로덕트에 의해 제어됩니다. 이러한 변환은 내부적인 관심사이므로, 데이터 변환을 어떻게 설계해야 하는지 구체적으로 언급하지는 않겠습니다. 필자는 변환을 구현하는 방법을 선택하는 데에는 데이터 프로덕트 개발자의 취향과 역량, 요구 사항에 달려 있다고 생각합니다.

데이터 프로덕트의 변환 속성을 구현하는 몇 가지 방법을 살펴보는 것이 도움이 됩니다.

12.3.1 프로그래밍 방식 데이터 프로세싱 vs 비프로그래밍 방식 데이터 변환

데이터를 처리하고 변환하는 방식은 크게 두 가지로 나뉩니다. 하나는 **비프로그래밍 방식 데이터 변환**nonprogrammatic transformation(⟪예⟫ SQL, Flux, GraphQL)이고, 다른 하나는 **프로그래밍 방식 데이터 프로세싱**programmatic data processing(⟪예⟫ 아파치 빔Apache Beam, 아파치 스파크Apache Spark, 메타플로우Metaflow)입니다.

비프로그래밍 방식 데이터 변환은 SQL과 같은 집합 연산set operation을 수행하는 관계형 대수relational algebra나 플럭스Flux와 같은 플로우 기반 함수flow-based function를 사용합니다. 어느 쪽이든 데이터가 한 집합에서 다른 집합으로 변환되는 방식에 대한 의도를 문장statement으로 파악할 수 있다는 점이 핵심입니다. 비프로그래밍 방식 데이터 변환은 많은 데이터 프로덕트 개발자가 간단하고 쉽게 접근할 수 있지만, 문장이 가진 기능에 제약을 받기도 합니다. 더 복잡한 변환의 경우 자동으로 문장을 이해하거나 모듈화하거나 테스트하기 어려워집니다.

실제로는 단순히 비프로그래밍 방식으로 변환하는 데이터 프로덕트는 많지 않을 것입니다. 다른 다운스트림 데이터 프로덕트도 동일한 원격 쿼리를 자체적으로 실행할 수 있으며, 중개 데이터 프로덕트가 필요하지 않습니다.

[그림 12-13]은 비프로그래밍 변환의 예시를 보여줍니다. 해당 예시는 상위 청취자에 대한 인구 통계 정보를 생성하도록 의도한 것입니다. **최상위 청취자** 데이터 프로덕트는 **재생된 음악** 데이터 프로덕트와 **청취자 프로필** 데이터 프로덕트의 입력 포트를 사용하여 오늘 음악을 청취한 청취자의 프로필 정보를 포착합니다. 그런 다음 오늘 가장 많이 또는 가장 적게 청취한 연령대, 가장 많이 또는 가장 적게 청취한 국가와 같이 청취자의 인구 통계에 대한 다양한 통계를 생성합니다.

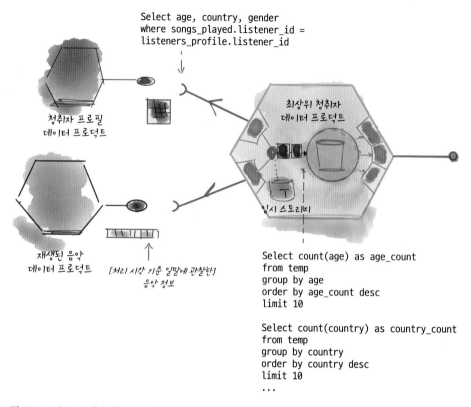

```
Select age, country, gender
where songs_played.listener_id =
listeners_profile.listener_id
```

청취자 프로필
데이터 프로덕트

최상위 청취자
데이터 프로덕트

임시 스토리지

재생된 음악
데이터 프로덕트

[처리 시각 기준 일말에 관찰한]
음악 정보

```
Select count(age) as age_count
from temp
group by age
order by age_count desc
limit 10

Select count(country) as country_count
from temp
group by country
order by country desc
limit 10
...
```

그림 12-13 비프로그래밍 방식 데이터 변환의 예시

반면에 프로그래밍 방식의 데이터 프로세싱은 코드 로직과 조건문, 문장을 사용하여 데이터를 변환합니다. 아파치 빔^{Apache Beam}이나 아파치 스파크^{Apache Spark}와 같은 프로그래밍 데이터 프로세싱 라이브러리는 파이썬, 자바 등과 같은 다양한 프로그래밍 언어에서 사용할 수 있습니다. 변환 코드는 명령형이든 선언형이든 호스팅 프로그래밍 언어의 모든 기능을 이용할 수 있습니다. 이러한 변환 코드는 모듈화와 테스트가 가능합니다. 이러한 방식은 논코딩 데이터 프로덕트 개발자에게는 더 복잡하지만, 활용 범위에 있어서는 비프로그래밍 방식 데이터 변환보다 더 넓다는 장점이 있습니다. 다시 말해 프로그래밍 방식의 데이터 프로세싱의 장점은 **재생된 음악**에 대한 기록이 많을수록 점진적으로 다양한 통계를 낼 수 있다는 점입니다.

데이터 메시는 데이터 프로덕트의 변환에 어떤 접근 방식을 채택할지에 대해 입장을 취하지 않습니다. 복잡한 변환의 경우에는 프로그래밍 방식을 사용하고, 사소하고 단순한 변환에는 비프로그래밍 방식을 사용합니다. 이외에 더 좋은 방법은, 변환이 사소하지만 프로그래밍 방식으로 처리하는 것이 아닌 경우, 아무것도 하지 않고 중개 데이터 프로덕트를 만들지 않는 것입니다. 다시 말해 그저 최종 소비자가 직접 쿼리를 실행하도록 내버려두면 됩니다. 이러한 방법은 프로그래밍 방식 데이터 변환의 경우에도 적용할 수 있습니다. 바로 입력 포트가 쿼리를 처리하기 전에 소스에서 비프로그래밍 방식의 쿼리를 불러올 수 있는 경우입니다. 이렇게 하면 변환 코드로 이동되는 데이터의 양을 줄이면서, 업스트림 데이터가 있는 위치로 쿼리를 푸시하여 처리할 수 있습니다.

12.3.2 데이터 플로우 기반 변환

1960년대에 도입된 데이터 플로우^{data flow} 프로그래밍 패러다임은 컴퓨터 프로그램을 운영 간에 데이터가 흐르는 방향 그래프로 정의합니다. 이러한 프로그래밍 패러다임은 대다수의 현대 데이터 파이프라인 설계에 영감을 주었습니다.

데이터 파이프라인은 데이터가 한 단계에서 다른 단계로 이동할 때 실행되는 변환 단계(기능)^{transformation step (function)}입니다. 데이터 메시는 파이프라인을 최상위 아키텍처 패러다임에서 사용하거나 데이터 프로덕트 사이에 외부적으로 사용하는 것을 지양합니다. 현재 사용되는 파이프라인은 파이프라인의 복잡성이 증가함에 따라, 쉽게 유지 관리할 수 있는 인터페이스와 계약, 추상화를 명확히 생성하지 못한다는 문제점이 있습니다. 추상화가 부족한 파이프라인에서 장애가 한 번이라도 발생하면 연쇄적으로 장애가 발생합니다.

데이터 프로덕트의 범위 내에서 파이프라인(또는 일반적으로 데이터 플로우 기반 프로그래밍 모델)은 변환 코드를 구현하는 자연스러운 패러다임입니다. 해당 패러다임에서 파이프라인은 단일 데이터 프로덕트의 콘텍스트와 변환에 의해 제한되기 때문에 덜 복잡해지는 경향이 있습니다. 또한 파이프라인은 데이터 프로덕트와 함께 단일 단위로 업그레이드되고 테스트된 후 배포됩니다. 따라서 파이프라인 구조^{pipeline stage}가 긴밀하게 결합되는 것은 그렇게 중요하지 않은 사항입니다.

즉, 파이프라인 구조^{pipeline stage}가 데이터 프로덕트의 범위를 넘어 확장되지 않는 한, 데이터 프로덕트의 범위 내에서 데이터 파이프라인을 사용하여 변환하는 것은 괜찮습니다. 읽기 전용 출력 데이터 포트와 입력 데이터 포트를 통해 데이터를 제공하고 소비하는 것 외에는 데이터 프로덕트 간에 변환이 일어나지 않습니다. 필자는 이것을 **덤 파이프**^{dumb pipe}와 **스마트 필터**^{smart filter}

의 원리라고 부릅니다.

[그림 12-14]에서는 파이프라인 변환과 관련된 고수준 구성 요소를 보여줍니다.

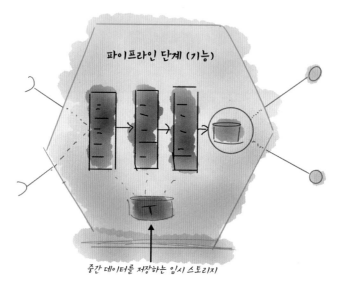

그림 12-14 파이프라인 변환

12.3.3 데이터 변환으로서의 머신러닝

이번 절에서 소개하는 변환 카테고리는 모델 기반 머신러닝 모델이나 통계 모델을 데이터 프로덕트의 변환으로 배포하고 실행합니다. 예를 들어, 다프가 텐서플로TensorFlow[14] 기반 추천 모델을 통해 청취자의 기존 플레이리스트에 넣을 만한 음악을 추천한다고 상상해보세요. 먼저 해당 텐서플로 추천 모델을 직렬화하여 **플레이리스트 추천** 데이터 프로덕트로 배포합니다. 이후 플레이리스트 추천 데이터 프로덕트는 청취자의 플레이리스트를 받아 다음에 추천할 음악을 예측합니다. 그다음, 예측한 추천 음악을 플레이리스트 확장 추천 리스트 형태로 저장하여 청취자가 추천 음악을 재생할 때 확장 추천 리스트를 읽고 다음에 추천할 음악을 재생합니다. 추천 모델은 원하는 프로그래밍 언어를 통해 실행되지만, 계산은 주로 모델에 의해 수행됩니다.

머신러닝 모델은 데이터 프로덕트뿐만 아니라 마이크로서비스와 애플리케이션 같은 다양한 콘

---

14 https://www.tensorflow.org/

텍스트에 배포할 수 있습니다.

12.3.4 시간 가변적 변환

모든 변환 속성에서 공통적으로 나타나는 특징은 시간(**경과 시간** 및 **실제 시간**)의 축을 반영한다는 것입니다. 변환 코드는 시간을 반영하여 입력을 처리할 때와 출력을 생성할 때 각각의 시간 매개변수를 인식합니다.

입력 포트 메커니즘은 각 소스의 처리 시각을 추적합니다. 이때 변환 코드는 소스 데이터에 대해 수행된 계산을 기반으로 한 출력에서 실제 시각을 생성합니다. 한편 출력 포트는 데이터 프로덕트의 내부 처리 시각과 함께 변환된 데이터를 제공합니다.

12.3.5 데이터 변환 설계

데이터 변환(빌드타임 정의, 배포, 실행)을 설계하는 방식은 프레임워크와 기반 기술에 따라 크게 달라집니다. 데이터 변환이 선언문으로 구현되든 프로그래밍 코드로 구현되든, 데이터 변환을 구현하고 테스트하여 배포하고 실행하기 위해서는 플랫폼 특성이 필요합니다.

[그림 12-15]는 데이터 프로덕트의 변환 설계와 관련된 고수준 구성 요소를 몇 가지 보여주고 있습니다.

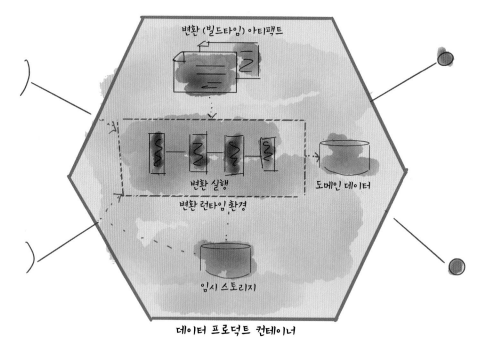

그림 12-15 데이터 프로덕트의 데이터 변환 설계 관련 고수준 구성 요소

[표 12-3]은 데이터 프로덕트 변환 설계와 관련된 고수준 구성 요소를 요약한 것입니다.

표 12-3 데이터 프로덕트 내 데이터 변환 설계의 고수준 구성 요소 요약

데이터 변환 구성 요소	설명
변환 아티팩트	데이터 변환을 정의하는 코드, 구성, 문장 또는 모델을 가리킵니다. 변환 아티팩트는 입력 데이터에서 실행되어 개별 **기록 시간** 동안 출력을 생성합니다.
변환 런타임 환경	데이터 변환은 변환 방식에 따라(정기적인 시간에 따라, 필수 입력 데이터의 가용성에 따라 등) 호출됩니다. 일단 데이터 변환이 호출되면 [그림 12-15]처럼 데이터 프로덕트 컨테이너에 의해 제한된 컴퓨팅 환경이 실행되어야 합니다. 기반 플랫폼에서는 제한된 컴퓨팅 환경을 제공합니다.
임시 스토리지	변환 코드는 여러 변환 단계에서 전반적인 상태를 유지하는 임시 스토리지에 액세스해야 실행될 수 있습니다. 임시 스토리지는 기반 플랫폼에서 제공됩니다.

정리하기

이번 장에서는 데이터를 자율적으로 소비, 변환, 제공하는 아키텍처 퀀텀으로서 데이터 프로덕트의 핵심 설계 요소와 특징을 몇 가지 소개했습니다.

그리고 분산형 메시 아키텍처에서 데이터를 제공하기 위해 데이터 프로덕트의 출력 포트에 대한 속성(읽기 전용 멀티모달 API를 통한 바이템포럴 데이터 및 불변 데이터 제공)도 소개했습니다. 이러한 속성은 아래 목록과 같은 데이터 메시의 목표와 가정에 기반합니다.

- 데이터 프로덕트는 멀티모달 액세스 특성으로 도메인 데이터를 다양한 데이터 사용자에게 네이티브하게 제공합니다.
- 데이터 프로덕트는 시간과 관련된 분석 사용 사례에서 이중 시간성을 통해 사용합니다.
- 데이터 프로덕트는 이중 시간성을 통해 다른 데이터 프로덕트의 데이터를 안전하게 소비하고 변환하여 제공할 수 있을 뿐만 아니라, 특정 시점에서 글로벌한 최종 일관성 상태를 유지할 수 있습니다.
- 데이터 프로덕트 사용자는 읽기 전용 액세스 특성에 따라 데이터 분석과 머신러닝을 목적으로 데이터를 처리합니다.

데이터 프로덕트는 업스트림 데이터를 수신하는 위치와 방법을 제어할 수 있습니다. 이러한 데이터 프로덕트는 입력 포트를 사용하여 동일한 도메인의 협업 운영 시스템이나 업스트림 데이터 프로덕트에서 데이터를 가져옵니다. 이때 입력 포트는 멀티클라우드를 통해 배포하거나 클라우드 마이그레이션을 점진적으로 지원하기 위해 서로 다른 호스팅 환경 간에 데이터를 이동시키는 작업을 구현할 수 있습니다.

데이터 프로덕트는 더 높은 가치의 데이터를 제공하기 위해 변환 작업을 수행하기도 합니다. 이때 데이터 변환은 데이터 파이프라인 기능, 정교한 쿼리, 또는 머신러닝 모델을 통한 추론과 같이 다양한 형태로 구현될 수 있습니다.

이번 장에서는 데이터 공유의 핵심 기능 중 데이터 프로덕트 설계와 관련된 고수준의 사고 방식과 접근 방식을 위주로 설명했습니다. 데이터 메시는 완전히 정립된 개념이 아니기에, 앞으로 우리가 구현하게 될 데이터 메시는 이러한 사고 방식과 접근 방식이 개선될 것입니다.

13장

데이터 검색, 이해 및 구성 설계

데이터를 검색하고, 이해하고, 신뢰하는 것은 데이터 여정에서 필수 과정입니다. 데이터 메시는 자율적으로 상호 연결된 데이터 프로덕트로 이루어진 탈중앙화된 데이터 아키텍처에서 중앙 집중식 병목 현상을 일으키지 않으면서 데이터를 검색, 이해, 신뢰하는 방법을 제공합니다.

마찬가지로, 기존의 여러 데이터를 교차하여 집계하는 과정에서 새로운 데이터를 구성하는 것은 모든 데이터 작업에 기본적으로 필요한 기능입니다. 데이터 메시는 긴밀하게 결합되어 병목 현상을 일으키는 데이터 모델을 만들지 않고도 여러 데이터 프로덕트를 탈중앙화된 방식으로 구성할 수 있는 기능을 도입합니다.

이번 장에서는 데이터 검색 가능성discoverability과 컴포저빌리티composability의 각 행위 지원성에 대해 소개합니다. 필자는 데이터 메시가 어떤 역할을 하는지, 데이터 프로덕트가 검색 가능성, 이해 가능성, 컴포저빌리티 측면에서 각자 로컬하게 역할을 수행할 수 있도록 데이터 메시 설계 시 고려해야 할 사항에 대해 소개합니다. 이렇게 데이터 프로덕트 수준의 행위 지원성이 어떻게 긴밀하게 연결된 동기화 지점을 만들지 않고도 여러 데이터 프로덕트에서 데이터 메시 수준의 특성을 드러내는지에 대해 다룹니다.

이번 장에서는 데이터 메시 접근 방식의 범위와 데이터 메시의 목적, 호환되는 것과 호환되지 않는 것에 대해 설명합니다. 데이터 메시의 사양은 아직 정확히 정의되거나 테스트되지 않았으므로, 이 책에서는 다루지 않겠습니다.

13.1 데이터 검색, 이해, 신뢰 및 탐색

데이터 메시는 데이터 프로덕트의 본질적인 특징으로 **검색 가능성**^{discoverability}과 **이해 가능성** ^{understandability}, **신뢰성**^{trustworthiness}, **탐색 가능성**^{explorability}에 대해 정의합니다. 이들 특성은 3장에서 데이터 프로덕트의 기본 사용성 어트리뷰트로 간략하게 다뤘습니다. 이러한 특징은 데이터 사용자가 현재 분석 사용 사례를 위해 올바른 데이터를 찾고, 이해하고, 신뢰하여 올바른 데이터의 적합성을 탐색하는 여정을 가능하게 하는 핵심 요소입니다. 이러한 특징을 통해 다음 질문에 대한 답을 도출할 수 있습니다.

- 청취자에 대해 알려주는 데이터 프로덕트가 있는가?
- 청취자에 대해 데이터 프로덕트가 실제로 어떤 정보를 제공하는가?
- 데이터 프로덕트를 신뢰할 수 있는가?
- 개별적인 데이터 요구 사항이 있는 특정 사용 사례에 사용할 수 있는가?
- 초기 실험을 위해 데이터 프로덕트에 액세스하려면 어떻게 해야 하는가?

지금까지 기존 데이터 아키텍처로도 위의 질문에 대한 답을 제공한 점에 대해서는 이견이 없다고 생각합니다. 다만 데이터 메시와 오늘날 대부분의 데이터 검색 가능성 접근 방식(예를 들어 데이터 카탈로그 서비스 등)은 이러한 행위 지원성을 달성하는 방식에 차이가 있습니다.

이 글을 쓰는 시점에는 두 가지 접근 방식이 확립되어 있습니다. 첫 번째 접근은 **아 포스테리오리[1] (사후) 큐레이션 및 통합**^{a posteriori curation and consolidation}이라고 부릅니다. 이 접근 방식에서는 데이터 스튜어드나 데이터 거버넌스 팀원이 도메인에서 이미 생성된 데이터에 대한 정보를 사후에 식별, 태그 지정, 문서화하여 통합하는 임무를 맡습니다. 이렇게 선별된 정보는 검색을 위한 소스가 됩니다. 다른 접근 방식은 **아 포스테리오리 조사적 인텔리전스**^{a posteriori investigative intelligence}라고 부릅니다. 해당 접근 방식은 이미 생성된 데이터를 사후에 지능형 머신(알고리즘)으로 관찰하여 메타데이터를 추출하는 방식입니다. 예를 들어, 대량의 운영 데이터를 대상으로 알고리즘을 실행하여 누가 테이블에 액세스했는지, 테이블이 얼마나 널리 사용되고 있는지, 테이블이 어떻게 사용되고 있는지 분석하여 테이블의 신뢰성을 결정할 수 있습니다. 이러한 분석 과정에서 검색 가능성에 유용한 데이터와 관련된 지식 계층을 생성합니다.

---

1 옮긴이_ 라틴어로 '뒤에서부터'라는 뜻이며, 과학적 지식과 개인적인 지식과 같이 이성만으로는 알 수 없는 경험적 사실이나 증거에 의존한다는 특징을 반영한다는 뜻입니다(출처: 위키백과).

기존 데이터 아키텍처와 비교했을 때, 두 가지 접근 방식이 보여주는 데이터 메시의 주요한 차이점은 검색 가능성을 시프트 레프트 방식으로 접근한다는 점입니다. 데이터의 검색 가능성과 이해 가능성 등은 데이터 프로덕트가 생성될 때부터 수명 주기 내내 데이터 프로덕트 자체에서 작동됩니다. 데이터 프로덕트를 검색 가능하고, 이해할 수 있으며, 신뢰할 수 있고, 탐색 가능하게 만드는 데 필요한 정보를 공유하는 것은 데이터 프로덕트의 책임입니다.

데이터 메시는 **기계적인 액세스**와 **인위적인 액세스**가 가능하도록 검색 기능을 설계합니다. 이에 따라 인위적인 액세스를 통해 데이터 프로덕트를 검색, 이해, 신뢰, 탐색할 수 있고, 기계적인 액세스를 통해 검색 기능을 자동화함으로써 그 위에 고차원적인 특성을 빌드할 수 있습니다. 예를 들어, 데이터 메시 경험 플레인은 각 데이터 프로덕트에서 제공하는 검색 데이터를 사용하여 자동으로 데이터 프로덕트를 검색합니다.

데이터 프로덕트를 검색하는 메커니즘인 검색 (포트) API의 개념은 9장에서 간략하게 소개했습니다. 이번 장에서는 검색 포트를 구현할 때 설계해야 할 요소가 무엇인지, 다른 접근 방식과 비교했을 때 데이터 메시만의 차이점이 무엇인지에 중점을 두고 설명합니다.

[그림 13-1]은 검색 프로세스와 관련된 고수준의 상호 작용에 대해 보여줍니다.

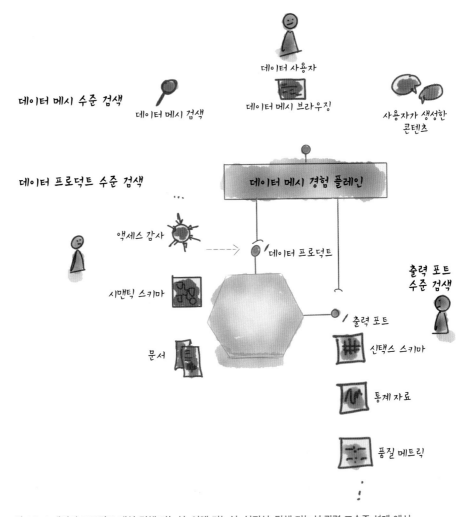

그림 13-1 데이터 프로덕트 대상 검색 가능성, 이해 가능성, 신뢰성, 탐색 가능성 관련 고수준 설계 예시

데이터 메시 경험 플레인은 검색 기능과 브라우징 기능과 같은 표면적인 데이터 메시 수준의 검색 가능성에서 중요한 역할을 합니다. 데이터 메시 수준의 작업은 데이터 프로덕트에서 제공하는 데이터와 API를 통해 활성화됩니다. 검색 가능성 정보 중 일부는 데이터 프로덕트(예 시맨틱 사양과 문서 등)로 범위가 지정되고, 일부는 각 출력 포트(예 데이터 형식 사양, 데이터의 통계적 속성 및 형태, 품질 메트릭 및 SLO)로 범위가 지정됩니다.

이러한 작업에 대해 좀 더 자세히 살펴봅시다.

13.1.1 데이터 프로덕트를 자가 등록하여 검색 기능 시작하기

특정 개체entity를 검색하는 기능은 해당 개체의 존재를 인식하고 찾아서 처리할 수 있는 능력에서 시작됩니다. 데이터 메시의 경우 검색 기능은 데이터 프로덕트가 더 넓은 생태계, 특히 데이터 플랫폼에서 데이터 메시 경험 플레인 서비스(검색 기능이나 브라우징 기능 등)에 자신의 존재를 알리는 것부터 시작됩니다. 이름, 주소, 위치 등 다양한 정보를 할당함으로써 존재를 알리는 과정은 데이터 프로덕트를 빌드하거나 배포하거나, 런타임하는 등 여러 단계에서 수행됩니다. 여기에는 서비스 등록, 서비스 어드레싱, 서비스 위치 지정을 수행하는 서비스 메시service mesh와 같은 운영 플랫폼에서의 선행 기술이 있습니다. 따라서 운영 플랫폼에 해당 선행 기술과 유사한 기술과 접근 방식을 배포하여 검색 속성을 시작합니다. 데이터 프로덕트가 검색 속성을 시작할 때는 적어도 어드레싱 가능한 엔드포인트addressable endpoint로서의 고유한 이름(식별자identifier)이 필요합니다. 해당 요소는 추가 정보를 쿼리하기 위해 필요한 정보입니다.

13.1.2 글로벌 URI 검색하기

모든 데이터 프로덕트에는 이상적으로 자신을 설명하는 표준 인터페이스, 즉 데이터 프로덕트가 다른 모든 검색 측면에 글로벌하게 액세스할 수 있는 루트인 통합 자원 식별자uniform resource identifier(URI)[2]가 있습니다. 검색 API가 제공하는 정보에는 데이터 프로덕트 수준의 정보(핵심 데이터 시맨틱 사양, 전체 문서, 액세스 로그 등)는 물론, 특정 데이터의 신택스와 기타 메타데이터(프라이버시 수준, 품질 보증 등)와 같이 각 출력 포트에 특정한 심층적인 정보도 포함됩니다.

데이터 프로덕트의 검색 API가 제공하는 정보는 여러 단계로 이루어진 수명 주기에서 업데이트될 수 있습니다. 스키마 사양schema specification을 포함한 일부 정보는 빌드타임에 반영되어 있고, 데이터의 형태를 설명하는 통계와 같은 다른 정보는 런타임에서 생성됩니다.

데이터 프로덕트 개발자는 데이터 프로덕트의 검색 가능성 정보를 데이터와 함께 유지 관리합니다. 해당 데이터 프로덕트 개발자는 표준화된 검색 API와 같이 **데이터 프로덕트 경험 플레인**에서 제공하는 데이터 플랫폼 구성 요소를 사용합니다.

---

2   이 책에서는 URI라는 용어를 사용했지만, 검색 속성을 실제로 구현할 때는 URI와 유사하지만 확장된 문자 집합(extended character set)을 사용하는 국제화 자원 식별자(internationalized resource identifier, IRI)를 사용합니다.

데이터 사용자는 종종 데이터 메시 경험 플레인을 통해 검색 기능과 탐색 기능을 실행하여 특정 데이터 프로덕트의 검색 정보를 빠르게 심층적으로 살펴볼 수 있습니다.

13.1.3 시맨틱 모델 및 신택스 모델 이해하기

> 모든 모델은 잘못되었지만, 그중 유용한 모델 한 개는 반드시 있다.
>
> — 조지 박스^{George Box}

데이터는 모델에 따라 조합된 집합체입니다. 데이터 모델은 현실에 **근접하게 투영한 것**이며, 수중에 있는 (분석) 작업을 수행하기에 충분합니다. 이러한 데이터 모델링에 대한 접근 방식은 계속해서 진화해왔습니다. 이 책을 집필하는 시점에서, 데이터를 모델링하는 방식은 다음과 같습니다.

- 관계형 테이블^{relational table}(⑩ SQL 데이터 스토어^{SQL data store})
- 관계를 열이나 행으로 저장하여 평면화한 중첩된 트리 구조^{nested tree structure}(⑩ JSON 구조)
- 개체와 관계가 모두 속성을 갖는 속성 그래프^{property graph}(⑩ 그래프 데이터베이스^{graph database})
- 시맨틱 그래프^{semantic graph}(⑩ 시맨틱 웹^{Semantic Web})
- 시계열 데이터 모델링^{time-series data modeling}

어떤 모델링 스타일은 풍부한 표현력으로 인간이 데이터 모델을 직관적으로 이해하는 데 더 가까운 반면, 어떤 모델링 스타일은 손실이 적고 기계적인 프로세싱에 최적화되어 있습니다. 예를 들어 속성 그래프는 개체, 유형, 속성, 엔티티와 개체 간의 관계에 대해 설명하므로 전체적인 데이터를 더욱 직관적으로 모델링할 수 있습니다. 가장 중요한 것은 속성 그래프의 경우 개체 간 관계의 유형과 속성을 명시적으로 모델링할 수 있다는 점입니다. 이는 어트리뷰트 값^{attribute value}을 기반으로 관계의 성질에 대해 가정해야 하는 중첩된 테이블 구조^{nested tabular structure}와는 대조적입니다. [그림 13-2]는 **플레이리스트** 도메인을 속성 그래프 형태로서 고수준으로 모델링한 것입니다.

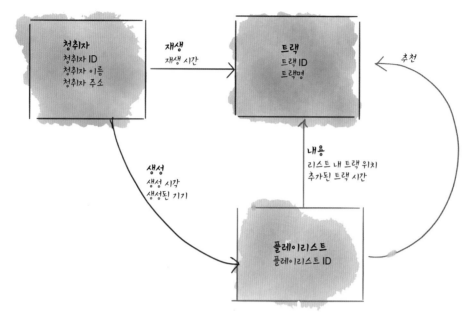

* 옮긴이: 사각형 모양의 모델은 개체(entity), 화살표는 관계(relationship)를 의미합니다.

그림 13-2 플레이리스트 도메인을 속성 그래프 형태로 시맨틱 모델링한 예시

이상적으로, 데이터 프로덕트는 비즈니스 도메인 데이터를 가능한 한 비즈니스의 현실에 가깝게 모델링합니다. 이를 데이터 프로덕트의 **시맨틱 모델**semantic model이라고 부릅니다. 시맨틱 모델은 기계와 사람이 읽을 수 있는 모델을 정의한 것으로, 데이터의 **도메인 모델**(데이터 프로덕트가 도메인을 모델링하는 방법, 데이터에 포함된 개체의 유형과 속성, 개체 간의 관계 등)을 포착하는 특성이 있습니다.

시맨틱 모델에 대해 추가로 설명하자면, 데이터 프로덕트는 출력 포트에서 지원하는 액세스 모델에 따라 시맨틱을 인코딩합니다. 필자는 이를 **신택스 모델**syntax model이라고 부릅니다. 모든 출력 포트에는 고유한 신택스 모델이 있습니다. 예를 들어, 플레이리스트 **파일 출력 포트**는 플레이리스트를 중첩된 테이블nested table 형태로 모델링하고, 컬럼 지향 파일 형태로 저장하며, JSON 스키마[3]에 따라 정의합니다. 이러한 모델링은 피처(모든 레코드에서의 열)를 사용하는 머신러닝 학습에 최적화되어 있습니다.

---

3 *https://json-schema.org/*

시맨틱 모델[4]은 기계와 사람 모두 신택스 모델만 보고도 숨겨진 가정 없이 데이터가 포착하려는 내용을 이해하는 데 도움이 됩니다. 시맨틱 모델은 의도한 모델에 대해 자동으로 데이터의 유효성을 검사하는 데 도움이 됩니다. 또한 시맨틱 모델은 더 큰 지식 그래프knowledge graph를 생성하는 데에도 관여합니다.

신택스 모델링과 시맨틱 모델링 외에도 코딩을 통해 데이터 프로덕트 사용자와 개발자가 정의한 데이터 **기대치**expectation[5](데이터의 예상 값과 분포를 명확하게 표현하는 테스트)를 표현하면 데이터를 이해하는 데 큰 도움이 됩니다.

13.1.4 데이터 보증으로 신뢰 구축하기

데이터 사용자는 올바른 데이터를 찾기 위해 데이터가 개별적인 사용 사례에 필요한 보증을 충족하는지 평가할 수 있도록 데이터의 필수적 특징을 평가해야 합니다.

이러한 특징은 **데이터 품질에 대한 객관적인 측정**, **성숙도**level of maturity, **표준 준수**conformance to standard, **시간적 특징**temporal characteristic 등 다양한 카테고리에 속합니다.

데이터 프로덕트는 이들 메트릭을 객관적으로 계산하고 공유합니다. 해당 메트릭 중 일부는 불확실한 데이터를 제거하고 측정한 목표를 보장하는 서비스 수준 목표(SLO)를 통해 데이터 보증을 정의하고 유지 관리합니다. 예를 들어, **플레이 이벤트** 데이터 프로덕트는 이벤트의 적시성을 10~30 밀리초(지연 범위) 내에서 보장하는 메트릭 형태로 정의합니다. **플레이 이벤트** 데이터 프로덕트는 데이터를 처리할 때 이러한 (적시성) 메트릭을 최신 버전으로 제공하여 보증을 충족하기 위해 노력합니다. 적시성 메트릭은 데이터 사용자와의 기대치를 설정하는 **계약**뿐만 아니라 정보를 제공하고 신뢰를 구축하는 수단입니다.

적시성 메트릭의 정의와 적시성 메트릭을 계산하고 표시하는 방법은 글로벌 거버넌스의 관심사이며, 표준화된 방식에 기반한 **데이터 프로덕트 경험 플레인**을 통해 구현됩니다.

아래 내용은 보증guarantee과 관련된 카테고리입니다. 해당 카테고리는 예시일 뿐이며 완전한 것은 아닙니다. 이러한 측정 기준은 데이터 프로덕트가 새로운 데이터를 처리함에 따라 지속적으로 업데이트됩니다. 다른 메타데이터와 마찬가지로, 이러한 메트릭은 데이터 프로덕트의 처리

---

4   시맨틱 모델은 데이터 사용자가 데이터에서 의미를 찾는 데 도움이 되지만, 모델 그 자체로 의미를 전달하지는 않습니다.

5   데이터의 기대치를 표현하는 도구의 예시로 'Great Expectations'(*https://oreil.ly/y0Tes*)를 참조하세요.

시각과 실제 시각(또는 타임 윈도우)에 의존하는 데이터처럼 시간에 따라 메트릭 값이 달라집니다.

데이터 품질 메트릭*data quality metric*

데이터 품질로 함께 그룹화할 수 있는 일련의 특성을 말합니다. 데이터 품질 메트릭은 데이터 프로덕트가 **좋은지 또는 나쁜지**를 정의하기 위한 어트리뷰트가 아닙니다. 단지 데이터 프로덕트가 충족할 것으로 예상되는 보증의 임곗값을 전달할 뿐입니다. 해당 임곗값은 특정 사용 사례에 대해 허용 가능한 범위 내에 있을 수 있습니다. 예를 들어, **플레이어** 도메인은 두 가지 데이터 프로덕트를 제공할 수 있습니다. 하나는 누락되거나 중복된 이벤트를 포함하여 데이터를 준 실시간으로 업데이트하지만 일관성이 낮은 **플레이 이벤트** 데이터 프로덕트이고, 다른 하나는 리드 타임은 길지만 데이터 일관성이 높은 **플레이 세션** 데이터 프로덕트입니다. 두 가지 데이터 프로덕트 모두 각각의 사용 사례에 따라 신뢰할 수 있는 것으로 간주할 수 있습니다. 다음 내용은 데이터 품질 메트릭 카테고리의 몇 가지 예시입니다.[6]

- **정확도**accuracy : 데이터가 실제 콘텍스트real-world context 내 어트리뷰트attribute의 실제 값과 얼마나 가까운지 보여주는 정도입니다.
- **완전성**completeness : 데이터가 실제 콘텍스트의 모든 속성과 인스턴스를 나타내는 정도입니다.
- **일관성**consistency : 데이터에 모순이 없는 정도를 의미합니다.
- **정밀도**precision : 어트리뷰트가 실제 콘텍스트에 충실한 정도fidelity를 의미합니다.

데이터 성숙도 메트릭*data maturity metric*

필자는 데이터 성숙도data maturity의 경우 데이터 기반 운영 모델에 대한 로드맵과 조직의 열망에 따라 조직이 주관적으로 정의한다고 생각합니다. 예를 들어, 조직은 **사용 정도**degree of usage (데이터가 얼마나 널리 사용되고 있는지), **수명 주기**life cycle (데이터 프로덕트가 개발 중인지, 활발하게 진화하고 최적화되고 있는지 또는 휴면 상태인지), **다양성**diversity (지원하는 액세스 방식과 사용 사례의 수), **연계성**linkage (데이터 프로덕트에서 데이터와 유형을 재사용하는 형태로 다른 데이터 프로덕트와 연계되는 정도) 등과 같은 몇 가지 요소를 기반으로 성숙도 메트릭을 정의할 수 있습니다.

데이터 프로덕트는 조직의 표준 모델에 따라 성숙도를 계산하고 공유합니다.

---

6 이 글을 쓰는 시점에서 표준화된 데이터 품질의 15가지 특징을 ISO/IEC 25012(*https://oreil.ly/eOTU7*)에서 볼 수 있습니다.

데이터 표준 준수 *data standards conformance*

데이터 프로덕트가 상호 운용성^{interoperability}을 높이기 위해 준수할 수 있는 기존 도메인별 데이터 모델이 있습니다. 예를 들어, 의료서비스 도메인의 FHIR HL7[7] 리소스는 조직 안팎으로 더 많은 데이터 소비자와 상호 운용성을 높일 수 있도록 정의합니다. 업계 표준을 준수하기로 결정할 때는 장점(⑩ 외부 상호 운용성)과 단점(⑩ 획일화된 모델에 맞추기 위해 데이터를 변환하는 데 드는 비용)을 모두 고려해야 합니다.

데이터 프로덕트는 데이터 모델이 준수하는 표준을 표현할 수 있습니다.

시간성 메트릭 *temporality metric*

데이터 프로덕트는 기본적으로 템포럴 데이터^{temporal data}를 제공합니다. 시간에 따라 데이터의 형태를 보여주는 매개변수는 데이터의 적합성을 평가하는 데 도움이 됩니다. 다음은 시간성 메트릭의 몇 가지 예시입니다.

- **실제 에포크**^{actual epoch} **및 처리 에포크**^{processing epoch} : 실제 에포크와 처리 에포크는 각각 가장 초기에 데이터를 사용할 수 있을 때의 실제 시각과 처리 시각입니다. 데이터 사용자가 데이터에 액세스하기 위해 얼마나 과거로 시간 여행을 할 수 있는지를 나타냅니다. 이러한 에포크는 데이터 프로덕트의 데이터 보존 기간을 보여줍니다.
- **프로세싱 간격**^{processing interval} : 데이터 프로덕트에서 데이터를 처리하는 패턴이 있는 경우 데이터 프로덕트는 이러한 패턴이 발생하는 빈도를 보고할 수 있습니다. 이러한 패턴이 발생하는 주기가 따로 없는 경우, 데이터 프로덕트는 패턴이 일어나는 주기의 평균, 최댓값, 최솟값을 제공합니다. 이를 통해 데이터 소비자는 새로운 데이터를 얼마나 자주 읽고 처리할 수 있을지에 대한 기대치를 설정할 수 있습니다.
- **마지막 처리 시각**^{last processing time} : 가장 최근에 발생한 데이터의 처리 시각을 의미합니다.
- **마지막 실제 시각(타임 윈도우)**^{last actual time(time window)} : 가장 최근에 발생한 데이터의 실제 시각(또는 타임 윈도우)을 의미합니다.
- **실제 타임 윈도우**^{actual window} : 입력 데이터가 일정 기간에 걸쳐 집계되는 경우, 입력 데이터가 처리되어 새 데이터가 생성되는 동안의 실제 시간입니다.
- **적시성**^{timeliness} : 실제 시각과 처리 시각이 일치하는 정도입니다. 데이터의 적시성이 클수록 실제 시각과 처리 시각 사이의 간격이 줄어듭니다. 12장에서는 실제 시각과 처리 시각 사이의 간격에 대해 스큐^{skew}라는 용어를 사용했습니다.

---

7 *https://oreil.ly/H99gH*

사용자 주도 메트릭user-driven metrics

앞서 지금까지 언급한 모든 카테고리는 데이터 프로덕트가 데이터 제공자로 제공하는 메트릭이었습니다.

데이터 사용자는 종종 데이터를 사용하는 동료 데이터 사용자의 사용자 경험을 바탕으로 신뢰를 구축합니다. 따라서 데이터 프로덕트는 소비자의 인식과 경험을 일련의 품질 메트릭으로 포착하여 제시해야 합니다. 예를 들어, 회사는 데이터 사용자가 자신의 경험(**예** 데이터를 이해하고 사용하는 데 소요되는 리드 타임 단축, 데이터 품질, 데이터 프로덕트 개발팀의 대응력 등)에 따라 특정 데이터 프로덕트를 수행할 수 있도록 인센티브와 같은 혜택을 제공하는 등의 형식으로 **인식 시스템**recognition system을 개발할 수 있습니다.

데이터 프로덕트는 데이터 프로세싱 흐름에서 바로 계산하고 포착하여 소비자에게 자율적으로 제공합니다. 필자는 이러한 데이터 프로덕트의 특성을 통해 소비자에게 신뢰도를 높이는 데 가장 적합한 정보에 대한 아이디어를 제공하기 위해 앞서 언급한 카테고리를 제공했습니다.

오늘날 메타데이터 관리 기술이 지나치게 많이 보급된 환경에서는 앞 문단에서 언급한 정보를 정의하고 노출합니다. 데이터 메시의 접근 방식은 이러한 환경에 구애받지 않으며 모든 데이터 프로덕트가 신뢰 메트릭trust metric을 일관성 있게 제공하고 관리하는 것을 목표로 합니다. 이러한 신뢰 메트릭에 대해 일관적으로 설정할 때 참고할 수 있는 과거 오픈 소스 표준이 두 가지 있습니다. 하나는 'Web Best Practices: Data Quality Vocabulary'[8]이며, 이와 관련한 표준으로 'Data Catalog Vocabulary'[9]가 있습니다. 이들 표준은 웹에서 개방형 데이터 생태계를 제공하는 데 있어 모범 사례를 확립한다는 사명을 가지고 일관된 어휘를 만들고자 했습니다.

13.1.5 데이터의 형태 탐색하기

데이터 탐색을 통해 통계적으로 유의미한 속성을 이해하는 것은 개별 사용 사례에 대한 데이터를 학습하고 신뢰하는 데 매우 중요합니다. 데이터 메시는 궁극적으로 데이터를 사용하지 않기로 결정하더라도 데이터 탐색 기능을 데이터 사용자 여정에서 중요한 단계로 인식합니다.

---

8   https://oreil.ly/SZTWx
9   https://oreil.ly/DQDBK

데이터 사용자가 이미 데이터에 액세스할 수 있는 경우에서는 데이터 프로덕트의 출력 포트를 통해 다양한 쿼리를 실행하여 레코드를 개별적으로 탐색할 수 있습니다.

그러나 대다수의 경우 접근 권한 부족으로 인해 개인이 개별 기록에 액세스할 수 없습니다. 이 때는 개별적인 사용 사례에 적합한지 데이터의 형태를 탐색하고 평가할 수 있어야 합니다. 데이터 프로덕트는 소비자가 레코드를 개별적으로 처리하지 않고도 데이터의 형태를 탐색할 수 있는 정보를 제공할 책임이 있습니다.

예를 들어, 데이터 프로덕트의 검색 인터페이스에는 데이터 필드, 값의 범위, 값의 빈도, 백분위수 등의 분포를 검사하는 기능이 포함될 수 있습니다. 예를 들어, **기존 소셜 미디어 멘션** 데이터 프로덕트가 트렌드를 식별하는 데 신뢰할 수 있는 소스인지 평가하기 위해, 검색 인터페이스는 '개별 멘션에 관한 출처의 분포 정도'에 대해 조사할 수 있습니다. 이를 통해 소수의 사람들에 의해 출처의 분포 정도가 치우쳐 있는지, 정규분포 곡선 형태(종 모양)로 분포되어 있어 출처를 신뢰할 수 있는지 평가할 수 있습니다.

일반적으로 데이터 프로덕트는 **차등 프라이버시**differential privacy[10]가 적용된 데이터에 대한 액세스를 제공하여 개별적으로 민감한 기록에 대해 액세스를 제공하지 않고도 다양하게 탐색할 수 있게 합니다. 차등 프라이버시는 데이터에 허용 가능한 노이즈를 도입하는 등 대다수의 데이터를 유용하게 분석할 수 있는 기능을 유지하면서 프라이버시를 개선하는 기술입니다. '차등 프라이버시를 사용하면 대규모 데이터셋에서 인사이트를 얻을 수 있지만, 누구도 개인 정보에 대해 알 수 없다는 명제에 대해 수학적으로 증명해야 합니다.'[11]

13.1.6 문서를 통해 학습하기

사람이 읽을 수 있는 문서는 데이터 사용자가 데이터 프로덕트와 포트의 신택스 그리고 기초 데이터를 이해하는 데 도움이 되는 도구입니다. 가장 중요한 것은 이러한 문서가 데이터 프로덕트 개발자가 데이터에 대한 정보를 전달하는 데 도움이 된다는 점입니다. 매스매티카Wolfram Mathematica 프로그램에서 처음 도입한 전산적 노트북computational notebook은 과학자들이 연구, 탐구 또는 교육하는 과정에서 신뢰할 수 있는 동반자 역할을 해왔습니다. 최근 전산적 노트북은 데

---

10 *https://oreil.ly/eCl3A*

11 Cynthia Dwork and Aaron Roth. 2014. "The Algorithmic Foundations of Differential Privacy," *Foundations and Trends in Theoretical Computer Science.* 9(3–4): 211–407.

이터 과학 분야에서 광범위하게 사용되고 있습니다. 전산적 노트북은 데이터 탐색을 위한 간단한 문서 기반의 직관적인 인터랙티브 인터페이스를 제공합니다.

데이터 프로덕트는 전산적 노트북을 제공하고 유지하여 데이터 사용 방법을 본질적으로 전달하고 데이터의 속성을 액션 형태로 보여줄 수 있습니다. 데이터 프로덕트는 사람이 읽을 수 있는 문서와 코드, 데이터 시각화를 모두 한곳에 결합(캡슐화)하여 데이터에 대한 설득력 있는 스토리를 전달합니다. 또한, 기반 플랫폼은 데이터 사용자가 전산적 노트북을 공유하게끔 하여 다른 사람들이 표현한 새로운 데이터 사용 방법을 포착할 수 있습니다.

전산적 노트북은 데이터 프로덕트에 대한 사용 사례를 문서화하고, 교육하고, 공유할 수 있는 좋은 방법입니다. 하지만 필자는 전산적 노트북을 프로덕션 애플리케이션production application 으로써 사용하는 것에 대해 옹호하지는 않습니다. 이는 전산적 노트북의 성장 속도에 비해 테스트와 확장이 가능한 모듈러 코드modular code를 프로그래밍하는 속도가 느리기에, 전산적 노트북을 유지 관리할 수 있는 능력이 부족해집니다. 결국 전산적 노트북을 프로덕션 코드production code 형태로 오래 사용할 수 있도록 유지 관리하는 것이 어려워집니다.

13.1.7 데이터 검색, 탐색 및 이해 설계하기

이번 절에서 소개할 검색 가능성 정보는 모든 데이터 프로덕트에서 표준화되어야 합니다. 그렇게 해야 데이터 메시를 원활하게 사용할 수 있을 뿐만 아니라 서로 다른 데이터 프로덕트 사이에서 공정한 평가와 비교가 가능합니다. 이는 플랫폼이 정보를 계산하고 포착하여 공유하는 표준화된 접근 방식을 제공하는 데 긴밀하게 관여해야 함을 의미합니다. 이를 위해 데이터 프로덕트 사이드카(9.4.1절 참조)는 검색 가능성 특성으로 확장된 것이 가장 좋습니다. 9장에서 언급했듯이, 데이터 프로덕트 사이드카는 데이터 퀀텀의 컴퓨팅 콘텍스트computational context 내에서 실행되는 플랫폼 제공 행위자입니다. 이때 데이터 퀀텀은 범분야적으로 모든 데이터 프로덕트에서 표준화하고자 하는 관심사를 담당합니다.

[그림 13-3]은 검색 가능성을 지원하는 데이터 프로덕트 사이드카의 상호 작용을 보여줍니다. 그림에서 보여주는 특성은 예로 든 것이고, 상호 작용과 관련한 특성을 모두 나열한 것은 아닙니다.

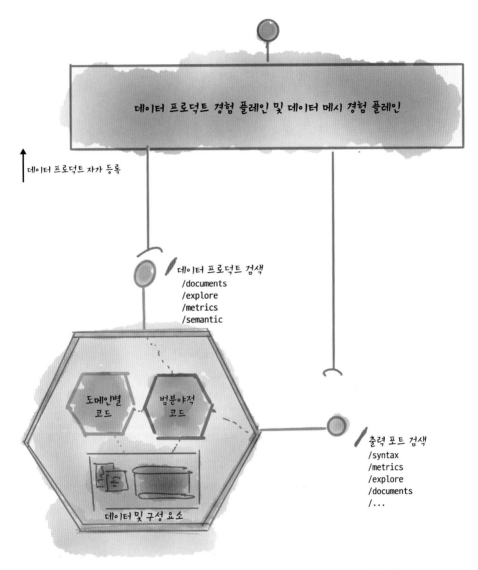

데이터 프로덕트 경험 플레인 및 데이터 메시 경험 플레인

데이터 프로덕트 자가 등록

데이터 프로덕트 검색
/documents
/explore
/metrics
/semantic

도메인별
코드

범분야적
코드

출력 포트 검색
/syntax
/metrics
/explore
/documents
/...

데이터 및 구성 요소

그림 13-3 모든 데이터 프로덕트에 연합된 검색 가능성 모델을 제공하는 데이터 프로덕트 사이드카

13.2 데이터 구성

보는 방법을 배워라. 그리고 세상만물은 연결되어 있음을 깨달아라.

— 레오나르도 다 빈치Leonardo da Vinci

분석 데이터를 제대로 활용하기 위해서는 여러 도메인 사이, 그리고 여러 데이터 프로덕트 사이의 데이터를 상호 연관시키고 연결해야 합니다. 예를 들어, **신진 아티스트**를 식별하는 사용 사례에서는 일정 기간 동안 특정 아티스트가 인기를 얻고 있는지를 분류하는 머신러닝 모델을 훈련해야 합니다. 이러한 모델을 훈련하려면 데이터 메시 전반의 다양한 데이터 프로덕트에서 데이터를 상호 연관시켜야 합니다. 다프의 경우, 아티스트의 음악이 포함된 **플레이리스트**, 청취자가 아티스트의 음악을 재생한 **플레이 세션**, 아티스트의 멘션이 표시된 **소셜 미디어 콘텐츠** 등의 데이터 프로덕트를 아티스트 데이터를 중심으로 상호 연관시켜야 합니다. [그림 13-4]는 데이터 프로덕트와 데이터를 상호 연관시킨 예시에 대해 보여줍니다.

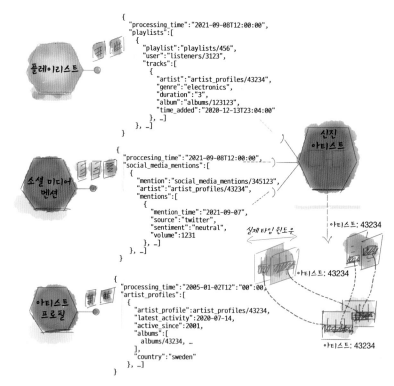

그림 13-4 데이터 프로덕트의 컴포저빌리티에 대한 예시

데이터 메시를 통해 데이터를 연결해야 하는 데이터 사용자(시스템)는 여러 소스의 데이터를 변환하는 작업을 담당하는 온 더 메시^{on-the-mesh} 데이터 프로덕트이거나 분석 보고서와 같은 오프 더 메시^{off-the-mesh} 분석 애플리케이션입니다.

필자는 두 개 이상의 데이터 프로덕트에 대해 수행할 수 있는 연산(조인^{join}, 유니온^{union}, 필터^{filter}, 교차^{intersection}, 검색^{search} (트래버싱^{traverse}) 등)에 대한 플레이스홀더로 상관 관계^{correlation}나 구성^{composition}이라는 일반적인 용어를 사용합니다.

13.2.1 데이터 소비 속성 설계

데이터 프로덕트를 탈중앙화하기 위해서는 데이터 메시를 구현할 때 아래 목록과 같은 능력이 필요합니다. 이들 능력 모두 데이터 컴포저빌리티를 설계하는 방법과 관련되어 있습니다.

다양한 액세스 방식과 토폴로지에 걸쳐 데이터를 구성할 수 있는 능력

12장에서 데이터를 소비하고, 변환하고, 제공하는 것에 대한 행위 지원성을 상기해보면 데이터는 파일, 데이터베이스 테이블, 스트림 등 다양한 방식으로 제공될 수 있습니다. 따라서 데이터를 구성하는 기능은 데이터의 신택스, 기반 스토리지 유형, 데이터에 대한 액세스 방식에 구애받지 않아야 합니다.

예를 들어 [그림 13-4]와 관련하여 언급된 예제에 **플레이 이벤트** 데이터 프로덕트를 추가하려면, **신진 아티스트** 모델은 이벤트 스트림과 컬럼 지향 파일로 제공되는 데이터에서 아티스트에 대한 정보를 구성하여 학습할 수 있어야 합니다.

그 결과, 동기종 데이터^{homogeneous data}를 가정하는 대다수의 기존 컴포저빌리티 기법(단일 스키마 테이블 사이에서 기본 키^{primary key}와 외래 키^{foreign key} 사이의 관계를 정의하는 것 등)은 작동하지 않을 것입니다.

관련성 있는 정보를 분산적으로 검색하고 학습하는 능력

데이터 사용자는 데이터를 구성하기 전에 여러 데이터 프로덕트에서 어떤 정보가 연관성이 있는지 파악해야 합니다. 앞서 언급한 예시에서, **신진 아티스트** 데이터 프로덕트 개발자는 아티스트에 대한 정보가 **플레이리스트**, **소셜 미디어 멘션**, **아티스트 프로필** 데이터 프로덕트 전반에 걸쳐 존재하고 관련성이 있다는 사실을 알고 있어야 합니다.

이는 기존의 중앙 집중식으로 이루어진 공유 자료형 체계나 스키마를 통해 이루어집니다. 이와 달리 데이터 메시는 분산형 데이터 모델링 접근 방식을 채택해야 합니다.

관련성 높은 데이터를 원활하게 연계하는 능력

데이터 사용자가 **소셜 미디어 멘션**, **플레이리스트**, **아티스트 프로필** 데이터 프로덕트에서 아티스트 정보를 검색하면, 데이터 프로덕트 3개에서 동일한 아티스트의 개별 개체를 매핑하고 상호 연관시킬 수 있어야 합니다. 데이터 사용자는 각 데이터 프로덕트에서 어떤 필드가 아티스트를 나타내는지, 그리고 앞에서 언급한 세 데이터 프로덕트를 어떻게 매핑할 수 있는지(**예** 모든 데이터 프로덕트가 아티스트를 식별하는 데 일관되게 사용하는 전 세계적으로 고유한 **아티스트 식별자**를 매핑하는 등)에 대해 파악해야 합니다.

데이터를 시간적으로 연관시키는 능력

데이터 프로덕트는 처리 시각과 실제 시각(또는 타임 윈도우)이라는 두 가지 시간 차원 dimension of time에 걸쳐 데이터를 제공합니다. 본질적으로 시간은 두 개의 데이터 개체를 연관시키는 매개변수입니다. 예를 들어, 신진 아티스트에 대해 검색할 때 소셜 미디어 멘션과 플레이리스트에서 데이터를 변환하고 상호 연관시키는 코드(또는 쿼리)에는 신진 아티스트에 대한 멘션이 발생하거나 신진 아티스트가 플레이리스트에 추가된 실제 시각이 포함됩니다. 기본적으로 시간을 통합하면 시간에 따라 다른 모든 작업이 자연스럽게 작동한다는 장점이 있습니다.

데이터 메시의 데이터 컴포저빌리티 설계에 대해 논의하기 위해, 데이터 컴포저빌리티에 대한 몇 가지 기존 접근 방식을 간략히 살펴본 후 데이터 메시와 어떻게 일치하는지 살펴보겠습니다.

13.2.2 데이터 컴포저빌리티의 기존 접근 방식

기존의 데이터 기술 환경을 살펴보면 데이터 컴포저빌리티에 대해 몇 가지 주목할 만한 접근 방식을 발견할 수 있습니다. 현재 이러한 접근 방식이 데이터 메시에는 그대로 적용되지 않지만, 기존의 접근 방식을 통해 간접적으로 알 수 있습니다.

이러한 모든 접근 방식에서 개체 간의 관계와 공유 자료형 체계shared type system를 명시적으로 정의함으로써 컴포저빌리티를 구현할 수 있습니다. 이렇게 명시적으로 정의된 관계를 사용하여 시스템이 어떤 정보와 어떻게 연관될 수 있는지 추론합니다.

팩트 테이블에 정의된 관계

관계형 스키마$^{relational\ schema}$, 특히 데이터 웨어하우스 시스템에서 채택한 스타 스키마^{star} ^{schema}와 스노우플레이크 스키마$^{snowflake\ schema}$[12]는 서로 다른 유형의 데이터 사이에 대해 명시적인 관계를 정의합니다. 예를 들어, **신진 아티스트** 모델 학습과 관련한 데이터에 액세스하기 위해 스키마는 **아티스트 프로필**과 **소셜 미디어 멘션**, **플레이리스트** 데이터 프로덕트에 대해 3개의 디멘션 테이블을 정의합니다. 이후 각 아티스트에 대해 데이터 프로덕트를 구성하고 연관시키고자, 각각의 디멘션 테이블을 가리키는 아티스트의 외래 키로 네 번째 테이블(팩트 테이블)을 생성합니다.

[그림 13-5]는 디멘션 테이블과 연계하는 팩트 테이블과 외래 키 링크의 예시에 대해 보여주고 있습니다.

이러한 데이터 컴포저빌리티의 방식은 중앙 집중식 시스템에서 쿼리를 실행하는 데는 성능과 유연성이 뛰어나지만, 데이터 메시에는 적합하지 않습니다. 이러한 방식은 데이터 프로덕트 간에 파편화되기 쉬운 긴밀한 결합$^{tight\ coupling}$을 생성하기 때문입니다. 각 데이터 프로덕트의 스키마는 다른 데이터 프로덕트와 동일한 스키마로 긴밀하게 연계되어 있어서 독립적으로 변경할 수 없습니다. 이러한 스키마는 데이터 프로덕트 간에는 (표 형식으로 된) 동기종 데이터 신택스가 있다고 가정하며, 내부 스토리지 시스템의 식별자는 특정한 구현 과정에 긴밀한 결합을 생성합니다.

---

12 스노우플레이크 스키마는 다차원적인 데이터베이스 스키마로 모든 개체를 디멘션 테이블(dimension table)로 정규화하며 별도의 테이블에서 관계를 정의합니다. 이때 관계를 정의하는 데 사용되는 테이블은 디멘션 테이블의 외래 키를 보유하는 팩트 테이블입니다. 스타 스키마는 스노우플레이크 스키마의 특수한 형태입니다.

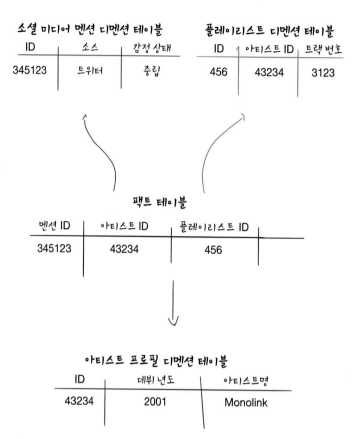

그림 13-5 팩트 디멘션 테이블을 통해 활성화된 컴포저빌리티의 예시

데이터 메시는 사실이나 조인된 테이블을 명시적으로 정의하는 방식을 전환합니다.

분산된 자료형 체계를 사용하여 정의된 관계

관련성 있는 데이터를 검색하는 또 다른 접근 방식은 자료형 체계를 사용하는 것입니다. 예를 들어, GraphQL의 아폴로 페더레이션Apollo federation[13] 아키텍처에서는 개별 서비스에서 서브그래프subgraph를 정의할 수 있습니다. 이때 서브그래프는 데이터 자료의 집합에 대한 스키마로 개별 서비스가 차례로 데이터를 확인하고 제공할 수 있는 특성을 갖습니다. 각 서브그래프에는 고유한 스키마가 있으며, 일련의 데이터 자료형, 개체, 속성에 대해 정의합니다. 각 서브그래프 스키마는 다른 서브그래프 스키마에 정의된 자료형을 참조하고 확장할 수 있

---

[13] *https://oreil.ly/CQLsu*

습니다. 한편 게이트웨이는 다양한 서브그래프를 구성하는 역할을 담당합니다. 이를 통해 게이트웨이는 연합 자료형 체계[federated type system]를 사용하여 서브그래프를 상호 연관시키는 방식으로 상위 그래프를 만듭니다.

개체 간의 관계는 중첩된 (트리 형태의) 자료형을 통해 표시됩니다. 예를 들어, 아래의 예제에서 플레이리스트(Playlist) 스키마가 정의된 자료형에는 아티스트(artist)를 나타내는 중첩된 멤버 필드가 있으며, 중첩된 멤버 필드의 자료형은 아티스트 프로필(ArtistProfile) 스키마에 정의된 아티스트(artist) 자료형을 참조합니다.

```
// 아티스트 프로필 스키마
type ArtistProfile {
  artist: Artist
  active_since: Date
  ...
}
type Artist {
  id : ID!
  name : String
}
---------------------------
// 플레이리스트 스키마
type Playlist {
  user: String
  tracks : [Tracks]
  ...
}
// 아티스트 프로필 스키마에서 정의된 공유 자료형(아티스트)을 사용
type Track {
  artist: Artist
  duration: Int
  ...
}
```

분산형 자료형 체계는 데이터 오너십을 명확히 반영하여 데이터 프로덕트 간에 느슨하게 결합하고 자료형을 재사용할 수 있도록 한다는 점에서 데이터 메시에 적합한 시스템입니다. 그러나 자료형을 재사용하면서 자료형(스키마)의 변화와 (자료형을 버저닝하는 데 필요한) 시간 차원을 독립적으로 고려하기 위해서는 추가적인 리파인먼트[refinement](세분화)가 필요합니다.

하이퍼링크와 중앙 집중식 자료형 체계를 사용하여 정의된 관계

관련성 있는 데이터를 정의하는 또 다른 방법은 공유 데이터 자료형을 사용하는 스키마에서 HTTP 하이퍼링크^{HTTP hyperlink}를 명시적으로 사용하는 것입니다. 이때 하이퍼링크를 명시적으로 사용하는 스키마는 중앙 집중식 공유 스키마 레지스트리(**예** schema.org[14])를 통해 제공되는 경우가 많습니다. 스키마에 직접적으로 연결된 하이퍼링크는 종종 다른 집합의 개별 데이터 인스턴스에 직접적으로 연결된 하이퍼링크와 함께 제공됩니다.

예를 들어, 시맨틱 웹^{Semantic Web}(전 세계적인 규모의 데이터 웹)을 중심으로 개발된 표준화 체계와 링크드 데이터^{Linked Data}[15]가 이러한 방식을 채택하고 있습니다. 아직은 링크드 데이터가 엔터프라이즈 차원의 분석 데이터 관리에 광범위하게 도입되지는 않았습니다. 하지만 웹 링크^{web link}를 통해 관련 데이터를 연계하는 데 중점을 두고 글로벌하게 분산된 데이터 연계^{data linking}와 데이터 컴포저빌리티를 해결하려고 시도했다는 점에서 흥미롭게 느껴집니다.

아래 코드는 데이터 연계와 스키마 링크에 대한 JSON-LD의 간단한(하지만 불완전한) 예제입니다.

```
// (일부) JSON-LD 형식으로 제공되는 샘플 데이터
// 중앙 집중식 스키마의 명시적인 정의에 따라 사용되는 변수 정의
{
  "@context": {
    "@vocab": "https://schemas.daff.com/playlist#",
    "listeners": "https://schema.org/Person#",
    "artist": "https://schemas.daff.com/artist#",
    "album": "https://schemas.daff.com/album#",
    "track": "https://schemas.daff.com/track#",
    "track:id": {"@type": "@id"},
  },
  "@id": "https://daff.com/playlist/19378",
  "@type": "Playlist",
  "name": "Indie Playlist",
  "genre": ["Indie Rock"],
  "tracks": [{
    @id": "https://daff.com/playlist/19378/1",
    "@type": "PlaylistElement",
    "artist:name": "Sonic Youth",
```

---

14 *https://schema.org*

15 *https://oreil.ly/nSQOj*

```
    "album:name": "Daydream Nation",
    "track:name": "Teen Age Riot",
    "track:id": "https://daff.com/tracks/39438434"
    },{
    "@id": "https://daff.com/playlist/19378/2",
    "@type": "PlaylistElement",
    "artist:name": "Thurston Moore",
    "album:name": "The Best Day",
    "track:name": "Speak to the Wild",
    "track:id": "https://daff.com/tracks/1275756"
    }]
}
```

위 예제의 모델에서는 모든 단일 개체와 데이터 자료형에는 명시적으로 정의되어 스키마 URI^schema URI로 식별되는 스키마가 있으며, 정의된 온톨로지^ontology와 어휘^vocabulary를 통해 다른 스키마에 연계할 수 있습니다.[16] 온톨로지는 도메인의 제약 조건 자체와 다른 도메인 제약 조건 간의 관계, 그리고 다른 도메인과의 관계에 대한 명시적이고 공식적인 사양입니다. 예를 들어 플레이리스트에는 아티스트 프로필 도메인의 정보와 연결된 트랙이 포함되어 있습니다. 이때 플레이리스트 도메인과 아티스트 프로필 도메인 사이의 관계가 바로 온톨로지입니다. 이러한 온톨로지는 JSON-LD 문서의 @context 섹션을 사용하여 참조할 수 있습니다. 또한, 각 온톨로지별로 중앙 집중식 스키마의 리포지토리에 등록되어 고유의 URI가 있는 스키마가 있습니다.[17]

추가로 식별 가능한 모든 단일 개체에는 고유한 URI가 있습니다. 예를 들어, 아티스트 프로필(artist profiles)의 각 아티스트는 다른 개체와 연계할 수 있는 고유한 URI를 가지고 있습니다. 이러한 데이터 연계는 기존 관계를 트래버싱하여 새로운 관계를 유추[18]할 수 있는 그래프를 생성합니다.

이러한 모델은 분산 데이터 모델링과 데이터 컴포저빌리티에 적합합니다. 하지만 시간이 지남에 따라 유지 관리와 변화가 어려워지는 중앙 관리형 공유 스키마를 사용하지 않으려면 추가적인 리파인먼트를 더 거쳐야 합니다.

---

16 *https://oreil.ly/m2XzY*

17 온톨로지 개발에 대한 자세한 내용은 『Ontology Development 101』(*https://oreil.ly/Zod0D*)을 참조하길 바랍니다.

18 *https://oreil.ly/eC71a*

13.2.3 데이터 구성 설계

이전 절에서는 데이터 메시에 대해 기존 데이터 컴포저빌리티의 접근 방식과 대조했습니다. 이번 절에서는 데이터 메시의 컴포저빌리티에 대한 몇 가지 주요 설계 요소를 소개합니다.

데이터 메시의 컴포저빌리티를 설계하는 것은 데이터 프로덕트 간의 **느슨한 결합**을 우선으로 하면서 **중앙 집중식 동기화 지점**을 최소화하는 데 의의를 둡니다. 데이터 메시 전체에 걸친 데이터 컴포저빌리티는 **분산된 자료형 체계(스키마)**에 의존하여 각 데이터 프로덕트가 자체적으로 스키마의 수명 주기를 소유하고 제어하도록 합니다. 하나의 데이터 프로덕트는 다른 데이터 프로덕트의 스키마와 데이터를 사용하고 참조할 수 있으며, 하나의 데이터 프로덕트에서 인접한 데이터 프로덕트로의 매핑을 통해 무엇이 어떻게 연관성이 있는지 식별할 수 있습니다.

이 글을 쓰는 시점에서 데이터 메시의 컴포저빌리티에 대한 접근 방식은 개발 중인 영역입니다.

이러한 데이터 컴포저빌리티에 대한 설계 요소를 좀 더 자세히 살펴봅시다.

분산된 자료형 체계

각 데이터 프로덕트는 독립적으로 제공되는 데이터의 시맨틱 자료형semantic type을 정의합니다. 이러한 시맨틱 정의, 즉 스키마는 데이터 사용자가 고유하게 지정할 수 있습니다. 데이터 프로덕트의 시맨틱은 다른 데이터 프로덕트의 시맨틱에 정의된 자료형을 참조하고 확장할 수 있는데, 이를 **시맨틱 연계**semantic linking라고 합니다. 참조 시스템이 URI의 인터넷 어드레싱 스킴internet addressing scheme을 사용하는 경우, 분산된 자료형 체계를 간단히 구현하여 데이터 프로덕트의 시맨틱을 여러 호스팅 환경과 조직으로 범위를 확장할 수 있습니다.

데이터 메시 경험 플레인은 데이터 메시의 모든 데이터 프로덕트가 정의한 모든 유형의 중앙 집중식 인덱스를 생성할 가능성이 높습니다. 중앙 집중식 인덱스는 그저 개별 데이터 프로덕트에 대한 읽기 전용 리디렉션 메커니즘read-only redirection mechanism일 뿐입니다. 이러한 인덱스는 새로운 데이터 프로덕트가 생성되거나 기존 데이터 프로덕트가 업데이트되거나 삭제될 때 지속적으로 업데이트될 수 있습니다.

데이터 프로덕트의 글로벌 URI

각 데이터 프로덕트에는 (이상적으로는 URI 형태의) 고유한 주소가 있습니다. 이러한 고유 주소를 통해 서로 다른 데이터 메시 인스턴스 내에서 여러 데이터 메시 인스턴스 간에 프로그래밍 방식으로 액세스할 수 있습니다. 이러한 주소는 시맨틱 스키마, 출력 포트, 데이터 개체 등 데이터 프로덕트 내의 모든 공유 가능한 속성에 액세스할 수 있는 루트입니다.

데이터 개체 URI

여러 데이터 프로덕트에 나타나는 개체^{entity}는 글로벌한 수준에서 고유한 식별자를 사용하여 식별되어야 합니다. 식별자^{identifier}는 특정 데이터 프로덕트에 대해 URI 형태로 이루어진 요소로, 궁극적으로 특정 개체에 대한 주소를 확인할 수 있습니다. 앞서 공유한 예에서 '아티스트'라는 개념은 **플레이리스트나 아티스트 프로필**과 같은 여러 데이터 프로덕트에 나타나는 다의적 개념입니다. 데이터 프로덕트는 이러한 URI를 생성하는 소스가 됩니다. 이번 예제에서 **아티스트 프로필**은 아티스트를 온보딩하는 시점에 URI를 할당합니다.

글로벌 식별자가 할당되는 방식과 데이터 프로덕트가 특정 아티스트에 대한 정보를 가리키는 문제를 해결하는 방식에는 정교한 검색 특성과 패턴 매칭 특성이 필요합니다. 예를 들어 **소셜 미디어 멘션** 데이터 프로덕트는 트위터 댓글에서 언급된 특정 이름[19]을 찾습니다. 이러한 언급을 아티스트와 URI에 매핑하는 방식은 다양한 콘텍스트 매개변수^{contextual parameter}(앨범, 트랙, 이벤트 등에 대한 언급)를 살펴보는 정교한 패턴 매칭을 통해 이루어집니다. **아티스트** 도메인은 이러한 목적을 위해 머신러닝 모델을 사용하여 아티스트 레졸루션 서비스^{artist resolution service}를 제공할 수 있습니다.

기계 최적화^{machine optimization}

데이터 프로덕트 설계는 논리적인 수준의 기계뿐만 아니라 사람과 조직 모두를 위해 최적화됩니다. 예를 들어, 테이블 형태로 외래 키와 기본 키로 긴밀하게 결합된 관계보다 하이퍼링크로 느슨하게 결합된 관계가 데이터 메시로 된 조직의 최적화에 유리합니다. 예를 들어, 시간이 지남에 따라 데이터 프로덕트가 변화하여 다른 위치에 배포될 수 있는 동안에도 URI는 동일하게 유지될 수 있습니다.

플랫폼에서 쿼리 속도의 향상을 위해 최적화가 필요한 경우, 연합 쿼리 엔진^{federated query engine}을 통해 서로 다른 데이터 프로덕트에서 제공되는 데이터와 관련한 내부 인덱스^{internal index}를 생성할 수 있습니다. 보다 긴밀하게 결합된 내부 인덱스는 데이터 프로덕트 개발자에 의해

---

19 옮긴이_ 카카오톡에서 "@〈사용자이름〉"을 넣어 사용자를 언급하는 것과 비슷한 맥락입니다.

지속적으로 새로 고쳐지고 숨겨집니다. 이러한 내부 인덱스는 쿼리 엔진에서 내부적으로 사용됩니다. 이와 유사한 시나리오는 구글이 웹 링크를 트래버싱하는 웹 인덱스입니다. 검색 기능 사용자로서 우리는 사람이 액세스할 수 있는 URI만 다루지만, 구글 검색 엔진은 내부적으로 최적화된 해시 인덱스$^{hash\ index}$를 사용합니다.

요약하면 데이터 표현이 논리적 수준에서는 사용자에게 더 친숙하고, 물리적 수준에서는 기계 입장에서 더 친숙합니다.

인적 요소

합의된 ID 스킴과 표준화된 데이터 형식과 데이터 모델링같이 데이터 구성을 지원하는 기술적인 조치가 있는 것도 중요하지만, 데이터 구성에는 인적 요소도 필요합니다. 데이터 프로덕트 오너는 관련 데이터를 알고 있어야 하며, 데이터 사용자가 의미 있는 관계를 쉽게 빌드할 수 있도록 동기를 부여해야 합니다. 여느 데이터 프로덕트 오너가 그렇듯, 고객(데이터 사용자 등)의 요구에 귀를 기울이고 데이터 구성을 용이하게 할 방법을 찾아야 합니다.

[그림 13-6]은 데이터 프로덕트의 데이터 컴포저빌리티 설계에 중요한 고수준 구성 요소를 보여줍니다.

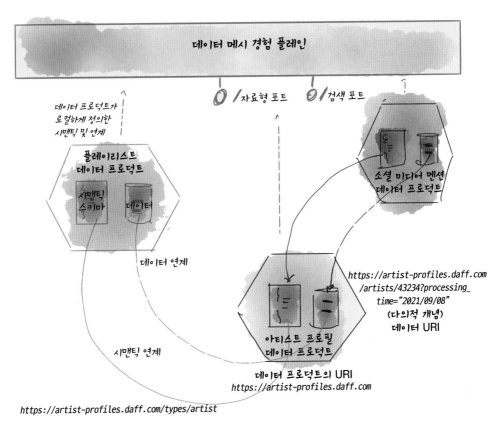

그림 13-6 데이터 프로덕트의 데이터 컴포저빌리티 설계 관련 고수준 구성 요소

정리하기

데이터 프로덕트는 데이터 사용자가 신뢰할 수 있도록 알려진 것과 알려지지 않은 것 사이의 간극을 메우는 역할을 합니다. 데이터의 검색, 이해, 신뢰, 탐색은 데이터 프로덕트에서 데이터 시맨틱, 데이터 형식, 사용 문서, 통계적 속성, 예상 품질, 적시성과 기타 메트릭에 대한 정보를 공유하기 위한 인터페이스와 동작을 설계하면서 시작됩니다. 이러한 기본 기능과 메타데이터 공유 기능이 각 데이터 프로덕트에 빌드되면 더 정교한 머신러닝 기반 검색 기능을 빌드할 수 있습니다. 이러한 기능은 서로 연결된 데이터 프로덕트를 검색하고 브라우징하며 검토할 수 있습니다. 이러한 과정을 통해 최종적으로 데이터 메시의 의미를 파악할 수 있습니다.

개별 데이터 프로덕트에서 고차원적인 인텔리전스와 지식을 이끌어내려면 데이터 사용자가 데이터를 상호 연관시키고 구성해야 합니다. 중앙 집중식 모델에서는 데이터를 서로 연결하는 기능이 매우 간단하지만, 스키마는 모든 개체와 그 관계를 정의할 수 있습니다. 한편 데이터 메시의 경우 데이터의 컴포저빌리티를 설계하는 데 몇 가지 고려 사항이 필요합니다. 이러한 설계 고려 사항은 한 가지 주요 목표에서 비롯됩니다. 바로 데이터 컴포저빌리티를 지원하여 긴밀하게 결합되거나 중앙 집중식 모델을 만들지 않고도 빠르게 진화할 수 있는 분산 데이터 모델 시스템을 정의하는 것입니다. 이번 장에서는 시간에 가변적이고 공유 가능하며 참조 가능한 시맨틱 모델의 데이터 오너십, 시맨틱 모델 연계, 데이터 프로덕트 간에 데이터를 매핑하는 글로벌 식별 시스템에 대해 소개했습니다. 그리고 다른 데이터 프로덕트와의 의미 있는 관계를 검색하고 만들 기회를 지속적으로 모색하는 데이터 프로덕트 오너의 책임에 대해서도 살펴봤습니다.

이번 장을 통해 미래의 데이터 메시를 구현할 때 기반 데이터 저장 기술과 포맷팅 기술에 구애받지 않는 개방형 데이터 모델링과 컴포저빌리티를 지원하는 언어를 만들 수 있길 바랍니다.

14장

데이터 관리, 거버닝 및 관찰 설계

데이터 프로덕트는 수명이 길기 때문에 수명 주기 동안 상태를 관리하면서 데이터 프로덕트를 거버닝하고 디버깅하며 감사audit해야 합니다.

이번 장에서는 데이터 프로덕트 아키텍처의 설계를 마무리하고, 데이터 프로덕트의 수명 주기 동안 관리할 수 있는 마지막 세 가지 행위 지원성을 살펴보겠습니다.

13장에서 데이터 메시가 어떤 역할을 하는지에 대해 설명했다면, 이번 장에서는 다음 상황에서 데이터 프로덕트가 어떻게 관여하는지에 대해 설명합니다.

- 데이터 프로덕트 개발자가 데이터 프로덕트를 인셉트할 때부터 반복적으로 변화, 수정, 진화시켜 수명 주기를 모니터링하는 상황
- 글로벌 정책 준수를 통해 데이터 프로덕트를 거버닝하는 상황
- 데이터 프로덕트의 모니터링, 디버깅 및 감사를 지원하는 상황

14.1 데이터 수명 주기 관리

사람들에게 어떻게 해야 할지를 지시하지 마라. 그들에게 무엇을 해야 하는지를 알려주면, 그들의 창의력으로 당신을 놀라게 할 것이다.

— 조지 S. 패튼George S. Patton

데이터 프로덕트의 수명 주기는 데이터 메시의 확장성을 통해 자율적으로 관리할 수 있습니다. 이러한 확장성은 다른 데이터 프로덕트에 영향을 미치지 않으면서 데이터 프로덕트를 마찰 없이 빌드, 테스트, 배포, 실행할 수 있게 해줍니다. 이처럼 데이터 메시의 확장성은 입력 및 출력 데이터 포트나 데이터 공유, 혹은 스키마를 통해 데이터 프로덕트 간에 상호적으로 연결되어 있는 동안에도 유지되어야 합니다.

10장에서 플랫폼 서비스를 사용하는 것에 중점을 두고 데이터 프로덕트의 수명 주기 관리에 대한 데이터 프로덕트 개발자의 여정을 살펴보았습니다. 이러한 여정에서 인프라 리소스를 프로비저닝하고 관리하는 작업이나 데이터 프로덕트의 변화와 리비전을 관리하는 작업같이 복잡한 메커니즘과 관련된 대부분의 작업은 기반 플랫폼인 **데이터 프로덕트 경험 플레인**에서 수행된다는 것을 알 수 있었습니다.

여기서 논의해야 할 것은 데이터 프로덕트를 생성하고 발전시키기 위해 데이터 프로덕트가 제공해야 하는 특성입니다.

14.1.1 수명 주기 관리 설계

수명 주기 관리에서 데이터 프로덕트의 핵심 특성 중 하나는 **목표 상태**target state의 사양을 정의하는 것, 다시 말해 작업을 수행하는 데 필요한 리소스와 구성 요소를 정의하는 것입니다. 필자는 이러한 사양을 **데이터 프로덕트 매니페스트**data product manifest라고 부릅니다. 데이터 프로덕트 개발자는 데이터 프로덕트 매니페스트를 구성하고 유지 관리하면서, 해당 매니페스트를 데이터 프로덕트의 변환 코드, 테스트, 시맨틱 정의 등과 같은 아티팩트와 함께 플랫폼에 제시합니다.

[그림 14-1]은 데이터 프로덕트에서 기대되는 특성(매니페스트 및 아티팩트 제공)을 중점으로, 데이터 프로덕트의 수명 주기를 관리하는 과정에서의 상호 작용에 대해 보여줍니다. 데이터 프로덕트 팀은 두 가지 그룹의 아티팩트를 개발합니다. 하나는 변환 코드와 시맨틱 정의 같은 소스 아티팩트source artifact이고, 다른 하나는 필요한 데이터 프로덕트의 목표(런타임) 상태와 리소스에 대한 선언을 뜻하는 데이터 퀀텀 매니페스트입니다. 플랫폼은 이러한 아티팩트를 사용하여 빌드 아티팩트와 런타임 아티팩트를 생성하고, 필요한 리소스를 프로비저닝하여 데이터 프로덕트 컨테이너를 실행합니다.

4장에서 설명한 대로, 데이터 프로덕트의 선언적 모델링(4.2.3절 참조)은 복잡성을 은닉합니다. 이때 데이터 프로덕트는 원하는 매니페스트의 목표 상태를 선언합니다. 이를 통해 데이터 프로덕트의 수명 주기 동안 매니페스트를 변화시키면서 진화할 수 있습니다.

데이터 프로덕트 개발자는 매니페스트 선언을 사용하여 데이터 프로덕트의 다양한 측면과 속성을 표준 방식으로 전달하거나 데이터 프로덕트에 기반하는 물리적 구현에 구애받지 않고 이상적으로 전달할 수 있습니다. 또는 시간이 어느 정도 지나고 나서 개발자는 매니페스트 선언을 변경하고, 새로운 리비전을 만들며, 오래된 선언을 폐기할 수 있습니다.

> **✏ NOTE** **데이터 프로덕트 매니페스트**라는 이름은 쿠버네티스Kubernetes와 이스티오Istio 같은 선언적 인프라 프로비저닝 시스템과 오케스트레이션 시스템에서 영감을 얻었습니다.

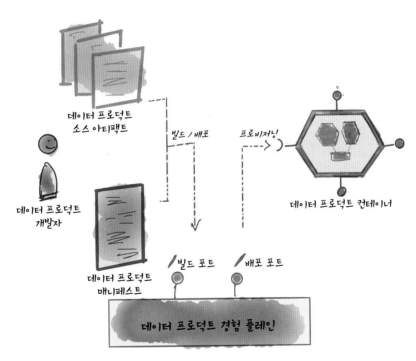

그림 14-1 데이터 프로덕트의 수명 주기 관리 관련 고수준 상호 작용

이제 데이터 프로덕트 매니페스트를 좀 더 자세히 살펴보겠습니다.

14.1.2 데이터 프로덕트 매니페스트의 구성 요소

데이터 메시는 개발자의 경험을 위주로 데이터 프로덕트 매니페스트에 대해 정의를 내립니다. 다시 말해 데이터 프로덕트 개발자가 플랫폼 내부의 구성 요소와 플랫폼이 데이터 프로덕트를 물리적으로 프로비저닝하는 방법보다 데이터 프로덕트의 측면에 중점을 둔다는 것을 의미합니다. 또한, 매니페스트는 데이터 프로덕트를 물리적으로 구현하는 것에 종속시키지 않으며, 이 상적으로는 기반 플랫폼에 구애받지 않아 이식성이 뛰어납니다.

[표 14-1]은 매니페스트가 정의하는 구성 요소를 보여줍니다.

표 14-1 데이터 프로덕트 매니페스트의 구성 요소

매니페스트 구성 요소	설명
데이터 프로덕트의 URI	데이터 프로덕트 고유의 글로벌 식별자입니다. 13장에서 데이터 프로덕트를 검색하고 지 정하기 위한 핵심 식별자(13.1.2절 참조)로 처음 소개한 요소입니다.
출력 포트	각 출력 포트가 지원하는 액세스 방식과 출력 포트를 지원하는 데 필요한 보증에 대해 선 언합니다. 플랫폼은 이를 통해 스토리지와 스트림 토픽 같은 리소스를 프로비저닝합니다.
출력 포트 SLO	각 출력 포트가 보장하는 서비스 수준의 계약을 선언합니다.
입력 포트	각 입력 포트와 그 구조적 특징, 데이터의 출처와 검색 방법에 대해 선언합니다
로컬 정책	지역성, 기밀성, 프라이버시, 데이터 보존 등과 같은 로컬 정책을 구성합니다.
소스 아티팩트	변환 코드와 입력 포트 쿼리를 포함하여 데이터 프로덕트의 일부인 다른 소스 아티팩트에 대해 설명하는 요소입니다.

시간이 지날수록 플랫폼은 새로운 유형의 리소스를 지원하기 위해 진화합니다. 뿐만 아니라, 데이터 프로덕트의 종속성과 특성 역시 같은 이유로 발전됩니다. 그러므로 이들 데이터 메시 구성 요소의 신장성과 새로운 측면에 대해 생각하면서 매니페스트 언어를 설계해야 합니다.

코드 형태로 가장 잘 정의된 데이터 프로덕트 측면은 매니페스트에 포함되지 않습니다. 예를 들어, 데이터 변환 로직, 입력 포트 쿼리, 커스텀 출력 포트 어댑터, 정책의 측면을 커스텀으로 적용하는 코드는 매니페스트를 설계할 필요없이 코드 형태로 구현한 후 데이터 프로덕트 소스 아티팩트에서 유지 관리하는 것이 가장 좋습니다.

14.2 데이터 거버닝

컴퓨팅이 우리의 미래에 대한 아이디어를 정의할 운명이라고 생각한다.

— 스티븐 울프럼 Stephen Wolfram

5장에서 소개한 거버넌스와 정책 준수에 대해, 데이터 메시는 데이터 프로덕트를 관리하는 정책을 **코드**로 구현하여 모든 데이터 프로덕트에 임베딩하는 역할을 맡습니다. 이때 데이터 프로덕트는 임베딩된 정책을 수명 주기나 데이터의 흐름에 따라 적시에 검증하고 적용합니다. 예를 들어, 특정 유형의 데이터에 대해 인메모리 암호화 in-memory encryption 를 요구하는 정책의 경우, 이러한 정책을 데이터 프로덕트에 임베딩된 코드로 명시하면 수명 주기의 여러 지점에서 정책을 테스트하고 적용할 수 있습니다. 이때 임베딩된 정책을 테스트하고 적용할 수 있는 몇 가지 경우가 있습니다. 대표적으로 빌드타임이나 배포 시간과 관련된 정책을 강화할 목적으로 보안 인클레이브 security enclave[1] 에 액세스할 수 있는 데이터 프로덕트를 확인하는 경우, 데이터에 액세스하거나 데이터를 변환할 목적으로 보안 인클레이브를 사용하는 경우 등이 있습니다.

정책을 코드로 취급한다는 아이디어는 정책을 다른 코드와 마찬가지로 버저닝하여 테스트, 실행, 관찰한다는 것을 의미합니다. 정책은 데이터 및 데이터 스키마와 마찬가지로 시간이 지나면 가변적으로 변경됩니다.

14.2.1 데이터 거버닝 설계하기

9장에서 모든 데이터 프로덕트에 각각 임베딩된 정책을 **구성**하고 **실행**할 수 있는 데이터 프로덕트의 아키텍처 구성 요소를 소개했습니다. 추가로, 정책 구성(데이터 프로덕트에 대한 액세스 제어 규칙 설정 등)과 수행 권한이 높은 거버넌스 기능(잊혀질 권리 실행 및 기타 데이터 수정 작업 수행 등)을 가능하게 하는 일련의 인터페이스인 컨트롤 포트(9.4.3절 참조)에 대해서도 다뤘었죠. 데이터 프로덕트 사이드카(9.4.1절 참조)의 개념은 정책 실행과 같은 모든 데이터 프로덕트의 교차 기능적 요구 사항을 수행하기 위해 모든 데이터 프로덕트에 수반되는 동기종 실행 엔진 homogeneous execution engine 으로써 도입되었습니다. 사이드카는 단순히 다양한 정책에

---

1   기본 애플리케이션의 실행 콘텍스트보다 높은 수준의 보안으로 환경(프로세서, 메모리, 스토리지)을 격리하는 신뢰할 수 있는 실행 환경 (trusted execution environment, TEE)을 의미합니다.

대해 잠재적으로 여러 실행 메커니즘을 대상으로 하는 논리적 플레이스홀더이며, 시간이 지남에 따라 데이터 프로덕트를 점진적으로 데코레이팅하는[2] 역할을 합니다. 마지막으로, 데이터 프로덕트 리소스의 런타임 인스턴스화^runtime instuntiation를 캡슐화하는 방법으로 데이터 프로덕트 컨테이너(9.4.2절 참조)의 개념을 살펴봤었죠.

거버넌스는 글로벌 관심사로 데이터 프로덕트에 일관되게 정책을 적용해야 합니다. 따라서 앞에서 언급한 플랫폼에서 데이터 메시 경험 플레인과 함께 작동하는 컨테이너, 사이드카 등을 제공하는 것을 제안했습니다. 데이터 메시 경험 플레인은 모든 데이터 프로덕트에 대해 데이터 메시 전체에 걸쳐 정책 구성과 잊혀질 권리 구성 같은 거버넌스 처리 관련 특성을 제공합니다. 이에 대한 과정은 [그림 14-2]에 나와 있습니다.

정책의 거버넌스에는 구성과 실행 외에도 정책의 채택 상태에 대한 관찰 기능이 필요합니다. 이에 대해서는 이후에 나올 관찰 가능성 측면에 대해 다루겠습니다.

정책은 도메인에 따라 달라지거나 도메인에 구애받지 않을 수 있습니다. 예를 들어, 의료 도메인 데이터를 제공하는 데이터 프로덕트는 환자의 의료 기록에 대한 보안과 프라이버시를 보장하기 위해 의료보험의 양도 및 책임에 관한 법률^the Health Insurance Portability and Accountability Act in the United States (HIPAA)을 준수해야 합니다. 모든 데이터 프로덕트는 도메인에 구애받지 않고 보장된 데이터 정확도 수준을 준수해야 합니다.

정책이 도메인에 따라 달라지든, 아니면 도메인에 구애받지 않든, 데이터 메시 거버넌스를 성공적으로 구현하는 것을 뒷받침하는 몇 가지 설계적 특징은 다음과 같습니다.

---

[2] 객체 지향 프로그래밍에서 데코레이터 패턴(decorator pattern)은 시간이 지남에 따라 개별 객체에 동작을 추가할 수 있는 설계 방식입니다(출처: 에리히 감마(Erich Gamma) 외 3인 저서, 『Design Patterns』(Addison-Wesley Professional, 1994).

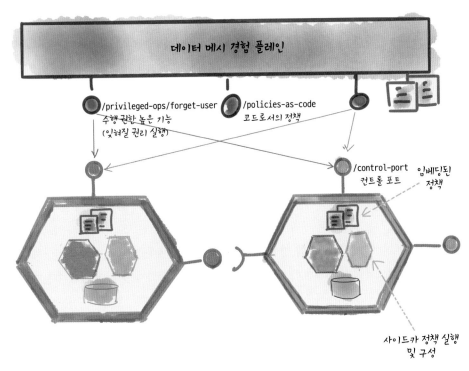

그림 14-2 코드로서의 데이터 프로덕트에 임베딩된 정책 관련 고수준 설계

14.2.2 정책 표준화하기

데이터 메시 전체에 걸쳐 모든 데이터 프로덕트에 대한 정책을 일관되게 표현, 구성, 적용하는 방법을 확보하는 것은 중요합니다. 정책은 모든 데이터 프로덕트의 요소이자 인터페이스(◉ 컨트롤 포트)의 일부입니다. 따라서 정책의 정의와 표현, 적용 방법을 표준화하면 불필요한 복잡성을 제거할 수 있습니다.

이제 **액세스 제어**access control라는 간단한 정책을 살펴봅시다. 액세스 제어란 누가 어떤 데이터에 액세스할 수 있는지 정의하고 적용하는 방법을 가리킵니다. 액세스 제어를 작동시키는 데 필요한 기본 구성 요소는 데이터 사용자의 **아이덴티티**identity인데, 아이덴티티란 데이터 메시 안팎의 사용자(사람 또는 시스템)를 확실하게 식별하는 요소입니다. 이러한 아이덴티티를 지정하고 인식하는 표준화된 방법이 없다면 여러 데이터 프로덕트 간에 데이터를 공유하는 것은 거의 불가능합니다. 따라서 아이덴티티를 설계하는 접근 방식이 필요한데, 아이덴티티를 설계하는 접근 방식이 다양할수록 데이터 공유에 따른 마찰과 비용이 증가합니다. 이러한 요소는 분명하고 직관적으로 보이지만, 데이터 관리 시스템이 아직 표준화된 아이덴티티와 액세스 제어에 대해 합의하지 않았다는 점입니다. 대다수의 스토리지와 데이터 관리 기술에는 소비자의 계정을 식별하고 액세스 제어를 정의하고 적용하는 고유한 방식이 있습니다.

아래 목록은 표준화했을 때 큰 이점을 얻을 수 있는 몇 가지 정책입니다.

암호화 정책

이전에는 데이터 프로덕트의 보안 정책에 따라 전송 중in transit 데이터 암호화, 저장at rest 데이터 암호화로 나뉘었으나, 최근에는 기밀 컴퓨팅confidential computing의 발전으로 인메모리 암호화가 새로 분화되었습니다.[3] 오늘날 암호화 방식은 암호화와 복호화에 두 당사자 이상이 관여하고 당사자 모두가 프로토콜에 동의해야 하기 때문에 자연스럽게 표준화가 잘 되어 있습니다. 데이터 메시는 데이터 프로덕트의 검색 인터페이스와 스키마에 암호화 대상, 암호화 수준, 암호화 방식의 표현을 포함하여 설계함으로써 이러한 표준화를 확장할 수 있습니다.

액세스 제어 및 아이덴티티

데이터 메시와 같이 단일 플랫폼이나 조직의 범위를 넘어 데이터를 공유하는 분산 아키텍처에서는 아이덴티티와 액세스 제어 규칙을 정의하고 검증하는 방법에 대한 보편적인 합의가 있어야 합니다. 이때 기술에 구애받지 않는 방식으로 합의하는 것이 가장 중요합니다. 더 자세히 말하자면, 데이터가 저장되는 위치나 데이터를 관리하는 클라우드 제공자에 관계없이 데이터 사용자를 식별하고 액세스를 관리할 수 있는 표준화된 방법이 필요합니다.

운영 API와 서비스에 액세스하는 데 있어 아이덴티티에 대해 합의를 진행하고 있지만, 분석 데이터 액세스에 대해서는 합의가 더욱 많이 필요합니다. 운영 환경에서는 분산된 API를 향해 발전하는 과정에서 최종 사용자 애플리케이션이나 기타 서비스에서 아이덴티티를 표준화했습니다. 이를 위해 OpenID Connect 프로토콜, JSON 웹 토큰JSON Web Token (JWT) 유효성 검사 사용, 서비스용 X.509 인증서, SPIFFE[4]와 같은 최신 표준화 프로토콜을 사용했습니다. API 공유는 아이덴티티의 표준을 확립하는 데 큰 원동력이 되었습니다.

---

3 https://oreil.ly/DQ2Gj

4 https://spiffe.io

그러나 분석 데이터 영역에서 데이터는 기술 벤더^{technology vendor}에 의해 좀처럼 표준화가 이루어지지 않았습니다. 벤더 간에 데이터를 공유할 인센티브가 많지 않기 때문에 액세스 제어 표준화를 만드는 데 관심이 부족합니다. 기술 사일로를 넘어서서 데이터 메시의 주요한 목표인 **데이터 공유** 기능이 분석 데이터 표준화 문제를 변화시키는 촉매제가 되길 바랍니다.

프라이버시 및 동의

최근 10년 동안 제정된 각 지역의 프라이버시 보호법[5]은 조직에서 데이터를 수집하고 통제하는 개인 식별 정보를 보호하는 것을 목표로 합니다. 이러한 법률 덕에 데이터 관리와 관련된 운영 모델과 프로세스에서 표준화[6]가 어느 정도 이루어졌습니다. 그러나 데이터 공유에 대해서는 아직 표준화와 인센티브가 부족하기 때문에 프라이버시와 동의에 대한 표준화가 매우 한정적으로 이루어집니다. 어떤 데이터를 개인 정보로 보호해야 하는지, 데이터 오너의 동의가 어떻게 데이터로 표현되고 공유되는지, 데이터 사용 방식에 대한 동의를 어떻게 일관적으로 부여하거나 철회하는지, 그리고 가장 중요한 사항으로 데이터 사용 현황을 얼마나 투명하게 확인할 수 있는지에 대한 방법이 현재로서는 부족합니다.

분산형 데이터 공유이자 관리 아키텍처인 데이터 메시는 모든 데이터 프로덕트에서 프라이버시와 동의를 일관성 있게 관리할 수 있는 방법을 요구합니다. 이러한 동의는 각 데이터 프로덕트에 임베딩할 수 있는 일종의 컴퓨팅 정책^{computational policy}입니다.

14.2.3 데이터 및 정책 통합하기

아키텍처로서의 데이터 프로덕트라는 개념은 데이터, 코드, 정책을 유지 관리 가능한 하나의 단위로 통합하는 것을 의미합니다. 데이터 프로덕트는 독립적인 단위로서 특정 기술 스토리지의 범위를 벗어난 프라이버시와 동의를 관리할 때의 어려움을 포함하여, 대다수의 거버넌스 문제에서 벗어날 수 있게 해줍니다. 예를 들어, 동의를 관리하는 특정 기술 시스템의 범위를 넘어 데이터가 공유되면, 동의 정책을 데이터에서 분리할 때 사용자의 동의를 추적하거나 존중하기 어렵습니다. 데이터 메시에서는 관리하려는 데이터를 정책의 구성 요소와 연계합니다.

---

5   예를 들면 GDPR(유럽 연합), CCPA(미국 캘리포니아주), APPs(호주) 등이 있습니다. 대한민국의 경우 개인 정보 보호법(Personal Information Protection Act, PIPA)이 이에 해당합니다.

6   ISO/IEC 27701:2019(*https://oreil.ly/ib7LD*), 보안 기술 중 개인 정보 관리를 위한 요구 사항 및 가이드라인.

14.2.4 정책 연계하기

13장에서 언급했듯이 서로 다른 데이터 프로덕트 사이에서 데이터 시맨틱과 데이터 개체를 연계하는 것처럼, 데이터 프로덕트의 정책은 서로 다른 데이터 프로덕트 사이에서 연계될 수 있습니다. 따라서 데이터가 특정 데이터 프로덕트를 떠나 다른 데이터 프로덕트에 의해 처리될 때, 처리되는 데이터는 데이터를 관리하는 원래 정책과의 연계를 유지합니다. 데이터 변환으로 인해 원래 데이터와 스키마에 대한 연계가 더 이상 없는 방식으로 데이터가 변형되면 연계된 정책도 자연스럽게 끊어집니다. 정책 연계는 여러 데이터 프로덕트가 소스 데이터 프로덕트에서 유지 관리하는 최신 상태의 정책에 대한 액세스를 유지하는 데 유용합니다.

추가적인 개발이 필요한 영역이지만, 정책 연계를 통해 **데이터 퀀텀**을 빌드할 수 있는 기반을 마련하여 데이터와 함께 정책을 분산시켜 정책이 항상 공유될 수 있도록 합니다.

14.3 데이터 관찰, 디버깅 및 감사

> 제어하지 말아라. 대신 관찰하라.
>
> — 그레고르 호페Gregor Hohpe

데이터 프로덕트가 필수로 가져야 하는 마지막 특성인 관찰 가능성observability에 대해 살펴보겠습니다. 데이터 프로덕트의 관찰 가능성은 데이터 프로덕트의 외부 출력을 관찰하여 데이터 프로덕트의 내부 상태와, 결과적으로는 데이터 메시를 유추할 수 있는 특성입니다. 이러한 관찰 가능성을 통해 아래의 질문에 대해 답을 제시할 수 있습니다.

- 데이터 프로덕트가 성공적으로 업무를 수행하고 있는가?
- 데이터 프로덕트가 보증을 충족하고 있는가?
- 데이터 프로덕트가 정책을 준수하고 있는가?
- 데이터 프로덕트에서 처리된 데이터가 통계적 속성(양, 빈도, 범위, 분포 등)을 충족하는가?
- 데이터 프로덕트에 원치 않는 액세스가 있었는가?
- 데이터 프로덕트에 문제가 있었으며, 문제가 있었다면 근본적인 원인은 무엇인가?
- 앞으로 예상되는 문제가 있는가?

앞에서 언급했다시피, 관찰 가능성을 통해 개별적인 데이터 프로덕트 수준의 질문부터 이들 프로덕트가 모인 데이터 메시 수준의 질문까지 답을 내릴 수 있습니다.

데이터, 데이터 모델, 정책을 공유하기 위해 서로 연계되어 느슨하게 결합된 데이터 프로덕트의 집합체인 데이터 메시의 분산 아키텍처는 관찰 가능성을 복잡하게 만듭니다. 각각 장애가 발생할 수 있는 유동적인 부분이 많고, 모니터링해야 할 데이터 프로덕트와 상호적으로 연결된 부분이 많으며, 장애가 눈에 띄지 않을 수 있습니다. 모놀리식 시스템과 긴밀하게 결합된 시스템에서는 하나의 장애가 전체 시스템의 장애로 이어지는 경우가 많으며, 이러한 장애를 쉽게 감지할 수 있습니다. 게다가 데이터 메시에서는 데이터 프로덕트의 느슨한 결합으로 인해 장애 범위가 되도록 로컬 수준으로 제한되어 상대적으로 장애를 감지하기 어렵습니다. 따라서 장애를 감지하고 디버깅하기 위해서는 자동화되고 포괄적인 관찰 가능성이 필요합니다.

데이터 프로덕트의 관찰 가능성 사용 사례는 다음과 같이 요약할 수 있습니다.

데이터 메시의 운영 상태 모니터링

데이터 프로덕트가 예상한 데이터를 수신하고, 성공적으로 변환하고 있나요? 그리고 데이터 프로덕트가 SLO 보증을 준수하고 예상되는 통계적인 속성을 가진 데이터를 제공하고 있나요? 관찰 가능성은 이러한 데이터 처리 과정에서 중단된 점이 있는지 감지하고, 자동으로 알아서 문제를 해결한 후 데이터 프로덕트 개발자와 같은 관련자에게 알립니다.

디버그 및 사후 분석 *postmortem analysis* 수행

데이터 프로덕트를 사용하다 보면 데이터가 예상과 맞지 않거나 데이터를 수신, 변환, 제공하는 과정에서 오류가 발생할 때가 있습니다. 이때 데이터 프로덕트 관찰 가능성은 데이터 프로덕트 개발자와 오너가 어느 정도로 장애가 발생했는지 평가하고 근본적인 원인을 발견하는 데 도움이 됩니다.

감사 수행

데이터 프로덕트를 사용하면 제3자가 규제 *regulatory*, 위험 *risk*, 규정 준수 *compliance*, 보안 *security* 과 같은 감사를 수행할 수 있습니다. 예를 들어, 어떤 서비스는 보안 보증을 위해 누가 언제, 어떤 데이터에, 어떻게 액세스하는지 액세스 로그를 지속적으로 자동으로 감사할 수 있습니다.

데이터 리니지[data lineage], 다시 말해 데이터가 어디서 오리진화되었는지, 데이터가 어떤 변환을 거쳤는지 파악하는 것은 데이터를 이해하고 신뢰하는 데 중요한 요소이며 데이터 문제를 디버깅하는 데 필요한 요소입니다. 이는 모델의 품질이 학습 데이터의 품질에 크게 좌우되는 머신러닝에서 특히 유용합니다. 학습 데이터에 대해 심도 있는 이해와 신뢰가 필요한 데이터 과학자는 종종 데이터 리니지에 대해 평가합니다. 데이터와 모델에 대해 콘텍스트 (런타임) 메트릭과 결합된 리니지는 머신러닝 모델 편차의 근본이 되는 실제 문제를 이해하고 파악하는 데 반드시 필요합니다.

14.3.1 관찰 가능성 설계하기

데이터 메시의 관찰 가능성은 각 데이터 프로덕트가 설계된 내용에 따라 외부 출력을 공유하고 상태를 보고하는 데서 시작됩니다. 각 데이터 프로덕트는 데이터를 소비, 변환, 공유하면서 **로그**[log], **추적**[trace], **메트릭**[metric]을 공유합니다. 이러한 출력을 기반으로 데이터 메시 경험 플레인은 데이터 메시 수준에서의 상태를 관찰하고 모니터링할 수 있습니다.

데이터 프로덕트의 관찰 가능성과 관련된 역할은 기존 데이터 아키텍처의 관찰 가능성과 데이터 메시의 관찰 가능성 사이에서 핵심적인 차이점이 존재합니다. 먼저 기존 데이터 아키텍처에서는 외부 당사자(데이터 팀)가 사후에 데이터 레이크나 웨어하우스에서 데이터를 검사하여 데이터의 상태를 모니터링함으로써 관찰 가능성을 지원합니다.

한편 데이터 메시에서는 이러한 사후 데이터를 체크하면서 이들 데이터 중 상당수가 데이터 프로덕트의 변환, 테스트, 제어 기능을 구현하는 데 필요한 요소가 되도록 합니다. 이 과정에서 데이터 메시의 관찰 가능성은 데이터에 기반한 컴퓨팅적 기대치[computational expectation] 형태로 표현됩니다.

데이터 프로덕트가 관찰 가능성을 지원하는 방식과 관련하여 주목할 만한 설계적 특징에 대해 몇 가지 살펴보겠습니다.

관찰 가능한 출력

운영 플레인에서 마이크로서비스와 같은 분산 아키텍처는 관찰 가능성을 가능하게 하는 세 가지 외부 출력(**로그**, **추적**, **메트릭**)에 집중되어 있습니다. 이러한 세 요소를 관찰 가능성의 기둥^{observability pillar}이라고도 합니다.

로그

로그는 불변하는 타임스탬프 형식으로 이루어진 이벤트로, 특정 작업을 처리하거나 실행한 결과와 같은 형태로 생성됩니다. 이러한 로그는 **디버깅할 때**와 **근본적인 원인을 분석할 때** 참고할 수 있는 유용한 정보입니다. 데이터 프로덕트의 경우 데이터를 소비, 유효성 검사, 변환, 제공하는 과정에서 로그를 생성할 수 있습니다. 예를 들어, **아티스트 프로필** 데이터 프로덕트의 로그는 **아티스트 온보딩** 서비스를 통해 입력 포트로 새 데이터가 수신되는 시점에서, 일련의 변환으로 수행한 단계를 요약하여 데이터를 생산하는 과정에서, 데이터 사용자가 특정 처리 시간 동안 데이터를 사용할 수 있게 되는 시점에서 포착할 수 있습니다.

로그를 유용하고 안전하게 사용하려면 먼저 로그 구조의 필수적인 요소를 정의하여 모든 로그를 일관된 형태로 제공할 수 있게 해야 합니다. 그런 다음, 로그 정보를 과도하게 노출하지 않도록 프라이버시 보호 기능을 적절하게 구현해야 합니다. 이렇게 하면 머신러닝에 기반하여 자동화된 로그 분석을 통해 데이터 메시의 운영 상태에 대한 인사이트를 얻을 수 있습니다. 데이터 분석을 자동화하지 않고 로그를 수집하는 것은 분석이 불가능한 대용량 데이터를 수집하는 것과 마찬가지로 쓸모없는 경우가 많습니다.

추적(트레이스)

추적은 인과적으로 관련된 분산 이벤트가 기록된 구조로, 액션과 이벤트를 엔드 투 엔드로 인코딩할 수 있는 방식으로 구조화되어 있습니다. 로그와 마찬가지로 추적은 불변하며 타임스탬프 형식으로 구조화된 이벤트입니다. 분석 데이터 플레인에서 추적의 주요 용도는 **데이터 리니지**를 생성하는 것으로, 데이터가 데이터 프로덕트를 통해 흐르는 방식과 각 데이터 프로덕트에서 데이터가 변환되는 방식을 만들 때 사용합니다. 로그와 마찬가지로, 데이터 프로덕트는 추적의 구조를 모델링하기 위해 하나의 표준을 채택합니다.

운영 플레인에서의 추적은 요청에 따라 실행된 트리 형태의 호출과 트랜잭션을 포착하는 경우가 많습니다. 예를 들어, 다양한 마이크로서비스를 호출하는 형식으로 웹에서 아티스트 목록을 페칭하라는 요청을 할 수 있습니다. 데이터 메시에서의 추적은 데이터 오리진을 소스 데이터 프로덕트에서 최종 데이터 소비자에게 전달하기까지의 데이터 플로우나 요청을 입력 포트 그래프와 출력 포트 그래프를 통해 나타냅니다.

메트릭

메트릭은 데이터 프로덕트의 빌드타임 관련 특징과 런타임 관련 특징을 지속적으로 전달하는 요소로, 객관적인 숫자 형태로 나타낼 수 있는 매개변수입니다. 각 데이터 프로덕트가 지속적으로 공유하는 몇 가지 메트릭(적시성, 완전성, 정확도 등)에 대해서는 13.1.4절에서 소개했습니다. 로그나 추적과 유사한 메트릭은 (보통 숫자 형태의 타임스탬프 형식으로) 일정 기간 동안 추적할 수 있는 불변의 이벤트입니다.

앞에서 설명한 관찰 가능성의 기둥은 분산된 관찰 가능성 모델을 데이터 프로덕트에 적용하기에 적절한 출발점입니다. 9장에서는 [그림 14-3]에서 보이는 것과 같이 데이터 프로덕트가 외부의 관찰 가능성에 따른 결과를 공유하기 위한 표준 인터페이스로 관찰 가능성 API(9.2.3절 참조)에 대해 소개했습니다.

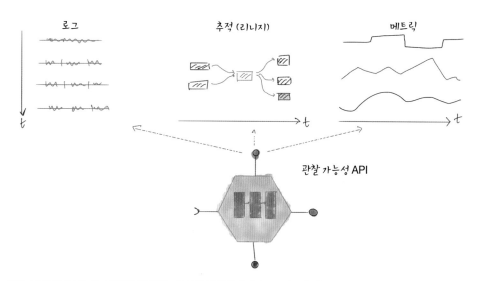

그림 14-3 관찰 가능성 API에서 공유되는 세 가지 유형의 데이터 프로덕트 출력

운영 플레인과 분석 데이터 플레인 전반의 추적 가능성

많은 데이터 프로덕트는 운영 시스템에서 오리진화됩니다. 특히, 소스 데이터 프로덕트는 협업하는 운영 시스템에서 데이터를 가져옵니다. 예를 들어, **아티스트 프로필** 데이터 프로덕트는 아

티스트 온보딩 마이크로서비스 애플리케이션을 사용하여 아티스트를 온보딩하는 것을 통해 형성됩니다.

따라서 데이터 리니지에 대한 완전한 구조를 제공하거나 문제를 디버그하여 근본적인 원인을 분석할 수 있는 기능을 제공하려면 데이터의 관찰 가능성이 데이터 프로덕트를 넘어 운영 시스템까지 확장되어야 합니다. 다시 말해 관찰 가능성 데이터는 운영 시스템까지 추적할 수 있어야 합니다.

구조화되고 표준화된 관찰 가능성 데이터

데이터 프로덕트의 관찰 가능성 데이터에서 더 높은 수준의 인텔리전스와 인사이트를 쉽게 생성하려면 메트릭과 로그, 추적이 구조화되어, 이상적으로는 표준화된 형식을 가져야 합니다. 또한 데이터 프로덕트의 글로벌 URI와 실제 타임스탬프 및 처리 타임스탬프, 출력 포트 URI 등과 같은 특정 분야를 모델링해야 합니다. 모든 정형화된 정보에는 자유 형식 메시지free-format message[7]에서의 플레인 텍스트와 같은 비정형 요소가 포함될 수 있습니다. 이 글을 쓰는 시점에서 데이터 프로덕트 메트릭과 로그, 추적에 대해 개방적인 산업 표준을 만들 필요성이 있습니다.[8]

도메인 중심의 관찰 가능성 데이터

시간이 지남에 따라 관찰 가능성을 확장하는 한 가지 방법은 관찰 가능성 도메인(데이터의 **품질**과 **형태, 규정 준수** 등)을 생성하는 등 관찰 가능성 자체에 도메인 지향 설계를 적용하는 것입니다.

즉, 데이터 메시 수준의 관찰 가능성 자체는 데이터 프로덕트로 관리될 수 있다고 생각하면 됩니다. 그 예시로 **데이터 품질** 데이터 프로덕트가 데이터 메시의 데이터 품질에 대한 메트릭과 인사이트를 제공할 수 있다는 점을 들 수 있습니다.

---

7   옮긴이_ 다른 메시지 유형이 적용되지 않는 비정형 정보를 보내거나 받기 위해 금융 기관이 사용하는 메시지 유형을 가리킵니다 (https://www.iso20022.org/15022/uhb/finmtn99.html).

8   이 글을 쓰는 시점에서 초기 개발 단계에 있는 오픈리니지 프로젝트는 데이터 프로덕트의 추적을 매핑할 수 있습니다.

✏️ NOTE 필자는 모든 데이터를 통째로 메타데이터로 일반화한다는 것에 대해 항상 불안감을 느꼈습니다. 이러한 접근 방식은 메타데이터를 다양한 클래스로 설계할 의도를 없애는 방식입니다. 이 책을 집필할 때 **메타데이터**라는 용어를 가급적 사용하지 않았습니다. 개인적으로 모든 데이터는 데이터이고, 서로 다른 유형의 데이터 사이에는 관계가 있다고 생각합니다. 또한, 모든 데이터는 비즈니스 도메인(**아티스트 프로필** 등)부터 관찰 가능성 도메인(**데이터 품질 메트릭** 등)까지에 이르는 도메인 개념처럼 설계될 수 있다는 것이 필자의 사견입니다. 재사용 가능한 데이터 프로덕트의 개념은 모든 분석 데이터에 적용됩니다.

정리하기

> 관점을 언제나 뒤집어라.
>
> — 카를 구스타프 야코프 야코비^{Carl Gustav Jacob Jacobi}

이번 장에서 한 가지 시사점을 남긴다면 데이터를 관리하고 거버닝하며, 관찰하는 책임이 누구에게 있는지에 대한 관점을 바꿔야 한다는 점입니다. 이에 따라 사후에 관여하는 외부 당사자에서 데이터 프로덕트 자체로 책임을 전환해야 합니다.

컴퓨팅적 특성과 컴퓨팅 정책이 결합된 데이터는 데이터 프로덕트 퀀텀에서 사용자에게 기본적인 특성을 지원할 수 있습니다. 앞서 언급했다시피, 매니페스트를 통해 데이터 프로덕트의 수명 주기를 관리하고, 임베딩된 정책을 실행함으로써 데이터를 거버닝할 수 있습니다. 그리고 데이터의 로그, 메트릭, 그리고 추적 결과를 통해 데이터의 상태를 관찰할 수 있습니다.

이번 장에서 소개한 데이터 프로덕트의 특성을 설계할 때 모든 데이터 프로덕트에서 공통적으로 다음과 같은 특징이 나타납니다.

표준화 standardization

로그를 일관된 형식으로 수집하는 것과 같이, 데이터 프로덕트에는 데이터 메시 수준의 상호 운용성을 위해 데이터 프로덕트의 인터페이스를 표준화하는 특징이 있습니다.

창발성 emergence

각 데이터 프로덕트의 입력, 변환, 출력을 추적하는 방식으로 데이터 리니지를 검색하는 등 개별 데이터 프로덕트에서는 데이터 메시 수준의 특성을 창발한다는 특징이 있습니다.

행위자 *agency*

각 데이터 프로덕트에서는 행위자를 통해 관찰 가능성의 결과, 오류 관련 로그, 메트릭 등을 공유할 수 있습니다.

신장성 *extensibility*

새로운 정책을 준수하는 등의 방식으로 데이터 프로덕트는 시간이 지남에 따라 새로운 역량을 강화할 수 있습니다.

이번 장을 마지막으로 데이터 프로덕트의 특성과 행위 지원성에 관련된 데이터 메시에 대한 설명을 마무리하겠습니다. 다음 장에서는 조직 차원에서 데이터 메시를 향해 어떤 전략을 내려야 하는지 그리고 조직을 어떻게 변화해야 하는지에 대해 살펴보겠습니다.

5부

새로운 시작

5부

천 리 길도 한 걸음부터

— 노자老子

드디어 5부까지 왔습니다. 잘했어요!

조직에 데이터 메시를 도입하는 것을 고려하고 있거나 다른 조직에 데이터 메시를 도입하는 작업을 돕고 있나요? 데이터 메시를 실행하는 데 영향을 미치거나, 실행하는 것을 주도하거나, 데이터 메시를 관리할 수 있는 위치에 있나요? 조직적으로 데이터 아키텍처를 데이터 메시로 변환하는 양상에 어떻게 접근해야 할지, 어디서부터 시작해야 할지 도움이 필요하신가요?

이러한 질문에 하나라도 '네'라고 답했다면 5부의 내용이 도움이 될 겁니다.

1부에서 데이터 메시의 기본 원리를 확실히 숙지하고 2부에서 데이터 메시를 도입하는 이유와 목적을 파악했다면 5부를 더욱 수월하게 이해할 수 있을 겁니다.

설명 범위

데이터 메시는 데이터 기반 조직을 육성하여 대규모 데이터에서 가치를 창출하는 데이터 전략의 한 요소입니다.

이러한 데이터 전략은 다양한 측면의 데이터 메시 실행 프레임워크(15.3절 참고)를 통해 진행됩니다. 해당 전략은 도메인과 플랫폼 팀 사이의 책임 구조와 책임 분담에 영향을 미칩니다. 또한 조직 차원에서 데이터에 따라 성공을 평가하고 측정하는 방식과 문화에도 영향을 주죠. 데이터 전략은 데이터의 가용성과 보안, 그리고 상호 운용성에 관하여 로컬 및 글로벌 의사를 결정하는 방식과 운영 모델을 전환합니다. 또한 데이터 전략을 통해 탈중앙식 데이터 공유 모델을 지원하는 새로운 아키텍처를 도입합니다.

5부에서는 데이터 전략을 통해 데이터 아키텍처를 다각적으로 변화시키는 방법을 안내하기 위한 고수준 접근 방식에 대해 설명합니다. 15장에서는 데이터 메시를 점진적으로 채택하여 플랫폼 특성을 성숙시키는 동시에 점점 더 많은 데이터 프로덕트에서 가치를 창출하는 **진화적 접근 방식**evolutionary approach에 대해 소개합니다. 16장에서는 데이터 오너십과 P2P 방식의 데이터 공유 기능을 장기적으로 창출하기 위해 팀과 역할, 그리고 성과 차원에서 몇 가지 변화해야 할 사항에 대해 다룹니다.

이 책을 작성하는 시점에서는 데이터 메시를 도입하기 위해 탈중앙화된 조직 모델을 생성하여 데이터 공유 특성과 분석 특성을 비즈니스 기술 도메인에 통합하기 시작한 지 몇 년 지나지 않았다는 점을 유의하길 바랍니다.

5부에서 제안하는 접근 방식은 도메인별로 운영 팀과 디지털 플랫폼을 빌드하는 것과 같은 시나리오에 성공적으로 적용된 진화적 대규모 변환 모델을 적용하는 것입니다.

15장에서 데이터 메시의 실행을 막는 요소와 실행을 활성화하는 요소에 대한 필자의 경험을 공유하겠습니다. 이것은 시작에 불과하며, 데이터 메시만의 변환 접근 방식을 개선하기 위해서는 앞으로 몇 년이라는 시간이 더 필요합니다.

전략과 실행

> 전략의 본질은 라이벌의 입장과 구분되는 자신만의 고유한 입장을 분명히 하는 것이다.
>
> — 마이클 E. 포터Michael E. Porter

지금 여러분이 속한 조직에게 질문을 던져보겠습니다. 현재 조직에서 데이터 전략을 채택하고 있나요? 조직 차원에서 데이터와 인사이트를 사용하여 고객과 파트너에게 차별화된 가치를 제공할 계획이 있나요? 데이터를 기반으로 다른 활동을 수행하거나 현재 활동을 다른 방식으로 수행하려고 하나요? 데이터 전략을 실행하기 위한 기반으로서 데이터 메시가 궁금하신가요?

위 질문에 하나라도 '네'라고 답했다면 이번 장을 꼭 읽어보세요.

이번 장에서는 데이터 메시와 전체 데이터 전략 사이의 관계와 데이터 메시를 실행하는 데 필요한 프레임워크에 대해 설명합니다.

먼저 아래의 질문에 답해보길 바랍니다.

15.1 지금 당장 채택해야 하는가?

이번 장을 진행하기 전에 우리 조직에 데이터 메시를 도입하는 것이 적절한 선택일까요? 더 정확히는 '지금' 데이터 메시를 사용하는 것이 과연 올바른 선택일까요?[1]

[그림 15-1]은 이 질문에 대한 필자의 관점을 보여줍니다. [그림 15-1] 내 대다수의 평가 항목에서 중간(M) 또는 높음(H)을 받는다면, 데이터 메시를 도입하기 가장 적절한 시점입니다. 해당 평가 항목을 통해 데이터 메시가 현재 조직에 적합한 아키텍처인지 자체적으로 평가할 수 있습니다. 다프의 예처럼 [그림 15-1]의 평가 항목을 통해 데이터 메시를 도입하는 것이 현재 조직에 적합한 선택인지 자체적으로 평가할 수 있습니다.

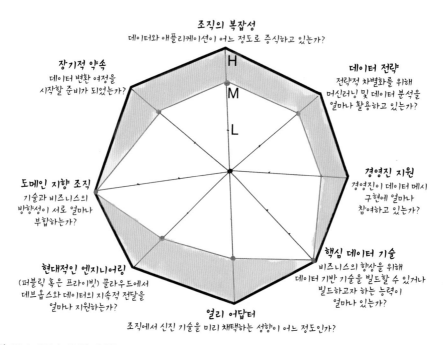

그림 15-1 데이터 메시를 채택할 준비가 됐는지에 대한 자가 평가 기준

조직의 복잡성

데이터 메시는 기존의 데이터 웨어하우스나 레이크 솔루션으로는 해결하기 어려운 규모와 복잡성을 경험하고 있는 조직을 위한 솔루션입니다. 특히 비즈니스의 여러 기능에 걸쳐 대규모로, 그리고 적시에, 별다른 마찰 없이 데이터로부터 가치를 얻는 데 어려움을 겪는 조직에게 도움이 될 수 있습니다.

---

1 '지금'은 원서가 출판된 시점(2022년)으로, 데이터 메시를 기본적으로 지원하는 기술이 아직 완전히 성숙하지 않은 시점을 의미합니다.

아직 조직이 그 정도의 복잡성에 도달하지 않아 기존 데이터 분석 아키텍처로도 해결할 수 있는 경우라면 데이터 메시가 크게 필요하지 않습니다.

데이터 소스와 사용 사례가 많이 늘어나고 있어 조직의 복잡성 항목의 점수가 중간이거나 높은 조직은 데이터 메시의 이점을 누릴 수 있습니다. (1) 비즈니스가 다양한 데이터 도메인을 캡슐화하고 있고 (2) 여러 소스에서 수집되는 데이터 유형이 매우 많으며 (3) 비즈니스의 전략을 차별화하는 요소가 머신러닝과 데이터 분석 사용 사례에 크게 의존하는 기업이나 스케일업scale-up[2]이 여기에 속합니다. 분야별로는 소매, 은행, 금융, 보험, 빅 테크 서비스 등의 산업에 속한 기업이나 스케일업이 이 범주에 속합니다.

의료서비스 기관healthcare provider과 보험사healthcare payer를 떠올려봅시다. 해당 서비스와 관련된 데이터의 다양성 뒤에는 복잡성이 임베딩되어 있습니다. 특히 의료서비스 관련 데이터는 임상 방문부터 환자 프로필, 연구 결과, 의약품, 보험료 청구에 이르기까지 다양한 범주에 속해 있습니다. 이러한 범주의 데이터는 각각 비즈니스 도메인이나 독립 조직, 병원, 약국, 클리닉, 연구실 등으로 구성된 생태계의 여러 당사자로부터 소싱받을 수 있습니다. 이러한 데이터는 최적화된 개인 맞춤형 치료 모델, 지능형 보험 승인 여부 결정, 데이터 기반 치료 등 다양한 사례에 사용됩니다.

데이터 메시를 채택하는 기준은 본질적인 비즈니스 복잡성과 데이터 소스와 사용 사례가 얼마나 증식하고 있는지입니다.

데이터 전략

데이터 메시는 대규모 데이터에서 가치를 창출하려는 조직을 위한 솔루션입니다. 이를 위해서는 각 데이터 프로덕트 팀과 비즈니스가 애플리케이션과 서비스에서 지능적인 의사 결정과 액션을 취할 수 있도록 노력해야 합니다. 이는 조직이 머신러닝과 데이터 분석 작업을 지원하는 데이터를 전략적 차별화 요소로 식별할 때만 가능합니다.

데이터 전략은 데이터 기반 애플리케이션과 서비스로 이어지고, 이는 다시 데이터 프로덕트 팀과 비즈니스가 지능적인 의사 결정과 조치를 취하는 것으로 이어집니다.

데이터 사용에 대한 전략적인 비전 없이는 도메인 팀과 비즈니스 도메인이 데이터 공유에 대한 책임을 전가하기 어려워집니다.

---

2 단어 그대로 스케일업(scale up)은 규모를 확장하는 것으로, 빠른 속도로 성장에 성공한 스타트업을 의미합니다.

경영진 지원

데이터 메시에는 변화가 수반되며, 동시에 변화에 대한 저항도 수용해야 합니다. 데이터 메시로 인해 변화가 대규모로 발생하는 과정에서도 마찬가지로 변화를 방해하는 요소를 경험하게 됩니다. 이에 대한 예시로 마감 기한을 들 수 있습니다. 데이터 메시를 도입하는 동안 마감 기한을 넘겨서라도 플랫폼을 발전시켜야 하는지, 아니면 마감 기한을 맞추기 위해 포인트 솔루션point solution[3]을 빌드해야 하는지에 대해 어려운 결정을 내려야 할 때가 있습니다. 이러한 방해 요소를 넘어 데이터 메시를 도입하기 위해서는 조직 수준에서 사람들의 업무 방식을 바꾸도록 하는 동기를 부여해야 합니다.

무엇보다 경영진부터 하향식으로 데이터 메시 도입에 참여하는 것이 가장 좋습니다. 필자의 경험에 따르면, 데이터 메시를 가장 성공적으로 구현한 사례는 최고 경영진C-level executive이 데이터 메시 도입을 지원하는 형식으로 참여한 경우였습니다.

핵심 데이터 기술

데이터 메시를 구현하는 것은 기술과 비즈니스 사이에서 새로운 관계를 빌드합니다. 이는 각 비즈니스 도메인에 널리 퍼져 있는 데이터 애플리케이션을 기반으로 합니다. 데이터 기술을 핵심으로 하는 조직은 데이터와 인공지능을 단순한 활성화 요소enabler가 아니라 비즈니스를 확장하고 재구성하는 수단으로서 경쟁력을 갖추는 데 활용합니다.

이러한 조직은 데이터 공유 기능과 소비 기능을 각 비즈니스의 핵심 기능으로 임베딩하는 데 필요한 기술을 빌드하고 개발할 의욕과 능력을 갖추고 있습니다.

반대로, 기술을 비즈니스의 핵심이 아닌 보조적인 요소로 여기는 조직은 기술 특성을 외부 벤더에 소싱하는 방식으로 외부화하는 경우가 많으며, 외부 벤더에서 비즈니스 요구 사항에 맞는 기성 솔루션을 구입하여 연결하는 경우가 대다수입니다. 이러한 조직은 아직 데이터 메시를 도입할 준비가 되어 있지 않습니다.

얼리 어답터

이 책을 쓰고 있는 시점에서 데이터 메시는 이노베이터와 얼리 어답터가 도입한 지 몇 년 되지 않은 상태입니다. 새로운 혁신을 접한 얼리 어답터들은 업계에서 모험적인 오피니언 리

---

3 옮긴이_ 특정 비즈니스 애플리케이션에만 집중하여 적용 범위가 좁은 솔루션을 의미합니다.

더^{opinion leader}[4]라는 특수한 성격을 가지고 있습니다. 이들은 데이터 메시와 같이 창발하는 기술을 채택하고자 하는 욕구가 있습니다.

얼리 어답터로서 새로운 접근 방식, 특히 데이터 메시처럼 다차원적이고 널리 퍼져 있는 접근 방식을 채택하려면 위험을 감수하고, 빠르게 실패하고, 학습하고, 진화하는 실험 정신이 필요합니다. 이 시점에서 데이터 메시를 채택하는 기업은 데이터 메시의 첫 번째 원칙(데이터의 도메인 오너십 원칙)을 먼저 채택하여 상황에 맞게 조정하고 학습하고 진화할 의지가 있어야 합니다.

반대로 위험을 감수하지 않고 잘 테스트되고 정제되어 규정된 플레이북만 채택하는 레이트 어답터^{late adopter}에 속하는 조직은 데이터 메시 체계가 안정화될 때까지 좀 더 기다려야 할 수도 있습니다.

모던 엔지니어링

데이터 메시는 모던 소프트웨어 엔지니어링 관행을 토대로 빌드됩니다. 예를 들어 프라이빗이나 퍼블릭 클라우드상에서 자동화된 지속적 전달(CD)[5] 개발 방식을 들 수 있습니다. 이러한 개발 방식은 소프트웨어부터 데브옵스^{DevOps} 관행, 분산 아키텍처, 컴퓨팅 정책, 현대적인 데이터 스토리지와 처리 스택의 가용성까지 적용되는 범위가 다양합니다. 이때 탄탄한 엔지니어링 관행과 개방형 데이터 도구에 대한 액세스 없이 데이터 메시를 처음부터 부트스트랩하는 것은 어렵습니다. 데이터 메시는 마이크로서비스의 전제 조건[6]을 공유하며 현대적인 데이터 분석 기술과 관행을 필요로 합니다.

또한, 데이터 메시는 하나의 대규모 중앙 집중식 팀이 아닌 여러 개의 소규모 팀을 지원하는 것을 목표로 하며, API에 기반하여 통합이 용이한 현대적인 기술 스택으로 작동합니다. 중앙 집중식 데이터 모델링과 데이터 제어, 중앙 집중식 데이터 저장과 같은 기술은 데이터 메시를 성공적으로 구현하는 데 적합하지 않습니다. 이러한 기술은 병목 현상이 발생하고 탈중앙화를 지향하는 데이터 메시의 특성과 맞지 않습니다.

---

4 옮긴이_ 에버렛 로저스(Everett Rogers)의 저서 『Diffusion of Innovations, 5th Edition』(Simon & Schuster, 2003)의 1장에서 언급된 용어로, 가족, 친구, 직장 동료 등 친밀한 대면 집단에 있어서 다른 멤버로부터 충고와 정보의 요구를 받는 사람을 말합니다(출처: 위키백과).

5 *https://oreil.ly/d2bkH*

6 마틴 파울러(Martin Fowler), "Microservice Prerequisites"(*https://oreil.ly/lqBAy*, 2014년에 작성됨)

도메인 지향 조직

데이터 메시를 채택하는 비즈니스는 기술과 비즈니스가 어느 정도 겹치는 모던 디지털 비즈니스이거나 이를 향한 여정을 진행하고 있다고 가정합니다. 이러한 비즈니스는 조직이 비즈니스 도메인을 기반으로 설계되었으며, 각 비즈니스 도메인에는 전담 기술 팀이 있습니다. 이러한 전담 기술 팀이 비즈니스 도메인에 서비스를 제공하는 디지털 자산과 데이터 프로덕트를 빌드하여 지원하고 있다고 가정합니다. 또한 전담 기술 팀과 비즈니스 팀이 긴밀하게 협력하여 기술을 사용하여 비즈니스를 활성화하고 재구성하며 확장한다고 가정합니다.

예를 들어, 은행에는 디지털 기반 코어 뱅킹core banking[7], 디지털 기반 대출 처리, 사업자 및 개인 대상 디지털 뱅킹, 디지털 기반 신용 및 리스크 관리 등을 위한 전담 기술 그룹이 있습니다. 이러한 그룹에는 기술, 기술 팀, 비즈니스 도메인이 긴밀하게 연계되어 있습니다.

반면, 각 비즈니스 도메인에 대한 기술 자산을 지속적이고 장기적으로 소유하지 않고 중앙 집중식 IT 부서를 통해 각 비즈니스 도메인별로 인적 자원을 충원하는 조직은 데이터 메시를 사용하기에 적합하지 않습니다.

도메인별로 데이터를 공유하는 방식은 도메인 지향 기술과 비즈니스가 제대로 부합하는 경우에만 확장할 수 있습니다.

장기적 약속

다음 장에서 살펴보겠지만, 데이터 메시를 수용하는 과정은 하나의 변환이자 여정입니다. 몇몇 도메인의 발자취를 기반으로 데이터 메시를 소규모로 시작할 수 있지만, 데이터 메시를 대규모로 활용하면 그 이점은 더욱 커집니다. 따라서 비전을 이루기 위해 조직적으로 헌신할 수 있는 환경을 이끌어내면서 데이터 변환 여정transformation journey을 시작할 수 있어야 합니다.

장기적으로 데이터를 보유하고 변화시키는 데이터 메시의 특성 상 한두 개의 일회성 프로젝트만으로 구현하기에는 적절하지 않습니다.

여러분의 조직이 앞에서 언급한 기준을 충족하고 데이터 메시를 채택할 준비가 되었다면, 이제

---

7 옮긴이_ 고객이 어느 지점을 이용하더라도 자신의 은행 계좌에 접속하여 기본적인 거래를 할 수 있도록 네트워크로 연결된 은행에서 제공하는 뱅킹 서비스입니다(출처: 위키백과).

데이터 메시를 사용하여 데이터 전략을 실행해봅시다.

15.2 데이터 전략 요소로서의 데이터 메시

데이터 메시가 더 큰 데이터 전략에 어떻게 적용되는지 이해하기 위해 가상의 회사인 다프 주식회사를 다시 살펴보겠습니다.

다프의 데이터 전략은 **지능형 플랫폼**intelligent platform을 생성하여 몰입형 예술적 경험을 통해 아티스트와 청취자를 연결하는 것입니다. 이러한 예술적 경험은 플랫폼에서 청취자와 아티스트의 모든 상호작용에 임베딩된 데이터를 기반으로 머신러닝을 사용함으로써 **지속적으로 빠르게 개선됩니다.** 그 과정에서 사용자가 플랫폼과 상호작용하면서 포착된 데이터를 기반으로 머신러닝을 사용하여 모든 플랫폼의 피처를 보강합니다. 예를 들어, 플랫폼에서 더 나은 플레이리스트를 만들기 위해 다음 재생 음악을 사용자의 취향에 맞게 예측하여 더 많은 청취자를 유입시킬 수 있습니다. 이렇게 유입된 청취자를 통해 더 많은 데이터를 수집하여 음악 예측 정확도를 향상시킵니다. 이러한 선순환을 통해 비즈니스에서 경쟁력을 강화할 수 있습니다.

다프의 야심 찬 전략은 조직 전반에서 데이터 메시를 구현함으로써 실행됩니다. 이때 데이터 메시의 노드는 플랫폼에서의 다양한 활동을 통해 수집되고 큐레이션된 데이터와 해당 데이터로 학습된 머신러닝 모델이 추론한 인텔리전스를 나타낼 수 있습니다.

[그림 15-2]는 데이터 전략과 데이터 메시 간의 관계를 보여줍니다.

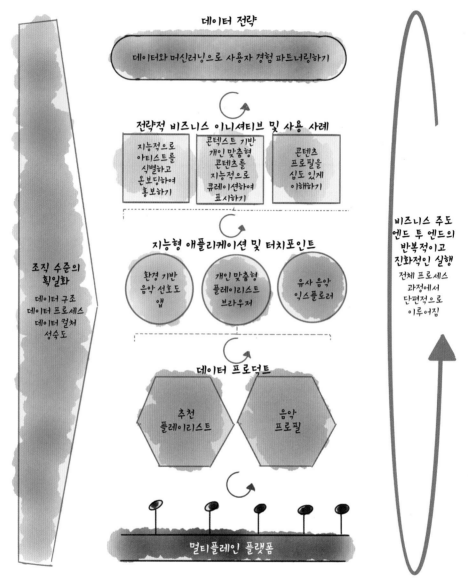

그림 15-2 데이터 메시를 실행하는 전체적인 데이터 전략에 관한 대략적인 구조

[그림 15-2]에서 볼 수 있듯이, 데이터 전략은 데이터 메시를 실행할 수 있도록 합니다. 다이어그램을 위에서 아래로 살펴보면서 지속적인 피드백 루프를 통해 계층에서 플랫폼에 이르기까지 데이터 메시를 구현하는 과정을 살펴보겠습니다.

데이터 전략

데이터 전략은 기업이 데이터를 독창적으로 활용하여 전략적 이니셔티브 로드맵을 만드는 방법을 정의합니다.

예를 들어, 다프는 모든 콘텐츠 제작자, 아티스트, 청취자의 경험을 데이터와 머신러닝과 결합하는 것을 기반으로 데이터 전략을 정의합니다.

전략적 비즈니스 이니셔티브 및 사용 사례

전략에 따라 데이터와 머신러닝을 활용하여 비즈니스 이니셔티브business initiative와 사용 사례, 그리고 실험에 대해 정의합니다.

다프의 비즈니스 이니셔티브 중 하나는 음악, 팟캐스트, 라디오 등 머신러닝 기반 콘텐츠를 큐레이션하여 청취자에게 제공하는 것입니다. 머신러닝 모델은 사용자의 콘텍스트(위치, 시간, 최근 활동, 콘텐츠 프로필과 일치하는 사용자의 선호도 등)와 같은 멀티도메인 데이터를 활용합니다.

이러한 비즈니스 이니셔티브는 하나 또는 여러 지능형 사용자의 터치포인트와 애플리케이션을 구현하는 것으로 이어집니다.

지능형 애플리케이션 및 터치포인트

사용자 경험은 궁극적으로 사용자의 터치포인트와 애플리케이션을 통해 향상되어야 합니다. 각 지능형 비즈니스 이니셔티브는 머신러닝을 통해 기존 사용자나 새로운 사용자의 애플리케이션을 보강할 수 있습니다.

예를 들어, '콘텍스트 기반 개인 맞춤형 콘텐츠를 지능적으로 큐레이션하여 제공'한다는 비즈니스 이니셔티브는 여러 애플리케이션을 변화시킬 수 있습니다. 이러한 이니셔티브는 '환경 기반 음악 선호도' 애플리케이션과 같이 사용자가 음악 프로필, 그리고 기타 환경적 요소와 일치하는 선호도를 더 깊이 이해할 수 있도록 도와주는 새로운 애플리케이션을 제공할 수 있습니다. 한편 공휴일, 요일, 장르, 시간대 등에 따라 지능적으로 큐레이션된 플레이리스트를 제공하는 '개인 맞춤형 플레이리스트 브라우저' 애플리케이션을 통해 사용자에게 적합한 플레이리스트를 만들 수 있습니다. 또한 프로파일링 결과와 사용자 선호도에 따라 관련 음악 콘텐츠의 그래프를 트래버싱할 수 있는 새로운 지능형 탐색 도구로 '유사 음악 익스

플로러' 애플리케이션을 사용할 수 있습니다.

이러한 지능형 애플리케이션의 개발은 필요한 데이터와 인사이트를 제공하는 데이터 프로덕트를 식별하고 개발하는 것으로 이어집니다.

데이터 프로덕트

데이터 메시의 핵심 구성 요소 중 하나는 상호 연결된 데이터 프로덕트입니다. 지능형 애플리케이션은 주로 데이터 메시에 있는 데이터 프로덕트를 식별하고 개발합니다. 실제 애플리케이션은 초기에 데이터 프로덕트를 생성하지만, 생성된 모든 데이터 프로덕트가 애플리케이션에서 직접 사용되는 것은 아닙니다. 소비자 데이터 프로덕트는 애플리케이션에서 직접 사용되는 반면, 애그리거트 데이터 프로덕트나 소스 데이터 프로덕트는 애플리케이션에서 직접적으로 사용되지 않고, 대신 소비자 데이터 프로덕트를 통해 간접적으로 사용되는 경우가 많습니다. 이러한 과정으로 시간이 지남에 따라 새롭고 참신한 지능형 애플리케이션에 재사용되는 데이터 프로덕트가 점차 생겨납니다.

예를 들어, '개인 맞춤형 플레이리스트 브라우저' 앱은 **월요일 플레이리스트**, **일요일 아침 플레이리스트**, **집중용 플레이리스트** 데이터 프로덕트와 같이 다양한 추천 플레이리스트 데이터 프로덕트에 종속되어 있습니다. 이러한 데이터 프로덕트는 **음악 프로필** 데이터 프로덕트에 의존하게 됩니다.

멀티플레인 플랫폼

데이터 프로덕트와 지능형 애플리케이션을 생성하고 소비하는 것은 플랫폼 특성의 우선순위와 개발에 관여합니다. 데이터 메시에서 데이터 프로덕트와 데이터 사용자, 제공자의 수와 다양성이 증가함에 따라 플랫폼의 피처와 성숙도도 증가합니다.

플랫폼 피처는 데이터 프로덕트, 그리고 지능형 애플리케이션과 병행하면서 개발되며, 때로는 이들보다 앞서서 개발되기도 합니다. 플랫폼의 가치는 플랫폼 사용량을 기반으로 원활하고 안정적으로 전달되는 데이터 프로덕트를 통해 입증되고 측정됩니다.

시간이 지남에 따라 플랫폼 피처와 플랫폼 서비스는 새로운 데이터 프로덕트를 전달하는 데 재사용할 수 있는 기반을 마련합니다.

조직 수준의 획일화

조직은 데이터 전략을 실행하면서 데이터 메시의 조직적인 측면과 사회적인 측면을 구현합니다.

연합 거버넌스 운영 모델의 구조, (비즈니스 팀, 개발 팀, 데이터 팀, 운영 팀으로 이루어진) 교차 기능 팀의 구성, 데이터 오너십과 관련된 역할의 확립은 모두 데이터 메시에서의 조직적인 측면으로, 변화를 관리하는 분야에서 주의와 관심이 필요합니다.

조직 차원에서 데이터 메시의 구조, 데이터 프로세스, 데이터 컬처, 성숙도를 획일화하는 것은 데이터 비즈니스 이니셔티브를 전달하고 실행하는 과정의 일부로 조직의 모든 요소가 동시에 획일화됩니다. 이러한 획일화는 조직이 명시적으로 정한 계획에 따라 이루어집니다.

더 자세한 내용은 16장에서 다룹니다.

비즈니스 주도 엔드 투 엔드의 반복적이고 진화적인 실행

앞서 설명한 프로세스는 높은 수준의 실행 단계를 설정합니다. 이러한 단계를 실행하면서 피드백 모니터링 기능이 임베딩된 채 반복적으로 실행되므로, 조직은 진화적인 방식으로 목표 상태에 대한 진행 상황을 측정하고 모니터링할 수 있습니다. 이때 반복적으로 프로세스를 실행함으로써 지속적으로 가치를 제공하고 이와 관련된 모든 단계를 엔드 투 엔드 방식으로 실행합니다. 이에 대한 자세한 내용은 15.3절을 참조하기 바랍니다.

이어지는 절에서 고수준 실행 프레임워크를 사용하기 위한 몇 가지 실용적인 지침을 소개합니다. 더불어, 16장에서는 데이터 메시를 구현하는 문화와 조직의 측면에 대해 다룹니다.

15.3 데이터 메시 실행 프레임워크

탁월한 전략은 경쟁에 우위를 점하는 방향을 제공하지만, 이러한 전략을 확고히 실행하지 않는 것은 애초에 전략을 실행하지 않는 것만 못하다.

— 개리 L. 닐슨Gary L. Neilson, 칼라 L. 마틴Karla L. Martin 및 엘리자베스 파워스Elizabeth Powers의 기사[8]

---

8 "The Secrets to Successful Strategy Execution", 『Harvard Business Review, June 2008』(Harvard Business Publishing, 2008). *https://oreil.ly/Gf4Ff*

데이터 메시를 실행하기 위해서는 먼저 데이터 메시가 조직에 혁신적인 변환을 불러올 가능성이 높다는 사실을 인지해야 합니다. 변환transformation이라는 단어가 마치 엄청난 포텐셜 에너지가 있어야만 움직일 수 있는 것처럼 느껴질 수 있습니다. 이 절에서 필자는 데이터 메시를 실행하는 데 도움이 되는 고수준 프레임워크에 대해 소개하고 싶습니다. 고수준 프레임워크는 플랫폼과 정책, 그리고 운영 방식과 같은 기반을 성숙시키면서 가치와 성과를 제공하는 동시에, 데이터 메시를 반복적으로 실행하여 전진하고 발전시키는 데 도움이 됩니다. 이러한 프레임워크를 사용하면 새총에서 고무줄을 당길 때처럼 실행을 지연시키는 대신 반복적으로 실행할 때마다 앞으로 강하게 전진하여, 커다란 혁신을 추진하기 위해 필요한 변화를 도모할 수 있습니다.

[그림 15-3]은 데이터 메시 실행 프레임워크의 고수준 요소(**비즈니스 주도**business-driven, **엔드 투 엔드**end to end, **반복적**iterative, **진화적**evolutionary)를 보여줍니다.

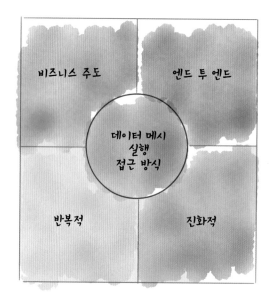

그림 15-3 고수준 데이터 메시 실행 프레임워크

이러한 요소들이 데이터 메시를 구현하는 활동과 결과에 어떤 영향을 미치는지 살펴보겠습니다.

15.3.1 비즈니스 주도 실행

데이터 메시는 더 큰 데이터 전략의 구성 요소이며, [그림 15-2]에서 볼 수 있듯이 머신러닝이나 데이터 분석이 필요한 전략적 비즈니스 사례와 사용자 시나리오에 따라 데이터 메시가 실행됩니다. 이때 사용자 시나리오를 통해 데이터 프로덕트를 식별하고 제공하는 기능을 빌드, 관리, 소비하는 플랫폼의 구성 요소가 이루어집니다.

이는 아마존Amazon이 주요 데이터 프로덕트와 이니셔티브를 빌드하는 접근 방식과 유사합니다. "고객에서부터 '거꾸로 되짚어 일하는 것', 즉 '워킹 백워드working backward'[9]를 실행해보세요. 말처럼 쉽지는 않지만, 워킹 백워드는 혁신을 달성하고 고객의 기쁨을 극대화하는 확실한 방법입니다. 이때 '언론 보도자료press release (PR)'와 'FAQ'라는 도구를 사용함으로써 워킹 백워드를 실현할 수 있습니다."[10]

워킹 백워드에는 많은 이점이 있습니다. 하지만 해당 접근 방식을 도입하기 위해서는 몇 가지 난제를 해결해야 합니다.

비즈니스 주도 실행의 이점

비즈니스 주도 실행의 이점은 다음과 같습니다.

지속적 가치와 결과 제공 및 입증

장기간에 걸쳐 변환을 이루는 과정에서 중간마다 결과를 산출하여 보여주는 것은 지속적으로 사기를 높이고 동기를 부여하며, 지속적인 투자와 지원을 보장하는 데 긍정적인 영향을 미칩니다.

비즈니스가 주도하여 데이터 메시를 실행하는 것은 지속적으로 비즈니스 가치business value를 제공하지만, 처음에는 혁신을 이루는 속도가 느리거나 혁신으로 인한 영향의 범위가 줄어들 수 있습니다. 플랫폼 특성과 운영 모델이 성숙해지면 이러한 속도와 범위가 개선되어 증가합니다.

9　옮긴이_ 아이디어를 심사하고 새로운 프로덕트를 만드는 체계적인 방법입니다. 이때 '고객 경험(CX)'을 먼저 규정한 다음, 팀이 구축해야 하는 명확한 이미지에 도달할 때까지 이를 출발점 삼아 거꾸로 되짚어가며 반복적으로 일한다는 것이 핵심입니다(출처: 콜린 브라이어(Colin Bryar) 및 빌 카(Bill Carr)의 저서, 『순서 파괴』(다산북스, 2021), p. 189 참조).

10　『순서 파괴』 p. 188 참조

데이터 메시 안팎의 사용자들과 소통하는 것은 플랫폼과 데이터 프로덕트의 사용성에 긍정적인 영향을 미칩니다. 조직은 비즈니스와 데이터, 플랫폼 소비자의 피드백을 바탕으로 필요한 것을 빌드하고 발전시킵니다. 데이터 메시는 소비자 피드백을 조기에, 그리고 반복적으로 반영하여 플랫폼과 데이터 프로덕트의 사용성을 빠르게 개선합니다.

폐기율 절감

실제 비즈니스 사용 사례를 기반으로 데이터 프로덕트와 플랫폼을 개발함으로써, 필요할 때 실제로 필요한 것만 빌드할 수 있습니다. 이러한 기술 투자는 단순히 빌드 관련 계획을 따르는 것과는 달리 비즈니스에 지속 가능한 가치를 제공하는 데 중점을 둡니다.

비즈니스 주도 실행의 난제

비즈니스 주도 실행 시 해결해야 하는 과제는 다음과 같습니다.

포인트 인 타임 솔루션 *point-in-time solution* 빌드하기

하나의 비즈니스 사용 사례만을 대상으로 솔루션을 제공하게 되면 여러 비즈니스 사용 사례에 맞게 확장할 수 없게 됩니다. 이러한 솔루션은 비즈니스 사례 중심 개발의 부정적인 결과를 산출할 수 있습니다. 다시 말해 특정 비즈니스 애플리케이션에만 집중하고 그 이상은 고려하지 않으면 비즈니스 애플리케이션의 사용 사례에만 집중하여 설계된 솔루션을 빌드하게 됩니다. 이렇듯, 하나의 비즈니스 사용 사례에 국한된 솔루션은 향후 사용 사례에 맞게 재사용 및 발전할 수 있도록 확장되지 않을 가능성이 높습니다.

특히 **플랫폼 서비스, 소스 데이터 프로덕트, 애그리거트 데이터 프로덕트**에서 문제가 됩니다. 데이터 메시에서의 플랫폼 서비스와 데이터 프로덕트는 다양한 사용 사례를 지원하고 활성화하는 것을 목표로 합니다.

그러면 어떻게 포인트 인 타임 솔루션을 빌드하고 수정해야 할까요?

프로덕트 중심 사고 product thinking는 포인트 인 타임 솔루션과 YAGNI 원칙(필요하지 않을 때 You Aren't Gonna Need It 미리 무언가를 빌드하는 원칙)[11] 사이에서 적절한 균형을 찾는 데 핵심적

---

11 *https://oreil.ly/w9K5e*

인 역할을 합니다. 플랫폼 서비스와 데이터 프로덕트에 프로덕트 오너십 기법을 적용하면 현재의 고객에게 가치를 제공할 수 있을 뿐만 아니라, 미래의 향후 사용 사례에 대비할 수도 있습니다. 데이터 프로덕트 오너는 이러한 분석 데이터의 향후 사용 사례에 대해 무한한 특성을 이해합니다. 현재는 아직 아무 자료가 없으면 미래의 분석 데이터 사용 사례에 대해 알지 못하므로, 이전에 산출된 과거 데이터에서 패턴과 추세를 발견해야 합니다. 이를 위해 데이터 프로덕트는 기존에 알려진 사용 사례에 필요한 것 이상으로 데이터를 포착해야 합니다. 이는 특히 소스 데이터 프로덕트(2.3.1절 참조)의 경우, 비즈니스의 현실과 사실을 최대한 가깝게 그리고 발생하는 대로 포착해야 하는 경우에 해당됩니다.

타이트한 비즈니스의 마감 기한에 맞춰 전달하기

비즈니스가 주도하는 방식으로 데이터 메시를 실행할 때 보통 플랫폼 개발과 데이터 프로덕트 개발을 비즈니스의 마감 기한에 맞춰 진행합니다. 마감 기한은 대부분 조직 내부의 다양한 이해관계자와, 때로는 비즈니스 외부의 파트너와 고객과의 조율이 필요하기 때문에 변경하기 어려운 경우가 많습니다. 이러한 기한을 맞추기 위해 플랫폼 서비스와 같은 하위 계층 스택에서는 마감 기한을 맞추느라 품질이 저하되는 기술 부채technical debt[12]가 발생할 수 있습니다.

이는 소프트웨어 개발에서 새로운 현상이 아닙니다. 기존 계획에서 변동 없이 소프트웨어를 개발하는 경우는 거의 없습니다. 대부분 비즈니스 외부의 이해당사자와 협의한 마감 기한이나 비즈니스 외부적으로 발생한 문제, 예기치 못한 환경의 변화로 피처를 빌드하는 우선순위와 방식이 변경됩니다.

그렇다면 마감 기한 이후에 발생한 기술 부채를 해결하는 방법은 무엇일까요?

이는 플랫폼과 데이터 프로덕트에 대한 **장기적인 프로덕트 오너십** 기법과 상시적인 **엔지니어링 관행**engineering practice[13]을 통해 지속적인 개선 프로세스를 마련함으로써, 새로운 피처를 제공하는 과정에서 발생할 수 있는 기술 부채를 쉽게 해결할 수 있습니다. **장기간** 플랫폼 팀과 프로덕트 팀을 운영해 온 팀들은 특정한 프로젝트를 제공한 이후에도 시스템과 데이터를 유지 관리할 수 있는 지식과 인센티브를 갖추고 있습니다. 이들 팀에는 확장 가능한 플랫폼을 장기적으로 설계하는 능력과 단기 프로젝트를 제공할 수 있는 능력 사이에서 균형을 유지합

---

12 *https://oreil.ly/1eiKE*
13 *https://oreil.ly/Ye6MX*

니다. 요컨대, **프로덕트 중심 작업 방식**product-mode of working[14]은 마감 기한을 맞추기 위해 단기적인 기술 부채와 장기적인 데이터 프로덕트의 품질 간의 균형을 맞추는 것을 기반으로 합니다.

예를 들어 플랫폼 서비스나 데이터 프로덕트를 장기적으로 소유하는 경우, 시간이 촉박하더라도 API와 인터페이스를 올바르게 구현하는 것이 최우선이라는 것을 알고 있습니다. 인터페이스를 변경하는 것보다 세부 구현 사항에서 발생하는 기술 부채를 해결하는 것이 더 쉬운 경우가 많습니다. API를 통째로 변경하는 것은 많은 소비자에게 영향을 미치기 때문에 변경하는 데 드는 비용이 상당히 높아질 수 있습니다.

프로젝트 기반 예산 책정

비즈니스 이니셔티브는 종종 고정된 예산을 할당하기에 기간제 프로젝트 형태로 조직됩니다. 이러한 비즈니스 이니셔티브를 통해 데이터 메시를 구현하면, 데이터 메시에서 데이터 프로덕트와 플랫폼의 디지털 구성 요소에 대한 예산과 리소스를 할당하는 것에 장기적으로 부정적인 영향을 미칠 수 있습니다.

이렇게 기간제 비즈니스 이니셔티브에 예산을 할당했을 때, 비즈니스 이니셔티브는 유일한 투자 자원으로서 플랫폼 서비스나 데이터 프로덕트를 한정된 예산으로 빌드해야 합니다. 그 결과 장기적으로는 데이터 오너십과 지속적인 개선 능력, 성숙도가 저하됩니다.

프로젝트에 기반한 예산 책정 방식을 개선하는 방법은 무엇일까요?

비즈니스 프로젝트는 플랫폼과 데이터 프로덕트를 장기적으로 실행할 수 있는 훌륭한 수단입니다. 하지만 비즈니스 프로젝트가 유일하게 자금을 조달하는 메커니즘이 될 수는 없습니다. 따라서 플랫폼과 데이터 프로덕트에는 장기적이면서 자체적으로 할당된 리소스와 예산이 있어야 합니다.

이러한 비즈니스 프로젝트 정신project mentality은 프로덕트 팀이 결코 저버리지 않는 플랫폼 및 프로덕트 중심 사고방식과 상충됩니다. 따라서 프로덕트 팀은 프로젝트의 새로운 요구 사항에 따라 계속해서 데이터 프로덕트를 유지 관리하며 발전시키고 많은 프로젝트를 지원해야 합니다.

---

14 *https://oreil.ly/z20IO*

비즈니스 주도 실행을 위한 가이드라인

다음은 비즈니스 주도 실행을 위한 가이드라인입니다.

상호 보완적인 사용 사례를 대상으로 시작하라

상호 보완적인 사용 사례 두 가지를 한 번에 선택하면 포인트 솔루션point solution을 빌드하는 것을 피할 수 있습니다. 상호 보완적이고 동시적인 사용 사례를 통해 데이터 메시에서 재사용 가능한 구성 요소를 빌드함으로써 포인트 솔루션의 함정을 의도적으로 피할 수 있습니다.

예를 들어, 초기 사용 사례는 분석과 보고 작업 같이 서로 다르지만 상호 보완적인 영역을 토대로 머신러닝 기반 솔루션을 보완할 수 있습니다. 따라서 데이터 프로덕트를 설계할 때는 다른 액세스 방식으로는 확장할 수 없는 솔루션이 아니라, 머신러닝과 보고 작업이라는 서로 보완적이고 동시적인 두 가지의 액세스 방식을 지원하는 솔루션을 설계해야 합니다.

데이터 소비자와 제공자의 페르소나를 파악하고 우선 순위를 지정하라

두 가지 유형의 데이터 메시 사용자(데이터 제공자와 데이터 사용자) 페르소나에 초점을 맞추면 플랫폼 특성의 우선 순위를 공정하게 정하고 엔드 투 엔드 방식의 효과를 극대화하는 데 도움이 됩니다.

이들 페르소나에 집중할 수 있도록 지능형 솔루션 빌드에 관여하는 사람들과 애플리케이션 개발자, 데이터 프로덕트 공급자, 데이터 프로덕트 소비자를 파악하세요. 이후 각자의 고유한 도구와 기술을 파악한 다음 이를 바탕으로 작업의 우선 순위를 정하세요.

예를 들어, 초기 프로젝트는 플랫폼을 능숙하게 사용할 수 있는 사람으로 간주되는 개발자 집단이 수행하는 것이 가장 이상적입니다. 이들은 누락된 피처를 작업하고 필요한 플랫폼 피처를 만드는 데 참여할 수 있습니다.

필자의 경험에 따르면, 대다수의 데이터 메시는 데이터 프로덕트를 생성하는 데 중점을 두고 실행됩니다. 그 결과, 데이터 소비자의 사용자 경험이 저하되고 엔드 투 엔드 방식을 통한 결과가 손상됩니다.

누락된 플랫폼 피처에 대한 종속성을 최소화하는 사용 사례부터 실행하라

플랫폼은 사용자의 반응에 따라 진화합니다. 이러한 플랫폼은 모든 사용 사례에 필요한 피처를 한 번에 모두 충족할 수는 없습니다. 실행 초기 단계에서는 사용 사례를 신중하게 선택하는 것이 중요합니다. 초기 사용 사례는 플랫폼에 대한 종속성이 충분하기 때문에 완전히 차단되지 않고 필요한 플랫폼 서비스의 우선 순위를 정하고 빌드할 수 있습니다.

누락된 플랫폼 피처에 의한 영향이 적은 사용 사례와 개발자 페르소나를 대상으로 시작하세요. 이러한 사용 사례와 페르소나를 대상으로 하면 데이터 메시를 확장하는 데 추진력이 생깁니다. 누락된 플랫폼 특성에 대해서는 도메인 팀에서 커스텀으로 개발하며, 추후 누락된 플랫폼 특성을 수집하여 플랫폼에 일반화할 수 있습니다.

플랫폼 서비스와 데이터 오너십에 대한 예산을 장기적으로 수립하라

비즈니스 이니셔티브와 개별 사용 사례를 통해 데이터 메시 개발을 위한 투자를 제공하는 동안, 데이터 메시를 회사 내부의 디지털 프로덕트로 간주하여 장기적으로 투자해야 합니다.

데이터 메시가 실행된 이후에는 데이터 메시가 지속적으로 가치를 제공할 것으로 예상됩니다. 따라서 장기적인 발전과 운영을 지속하기 위해서는 자체적으로 할당된 리소스와 투자가 필요합니다.

비즈니스 주도 실행의 예제

이번 장의 서두에서 소개한 예제를 자세히 살펴보고 비즈니스 이니셔티브가 어떻게 데이터 메시 구성 요소를 실행하는지 살펴보겠습니다.

다프는 '콘텍스트를 인식하여 개인 맞춤형 콘텐츠를 지능적으로 큐레이션하고 제시'한다는 전략적인 이니셔티브를 가지고 있습니다. 이러한 이니셔티브는 음악, 팟캐스트, 라디오 채널과 같은 다양한 유형의 콘텐츠를 청취자에게 제안하기 위해, 머신러닝과 인사이트를 사용하는 작업 프로그램을 구체화합니다. 작업 프로그램은 사용자의 상호 작용, 프로필, 선호도, 네트워크, 위치, 지역 소셜 이벤트 등의 데이터를 활용하여 사용자와 추천 콘텐츠, 큐레이션된 콘텐츠의 관련성을 지속적으로 개선할 계획입니다.

이러한 비즈니스 이니셔티브를 통해 '환경 기반 음악 선호도 앱', '개인 맞춤형 플레이리스트 브라우저 앱', '유사 음악 익스플로러 앱' 등 머신러닝 기반 애플리케이션이 개발되었습니다. 이러한 애플리케이션은 분위기, 활동, 시간대, 휴일, 음악 장르 등 다양한 데이터 차원을 기반으로 큐레이션되거나 추천된 플레이리스트와 음악에 의존합니다.

이러한 플레이리스트에 데이터를 제공하려면 여러 데이터 프로덕트를 개발해야 합니다. 데이터 프로덕트 목록에는 **월요일 플레이리스트, 일요일 아침 플레이리스트, 스포츠 플레이리스트** 등과 같은 소비자 맞춤형 추천 플레이리스트가 포함되며, 이러한 플레이리스트는 머신러닝을 활용합니다. 이러한 데이터 프로덕트를 빌드하려면 **청취자 프로필, 음악 프로필, 청취자 재생 이벤트, 캘린더** 등과 같은 소스 데이터 프로덕트와 애그리거트 데이터 프로덕트가 몇 가지 필요합니다.

플랫폼은 플랫폼 특성의 성숙도와 가용성에 따라 데이터 프로덕트 개발자와 소비자의 요구 사항에 우선순위를 둡니다. 예를 들어, 플랫폼은 데이터 프로덕트의 수가 증가함에 따라 **데이터 프로덕트에서 자동화된 수명 주기 관리**에 우선순위를 두거나, 머신러닝 기반 변환에 맞춰 **머신러닝 모델 변환** 엔진과 **흐름 기반 변환** 엔진을 지원할 수 있습니다.

거버넌스와 플랫폼은 사용자 프로필과 사용자 정보의 프라이버시에 관한 관심사를 고려합니다. 이에 따라 모든 데이터 프로덕트에 대해 개인 식별 정보(PII) 암호화와 액세스를 설정, 코드화, 자동화하는 것을 우선시합니다.

앞서 설명한 과정은 '지능형 아티스트 신원 파악과 온보딩, 아티스트 홍보'와 같이 새로운 비즈니스 이니셔티브의 도입과 함께 반복됩니다.

15.3.2 엔드 투 엔드 방식의 반복적 실행

> 빅뱅을 재구성하는 과정에서 보장할 수 있는 유일한 요소는 바로 빅뱅 그 자체다!
>
> — 마틴 파울러

지능형 비즈니스 가치는 엔드 투 엔드 방식으로 데이터 메시를 실행하는 방식을 통해 전달됩니다. 이러한 방식으로 비즈니스 가치를 지속적으로 전달하면 데이터 메시의 구성 요소를 더욱 보강할 수 있습니다. 자세히 말하자면, 데이터 프로덕트의 수가 증가하고, 플랫폼 서비스가 향상되며, 자동화된 정책의 적용 범위와 효과가 높아집니다.

[그림 15-4]는 앞에서 언급한 예제를 기반으로 데이터 메시를 엔드 투 엔드 방식으로 반복하여 실행하는 과정을 시각화한 것입니다. 이러한 과정에서는 어느 시점에서든 여러 절차가 동시

에 반복적으로 실행됩니다.

앞서 언급한 것과 같은 사용 사례를 반복적으로 제공함으로써 더 많은 데이터 프로덕트가 생성되고, 더 많은 애플리케이션이 지능적으로 증강되며, 더 많은 도메인이 데이터 메시의 일부가 됩니다. 뿐만 아니라 더 많은 플랫폼 서비스가 성숙해지고, 더 많은 정책이 컴퓨팅적으로 구현됩니다.

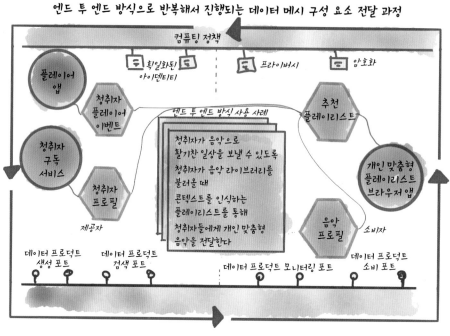

그림 15-4 비즈니스 사용 사례를 통해 데이터 메시 구성 요소를 성숙하게 보강하는 과정

15.3.3 진화적 실행

데이터 메시 아키텍처와 운영 모델을 생성하기 위해 고안된 실행 모델은 점진적이고 반복적인 특성을 지니고 있습니다. 이는 조직이 학습을 통해 다음 단계로 넘어가는 것을 반복함으로써 목표 상태를 향해 점진적으로 나아간다는 의미입니다.

필자는 신중하게 설계된 작업과 이정표로 엄격하게 사전 계획을 구성하는 것을 권하지 않습니다. 경험상 그런 계획을 토대로 대규모 비즈니스의 변동성이 큰 환경에서 데이터 메시를 처음 실행하기에는 살아남기 어렵다고 생각합니다. 그럼에도 불구하고 『EDGE: Value-driven digital transformation』[15]에서 언급한 것처럼 애자일 원칙agile principle[16]에 기반하여 결과를 도출하고, 가볍게 계획을 세우며, 지속적으로 학습하고 실험하는 것을 우선시하는 프레임워크는 변환용 운영 모델을 정의하는 데 매우 유용할 수 있습니다.

변환 프레임워크로 어떤 것을 선택하든, 데이터 메시를 실행하는 프로세스는 진화적 프로세스로 취급됩니다. 이러한 진화적 프로세스는 구현 과정에서 다양한 성숙 단계를 인식하고 충족시킵니다. 또한 최적의 결과를 산출함으로써 데이터 메시가 더 높은 수준으로 성숙해질 수 있도록 일련의 테스트와 메트릭을 통해 데이터 메시를 어떻게 실행해야 하는지 안내합니다.

이번 절에서는 진화적 프로세스를 탐색하는 데 도움이 되는 두 가지 도구를 소개합니다. 하나는 거시적 수준에서 장기적인 이정표를 바라보면서 데이터 메시의 실행 방향을 안내하는 다단계 진화 모델multiphase evolution model이고, 다른 하나는 미시적 수준에서 데이터 메시를 반복하여 실행하면서 진화하는 방향을 안내하는 피트니스 함수fitness function입니다.

다단계 진화 모델

필자는 데이터 메시의 구성 요소가 진화하는 과정을 설명하는 데 매우 유용한 도구로 S자 모양의 혁신 수용 곡선[17]을 발견했습니다. 조직 내 구성원이 어떤 어답터 영역에 있는지에 따라, 조직마다 혁신 수용 곡선의 모양이 다르게 나올 수 있습니다. 그러나 일반적으로 혁신 수용 곡선은 곡선의 모양과 상관없이 어답터 영역별로 데이터 메시에 어떻게 접근해야 하는지 확실하게 설명할 수 있는 자료입니다. 즉, 혁신 수용 곡선은 장기적인 진화에 대한 이정표를 안내하는 데 유용합니다.

[그림 15-5]는 데이터 메시의 성장에 대한 혁신 수용 곡선을 보여줍니다. 각 단계는 조직에서 **이노베이터**innovator, **얼리 어답터**early adopter, **머저리티 어답터**majority adopter, **레이트 어답터**late adopter, **래거즈**laggards와 같이 다양한 집단과 매핑됩니다. 그런 다음 각 단계마다 권장되는 개발 사고 방식(부트스트랩 단계에서 탐색exploration when bootstrapping, 스케일링 단계에서 확장expanding when

15 https://oreil.ly/mb069

16 http://agilemanifesto.org/iso/ko/manifesto.html

17 에버렛 로저스(Everett Rogers)의 저서 『Diffusion of Innovations, 5th Edition』(Simon & Schuster, 2003), p. 23

scaling[18], 대규모 운영 유지 단계에서 추출extracting when sustaining operation at scale)[19]과 매핑됩니다.

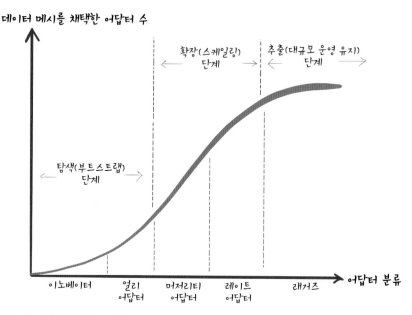

그림 15-5 조직 내 데이터 메시의 진화적 채택 과정 및 어댑터별 권장 개발 사고방식

[그림 15-5]는 새로운 혁신을 채택하기 위한 모델이며 데이터 메시의 구성 요소와 데이터 메시 원칙의 진화 단계를 안내하는 데 적용될 수 있습니다.

예를 들어, [그림 15-5]의 그래프를 플랫폼 구성 요소 실행에 어떻게 적용할 수 있는지 살펴봅시다. 플랫폼은 이노베이터와 얼리 어댑터(위험 감수자와 전문 사용자)를 위해 플랫폼의 초기 피처를 빌드하는 **탐색적 사고방식**exploration mindset 으로 **부트스트랩** 단계를 거쳐 구현됩니다. 플랫폼이 성숙해짐에 따라 플랫폼은 셀프 서비스 특성을 확장하여 일반 기술자 집단을 대상으로 서비스를 제공합니다. 확장 단계에서 플랫폼은 플랫폼 지원 서비스를 보완하여 플랫폼을 사용할 때 발생하는 마찰을 줄이고 더 다양한 페르소나(뒤늦게 플랫폼을 채택하는 어댑터)를 만족시

---

18 옮긴이_ scaling과 expanding은 모두 '확장'이라는 단어로 번역됩니다. 세부적으로는 각각 '기능적 확장'과 '양적 확장'이라는 차이점이 있지만, 이번 페이지처럼 비슷한 의미를 가진 단어가 동시에 나온 경우를 제외하고 내용 상 의미를 구분할 필요가 없는 경우 모두 '확장'으로 번역하였습니다.

19 켄트 벡(Kent Beck)은 프로덕트 제공의 세 단계를 3X, 즉 '탐색, 확장, 추출(Explore, Expand, Extract)'이라고 명명했습니다 (https://oreil.ly/UMXuN). 그는 각 단계에서 프로덕트 개발에 대해 서로 다른 기술과 사고방식을 확인했습니다. 필자는 이를 데이터 메시를 실행하는 데 적용했습니다.

킵니다. 사용자들이 대부분 플랫폼을 사용하여 문제를 해결하는 상황에 접어들면, 조직은 플랫폼을 최소한으로 변화하면서 플랫폼 내에서 현재 사용 중인 피처를 추출하여 대규모로 활용합니다. 운영 유지 단계에서 플랫폼 API와 서비스는 새로운 데이터 프로덕트와 사용 사례에서 재사용됩니다.

플랫폼이 탐색 단계에서 확장 단계로, 더 나아가 추출 단계로 진화할 때마다 데이터 관리와 관련된 주요 산업에 혁신이 일어납니다. 조직은 새롭고 참신한 방식으로 플랫폼을 사용하며, 벤더의 기반 기술이 변화하기도 합니다. 이렇듯 플랫폼의 진화와 뒤따라오는 변화는 데이터 메시와 같은 새로운 패러다임이 반영될 때마다 발생합니다.

마찬가지로 혁신 수용 곡선을 사용하여 도메인 오너십을 계획하고 실행할 수 있습니다. 진화 단계에 따라 대응되는 영역(이노베이터, 얼리 어답터, 머저리티 어답터, 레이트 어답터, 래거즈)을 분류하여 식별하고, 어떤 영역이 가장 먼저 데이터 메시에 합류할지 우선순위를 정해보세요. 예를 들어, 머저리티 어답터 영역보다 데이터 전문 지식이 더 많은 이노베이터 영역에 우선순위를 두어 데이터 메시에 가장 먼저 합류하도록 하세요. 그다음에는 얼리 어답터 영역을 통해 그 이후 영역이 원활하게 합류할 수 있도록 하세요. 이와 더불어, 각 진화 단계마다 개발되는 다양한 특성과 팀의 행동에 대해 의도적으로 생각해봅니다. 예를 들어, 탐색 단계에서 팀은 허용 가능한 수준에서 수동으로 개입하면서 정책과 플랫폼, 그리고 데이터 프로덕트를 수립하는 데 보다 탐구적인 태도를 취해야 합니다. 이후 확장 단계에서는 데이터 메시를 보완하여 수동 작업을 최소화하고, 관찰 가능성을 광범위하게 확보하여 정책 운영 과정을 모니터링할 수 있도록 하며, 정책 적용 범위를 넓혀 데이터 메시의 사용 사례를 확장해야 합니다.

각 진화 단계에 대한 특징별로 데이터 메시의 구성 요소가 각각 혁신 수용 곡선에 채택되는 양상을 살펴보겠습니다.

도메인 오너십의 진화 단계

[그림 15-6]은 도메인 오너십이 채택 단계를 통해 진화하는 양상에 대한 예시를 보여줍니다.

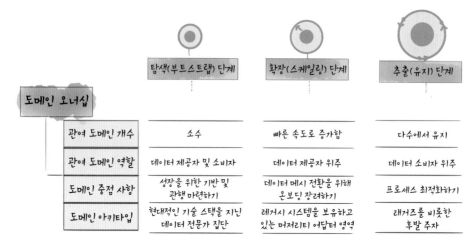

도메인 오너십	탐색(부트스트랩) 단계	확장(스케일링) 단계	추출(유지) 단계
관여 도메인 개수	소수	빠른 속도로 증가함	다수에서 유지
관여 도메인 역할	데이터 제공자 및 소비자	데이터 제공자 위주	데이터 소비자 위주
도메인 중점 사항	성장을 위한 기반 및 관행 마련하기	데이터 메시 전환을 위해 온보딩 장려하기	프로세스 최적화하기
도메인 아키타입	현대적인 기술 스택을 지닌 데이터 전문가 집단	레거시 시스템을 보유하고 있는 머저리티 어답터 영역	래거즈를 비롯한 후발 주자

그림 15-6 진화 단계에 따라 나타나는 도메인 오너십 관련 특징의 예시

탐색(부트스트랩) 단계에서는 소수의 도메인만 데이터 메시를 실행합니다. 이러한 초기 단계에서 도메인은 데이터 제공자 역할과 소비자 역할을 동시에 수행하여 종속성을 최소화하면서 엔드 투 엔드 방식으로 가치 전달에 참여하는 경우가 많습니다. 이렇게 초기 단계에서는 제공자와 소비자, 두 가지 역할이 모두 필요합니다. 탐색 단계에서 도메인은 성장을 위한 기반을 마련하는 것과 데이터 프로덕트를 탐색하는 것에 중점을 둡니다. 얼리 어답터 영역은 합리적으로 데이터 프로덕트 오너의 역할에 대해 정의하고 도메인 팀 구조를 설정하는 관행을 정립합니다. 이들은 애플리케이션에서 소스 데이터 프로덕트에 이르기까지 운영 데이터를 통합하기 위한 도구와 프로세스를 만듦으로써 확장 단계에서 어려움 없이 성장하기 위한 기반을 마련합니다. 초기 도메인은 현대적인 기술 스택을 사용하여 데이터와 분석 특성이 가장 발전된 단계에 속합니다. 이러한 단계에서는 **적지만 높은 가치를 지닌 사용 사례**에서 장애물을 제거하는 과정을 통해 가치가 창출됩니다.

확장(스케일링) 단계에서는 빠른 속도로 점점 더 많은 도메인이 데이터 메시에 합류합니다. 얼리 어답터 영역은 계속해서 길을 개척하면서 기술적으로나 조직적으로 반복 가능한 일련의 패턴을 확립하여 대다수의 도메인이 빠르게 합류할 수 있도록 합니다. 그 과정에서 새롭게 합류한 도메인은 소스 데이터 프로덕트와 소비자 데이터 프로덕트, 그리고 애그리거트 데이터 프로덕트에 기여합니다. 도메인 수가 증가함에 따라 애그리거트 데이터 프로덕트와 순수 데이터 도메인의 필요성이 대두됩니다. 도메인에는 다양한 기술 스택이 있으며, 데이터 메시에 통합하거나 마이그레이션해야 하는 구형 시스템과 레거시 시스템이 있을 가능성이 높습니다. 이를 해결하고자 레거시 통합을 처리하기 위한 새로운 관행과 도구가 도입됩니다. 확장 단계에서는 **긍정적인 네트워크 효과**에서 가치가 발생합니다.

추출(유지) 단계에서 대부분의 도메인이 도메인 오너십 모델로 자연스럽게 전환되었으며 관여하는 도메인 수가 안정화되었습니다. 이러한 도메인 오너십 모델에 최적화를 진행하는 과정에서 도메인에 변동이 있을 수 있습니다. 데이터 프로덕트 수가 많아지면 병목 현상이 발생한 도메인은 여러 개의 도메인으로 분리할 수 있으며, 사용자가 잘 사용하지 않는 도메인은 다른 도메인과 병합될 수 있습니다. 추출 단계에서 도메인은 종종 데이터 제공자 역할로서 데이터 프로덕트를 계속 수정하고 발전시키며 최적화하지만, 대부분은 데이터 소비자 역할로서 재사용할 수 있는 대다수의 데이터 프로덕트를 활용하고 새로운 시나리오를 빌드합니다. 데이터의 위치나 시스템, 데이터 기술의 노후화로 인해 기술적으로 데이터 메시와 맞지 않는 도메인은 조직적인 특성과 관행이 대부분 잘 정립된 시점에서 데이터 메시에 합류할 수 있습니다. 추출 단계에서는 **조직 전반의 일관성과 완전성으로 인한 효과**에서 가치가 발생합니다.

제품으로서의 데이터의 진화 단계

[그림 15-7]은 데이터 프로덕트 개발이 진화 단계에 따라 진화하는 양상에 대한 예시를 보여줍니다.

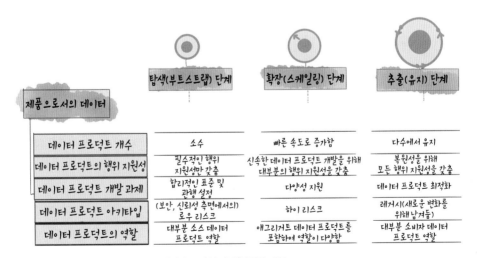

그림 15-7 진화 단계에 따라 나타나는 데이터 오너십 관련 특징의 예시

탐색(부트스트랩) 단계에서는 데이터 프로덕트가 몇 개만 생성됩니다. 탐색 단계에서 데이터 프로덕트는 11장에서 소개한 행위 지원성을 최소한만 지원합니다. 해당 단계에서 데이터 프로덕트는 일부 출력 포트만 사용할 수 있으며, 데이터 보존 기간이 한정되어 있기에 최신 스냅샷이나 검색 가능성을 제한적으로만 공유할 수 있습니다. 탐색 단계에서는 각 데이터 프로덕트의 행위 지원성을 구현하는 데 가장 적합한 접근 방식을 파악하기 위해 탐색적으로 데이터 프로덕트를 개발합니다. 이때 데이터 프로덕트 개발자는 합리적인 패턴과 관행을 적극적으로 수립합니다. 탐색 단계에서는 관행이나 패턴이 아직 조직 내에 완전히 정착되지 않았기에, 데이터 프로덕트 개발자는 데이터 메시를 운영하면서 얻은 지식과 실험 결과를 조직 내 구성원과 공유해야 합니다. 이후 탐색 단계에서 얻은 지식과 실험 결과를 바탕으로 데이터 프로덕트를 개발하는데, 이는 플랫폼 피처에 큰 영향을 미칩니다. 탐색 단계에서 개발된 데이터 프로덕트에는 표준이 되는 청사진이 없으며 아직 플랫폼 특성을 완전히 활용하지 못할 수 있습니다. 보안과 관련된 부분에서도 완전히 정해지지는 않은 단계이므로, 초기 데이터 메시에서는 기밀성이 낮은 데이터 프로덕트만 개발됩니다. 또한, 탐색 단계에서 정착된 관행과 패턴은 최소한으로만 표준화됩니다. 이러한 데이터 프로덕트는 개발 모델과 필요한 기술 측면에서 서로 다르지만 상호 보완적인 것으로 선택됩니다. 이를 통해 플랫폼 종속성을 최소화할 수 있습니다. 현재 대부분의 데이터 프로덕트는 소스 데이터 프로덕트로, 특정 사용 사례에서 데이터 메시를 부트스트랩하는 데 필요한 요구 사항을 처리하고 있습니다.

확장(스케일링) 단계에서는 데이터 프로덕트가 빠른 속도로 데이터 메시에 추가되고 있습니다. 얼리 어답터가 데이터 프로덕트 개발에 대해 표준화된 패턴을 확립한 덕분에 데이터 프로덕트를 빠르게 개발할 수 있습니다. 데이터 프로덕트는 많은 사용자가 직접 손을 대지 않고도 대규모로 관찰하고 검색하여 사용하는 데 필요한 행위 지원성을 생성합니다. 데이터 프로덕트는 머신러닝 모델을 실행하거나 스트리밍에 기반하여 데이터를 처리하는 등 다양한 방식으로 데이터 변환을 지원합니다. 데이터 프로덕트 개발은 확장 단계에서 다양한 소스와 소비자를 지원하는 데 중점을 둡니다. 확장 단계에서 개발된 데이터 프로덕트는 프라이버시, 가동 시간, 복원력 등을 고려했을 때 탐색 단계에서 개발된 데이터 프로덕트보다는 기밀성이 더 높을 수 있습니다. 확장 단계에서는 다양한 종류의 데이터 프로덕트가 개발되며, 애그리거트 데이터 프로덕트가 점점 더 많이 만들어집니다.

추출(유지) 단계에서는 데이터 프로덕트의 수가 안정화되고 변화하는 속도가 느려질 가능성이 높습니다. 추출 단계에서 데이터 프로덕트를 최적화하거나 비즈니스에서 새로운 과제를 요구

함에 따라 새로운 데이터 프로덕트가 생성되거나 기존 데이터 프로덕트가 변화할 수 있습니다. 데이터 프로덕트는 계속 진화합니다. 데이터 프로덕트가 최적화되면서 데이터에 더 빠르게 액세스하고, 데이터 공유 기능의 성능을 높이고, 대규모 데이터를 처리하는 등 교차 기능적인 관심사를 해결하고 있습니다. 또한 데이터 프로덕트 최적화를 통해 수명 주기 관리를 지속적으로 최적화하고 변경 사항을 적용하는 속도를 높이고 있습니다. 복잡성으로 인해 변환하는 데 소요되는 시간이 더 긴 데이터 프로덕트는 더 작고 효율적인 데이터 프로덕트로 세분화됩니다. 추출 단계에서는 데이터 프로덕트를 개발하는 것에 투자하는 것보다, 확장 단계에서 개발한 데이터 프로덕트를 통해 대규모로 수익을 창출하는 것에 초점을 맞춥니다. 많은 지능형 비즈니스 이니셔티브는 기존 데이터 프로덕트를 그대로 사용할 수 있습니다. 확장 단계에서는 후발주자인 레거시 데이터 스토리지나 시스템을 데이터 프로덕트로 전환합니다.

셀프 서비스 플랫폼 진화 단계

[그림 15-8]은 셀프 서비스 플랫폼의 특징이 진화 단계에 따라 진화하는 양상에 대한 예시를 보여줍니다.

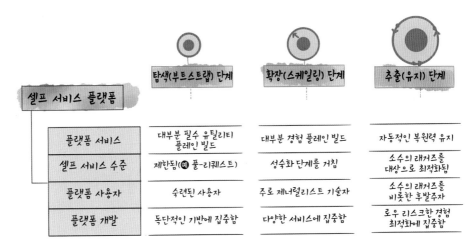

그림 15-8 진화 단계에 따라 나타나는 데이터 플랫폼 관련 특징의 예시

탐색(부트스트랩) 단계에서 플랫폼은 주로 저장, 컴퓨팅, 계정, 액세스 제어, 변환과 같은 유틸리티 영역에서 필수적인 기본 특성을 구축하고 있습니다. 이를 통해 기본 데이터 프로덕트 수명 주기 관리 기능과 글로벌 주소 지정 가능성과 관련된 기능같이 기본적인 데이터 프로덕트

경험 서비스가 개발됩니다. 다만 기본적인 검색 가능성과 같이 데이터 메시 경험 플레인과 관련된 특성은 거의 없습니다. 탐색 단계에서는 아직 플랫폼 셀프 서비스를 구현하기에는 이른 시기이며, 풀-리퀘스트에 기반하여 스크립트를 공유하는 것과 같이 단순한 형태일 수 있습니다. 플랫폼 사용자는 최소한의 셀프 서비스 특성으로도 충분히 사용할 수 있는 전문 데이터 프로덕트 개발자와 소비자입니다. 이러한 플랫폼은 소수의 사용자를 대상으로 지원합니다. 플랫폼 팀은 도메인과 긴밀히 협력하여 도메인에서 요구하는 사항을 제공하면서, 반대로 도메인 팀이 빌드하고 있는 교차 기능적인 피처를 플랫폼에 다시 수집하고 있습니다. 탐색 단계에서는 플랫폼이 독단적으로 운영되며, 추진력을 얻기 위해 필요한 것에 집중하고자 일련의 기술을 제한적으로 지원합니다.

확장(스케일링) 단계에서는 플랫폼이 모든 행위 지원성을 갖춘 데이터 프로덕트를 자동으로 생성하는 것을 지원하지만, 일부 기능은 제한적일 수 있습니다. 예를 들어, 데이터 메트릭 자동 공유 기능의 경우 기반이 마련되어 있지만, 데이터 메트릭에 공유 가능한 모든 시간이나 품질, 양과 같은 정보가 포함되어 있지 않을 수 있습니다. 플랫폼은 주로 데이터 프로덕트 경험 플레인이나 데이터 메시 경험 플레인을 통해 사용됩니다. 플랫폼의 셀프 서비스 기능은 공통적인 요구 사항을 가진 더 많은 사람을 지원하기 위해 빠르게 발전합니다. 이러한 과정에서 자동화된 프로세스와 도구가 구축됩니다. 그 결과 플랫폼 대상 사용자 대다수가 제너럴리스트 기술자로 치우칩니다. 이러한 플랫폼은 수동적으로 조작하지 않고도 머저리티 어답터를 대상으로 서비스를 제공하는 데 중점을 둡니다. 일부 팀은 플랫폼에서 제공하는 다른 기술을 사용하고자 할 수 있습니다. 이때 해당 팀은 플랫폼에서 벗어나 엔드 투 엔드 방식으로 데이터 메시 거버넌스와 호환성과 관련된 요구 사항을 충족하도록 합니다.

추출(유지) 단계에서 플랫폼은 성숙한 상태를 유지하면서 자동으로 대규모의 관찰 가능성과 복구 능력, 그리고 높은 수준의 복원력을 갖춥니다. 데이터 메시가 어떤 원인이라도 다운타임 downtime[20]에 들어간다면 대규모로 심각한 결과를 초래할 수 있습니다. 이전 단계에서부터 성숙해진 플랫폼 특성은 다양한 사용 사례와 데이터 프로덕트, 도메인 팀을 위해 활용되고 있습니다. 플랫폼은 래거즈를 비롯한 후발주자를 위해 셀프 서비스 특성을 계속 최적화합니다. 추출 단계에서 플랫폼은 조직 내 대부분 팀에서 활용됩니다. 이때 플랫폼은 데이터 메시에 대한 사용자 경험을 최적화하고 다운타임이나 보안 침해의 위험을 낮추는 데 중점을 두어 개발됩니다.

----

20 옮긴이_ 오프라인이거나 사용할 수 없는 상황에 놓여 시스템을 이용할 수 없는 시간을 뜻합니다(출처: 위키백과).

연합 컴퓨팅 거버넌스 진화 단계

연합 거버넌스 운영 모델과 데이터 메시를 관리하는 컴퓨팅 정책은 수용 곡선을 단계적으로 거치면서 진화합니다. [그림 15-9]는 연합 거버넌스 운영에 관여하는 **도메인 개수, 연합 운영 모델의 성숙도, 거버넌스 개발 과정에서의 초점, 컴퓨팅 정책의 적용범위**와 같이 거버넌스 관련 특징이 진화하는 양상에 대해 보여줍니다.

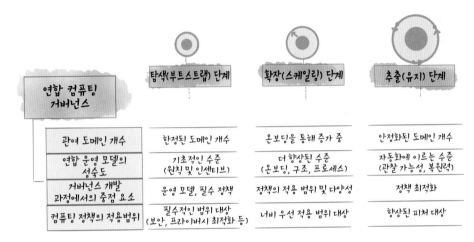

그림 15-9 진화 단계에 따라 나타나는 거버넌스 관련 특징의 예시

탐색(부트스트랩) 단계에서는 연합 거버넌스에 관여하는 도메인 몇 개만으로 새로운 거버넌스 모델이 형성됩니다. 거버넌스는 의사 결정 프로세스를 안내하는 원칙을 수립하고 조직 차원에서의 글로벌 정책과 도메인에 맡길 수 있는 로컬 정책을 결정하면서 운영됩니다. 그 과정에서 거버넌스 팀은 도메인 데이터 프로덕트 팀의 글로벌 인센티브를 정의하는데, 이를 통해 도메인 팀 수준의 로컬 인센티브를 강화합니다.[21] 탐색 단계에서는 기존의 거버넌스 구조가 연합 모델로 재편됩니다. 기존 거버넌스 그룹의 구성원은 주제별 전문가 역할을 맡거나, 플랫폼 팀에 합류하여 교차 기능 정책 자동화 프로덕트를 관리하거나, 데이터 프로덕트 오너로서 도메인에 합류합니다. 탐색 단계에서 거버넌스는 기초를 다지는 데 집중하고 있습니다. 이때 데이터 프로덕트 개발자는 자체적으로 정책을 구현할 수 있으며, 이후 플랫폼은 해당 정책을 셀프 서비스 특성에 반영할 수 있습니다. 이때 셀프 서비스 특성은 초기에 정책을 구현할 때 사용한 특성입

---

21 옮긴이_ 인센티브를 지급하는 방식에 대해서는 5.2.4절을 참고하길 바랍니다.

니다. 초기 거버넌스 팀과 도메인 팀은 추후 단계를 위해 운영 모델, 의사 결정, 정책 자동화와 관련된 관행을 마련합니다. 거버넌스 기능은 초기 데이터 프로덕트와 도메인과 관련된 필수 정책을 수립합니다. 이때 필수적인 일부 정책만 플랫폼을 통해 자동으로 구현하여 보안과 프라이버시 같은 모든 데이터 프로덕트에 일관되게 적용할 수 있습니다.

확장(스케일링) 단계에서는 초기 도메인 팀과 거버넌스 팀에서 기본 운영 모델과 정책 자동화에 대한 접근 방식을 수립한 후, 대다수의 도메인이 데이터 메시에 합류하여 거버넌스를 확장할 수 있도록 하는 기반을 마련합니다. 확장 단계에서 데이터 메시는 마찰 없이 새로운 도메인을 온보딩합니다. 또한 연합 거버넌스 팀의 구성원 수가 증가하여 조직 내 대부분의 도메인이 거버넌스에 관여하게 됩니다. 이러한 거버넌스 팀은 신속하게 정책 적용 범위와 다양성을 늘리고 새로운 도메인을 온보딩하기 위해 운영 모델을 성숙시키는 데 중점을 둡니다. 확장 단계에 있는 동안 대부분의 정책은 다수의 상호 운용이 가능하고 안전한 데이터 프로덕트로 데이터 메시를 지원하기 위해 자동화됩니다. 확장 단계에서는 기본적으로 정책에 대해 모니터링이 이루어집니다.

추출(유지) 단계에 있는 동안, 데이터 메시의 데이터 프로덕트에는 모두 자동화된 정책을 포함합니다. 추출 단계에는 플랫폼에서 제공하는 자동화된 도구로 문제를 해결하도록 자동으로 정책의 위험성과 규정 준수 부족 사항을 감지하여 데이터 프로덕트 팀에 알리는 프로세스가 마련되어 있습니다. 데이터 프로덕트 팀은 거버넌스 프로세스를 최적화하며, 자동화된 정책의 지원 피처를 향상시키는 데 중점을 둡니다. 이때 데이터 메시는 정책의 성능을 모니터링하고 최적화합니다.

피트니스 함수를 통한 진화

혁신 수용 곡선에서는 거시적 수준에서 데이터 메시가 실행되는 양상에 대한 정보를 제공합니다. 하지만 미시적 관점에서 발생하는 정보를 얻기 위해서는 별도의 요소가 필요합니다. 피트니스 함수는 이러한 실행 주기에 대한 정보를 제공하는 객관적인 요소입니다. 피트니스 함수를 긴 기간(수개월 또는 수년) 동안 지속적으로 측정하고 추적하면 증분increment과 짧은 반복 실행 주기에 대한 정보를 제공받을 수 있습니다.

피트니스 함수

피트니스 함수^{fitness function}는 데이터 메시를 둘러싼 요소에 대해 객관적인 수치를 제공하는 함수로, 예상 설계 솔루션이 설정된 목표에 얼마나 근접했는지 확인하는 데 사용됩니다. 특히 진화적 컴퓨팅^{evolutionary computing} 차원에서의 피트니스 함수는 시간이 지남에 따라 알고리즘이 얼마나 개선되었는지를 판단하는 함수입니다. **진화적 아키텍처**^{evolutionary architecture}를 빌드하는 과정에서의 피트니스 함수는 성능, 보안, 확장성 등과 같은 여러 차원에서 설정된 목표를 향하는 아키텍처의 반복 방향을 객관적으로 안내합니다.

피트니스 함수는 진화적 컴퓨팅에서 차용한 개념으로, 시스템 전체가 의도한 설계 목표를 향해 나아가고 있는지, 시간이 지남에 따라 개선되고 있는지를 평가하는 데 사용되는 객관적인 척도입니다.

데이터 메시의 맥락에서, 이러한 함수는 데이터 메시를 구현하는 데 어느 시점에서 얼마나 '적합'하게 구현하고 있는지, 데이터 메시를 반복하는 방향이 대규모로 가치를 전달하기에 최적인 상태에 가까워지고 있는지에 대해 객관적으로 판별할 수 있습니다.

데이터 메시의 목표는 궁극적으로 조직이 성장과 복잡성에 맞춰 분석적인 목적으로 데이터를 활용하고 데이터에서 대규모로 가치를 얻을 수 있는 능력을 향상시키는 것입니다. 각 데이터 메시의 원칙은 추후에 설명할 예시처럼 결과를 높은 수준으로 산출하는 데 기여합니다. 따라서 피트니스 함수는 각 원칙에서 기대되는 결과를 목표로 삼을 수 있습니다.

> **! CAUTION** 피트니스 함수를 수치적으로 생각하는 것은 매우 어려운 일입니다. 특히 데이터 메시를 도입하는 과정에서 어떤 선택지가 더 좋은지(이를테면 데이터 프로덕트가 어느 정도로 커야 세분화하기 적당한지) 판단하지 못하고 있는 상황이라면 말이죠. 잘 정립된 데브옵스 엔지니어링 관행의 경우에도, 『디지털 트랜스포메이션 엔진』[22]이라는 책에서 주요 지표 24개에 대해 수년간 정량적 연구를 수행하고 측정한 결과, 소수의 지표(4개)만이 조직의 성과와 직접적으로 연계되어 있고 나머지는 단순히 허영심에 의한 측정치라는 것을 보여줍니다.
>
> 여기에 제시된 객관적인 측정 방법은 단순한 예시이자 출발점입니다. 이러한 방법들이 실제로 올바른 방법이라는 것을 증명하기 위해서는 여러 조직에서 정량적으로 실험하고 측정하여 비교해야 합니다.

---

22 니콜 폴스그렌(Nicole Forsgren), 제즈 험블(Jez Humble), 진 킴(Gene Kim)의 저서 『디지털 트랜스포메이션 엔진』(에이콘출판사, 2020)

8.2.1절의 '모놀리식 조직' 항목에서 언급한 핵심성과지표(KPI)가 피트니스 함수의 일종이라는 것을 눈치채셨나요? 두 개념 모두 본질적으로 객관적인 메트릭에 대한 것이고 데이터 메시의 실행에 대한 진행 상태와 추세에 대한 가시성을 제공합니다. 하지만 피트니스 함수는 데이터 메시를 설계하고 구현하는 데 어느 시점에서 얼마나 '적합'한지 알려주고, 실제로 설계와 구현에 영향을 미치는 동작과 결과에 초점을 맞춰 올바른 방향으로 변화 방향을 이끌어주며, 부정적인 영향을 미치는 변화를 되돌릴 수 있도록 안내해줍니다.

예를 들어, '데이터 프로덕트의 개수'와 관련된 KPI는 데이터 메시의 성공과 성장을 나타내는 지표로서 대다수의 리더^{leader}에게 매력적으로 들릴 수 있습니다. 하지만 이는 데이터 메시의 '적합도^{fitness}'를 나타내지 않으므로 올바른 측정 기준이 아닙니다. 데이터 메시는 '가치 전달$^{deliver\ value}$'을 위해 설계하는 것이 목표입니다. 이는 데이터 프로덕트의 개수와는 직접적인 관련이 없으며, 데이터 프로덕트를 사용하는 척도로서 '데이터 프로덕트와 연계되어 있는 개수'와 관련이 있습니다. 해당 개수와 상호 연결성이 많을수록 더 많은 데이터 프로덕트가 가치를 창출하는 데 사용되고 있다는 뜻입니다.

데이터 메시를 실행하려면 KPI와 피트니스 함수 같은 메트릭을 계측하고 수집하며 추적하는 과정이 자동화되어야 합니다. 플랫폼 서비스는 이러한 메트릭 대부분을 추적하고 외부화하는 데 핵심적인 역할을 합니다. 예를 들어 코드 형식으로 자동된 정책의 효율성에 대한 함수로서 '정책을 채택하는 데 드는 가속도'^{23}를 측정하기 위해, 플랫폼은 '데이터 프로덕트가 새로운 정책을 채택하는 데 걸리는 시간(=리드 타임)'을 측정할 수 있습니다. 이러한 시간은 데이터 프로덕트의 지속적 배포 관련 파이프라인에서 계측한 값으로 수집할 수 있습니다.

데이터 프로덕트 경험 플레인과 데이터 메시 경험 플레인의 서비스를 통해 도메인 팀과 글로벌 거버넌스 팀은 앞서 설명한 메트릭을 측정하고 보고하며 추적할 수 있습니다. 잘못된 방향으로 추세를 감지하면 근본적인 원인을 조사하고 우선적으로 수정해야 할 사항을 정하는 등 데이터 메시가 본래의 객관적인 목적을 향해 진화하면서 유도하는 방향으로 일련의 액션을 트리거할 수 있습니다.

데이터 메시의 실행과 관련하여 객관적인 피트니스 함수를 정의하는 것이 좋습니다. 가능한 한 데이터 메시를 구현하는 과정을 자동화하고 운영 과정에서 일어나는 추세를 지속적으로 모니

---

23 옮긴이_ 정책을 채택하는 데 드는 속도가 변화하는 양상에 대한 값으로, [그림 15-5]의 그래프에서 시간에 따른 정책 채택 기울기(속도)의 변화라고 생각하시면 됩니다.

터링하세요. 피트니스 함수는 데이터 메시를 실행하고 있는 양상에 대해 안내하고 추후 최선책을 선택할 수 있도록 도와줍니다.

아래에서 소개한 피트니스 함수는 예시일 뿐입니다. 아래의 예시는 각 데이터 메시 원칙에 의해 일어날 만한 결과에서 피트니스 함수에 따라 어떤 요소가 도출되는지에 대해 보여줍니다. 아래의 예시와 동일한 접근 방식을 채택하는 방식으로 자신만의 피트니스 함수를 만들어 테스트하고 진화시킬 수 있습니다.

도메인 오너십 관련 피트니스 함수

[그림 15-10]은 데이터의 도메인 오너십 원칙의 적용 상황을 측정하는 메트릭으로서 사용되는 피트니스 함수의 예시입니다. 이러한 피트니스 함수를 통해 데이터 메시 구현 결과가 데이터의 도메인 오너십 원칙에 얼마나 부합하는지 확인할 수 있습니다.

조직이 데이터 공유를 통해 조직의 성장에 발맞춰 더 많은 가치를 창출하고 있나요?

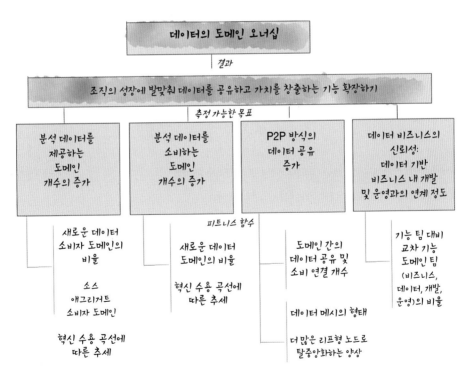

그림 15-10 데이터의 도메인 오너십 원칙 관련 피트니스 함수의 예시

제품으로서의 데이터 관련 피트니스 함수

[그림 15-11]은 데이터 메시 구현 결과가 제품으로서의 데이터 원칙에 얼마나 부합하는지 확인할 수 있는 피트니스 함수에 대해 소개합니다.

조직의 성장에 따라 도메인 간 데이터 공유 기능의 효과와 효율성이 증가하고 있나요?

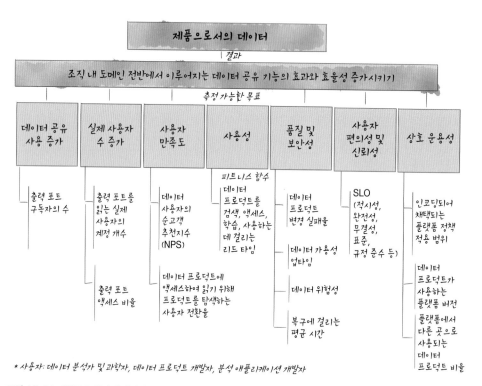

그림 **15-11** 제품으로서의 데이터 원칙 관련 피트니스 함수의 예시

셀프 서비스 플랫폼 관련 피트니스 함수

[그림 15-12]는 데이터 메시 구현 결과가 셀프 서비스 플랫폼 원칙에 얼마나 부합하는지 확인할 수 있는 피트니스 함수를 소개합니다.

플랫폼이 데이터 프로덕트를 생산하고 소비하는 데 있어 도메인의 자율성을 높이고 데이터 소유 비용을 낮추고 있나요?

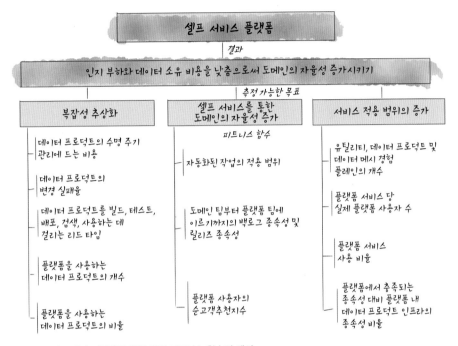

그림 15-12 셀프 서비스 플랫폼 원칙 관련 피트니스 함수의 예시

연합 컴퓨팅 거버넌스 관련 피트니스 함수

[그림 15-13]는 데이터 메시 구현 결과가 연합 컴퓨팅 거버넌스 원칙에 얼마나 부합하는지 확인할 수 있는 피트니스 함수를 소개합니다.

데이터 메시가 데이터 프로덕트를 효율적으로 조인하고 상관함으로써 조직의 성장에 발맞춰 (안전하고 일관되게) 고차원적인 인텔리전스를 생성하고 있나요?

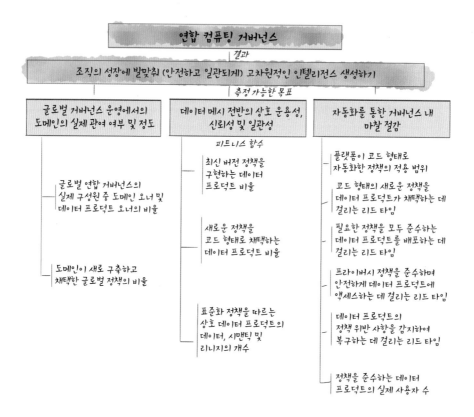

그림 15-13 연합 컴퓨팅 거버넌스 원칙 관련 피트니스 함수의 예시

레거시로부터 마이그레이션하기

레거시legacy를 언급하지 않고 데이터 메시의 진화적 실행 과정에 대해 이야기할 수는 없습니다. 데이터 메시를 채택하는 조직은 대부분 데이터 웨어하우스, 데이터 레이크, 데이터 레이크하우스와 같은 기존 데이터 아키텍처를 하나 이상 구현하고 있으며, 중앙 집중식 데이터 팀이 있는 중앙 집중식 거버넌스 구조를 갖추고 있을 가능성이 높습니다.

데이터 메시를 실행하기 위해서는 점진적이고 발전적인 여정에서 레거시적인 조직 구조와 아키텍처, 기술부터 마이그레이션하면서 통합해야 합니다. 새로운 환경으로 마이그레이션하는 계기는 예를 들어 새로운 클라우드 제공자, 얼리 어답터 영역의 규모와 수, 플랫폼에 대해 사용 가능한 투자 등이 있습니다. 그러나 이러한 환경으로 마이그레이션함과 동시에 데이터 메시를 구축하는 경우, 새로운 인프라로 마이그레이션하는 데 걸리는 시간과 같이 마이그레이션에 제약을 주는 조직 고유의 여러 변수에 따라 마이그레이션하는 과정이 크게 달라집니다. 따라서 레거시로부터 마이그레이션하는 과정을 일반화하기는 어렵습니다.

여타 레거시 아키텍처에서 데이터 메시로 마이그레이션 전략을 수립하는 것에 대한 내용은 이 책의 범위를 벗어납니다. 또한 이러한 내용은 조직과의 긴밀한 협업과 조직 고유의 콘텍스트에 대한 이해가 필요합니다.

그 전에, 레거시 아키텍처를 운영했을 때부터 지금 데이터 메시를 도입했을 때까지의 경험을 통해 알게 된 교훈만으로도 배워야 할 내용이 훨씬 더 많습니다.

중앙 집중식 데이터 아키텍처와 데이터 메시 아키텍처가 공존하는 경우는 전환 중인 경우를 제외하고는 없습니다. 데이터 메시는 조직이 기존에 만들어 놓은 데이터 웨어하우스, 레이크, 레이크하우스와 공존할 수 있는지에 대한 질문을 자주 받습니다. 짧게 답하자면 '일시적으로는 가능하지만 장기적으로는 불가능합니다.'

점진적인 마이그레이션을 위해서는 일정 기간 동안 이전 데이터와 새 데이터가 동시에 공존해야 합니다. 그러나 데이터 메시의 목표는 데이터 레이크와 웨어하우스의 병목 현상을 제거하는 것입니다. 탈중앙화된 데이터 프로덕트는 데이터를 **중앙에서 공유**하는 데이터 레이크와 웨어하우스를 대체합니다. 다시 말해 데이터를 공유하는 구조부터 다르므로, 데이터 메시는 중앙 집중식 병목 현상이 일어나는 데이터 아키텍처(데이터 웨어하우스, 레이크 등)와 의도적으로 공존하지 않도록 해야 합니다.

예를 들어, 중앙 집중식 데이터 웨어하우스나 레이크를 유지하면서 데이터 메시를 다운스트림에 공급하는 것은 안티패턴입니다. 이 경우 데이터 메시를 도입했을 때 복잡성이 가중되는 한편, 도메인에서 데이터를 수집하는 데이터 웨어하우스의 병목 현상은 그대로 유지됩니다.

이외에 임시방편으로 데이터 웨어하우스에 데이터를 공급하는 데이터 메시를 구현하여, 여전히 데이터 웨어하우스를 통해 보고하는 통제된 소수의 레거시 사용자에게 서비스를 제공할 수 있습니다. 그 과정에서 레거시 웨어하우스 사용자가 모두 데이터 메시로 마이그레이션되는 동안 데이터 메시와 데이터 웨어하우스가 공존합니다. 이러한 방식으로 마이그레이션은 계속 진행되는 동안 데이터 웨어하우스에서 발생하는 병목 현상을 점진적으로 감소시킵니다.

데이터 메시 아키텍처는 **중앙화된 정도**를 전체적으로 낮추는 것이 궁극적인 목표입니다. 따라서 궁극적으로, 그리고 장기적으로 아키텍처를 데이터 메시로 전환할 때 **중앙 집중식** 데이터 웨어하우스나 데이터 레이크가 공존해서는 안 됩니다.

다만 중앙 집중식 데이터 기술을 데이터 메시에 적용할 수 있습니다. 이 책을 집필할 당시에는 데이터 메시 차원에서 네이티브한 기술이 만들어지지 않았습니다. 현재에는 데이터 메시를 채택하는 사람들이 기존 기술을 활용하고 커스텀으로 구성하며 솔루션을 빌드하는 과정을 통해 진화하는 단계에 있습니다.

오늘날 필자는 자율적이고 분산된 데이터 프로덕트를 빌드하고 실행하는 데 방해가 되지 않는 방식으로 기존 기술의 요소를 활용하는 것이 좋다고 생각합니다. 이러한 과정에서 멀티테넌트 multitenant한 방식, 다시 말해 여러 사용자에게 같은 서비스를 제공하는 방식으로 기존 기술을 구성하고 운영할 것을 제안합니다. 예를 들어 오브젝트 스토리지와 같이 데이터 레이크 기술의 기본 요소를 각 데이터 프로덕트의 경계에 기반한 스토리지의 할당 요소와 액세스 요소를 구성하는 데 사용해보세요. 마찬가지로 데이터 웨어하우스 기술을 기반 스토리지와 SQL을 액세스하는 방식으로 활용하되 각 데이터 프로덕트에 별도의 스키마를 할당할 수 있습니다.

현존하는 모든 기술이 앞에서 언급한 구성 방식에 완전히 적합한 것은 아닙니다. 다만 그중에서 해당 구성 방식에 적합한 기술을 찾아 활용할 수 있어야 합니다.

데이터 레이크와 웨어하우스를 거치지 말고 소스에 직접 접근하세요. 사용자와 같은 구성 요소를 기존 데이터 레이크나 웨어하우스에서 마이그레이션할 때가 있습니다. 이때 저항과 마찰이 가장 적은 방법은 데이터 웨어하우스나 레이크를 데이터 메시의 업스트림에 배치하고 데이터 프로덕트를 기존의 데이터 웨어하우스 테이블의 데이터를 소비하는 입력 포트로 구현하는 것입니다. 필자는 이러한 방식을 택하는 대신, 기존 데이터 레이크나 웨어하우스의 소비자를 대상으로 요구 사항과 사용 사례를 파악한 다음, 이들 소비자에게 새로운 데이터 프로덕트를 직접 연결하여 소스 도메인 시스템의 데이터를 소비하는 방식을 추천합니다. 도메인 오너를 조기에 발견하고, 도메인이 데이터를 사실적으로 표현하는 방식에 따라 데이터 프로덕트를 개발하고, 필요한 경우 소비자를 갱신하길 바랍니다. 레이크 파일이나 웨어하우스 테이블과 같이, 중앙 집중식 아키텍처의 구성 요소를 기반으로 생성한 데이터 프로덕트는 데이터 메시에서 도메인 오너십을 통해 확장할 수 없습니다. 뿐만 아니라 소스 데이터 프로덕트와 소비자 데이터 프로덕트 간의 간극을 좁힐 수 없습니다. 데이터 메시에서 중앙 집중식 아키텍처의 구성 요소를 생성하는 것은 기술 부채를 유발하고, 소스와 소비자 사이에 또 다른 계층을 생성하며, 두 요소 사이의 거리를 늘릴 뿐입니다.

소비자 역할을 하는 에지 노드edge node[24]**로 데이터 웨어하우스를 활용하세요.** 기존 데이터 웨어하우스의 소비자를 평가하면서 일부 소비자를 데이터 메시로 마이그레이션하지 않은 채로 데이터 웨어하우스에 유지시키는 방향으로 결정할 수 있습니다. 이러한 결정에는 여러 가지 이유가 있습니다. 재무 보고를 예시로 들겠습니다. 해당 작업은 데이터가 자주 변경되지 않고, 간단하면서 구체적인 테이블에 의존합니다. 또한 복잡한 비즈니스 로직으로 정의되어 있어 리버스 엔지니어링과 재생성이 어렵습니다. 이처럼 데이터 메시에 이전하기 어려운 작업은 데이터 웨어하우스에 종속된 상태로 남아있게 할 수 있습니다. 이 경우 데이터 웨어하우스를 데이터 메시의 소비자 역할을 하는 에지 노드로 활용할 수 있습니다. 이를 통해 데이터 웨어하우스에 남아있는 테이블에 액세스하여 데이터 메시에 보고하는 용도로만 제한적으로 사용하도록 할 수 있습니다.

데이터 웨어하우스나 레이크에서의 마이그레이션은 원자적 진화 단계atomic evolutionary step**를 거쳐 진행되어야 합니다.** 데이터 웨어하우스나 레이크에서 마이그레이션할 때에는 여러 번 반복하여 진화하는 과정이 필요하며, 조직의 규모에 따라 수개월부터 수년까지 걸릴 수도 있습니다. 필자는 **원자적 진화 단계**를 따라 마이그레이션을 진행하여, 단계가 완료되었을 때 시스템 상태에 기술적 부채와 아키텍처 엔트로피가 덜 남도록 해야 합니다. 이는 논리적이고 당연해 보이지만 종종 무시되는 경우가 많습니다. 조직 내 팀은 종종 인프라와 데이터 프로덕트를 계속 추가하면서 오래된 파이프라인이나 데이터 레이크 파일은 그대로 남겨두곤 합니다. 이러한 행위는 새

---

24 옮긴이_ 에지 컴퓨팅(edge computing) 분야에서 사용되는 개념으로, 이 책에서는 애플리케이션 등에서 받아온 데이터(운영 데이터)를 상위 노드에 보고하는 역할을 하는 노드라는 의미로 쓰였습니다.

로운 시스템과 오래된 시스템을 모두 유지하기 위해 시간이 지남에 따라 아키텍처의 복잡성과 총 소유 비용만 증가하게 됩니다. 이렇게 두 시스템 모두를 유지하고 관리하는 주된 이유는 데이터 아키텍처 사용자와 소비자를 새로운 구성 요소로 마이그레이션하지 못하는 경우가 많기 때문입니다.

예를 들어 일련의 새로운 데이터 프로덕트를 만드는 경우, 시간을 들여 기존 데이터 레이크나 웨어하우스에 있는 소비자(보고 결과 또는 머신러닝 모델)를 새로운 데이터 프로덕트로 마이그레이션해야 합니다. 원자적으로 마이그레이션을 수행하는 단계에는 소스 데이터 프로덕트, 애그리거트 데이터 프로덕트, 소비자 데이터 프로덕트를 새로 추가하는 과정이 포함됩니다. 뿐만 아니라 마이그레이션 수행 단계에는 기존 데이터 레이크와 웨어하우스 구성 요소 중 새 데이터 프로덕트는 추가하고 기존의 테이블과 파일, 파이프라인을 폐기한 후 소비자를 마이그레이션하는 과정도 포함됩니다. 이때 마이그레이션 중에 일부 단계가 완료되지 않으면 마이그레이션하기 전으로 돌아갑니다. 마이그레이션 단계가 끝나면 이전보다 아키텍처 엔트로피 architectural entropy가 감소합니다.

반대로, 데이터 프로덕트를 새로 생성한 후 소비자를 마이그레이션하지 않거나 기존 파이프라인과 데이터 레이크 파일을 폐기하지 않을 때는 마이그레이션 단계가 완료되지 않습니다. 데이터 메시로 마이그레이션하기 전, 프로젝트 스케줄 작업과 리소스 할당 작업이 **원자적 마이그레이션 단계**에 맞춰져 있는지 확인하세요.

정리하기

데이터 메시를 실행하는 것은 더 큰 데이터 전략의 일부이며 실제로 더 큰 데이터 전략의 주요 구성 요소입니다. 데이터 메시를 추진하기 위해서는 비즈니스 이니셔티브를 전략적으로 설정함으로써 데이터에서 비즈니스 목표에 부합하는 가치를 창출하는 방법에 대한 가설을 정의해야 합니다.

머신러닝과 데이터 분석을 기반으로 하는 비즈니스 사용 사례는 데이터 프로덕트를 식별하고 전달하며, 도메인별로 데이터를 채택하고 거버넌스와 플랫폼을 구축하는 수단이 됩니다.

데이터를 기반으로 비즈니스 성과를 제공하는 포인트 솔루션을 빌드하는 것과 여러 사용 사례에 걸쳐 장기적으로 데이터 공유 플랫폼을 빌드하는 것 사이에서 균형을 맞추는 것은 여전히 어려운 과제입니다. 이때 진화적 프로세스를 탐색하는 도구를 통해 두 선택지 간 평형을 유지하면서, 데이터 메시가 보다 성숙한 상태로 나아가도록 실행 방향을 유도할 수 있습니다. 이러한 도구로는 장기 채택 로드맵에 기반한 도구(다단계 진화 모델)와 데이터 메시 구현 적합도를 측정하는 도구(피트니스 함수)가 있습니다.

드물게 그린필드greenfield[25]에서 데이터 메시를 생성하고 구현해야 하는 경우가 있습니다. 대부분의 경우, 브라운필드brownfield[26]에서 데이터 메시를 구현하기 위해 데이터 웨어하우스나 레이크, 레이크하우스와 같은 기존 아키텍처에서 마이그레이션하는 것을 고려합니다. 하지만 그린필드 데이터 메시의 경우, 오래된 아키텍처와 조직을 마이그레이션하기 위해서는 원자적 진화 단계로 데이터 소비자와 제공자, 그리고 둘 사이의 모든 것을 데이터 메시로 각각 마이그레이션해야 합니다.

이러한 초기 가이드라인과 접근 방식은 데이터 메시로 전환하는 과정을 학습하고 개선해 나가는 동안 시작해도 충분합니다.

이제 16장만 남았습니다. 다음 장에서 데이터 메시를 진화적으로 실행하는 과정에서 팀을 구성하는 방법과 조직 문화를 발전시키는 방법에 대한 몇 가지 팁을 알려드리겠습니다.

---

25 옮긴이_ 미개발된 지역을 관용적으로 이르는 말로, 여기서는 기존의 소프트웨어나 애플리케이션에 기반하는 것 없이 처음부터 새롭게 구현하는 것을 의미합니다.

26 옮긴이_ 그린필드와 반대로 기존의 (레거시) 소프트웨어 애플리케이션이나 시스템을 기반으로 새로운 소프트웨어 시스템을 개발하여 배포하는 방식입니다(출처: 위키백과).

16장

조직과 문화

> (조직) 문화는 아침으로 전략을 먹는다.
>
> — 피터 드러커[Peter Drucker]

1부에서는 데이터 메시를 '조직 내부에서 복잡한 대규모 분석 데이터를 공유하고 관리하기 위한 사회 기술적인 접근 방식'이라고 소개했습니다.

이번 장에서는 사회적인 측면에 주목할 것입니다. 또한 데이터 메시가 조직에서 사람들의 역할, 책임, 동기 부여, 집단적 상호 작용에 가져오는 변화에 대해 자세히 다룹니다.

그중 먼저 데이터 메시를 구현하는 데 중요한 조직 설계 사항을 갤브레이스의 스타 모델[Galbraith's Star Model][1]에 따라 **전략**strategy, **구조**structure, **프로세스**process, **보상**reward, **인력**people이라는 다섯 가지 범주를 중심으로 구조화합니다. 이들 범주는 모두 상호 연관되어 있고 서로 영향을 미칩니다. 결론적으로 이 모든 범주가 합쳐지면서 조직 문화가 만들어집니다.

[그림 16-1]은 데이터 메시를 도입한 조직을 스타 모델 형태로 요약한 것입니다.

---

1 https://oreil.ly/HWFpr

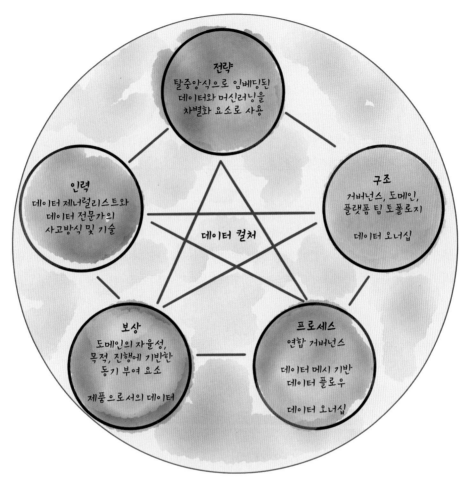

그림 16-1 갤브레이스의 스타 모델에 따라 구조화된 데이터 메시 조직의 설계 요소

스타 모델의 구성 요소는 다음과 같습니다.

전략

데이터 전략은 데이터 메시의 틀을 짜고 구체화하는 요소입니다. 15장에서는 데이터 전략이 어떻게 데이터 메시의 원칙과 구성 요소에 부합하는지, 데이터 메시의 원칙과 구성 요소가 어떻게 탈중앙화된 데이터 오너십을 실행하는지에 대해 설명했습니다. 이때 데이터 오너십은 머신러닝을 통해 생성된 데이터 기반 가치와 비즈니스의 데이터 프로덕트 및 서비스 측면에 대한 인사이트를 임베딩합니다.

구조

데이터 메시가 도입한 권력 분배와 의사 결정, 팀의 구조와 팀 내에서의 역할 등과 같은 팀 토폴로지에 대한 요소입니다.

프로세스

글로벌 거버넌스 프로세스, 데이터 메시를 통한 P2P 방식의 데이터 공유, 데이터 오너십 식별 및 할당과 같은 프로세스에 대한 요소입니다.

보상

데이터 메시를 다룰 때는 팀마다 자율적으로 결과를 산출하여 전달하면서 새로운 데이터 실무자를 성장시키는 작업 방식이 가장 적합합니다. 이러한 작업 방식을 기반으로, 팀과 팀원의 목표를 전체적인 데이터 전략에 맞출 수 있도록 동기를 부여하는 방법에 대해 다룹니다.

인력

데이터 생산자이자 소비자가 되기 위한 교차 기능 팀의 기술과 사고방식에 대해 다룹니다.

문화

데이터 메시의 원칙에 따라 조직적인 동작을 주도하는 핵심 가치에 대해 다룹니다.

필자는 앞에서 설명한 구성 요소 이외에도 데이터 메시 구현 결과로 발생하는 **변화**에 대해, 스타 모델의 구성 요소와 관련지어 설명했습니다.

먼저 변화 과정을 살펴보겠습니다.

16.1 변화

그린필드를 구현하여 데이터 기반 조직을 새로 빌드하든, 기존 조직을 발전시키는 브라운필드를 구현하든, 여러분은 **변화**를 이루고 있습니다. 그 과정에서 사고방식, 기술, 가치관, 일하는 방식, 존재 방식에 변화가 생깁니다.

여러분은 변화에 어떻게 접근할 것인지 결정해야 합니다. 필자는 **무브먼트 기반 변화**movement-based change를 통해 접근하는 것을 추천합니다.[2] 이러한 접근 방식은 브라이언 워커Bryan Walker[3]가 조직적인 변화에 대해 소개한 것으로, **무브먼트에 대한 연구**에서 비롯된 것입니다.[4] 해당 연구는 사회적 무브먼트를 작게 시작하여 조기에 강력한 성과를 거둠으로써 변화의 결과와 효과를 입증할 수 있다는 것이 핵심입니다. 이러한 성과는 대규모적인 변화를 위한 추진력을 얻는 데 도움이 됩니다.

15장에서는 데이터 메시의 구성 요소를 전략적 이니셔티브와 직접 연결하여 구현하고, 지능형 솔루션과 지능형 애플리케이션 형태로 데이터에 기반한 결과를 제공하는 무브먼트 기반 실행 프레임워크(15.3절 참조)에 대해 소개했습니다. 이러한 실행 프레임워크는 반복적이고 비즈니스 기반 프레임워크로서 조직의 구조, 프로세스, 동기를 점진적으로 변화시키기에 훌륭한 수단입니다. 조직 내 소규모의 **이노베이터**가 조기에 성과를 거둬냄으로써, 추후 지원을 받으면서 조직에서 진화적 로드맵evolutionary roadmap을 통해 확장할 수 있도록 하는 영감을 이끌어냅니다 (15.3.3절 참조).

조기에 데이터 메시를 반복하고 실행하면서 발생한 성과는 변화를 올바른 방향으로 유도하는 봉화beacon 역할을 하므로,[5] 데이터 메시를 구현하여 실행할 당시에 조직이 변화하는 목적과 부합하는 기준에 따라 실행 결과(사용 사례)를 선정하는 것이 중요합니다.

예를 들어, 교차 기능 도메인 팀별로 데이터 오너십을 확립하는 것을 목표로 한다면 비즈니스 이니셔티브는 목표를 달성하는 것에 초점을 둬야 합니다. 초기 비즈니스 이니셔티브에는 목표에 맞춰 조직의 변화를 가장 주도적으로 이끌고 다른 팀에게 봉화 역할이 될 수 있는 도메인 팀이 참여합니다. 예를 들어, 플레이리스트 팀과 같이 본질적으로 인사이트와 머신러닝을 업무에 적용해야 하는 도메인이 좋은 후보입니다. 이러한 초창기 팀은 데이터 프로덕트를 변환하여 데이터 프로덕트의 초기 제작자가 되는 데 필요한 대부분의 기술을 갖추고 있습니다. 이러한 초창기 팀은 이제 초기에 더 쉽고 빠르게 성과를 낼 수 있는 방법을 모색하고 초창기 팀의 방향성과 맞는 사람을 찾아야 합니다.

---

2 *https://oreil.ly/1Ma1r*

3 *https://oreil.ly/pgDyV*

4 데이비드 A. 스노우(David A. Snow) 및 사라 A. 소울(Sarah A. Soule)의 저서 『A Primer on Social Movements』(W.W. Norton & Company, 2009)

5 *https://oreil.ly/N6Oyh*

[그림 16-2]는 데이터 메시의 기술적 구성 요소를 구현하면서 조직을 반복적으로 발전시키기 위해 비즈니스 이니셔티브에 선택 기준과 엔드 투 엔드 방식의 실행 결과를 적용하는 과정에 대해 보여줍니다.

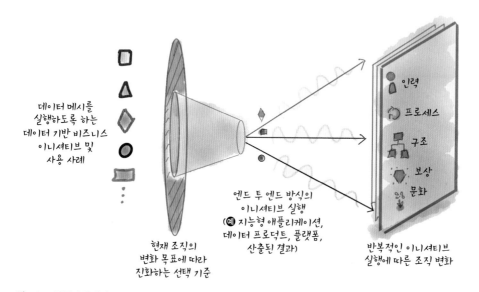

그림 16-2 반복적인 데이터 메시 실행으로 조직을 변화시키기 위해 콘텍스트를 생성하는 데이터 기반 이니셔티브의 엔드 투 엔드 실행 과정

[그림 16-2]에서 보여주는 방식의 가장 큰 장점은 변화에 직접적으로 영향을 받는 팀원이 변화를 만들어 결과를 도출하는 과정에 참여한다는 점입니다. 이들은 데이터 메시를 실행하면서 얻은 결과를 바탕으로 변경 사항을 개선할 수 있습니다.

탐색, 확장, 추출 단계를 수행하는 동안 데이터 메시의 단계적 진화(15.3.3절의 '다단계 진화 모델' 참조)의 맥락에서 변화가 발생한다는 점을 기억하세요. 단계적 진화를 진행하는 동안 무엇이 어느 정도까지 변화하고 진화하는가에 대해 다뤄봅시다. 예를 들어, 초기 비즈니스 이니셔티브의 반복 실행 방향을 변화시키는 경우, 변화에 영향을 받는 팀들은 하나의 그룹처럼 작업합니다. 이와 관련된 첫 번째 데이터 메시 이니셔티브에서는 플랫폼 팀의 팀원과 관련 도메인의 팀원이 함께 작업하여 더욱 긴밀하게 협력할 가능성이 높습니다. 이후 **확장**과 **추출** 단계가 이루어지면, 플랫폼 팀과 관련 도메인 팀은 동기적 종속성과 커뮤니케이션을 줄이면서 자율적으로 작업합니다.

데이터 메시의 무브먼트 기반 조직이 변화하는 것은 출발점을 제공하지만, 이러한 변화를 번영하고 활성화하며 창출하는 데에는 더 많은 것이 필요합니다. 데이터 메시를 실행하는 것에 앞서 기반을 준비하는 것부터 사람들의 감정을 관리하는 것까지, 조직은 문화적인 변화와 조직적인 변화를 **설득력 있게**persuasively[6] 이끌어내는 과정을 발견하는 데 전념해야 합니다. 이를 이루는 구체적인 방법과 관련된 내용은 이 책의 범위를 벗어납니다. 이러한 조직은 탈중앙화된 데이터 중심 조직이 되겠다는 **비전**vision**을 하향식**top-down**으로 경영진이 지속적이고 명확하게 전달**하고, 반대로 기술, 인센티브, 교육을 **상향식**bottom-up**으로 지원**해야 합니다. 이와 관련된 모든 사람은 변화에 대해 **하드한 척도**hard measure[7] (15.3.3절 '피트니스 함수를 통한 진화' 참조)와 직원의 만족도, 동작, 태도, 역량과 관련된 **소프트한 척도**soft measure를 설정하고 추적해야 합니다.

변화를 주도하기 위한 첫 번째 단계, 즉 처음 이니셔티브와 팀을 변화시키는 것은 체감상 어려울 수 있습니다. 변화의 역풍이 가장 적은 팀부터 시작하여 몇 가지 성과를 거두고, 추후 단계를 위한 기반을 마련해 나가세요.

16.2 문화

문화는 조직이 구현하는 언어, 가치, 신념, 규범을 나타냅니다. 오늘날 많은 조직은 그들이 포착하는 데이터의 **양**volume을 중점적으로 **가치**를 매깁니다. 대부분 조직은 **중앙에서 데이터를 수집함**으로써 가치를 제공할 수 있다고 믿습니다. 이러한 조직에서는 데이터 관련 책임을 다른 사람, 즉 중앙 집중식 데이터 팀에 외부화하는(떠넘기는) 것이 일반적입니다. **데이터 파이프라인**data pipeline, **표준 모델**canonical model, **단일 진실 공급원**single source of truth (SSOT)과 같은 개념은 조직에서 사용하는 **언어**에 보편적으로 자리잡고 있습니다. 이러한 문화는 데이터 메시와 상충되며, 해당 문화와 거리를 두는 방향으로 진화해야 합니다.

구조와 프로세스, 보상, 기타 조직 설계 요소의 변화는 문화에 영향을 미치지만, 여기서 집중해야 할 핵심 요소는 **이들 요소의 가치**value입니다. 문화의 요소 중 언어와 상징이 가장 명시적인

---

6   David A. Garvin and Michael Roberto, "Change Through Persuasion"(*https://oreil.ly/FGcch*), Harvard Business Review (Brighton, MA: Harvard Business Publishing, 2005).

7   Michael Beer and Nitin Nohria, eds., Breaking the Code of Change, (Brighton, MA: Harvard Business Publishing, 2000).

요소인 것과는 반대로, 가치는 가장 암묵적인 요소입니다.

예를 들어, 이 글을 쓰는 시점에서 '데이터 프로덕트'라는 용어는 업계에 널리 알려져 있지만, 그 핵심 가치는 이 책에서 제시하는 것과는 매우 다릅니다.

심리학 교수인 다프나 오이세르먼[Daphna Oyserman][8]에 따르면, 가치는 선택을 이끄는 내면화된 인지 구조입니다. 이러한 가치는 무엇이 잘못되고 무엇이 옳은지에 대한 감각을 불러일으킵니다. 또한 우선순위와 의미에 대한 감각을 확립합니다.[9] 궁극적으로, 가치는 현재 진행하고 있는 동작을 주도하고 앞으로 일어날 액션을 예측합니다.

조직의 맥락에서 데이터 메시의 가치를 정의하고 육성하는 것은 데이터 컬처를 확립하는 데 중요한 단계입니다. 이러한 가치는 팀과 개인이 내리는 액션과 의사 결정을 통해 실현됩니다.

16.2.1 가치

[그림 16-3]은 데이터 메시 네이티브 조직의 핵심 가치 중 일부입니다. 어떤 조직이 데이터 메시를 전면적으로 도입하는 경우, 이들 가치는 모든 팀이 공유하고 서로에게 기대합니다. 이러한 가치는 하나라도 절충할 수 없습니다. 또한 이들은 조직 내 팀원에게 액션을 유도합니다. 이러한 가치를 출발점으로 삼아 조직에 맞게 맥락화[contextualization]하여 이들 가치와 행동을 연결할 수 있습니다.

----

8 *https://oreil.ly/geeBc*

9 Daphna Oyserman, "Values: Psychological Perspectives"(*https://oreil.ly/lvUrS*), International Encyclopedia of the Social & Behavioral Sciences, (2001), 16150-16153.

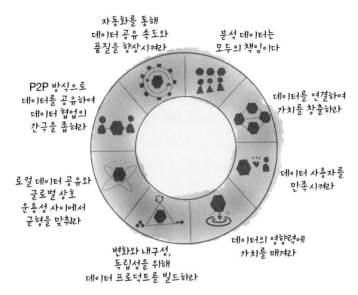

그림 16-3 데이터 메시 문화의 토대가 되는 가치

분석 데이터는 모두의 책임이다

도메인 오너십은 모든 교차 기능 팀과 비즈니스 전반에서 분석 데이터를 제공하거나 소비하는 데 있어 책임감을 고취합니다. 이러한 팀은 디지털 기술과 서비스로 비즈니스를 지원하든, 새로운 데이터 프로덕트를 개발하든, 데이터 프로덕트를 판매하거나 마케팅을 하든, 분석 데이터를 사용하고 공유할 수 있는 교차 기능 분야로 구성됩니다.

데이터를 연결하여 가치를 창출하라

데이터 사용성을 확장하도록 지원하는 데이터 메시는 데이터 메시를 통해 데이터를 연결할 수 있도록 하는 것을 전제로 합니다. 이러한 데이터 메시의 노드는 조직 안팎의 경계를 넘어 연결됩니다. 이는 데이터 레이크나 웨어하우스에서 데이터를 수집하는 것과는 대조적입니다. 데이터 메시에서는 데이터의 공유와 리니지를 설정하는 입력 포트 및 출력 포트, 스키마 연계를 통한 데이터 시맨틱 및 신택스 공유, 데이터 연계와 글로벌 식별자를 통한 데이터 조인 및 상관관계 등 여러 수준에서 연결성이 설정됩니다. 데이터의 연결성에 가치를 매김으로써 대규모적인 상호 운용성을 촉진하여 대량의 다양한 데이터에 대한 인사이트를 창출할 수 있습니다.

데이터 사용자를 만족시켜라

데이터 프로덕트를 통해 데이터 사용자를 만족시키고 신뢰를 얻어 분석 애플리케이션 개발을 가속화하세요. 분석 애플리케이션 개발을 가속화하여 얻은 가치는 데이터 프로덕트의 목적에 중점을 두며 데이터 사용자와 그들의 경험을 중심으로 합니다. 또한 데이터에 대한 높은 수준의 신뢰와 확신을 바탕으로 데이터 분석 애플리케이션과 머신러닝 애플리케이션을 신속하게 개발할 수 있도록 합니다. 이러한 과정을 지원하기 위해 데이터 프로덕트는 데이터 사용자에게 미치는 영향에 중점을 두도록 유도합니다.

데이터의 영향력에 가치를 매겨라

성공을 바탕으로 데이터의 가치를 매기고 측정하는 것은 우리가 행동하고 리소스를 관리하는 방식을 좌우합니다. 데이터 메시는 데이터의 양이 아니라 데이터의 영향력에 초점을 맞춥니다. 데이터 메시에서는 데이터의 양보다 데이터 사용성, 데이터 만족도, 데이터 가용성, 데이터 품질에 더 큰 가치를 둡니다. 물론 머신러닝의 경우처럼 데이터의 양이 많으면 많을수록 좋지만, 데이터 사용성에 대한 관점에서 보면 데이터의 양은 부차적인 구성 요소에 지나지 않습니다.

변화와 내구성, 독립성을 위해 데이터 프로덕트를 빌드하라

지속적인 변화, 독립성, 그리고 장기간에 걸친 데이터 내구성은 데이터 프로덕트의 주요 특징입니다. 예를 들어, 지속적인 **변화**를 수용하기 위해서는 런타임 데이터를 변환하는 기능을 임베딩하여 지속적인 포인트 인 타임 데이터 스트림을 변형하고 생성하는 데이터 프로덕트 설계 고려 사항^{data product design consideration}이 필요합니다. 기본적으로 데이터는 시간이 지나면서 점차 진화합니다. 데이터와 데이터를 관리하는 정책을 하나의 단위로 포함하는 설계 고려 사항은 데이터 프로덕트가 높은 수준의 **독립성**^{independence}과 자급자족성^{self-sufficiency}을 달성하는 데 필요합니다. 이러한 설계를 결정하는 과정에서, 데이터를 시간에 따라 가변적인 정보로 장기간 보존할 수 있게 저장하는 것은 **데이터 내구성**^{data durability}을 위해 필요합니다. 분석 사용 사례는 장기간에 걸쳐 데이터에 액세스해야 합니다.

로컬 데이터 공유와 글로벌 상호 운용성 사이에서 균형을 맞춰라

로컬 데이터 공유와 글로벌 상호 운용성 사이에서 균형을 맞추는 데이터 메시는 데이터를 공유하고 사용한다는 점에 있어 도메인 수준의 로컬 자율성과 도메인 다양성을 포용합니다. 이러한 자율성은 데이터 메시 수준의 데이터 검색과 연결, 규정 준수를 가능하게 하는 글로벌 상호 운용성과 균형을 이룹니다. 글로벌 상호 운용성은 연합 거버넌스 운영 모델을 통해 관리되며, 모든 데이터 프로덕트에 자동으로 임베딩된 정책을 통해 구현됩니다.

해당 가치는 도메인 수준의 로컬 최적화와 데이터 메시 수준의 글로벌 최적화 간의 균형을 지속적으로 찾기 위한 액션을 주도합니다.

P2P 방식으로 데이터를 공유하여 데이터 협업의 간극을 좁혀라

데이터 메시는 데이터 제공자와 소비자 사이의 조직적 간극과 아키텍처적 간극을 제거하고 프로덕트 형태로 공유되는 데이터를 통해 제공자와 소비자를 직접 연결합니다. 중개자 없이 독립적으로 데이터 액세스 권한을 부여하는 플랫폼 검색 특성과 컴퓨팅 거버넌스는 데이터 제공자와 소비자 사이의 간극을 줄이고, 궁극적으로는 데이터에 대한 원활한 액세스를 가능하게 합니다. 이를 통해 데이터 중심 문화와 실험 중심 문화를 촉진합니다.

자동화를 통해 데이터 공유 속도와 품질을 향상시켜라

플랫폼 서비스는 데이터 공유 워크플로를 자동화하고 간소화함으로써 데이터 품질을 지속적으로 개선합니다. 플랫폼 팀은 플랫폼 서비스의 성능 증진을 위해 새로운 방법을 지속적으로 모색하고 있습니다. 구체적으로는 데이터를 공유하는 과정에서 발생할 수 있는 마찰을 없애고 데이터 제공자와 소비자 경험을 최적화하는 데 자동화를 활용하는 방안에 대해 고안하고 있습니다.

16.3 보상

사람들에게 보상을 제공하여 동기를 부여하는 방법도 조직 설계의 또 다른 요소입니다.

데이터 메시와 관련된 회의론자로부터 조직은 애플리케이션 팀이나 데이터 프로덕트 팀이 분석 데이터에 충분히 관심을 갖고 ETL 데이터 파이프라인을 구축하는 데 어려움을 겪고 있다는 말을 자주 듣습니다. 필자는 이 말에 전적으로 동의합니다. 만약 필자가 도메인 팀의 개발자였

어도 필자가 이해하지 못하는 분석 데이터 사용 사례를 위해 데이터베이스 애플리케이션에서 데이터를 가져와서 다른 곳에 덤프하는 수많은 ETL 파이프라인 작업을 빌드할 동기가 없을 것입니다. 이는 동기를 부여하지도 않고 데이터 메시의 접근 방식과도 맞지 않습니다.

과거에는 애플리케이션 팀에서 다운스트림에 데이터 팀을 구성하여 중개 파이프라인을 빌드함으로써 데이터 품질과 모델링을 해결하는 방식으로 문제를 해결해 왔습니다. 하지만 이는 근본적인 원인을 해결하지 못합니다. 이러한 해결 방식으로는 단순히 우발적인 복잡성을 야기할 뿐입니다. 반면 데이터 메시는 근본적인 원인, 즉 동기 부여 관련 문제를 해결합니다.

16.3.1 내적 동기

데이터 메시의 접근 방식은 사람들이 본질적으로 동기를 부여받는 방식을 기반으로 합니다. 다니엘 H. 핑크[Daniel H. Pink][10]는 그의 저서 『드라이브』(청림출판, 2011)에서 현대적인 기업은 내적인 보상과 만족을 주는 유형의 동작과 활동을 육성해야 한다고 강조합니다. 그는 이를 I-유형 동작[Type I behavior]이라고 부르며, 이러한 동작은 더 강력한 성과와 더 큰 건강, 그리고 전반적인 안녕(安寧)[well-being]으로 이어집니다. 그리고 I-유형 동작의 동기를 이루는 세 가지 기본 요소는 **자율성**[autonomy], **숙련도**[mastery], **목적**[purpose]이라고 합니다.

다음 목록은 이러한 세 가지 내적 동기를 데이터 메시의 원칙과 연관지어 설명한 내용입니다.

데이터 오너십과 관련한 기술-비즈니스 연계 도메인의 자율성

도메인 팀은 책임을 지고 분석 데이터 사용 사례에 대한 데이터를 정의하는 것과 공유하는 것 모두에 대해 자율성을 갖습니다. 이러한 도메인 팀은 머신러닝과 데이터 분석 과정에서 데이터를 활용하여 데이터 기반 가치를 창출할 수 있는 자율성을 갖습니다. 이러한 자율성은 거버넌스 운영 모델과 플랫폼 서비스에 의해 지원됩니다.

분석 데이터 관리, 공유, 사용에 대한 기술자의 숙련도

데이터 메시는 데이터 관련 작업을 배워서 숙련할 수 있는 대상을 데이터 스페셜리스트로 이루어진 고립된 그룹을 넘어 제너럴리스트 기술자까지 확장합니다. 데이터 작업을 할 수 있도록 기술을 습득하는 것은 개발자에게 긍정적인 동기 부여가 됩니다. 이러한 특성을 가

---

10 *https://oreil.ly/t2mry*

진 데이터 메시 플랫폼은 개발자에게 분석 작업을 포함한 데이터 작업을 숙달할 수 있는 새로운 경로를 제공합니다.

제품으로서의 데이터를 직접적으로 공유하려는 목적 찾기

교차 기능 팀은 데이터 소비자에게 직접 데이터를 제공하며, 이들에게 실제로 필요한 것을 제공하는 과정을 제어합니다. 이들 교차 기능 팀은 소비자의 만족도와 증가하는 채택 사례를 기반으로 데이터 프로덕트의 성공을 측정하고 추적합니다. 더 중요한 것은, 교차 기능 팀은 임베딩된 머신러닝embedded ML으로 애플리케이션과 비즈니스를 발전시킴으로써 데이터를 관리하는 과정에서 더 높은 목적을 찾을 수 있다는 점입니다.

데이터 메시를 향해 진화하는 조직은 이러한 내적 동기를 지지하고 강조합니다.

16.3.2 외적 동기

데이터 메시를 실행하는 회사에는 보너스, 인센티브, 순위, 승진, 근무 조건 등 직원들에게 외적 동기를 부여하는 보상 시스템이 있을 가능성이 매우 높습니다.

필자는 데이터 메시를 변환하는 과정에서 조직이 연말 보너스 등 외적 인센티브를 데이터 메시를 실행한다는 목표와 연계하는 것을 흔히 보았습니다. 그중 필자가 본 골치 아픈 사례 중 하나는 연말 보너스를 데이터 프로덕트의 개수와 연계하는 것입니다. 이렇게 하면 연말 검토 직전에 데이터 프로덕트를 생성하기에 급급하게 됩니다. 이는 조직 전체와 그 너머의 데이터 프로덕트를 공유하고 연결함으로써 데이터에서 가치를 창출한다는 목표에 역행하는 것입니다. 이 외에도 연말에 급하게 생성한 데이터 프로덕트로 인해 발생한 기술 부채를 추후에 되돌려야 하는 결과를 초래하기도 합니다.[11]

필자는 개인적으로 직원 성과 검토employee performance review, 보상 등과 같은 회고적 평가backward-looking assessment를 데이터 메시 실행 목표와 같은 미래 지향적 목표forward-looking goal와 측정 방식에서 분리하는 것을 제안하고 싶습니다. 도메인 팀이 미래 지향적인 목표에 집중하도록 인센티브를 제공함으로써 미래 지향적 목표가 더 큰 규모의 전략과 회사의 최우선 순위와 어떻게 관련

---

11 옮긴이_ 이와 관련하여 데이터 프로덕트의 '개수'를 인센티브 결정 요소로 포함하면 안 되는 이유는 5.1.1절의 '레버리지 포인트 도입'에서 자세하게 다룹니다.

되어 있는지 보여주세요.

미래 지향적 목표는 OKR[Objectives and Key Result][12](목표와 핵심 결과)로 표현하고 측정할 수 있습니다. OKR은 15장에서 소개한 수치적으로 측정할 수 있는 함수와 시의적절하고 연관성이 있는 함수의 일종일 수 있습니다(15.3.3절의 '피트니스 함수를 통한 진화' 참조). 이러한 목표를 달성하면 데이터 메시가 총체적으로 목표를 향해 진화하는 방향으로 반복하면서 실행됩니다.

다음은 팀 또는 개인 OKR의 몇 가지 예시입니다.

도메인 내 데이터 프로덕트 사용 증가

해당 목표는 **온 더 메시 성장률**[on the mesh growth rate](도메인의 데이터 프로덕트를 적극적으로 활용하는 다운스트림 데이터 프로덕트 개수의 추이)과 **오프 더 메시 성장률**[off the mesh growth rate](최종 소비자가 인사이트 생성을 위해 데이터 메시 없이 직접 데이터를 사용하는 데이터 분석 애플리케이션 개수의 추이)을 통해 측정됩니다.

데이터에 대한 확신 및 신뢰도 향상

해당 목표는 **일정 기간**에 걸친 일련의 **목표 측정값**[target measurement]으로 평가할 수 있습니다. 예를 들어, 데이터 프로덕트의 완성도 SLO[completeness SLO], 즉 완성도와 관련된 서비스 수준 목표가 하루 동안 95%인 경우를 들 수 있습니다. 완성도 SLO는 주요 결과를 측정하기 위해 평균을 낸 여러 SLO 중 하나에 불과합니다.

16.4 구조

조직을 설계할 때 가장 중요한 부분은 바로 구조[structure]입니다. 조직 구조를 결정지을 때 고려하는 사항은 다음과 같습니다.

- 의사 결정 권한: 중앙 집중식으로 배치하느냐, 도메인별로 탈중앙화하여 배치하느냐
- 팀과 부서 토폴로지: 어떤 팀과 부서를 중심으로 형성되는가
- 팀의 형태: 평면적인[flat] 형태인가, 계층적인[hierarchical] 형태인가

---

12 존 도어(John Doerr)의 저서 『Measure What Matters』(Portfolio Penguin, 2018)

데이터 메시는 조직 구조를 처음부터 새로 정하지 않습니다. 대신 기존의 조직 구조를 바탕으로 어떻게 도메인을 나눌지 가정합니다. 그리고 가정에 의해 정해진 도메인과 서브도메인에 따라 데이터 프로덕트를 빌드합니다.

16.4.1 조직 구조 가정하기

데이터 메시는 도메인 중심 설계에 영향을 받는 조직을 기반으로 설계되어 빌드됩니다. 이러한 조직에서 솔루션과 시스템을 아키텍처적으로 분해하는 것은 비즈니스 기능과 기술 팀을 구분하는 것과 서로 연관되어 있습니다. 도메인 주도 설계를 처음 접한다면 『도메인 주도 설계 구현』[13]의 2장을 참고하길 바랍니다.

[그림 16-4]는 다프의 도메인 지향적 조직 구조의 일부를 보여줍니다.

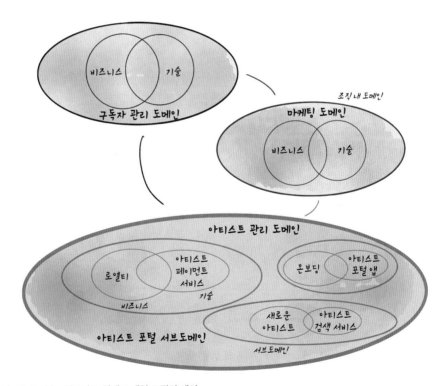

그림 16-4 기술–비즈니스 연계 도메인 조직의 예시

---

13 반 버논(Vaughn Vernon)의 저서 『도메인 주도 설계 구현』(에이콘출판사, 2016)

다프가 도메인 지향 조직이라고 가정해봅시다. 도메인 지향 조직에는 아티스트 관리 도메인, 마케팅 도메인, 구독자 관리 도메인 등과 같은 다프 내 다양한 비즈니스 도메인에 집중하는 비즈니스 팀이 있습니다. 비즈니스 도메인 중에서 아티스트 관리 도메인에 대해 살펴봅시다. 아티스트 관리 도메인의 목적은 더 많은 아티스트를 참여시키고 온보딩하여 콘텐츠 공유를 촉진하고, 그들에게 보상과 로열티를 지급하는 것입니다. 또한 아티스트 관리 도메인은 전 세계 시청자가 관심을 갖고 관련 콘텐츠를 계속해서 접할 수 있도록 아티스트를 홍보하는 방식을 지속적으로 개선합니다. 아티스트 관리 도메인은 아티스트의 성공과 플랫폼에 대한 만족도를 최우선으로 고려합니다. 보다시피 아티스트 관리 도메인은 아티스트 페이먼트 서브도메인, 아티스트 온보딩 서브도메인, 신규 아티스트 검색 서브도메인 등 고유하고 뚜렷한 운영 영역을 가진 여러 개의 서브도메인으로 이루어질 수 있습니다. 도메인 지향 조직에는 아티스트를 관리하는 비즈니스 서브도메인에 디지털 서비스, 애플리케이션, 도구를 제공하는 전담 기술팀이 긴밀하게 협력합니다. 예를 들어 아티스트 포털, 아티스트 페이먼트 서비스, 아티스트 검색 서비스는 아티스트 관리 비즈니스를 운영하기 위해 유지되는 기술 시스템입니다. 오랜 기간 동안 기술팀과 비즈니스 팀이 긴밀하게 협력하는 것은 이러한 조직의 핵심 어트리뷰트입니다.

데이터 메시 채택 준비 테스트(15.1절 참조)를 통과하기 위해 조직을 도메인 지향 조직으로 식별했습니다. 이러한 가정은 데이터 메시 팀 토폴로지를 빌드하기 위한 기준을 만듭니다.

데이터 메시 팀 토폴로지

데이터 메시 팀의 구조와 상호 작용 모델, 그리고 팀 토폴로지Team Topology라는 매튜 스켈톤Matthew Skelton과 마누엘 페이스Manuel Pais의 조직 설계에 관한 연구 사이에는 큰 시너지 효과가 있습니다.[14] 팀 토폴로지는 '조직 설계를 위한 모델로 핵심 기술에 구애받지 않는 메커니즘을 제공합니다. 현대 소프트웨어 중심 기업은 이를 활용하여 언제 전략을 변화시켜야 할지 (비즈니스 차원이나 기술 차원의 관점에서) 감지할 수 있습니다.[15] 환경의 변화를 지속적으로 감지하고 변화에 적응하는 것은 복잡하고 변동이 심하며 불확실한 비즈니스 환경에서 변화를 수용하는 데이터 메시의 조직적 성과와 잘 부합합니다.

팀 토폴로지는 4개의 팀(**플랫폼** 팀platform team, **스트림** 팀stream-aligned team, **활성화** 팀enabling team, **복**

----

14 매튜 스켈톤 및 마누엘 페이스의 저서 『팀 토폴로지』
15 옮긴이_ 『팀 토폴로지』 p. 264 발췌

잡한 서브시스템 팀$^{complicated\ subsystem\ team}$)과 세 가지 상호 작용 모드(**협업 모드**$^{collaboration\ mode}$, **서비스형 X 모드**$^{X-as-a-service\ mode}$, **촉진 모드**$^{facilitating\ mode}$)를 인식합니다.

[그림 16-5]는 데이터 메시에서 팀 사이의 고수준 상호작용에 대한 예시를 『팀 토폴로지』의 용어로 표현한 것입니다. 이러한 예시는 특정 시점에서의 논리적 팀즈$^{logical\ teams\,16}$와 상호작용하는 모델만 식별합니다.

데이터 프로덕트를 엔드 투 엔드 방식으로 제공하는 것을 담당하는 도메인 데이터 프로덕트 팀즈는 **스트림** 팀즈로 간주합니다. 스트림 팀즈는 다른 팀즈와 **서비스형 데이터 프로덕트**$^{data\ products}$ $^{as-a-service}$를 공유합니다. 데이터 메시 플랫폼 팀즈는 데이터 프로덕트 팀즈에 **서비스형 플랫폼 특성**$^{platform\ capabilities\ as-a-service}$을 제공합니다. 거버넌스 팀즈는 부분적으로 플랫폼 팀즈와 데이터 프로덕트 팀즈를 모두 지원하는 활성화 팀 역할을 합니다. 이때 거버넌스 팀즈는 때때로 플랫폼 팀즈와 협업하여 작업하기도 합니다.

> ✎ **NOTE** 이번 장에서 팀즈와의 상호 작용 모드를 나타내는 시각적 언어, 즉 다이어그램은 팀 토폴로지의 개념을 설명하기 위해 팀 형태 템플릿$^{team\ shape\ templates\,17}$을 변형한 것입니다. 이러한 다이어그램에서는 각 도형마다 지칭하는 대상이 있습니다.

---

16 옮긴이_ '팀즈'라는 용어는 팀과 그룹이 모여서 이루어진 대상을 이르는 말입니다. 자세한 내용은 [그림 16-5] 하단의 NOTE를 참고하길 바랍니다.

17 *https://oreil.ly/oqLMY*

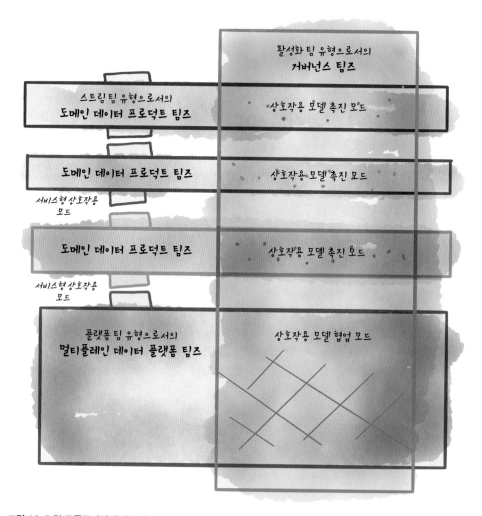

그림 16-5 팀 토폴로지의 데이터 메시 고수준 표현

📝 **NOTE** 팀 토폴로지에서 언급하는 **팀**team은 그룹의 하위 집합으로서, 공동의 목표를 달성하기 위해 매일 함께(나란히) 일하는 안정적이고 오래 지속되는 사람들로 이루어진 그룹입니다.

팀보다 더 느슨하게 정의된 경우에는 **논리적 팀**logical team이나 **논리적 그룹**logical group이라는 용어를 사용하겠습니다. 예를 들어 거버넌스의 경우, 데이터 프로덕트 오너, 주제별 전문가subject matter expert(SME) 등이 함께 그룹을 이루어 정책을 수립합니다. 하지만 정책을 수립할 때를 제외하면 이들 구성원은 서로 다른 팀에 속해 있습니다. 따라서 필자는 이러한 거버넌스 구성원으로 이루어진 집단을 팀이라 부르지 않고 **그룹**group이라고 부르겠습니다.

복수형인 **팀즈**teams라는 용어는 여러 개의 팀과 그룹으로 이루어진 대상을 지칭할 때 사용합니다.

이제 각 팀의 주요 상호 작용 모드에 대해 자세히 살펴보겠습니다.

스트림 팀즈로서의 도메인 데이터 프로덕트 팀즈

팀 토폴로지에 따르면 스트림 팀은 조직에서 가장 중요한 팀 유형입니다. 스트림 팀은 단일 제품, 서비스, 여러 피처 등을 엔드 투 엔드 방식으로 제공하는 작업을 담당합니다. 데이터 메시의 경우, 교차 기능 도메인 팀즈에는 **애플리케이션 개발 팀**^{application development team} (줄여서 앱 개발 팀)과 **데이터 프로덕트 제공 팀**^{data product delivery team} (줄여서 데이터 프로덕트 팀)을 포함하여 하나 또는 여러 개의 스트림 팀이 있습니다. **도메인 팀**은 논리적 팀으로, **도메인 팀** 또한 교차 기능 도메인 팀즈에 속해있습니다.

데이터 프로덕트 제공 작업은 도메인 데이터를 엔드 투 엔드 방식의 연속적인 작업 흐름(설계, 모델링, 클렌징, 빌드, 테스트, 서비스, 모니터링, 진화)에 중점을 둡니다.

데이터 프로덕트 팀의 수는 도메인의 복잡성과 데이터 프로덕트 개수에 따라 달라질 수 있습니다. 이때 소규모 팀이 하나의 데이터 프로덕트를 담당하는 것이 이상적입니다. 작업 흐름과 제공 수명 주기는 각 데이터 프로덕트마다 독립적으로 존재합니다.

데이터 프로덕트 팀에는 16.5.1절에서 설명할 데이터 프로덕트 개발자와 데이터 프로덕트 오너와 같은 역할을 맡는 팀원이 있습니다.

소스 데이터 프로덕트 팀은 소스 앱 개발 팀과 **짝**을 이룹니다. 짝을 이룬 팀들은 다른 팀과 작업할 때보다 더 자주 정기적으로 함께 작업합니다. 이들 팀은 더 많은 커뮤니케이션을 진행함으로써, 애플리케이션의 내부 데이터를 분석한 결과를 어떻게 표현할지 결정합니다. 이처럼 특정 영역에서 명시적으로 함께 작업하는 두 팀이 짝을 이루면 협업 효율이 폭발적으로 증가할 수 있습니다. 예를 들어, **팟캐스트 플레이어** 앱 개발 팀은 **팟캐스트 이벤트** 데이터 프로덕트 팀과 협업하여 애플리케이션의 운영 데이터를 **협업 데이터 퀀텀**^{collaborating data quantum}에 제공하는 방법을 정의합니다(9.2.2절 참조). 이때 협업 모드를 통한 상호작용^{collaboration-interaction}은 비용이 많이 들기 때문에 단기간에 이루어져야 합니다. 따라서 협업을 이루는 팀은 협업하는 데 드는 노력을 최소화하는 방법을 찾아야 합니다. 예를 들어, 앱 개발 팀이 운영 도메인 이벤트를 노출할 수 있도록 계약을 정의하면, 소스 데이터 프로덕트 팀이 운영 도메인 이벤트를 이해하고 처리한 다음 분석 데이터 프로덕트로 변환하는 데 발생되는 오버헤드를 줄일 수 있습니다.

[그림 16-6]은 스트림 팀으로서의 데이터 프로덕트 팀과 앱 개발 팀, 그리고 기타 데이터 프로덕트 팀과의 상호 작용에 대해 보여줍니다.

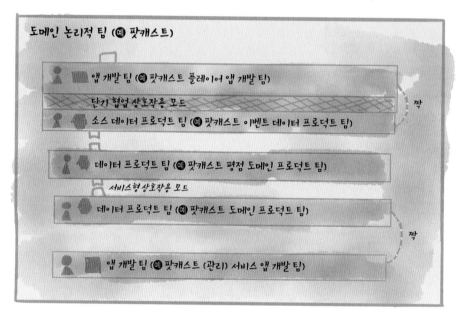

그림 16-6 스트림 팀즈로서의 데이터 프로덕트 팀즈에 대한 예시

데이터 프로덕트 팀은 [그림 16-5]에서 설명한 대로 플랫폼 플레인의 API를 통해 서비스형 플랫폼 서비스를 사용합니다. 데이터 프로덕트 팀즈와 거버넌스 팀즈 사이의 상호 작용에 대해서는 추후에 설명하겠습니다.

플랫폼 팀즈로서의 데이터 플랫폼 팀즈

팀 토폴로지에 따르면, 플랫폼 팀 유형의 목적은 스트림 팀즈가 상당한 자율성을 바탕으로 업무를 수행할 수 있도록 하는 것입니다. 이는 데이터 메시의 멀티플레인 데이터 플랫폼의 목적과도 일치합니다(10.1절 참조).

데이터 플랫폼 팀즈는 프랙탈 토폴로지fractal topology**18**를 가진 여러 팀으로 구성된 논리적 팀즈입

---

18 옮긴이_ [그림 16-7]의 플랫폼 내부에는 여러 플랫폼 (논리적) 팀이 있고, 각각의 플랫폼 팀 내부에는 여러 팀이 존재하는데, 이를 프랙탈 구조에 빗대어서 프랙탈 토폴로지라 합니다.

니다. 예를 들어, 데이터 플랫폼 (논리적) 팀즈에는 여러 스트림 팀이 있을 수 있는데, 이들 스트림 팀은 각각 **데이터 프로덕트 테스트 프레임워크**data product testing framework, **데이터 프로덕트 스케줄러**data product scheduler와 같이 엔드 투 엔드 방식으로 특정 플레인에서의 개별 셀프 서비스 플랫폼 특성을 제공하는 것에 중점을 둡니다. 스트림 팀 이외에도 내부적으로 플랫폼 팀으로 활동하며 다른 팀에 서비스형 특성capability as-a-service을 제공하는 팀도 있을 수 있습니다. 예를 들어, 유틸리티 플레인 논리적 팀은 다른 플레인 팀에 인프라 프로비저닝 서비스를 제공하면서 플랫폼 팀 역할을 합니다.

[그림 16-7]은 특정 시점에서의 데이터 플랫폼 팀즈 내부의 상호 작용 모드에 대한 예시입니다. 이러한 예시에서 데이터 플랫폼 팀즈에는 여러 스트림이 있는데, 하나는 데이터 프로덕트 경험 플레인에 초점을 맞춘 스트림이고 그 이외는 유틸리티 플레인 서비스와 데이터 메시 경험 플레인 서비스의 다양한 특성에 초점을 맞춘 스트림입니다. 이러한 스트림은 시간에 따라 두 스트림 사이에서 협업이 발생하는 양상을 보여주는 스냅샷입니다.

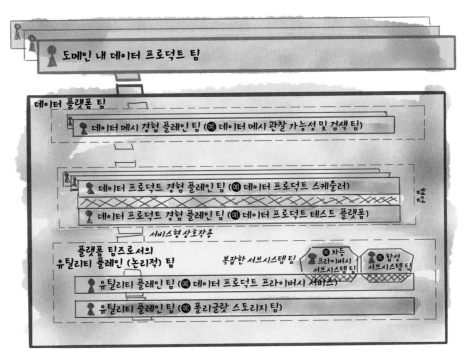

그림 16-7 데이터 플랫폼 팀즈의 예시

플랫폼 팀이 얼마나 정확히 한 팀 또는 여러 팀으로 나뉘는지에 대해서는 조직 내 플랫폼의 규모, 복잡성, 리비전에 따라 달라집니다. 플랫폼 팀은 하나의 팀으로 시작하지만 시간이 지나면서 플랫폼 서비스 목록이 늘어남에 따라 여러 팀으로 나뉘게 됩니다. 이때 데이터 플랫폼 자체에서 팀 간의 경계를 정기적으로 평가하고 조정하는 것이 중요합니다.

데이터 플랫폼 팀에는 **서비스형 X**^{X-as-aservice} 모드와 **협업**^{collaboration} 모드라는 두 가지 주요 상호작용 모드가 있습니다. 예를 들어, 데이터 플랫폼 팀은 새로운 플랫폼 피처를 설계하고 인셉트하는 동안 데이터 프로덕트 팀과 일시적으로 협업하여 요구 사항을 파악하고 사용자 환경을 개선할 수 있습니다. 이때 데이터 팀은 플랫폼을 사용하는 데 발생하는 마찰을 줄이기 위해 상호작용이 서비스형 X로 남아있도록 하는 수준의 성숙도에 도달하는 것이 목표입니다.

플랫폼의 복잡성을 고려할 때 특정 영역에 대한 전문 지식을 갖춘 **복잡한 서브시스템 팀** complicated subsystem team이 여러 개 있을 가능성이 높습니다. 팀 토폴로지에 따르면, 복잡한 서브시스템 팀즈는 '일반적인 스트림 팀이나 플랫폼 팀이 다루기 너무 어려운 서브시스템을 전문 영역으로 하는 팀으로, 꼭 필요한 경우에만 선택하여 한시적으로 운영합니다.'[19]

예를 들어 암호화 알고리즘 구현, 데이터 합성, 이상 징후 탐지에는 모두 고도의 전문지식이 필요합니다. 플랫폼이 이러한 피처를 위해 벤더가 제공하는 서비스를 통합하지 않는 한, 플랫폼이 서비스에 포함할 수 있는 구성 요소를 빌드하는 전문 구성 요소 팀이 있을 것입니다. 복잡한 서브시스템 팀과 다른 데이터 플랫폼 팀 사이에는 서브시스템을 설계하거나 통합하기 위해 일시적으로 협업하는 상호작용이 있습니다.

이때 복잡한 서브시스템 팀은 병목 현상을 일으키기 쉬운 복잡한 서브시스템의 수를 최소화하면서 플랫폼 팀이 자급자족하는 데 필요한 전문성을 임베딩하는 것을 목표로 협업해야 합니다. 이렇게 복잡한 서브시스템 팀과 플랫폼 팀은 협업을 통해 상호작용합니다.

그다음으로는 데이터 플랫폼 팀과 거버넌스 그룹 간의 상호작용에 대해 다루겠습니다.

활성화 팀즈로서의 연합 거버넌스 팀즈

연합 거버넌스 팀즈의 핵심 역할은 글로벌 정책에 대한 의사 결정을 촉진하는 것입니다. 이때 해당 글로벌 정책은 플랫폼에 의해 컴퓨팅적으로 구현되고 도메인 데이터 프로덕트 팀에 의해

---

19 『팀 토폴로지』 p. 252 발췌

채택됩니다. 이와 관련하여 5장에서 거버넌스의 운영 모델에 대해 소개했습니다.

거버넌스 그룹은 정책을 수립하는 것 외에도 데이터 프로덕트 팀을 지원하는 주제별 전문가를 한 자리에 모읍니다. 팀 토폴로지에 따르면, 활성화 팀은 스트림 팀이 관행을 수립하고, 정보에 입각한 지침을 제공하고, 특성을 개발하고, 지식의 간극을 해소하는 동시에 엔드 투 엔드 스트림 방식의 결과물을 제공하는 것과 관련된 주요 책임에 집중할 수 있도록 지원합니다.

[그림 16-8]은 여러 그룹으로 분류된 거버넌스가 데이터 프로덕트 팀, 그리고 플랫폼 팀과 맺는 상호작용의 예시입니다. [그림 16-8]에서는 팀보다 느슨한 구조인 그룹으로 분류하고 있습니다. 이러한 그룹의 구성원은 글로벌 정책 결정과 같은 특정 작업을 수행하기 위해 함께 모이지만, 이들 구성원은 기본적으로 서로 다른 팀에 소속되어 있기 때문에 평소에 함께 작업하지는 않습니다.

이 글을 쓰는 시점에서 거버넌스 그룹을 최적으로 운영하기 위한 모델에 대해서는 아직 연구 중입니다. 궁극적으로 병목 현상이 발생하는 거버넌스 팀을 만들지 않는 것이 목표입니다.

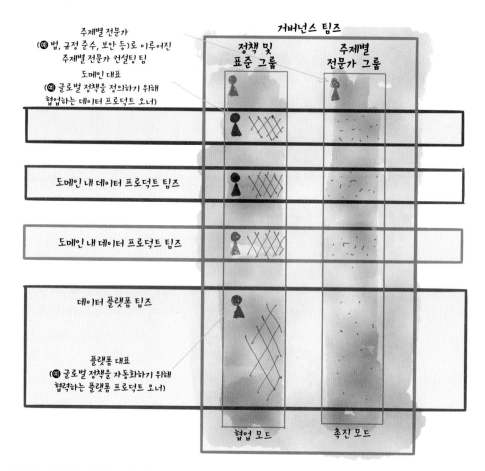

그림 16-8 데이터 거버넌스 그룹의 상호작용 예시

위 예시에서는 도메인 대표(데이터 프로덕트 오너 등)와 플랫폼 대표(플랫폼 프로덕트 오너 등), 주제별 전문가들이 협력적으로 작업하여 작은 규모의 글로벌 정책을 식별하고 정의합니다. 이러한 플랫폼은 이들이 모여 이루어진 그룹과 협력하여 정책을 자동화합니다.

법률, 보안, 규정 준수 등의 주제별 전문가 그룹이 데이터 프로덕트 팀에 지속적으로 자문을 구하고 있습니다.

16.4.2 데이터 프로덕트의 경계 정하기

팀의 경계를 정하기 위해서는 먼저 데이터 프로덕트의 경계를 정해야 합니다. 이와 관련하여 필자가 자주 받는 질문 중 하나는 데이터 프로덕트의 경계를 어떻게 식별하는지, 어떤 데이터 가 하나의 데이터 프로덕트에 들어가야 하는지, 데이터 프로덕트를 어느 정도로 세분하는 것이 적합한지에 대한 것입니다.

이러한 질문은 각 데이터 프로덕트 팀별로 어떤 역할을 맡아야 하는지, 데이터 프로덕트 팀이 데이터 프로덕트를 장기적으로 어떻게 담당해야 하는지와 관련된 중요한 질문입니다. 따라서 이번 절에서는 조직의 구조에 대한 설계 결정과 관련하여 답하고자 합니다. 여기서 필자가 제 공하는 답은 정밀과학^exact science^처럼 엄밀하게 측정하여 결정되는 것이 아닙니다. 조직이 데이 터 메시를 구현하고 발전시키는 과정에서 시간이 지나면서 질문에 대한 답이 변경될 수 있다는 점이 중요합니다.

데이터 프로덕트를 뒷받침하는 몇 가지 원칙을 고려하면, 데이터 프로덕트에 대해 선택한 경 계가 현재 적합한지 여부를 테스트하는 휴리스틱에 도달할 수 있습니다. 이번 절에서는 이러한 휴리스틱 중 몇 가지에 대해 소개합니다.

데이터 프로덕트의 경계를 어떻게 평가하거나 식별하든, 이상적인 경계는 시간에 따라 변화할 수 있습니다. 이러한 경계는 데이터 메시 진화 과정 중 어느 단계(15.3.3절의 '다단계 진화 모 델' 참조)에 있는지, 대다수의 데이터 프로덕트를 처리할 수 있는 정도인 운영적 성숙도가 어느 수준인지, 데이터 메시의 복잡성이 어느 정도인지, 플랫폼에서 사용 가능한 특성이 무엇인지, 벤더가 제공하는 기반 기술이 특정 시점에 부과할 수 있는 엄격한 제약 조건이 무엇인지에 따 라 달라집니다. 정적이고 완벽하게 설계하지 말고 지속적으로 계획하고 변화하는 것을 목적으 로 계획하고 설계하길 바랍니다.

기존 비즈니스 도메인과 서브도메인부터 시작하라

데이터 프로덕트가 비즈니스 도메인과 일치하나요? 이론적 모델링에 기반하여 데이터 프로덕 트를 제작하고 있나요? 비즈니스의 현실과 진실이 서로 일치하나요?[20]

데이터 프로덕트는 기술–비즈니스 연계 도메인에 의해 소유, 소싱, 소비됩니다. 이를 데이터

---

20 옮긴이_ 진실이 어떤 개체의 천성이자 객관적인 특성을 의미한다면, 현실은 해당 개체에 대한 주관적인 특성을 의미합니다. 예를 들어 지동설의 경우 현실과 진실이 일치하는 예시이지만, 천동설의 경우 현실과 진실이 일치하지 않는 예시입니다.

메시의 기본적 조직 가정^{fundamental organizational assumption}이라고 합니다. 비즈니스 도메인을 발견하면 데이터 프로덕트를 생성하거나 소유할 수 있는 기능을 확보할 수 있습니다. 그러므로 비즈니스 도메인을 식별하는 것부터 시작하여 각 도메인이 공유하거나 필요로 하는 데이터 프로덕트를 발견하세요.

그러면 비즈니스 도메인을 어떻게 식별할까요? 비즈니스 도메인은 이미 존재하기 때문에 크게 신경 쓸 필요가 없습니다. 비즈니스 도메인은 비즈니스가 어떻게 리소스, 책임, 결과, 지식을 나누는지를 보여줍니다. 예를 들어, [그림 16-4]는 다프의 비즈니스 도메인에 대한 예시입니다.

이러한 도메인과 서브도메인을 살펴보는 것은 데이터 프로덕트 사이에서 경계를 찾는 출발점입니다. 데이터 프로덕트는 하나의 도메인과 정확히 일치하지 않고 여러 도메인에서 집계되어 이루어진 경우가 있습니다. 이 경우 새로 설정된 도메인이나 데이터 프로덕트의 수명 주기와 설계에 더 큰 영향력을 가진 기존 도메인이 데이터 오너십을 갖게 됩니다.

데이터 프로덕트를 장기적으로 소유할 도메인이 있어야 한다

데이터 프로덕트별로 장기적으로 소유할 도메인이 있나요? 데이터 프로덕트를 소유할 정도로 도메인에 신경쓰는 사람이 있나요?

데이터 프로덕트는 도메인이 장기적으로 소유해야 할 정도로 수명 주기가 긴 아티팩트입니다. 다시 말해 데이터 프로덕트는 원래 프로젝트 개발자가 특정 프로젝트를 위해 빌드되었다가 소멸되는 아티팩트가 아닙니다. 데이터 프로덕트는 장기적인 수명 기간 동안 시간이 지나면서 계속 변화하고 새로운 용도에 맞춰 진화합니다.

식별하려는 데이터 프로덕트의 수명이 길지 않다면, 그것은 데이터 프로덕트가 아닙니다. 오히려 특정 프로젝트를 위해 빌드된 애플리케이션 데이터베이스의 데이터셋일 수 있습니다.

데이터 프로덕트는 독립적인 수명 주기를 가져야 한다

데이터 프로덕트가 사용 편의성과 원자적 무결성을 위해 높은 응집력을 가지고 있나요? 데이터 프로덕트가 제공하는 모든 데이터의 수명 주기가 동일한가요? 아니면 데이터 프로덕트가 각기 다른 프로세스와 트리거에 따라 데이터셋을 컴파일하여 수명 주기를 독립적으로 갖나요?

필자는 잘 정의된 단일 프로세스를 기반으로 수명 주기(생성, 업데이트, 삭제 등)가 동일한 데이터를 각각 보유하도록 데이터 프로덕트를 설계할 것을 제안합니다. 느슨한 결합도와 높은 응집력을 적용하여 어떤 데이터셋이 데이터 프로덕트에 속해야 하는지 또는 속하지 않아야 하는지를 정의해야 데이터의 무결성과 사용성을 보장할 수 있습니다. 데이터 프로덕트 사용자는 논리적 결정에 따라 다양한 데이터셋을 도메인 데이터 프로덕트로 결합하는 과정을 쉽게 이해할 수 있어야 합니다. 각 데이터 프로덕트는 독립적으로 가치와 의미를 제공해야 하며, 데이터 사용자가 의미 있는 무언가를 얻기 위해 항상 다른 데이터 프로덕트와 결합할 필요가 없어야 합니다.

청취자 프로필 애그리거트 데이터 프로덕트에 대해 생각해보겠습니다. 청취자 프로필 데이터 프로덕트는 청취자의 개인 정보뿐만 아니라 음악 프로필이나 청취자가 속한 범주와 같이 데이터 프로덕트에서 파생된 몇 가지 특징을 제공합니다. 청취자 프로필 데이터 프로덕트는 등록 프로세스, 구독 상태 변경, 청취자의 동작 변화나 위치 변화와 같은 여러 입력값에 따라 변화할 수 있습니다. 변화를 일으키는 트리거는 서로 다르지만, 이러한 트리거는 모두 단일 변환 로직 single transformation logic 으로 하나의 애그리거트 개체aggregate entity인 청취자 프로필 데이터 프로덕트를 변화시킵니다. 물론 청취자 프로필 데이터 프로덕트를 청취자 개인 정보 데이터 프로덕트나 청취자 프로필 데이터 프로덕트와 같은 데이터 프로덕트로 분리하는 방식으로 데이터 프로덕트를 세분화하여 보다 독립적인 수명 주기를 확보하는 것도 좋습니다. 전자(트리거를 통해 데이터 프로덕트를 변화시키는 것)는 입력값(트리거)을 등록함으로써 데이터 프로덕트를 변화시키고, 후자(데이터 프로덕트를 세분화하는 것)는 청취하는 동작을 중심으로 세분화함으로써 데이터 프로덕트를 변화시킵니다. 필자는 이 두 가지 방식 모두 수용 가능하다고 생각합니다. 이때 데이터 수명 주기의 일관성을 존중하면서 덜 세분화된 데이터 프로덕트부터 변화시키는 것을 추천합니다.

이와는 대조적으로, 하나의 데이터 프로덕트에서 두 개의 애그리거트 루트aggregate root[21] 아래 각각 다른 수명 주기에 의해 독립적으로 변경되어 완전히 다른 두 가지 데이터를 제공하는 경우, 이들 데이터 간의 경계를 세분화하여 두 개의 다른 데이터 프로덕트를 만들어야 합니다. 극단적인 예시로 '청취자에 대해 아는 모든 것'이라는 데이터 프로덕트를 통해 청취자의 플레이리스트, 디바이스, 프로필 등의 모든 청취자 정보를 하나의 데이터 프로덕트로 제공하는 것을 들 수

....

[21] 애그리거트(https://oreil.ly/P5Awy)는 여러 도메인이 모여 하나의 단위로 사용될 수 있는 군집을 가리킵니다. 애그리거트 하나에는 애그리거트 루트 역할을 하는 구성 요소가 있을 수 있습니다.

있습니다. 이러한 정보는 독단적으로 변경될 수 있으므로 앞에서 설명한 두 가지 방법을 통해 데이터 프로덕트를 세분화해야 합니다.

데이터 프로덕트는 독립적으로 의미가 있어야 한다

데이터 프로덕트가 독립적으로 의미 있는 데이터를 제공하나요? 데이터 프로덕트를 사용할 때 모든 데이터 프로덕트 사용자가 다른 사용자와 조인하고 연결해야 하나요?

기존의 데이터 웨어하우스 아키텍처는 팩트 테이블로 데이터베이스 정규화 기술을 사용하여 각 개체에 대한 데이터를 보관하는 다양한 디멘션 테이블을 조인합니다. 이를 통해 매우 유연한 쿼리 시스템이 데이터를 여러 차원에 걸쳐 상호 연관시킬 수 있습니다. 이러한 방식으로 모델을 설계하는 것은 고도의 노력을 요구하기에 시간이 많이 걸리며 제한된 사용 사례에만 적용할 수 있습니다.

데이터 메시에서의 데이터 프로덕트는 가능한 모든 쿼리에 최적화된 하나의 완벽한 모델을 설계하라는 의도가 없습니다. 이러한 데이터 프로덕트는 최소한의 모델링으로 최대의 재사용성을 위해 최적화되며, 필요한 경우에만 전용 데이터 프로덕트로 구성됩니다. 따라서 데이터 메시는 가치 있는 데이터를 독립적으로 제공하려고 노력합니다. 데이터 메시는 데이터 프로덕트 사이의 불필요한 조인을 피하기 위해 필요한 경우 다른 데이터 프로덕트의 정보를 복제합니다. 이는 데이터 프로덕트 간 조인을 대체하지는 않지만, 대부분의 시나리오에서는 데이터 프로덕트가 독립적으로 유용할 수 있도록 합니다.

데이터 프로덕트의 경계에 대한 골디락스 존

데이터 프로덕트의 경계(데이터 프로덕트의 세분성granularity, 데이터 프로덕트가 제공하는 데이터, 데이터 프로덕트가 실행하는 변환 등)에 대한 골디락스 존Goldilocks zone[22]은 **사용 편의성**ease of usability, **유지 관리 용이성**ease of maintenance, **비즈니스 관련성**business relevance이 교차하는 지점에 있습니다.

데이터 프로덕트가 출력하는 것은 그 자체로 사용할 수 있어야 하며 사용자에게 가치와 의미를 전달할 수 있어야 합니다. 데이터 메시를 운영하다 보면 데이터의 양이 비대해져 있고, 독립적

---

22 옮긴이_ 천문학 관련 용어로 생명체 거주가능 영역(habitable zone)이라고도 하며, 지구상의 생명체가 살아가기에 적합한 환경을 전제로 우주 공간에서 지구와 같은 환경을 지닐 수 있는 범위를 뜻합니다(출처: 위키백과).

으로 변경할 수 있는 측면이 너무 많이 인코딩되어 있으며, 데이터 프로덕트를 변화시켜야 하는 이유와 방법을 이해하기 어려운 데이터 프로젝트가 생길 수 있습니다. 이때는 해당 데이터 프로덕트를 더 간단한 데이터 프로덕트로 세분화해야 합니다.

데이터 프로덕트 변환 로직의 복잡성으로 인해 데이터 프로덕트의 유지보수 능력이 저해되어서는 안 됩니다. 데이터 프로덕트 변환 로직은 쉽게 이해하고, 테스트하고, 유지 관리할 수 있어야 합니다. 해당 변환 로직이 변경 실패율$^{change\ fail\ ratio}$이 높은 복잡한 파이프라인으로 바뀐다면, 데이터 프로덕트의 경계를 재검토해야 할 때입니다. 이제는 복잡한 변환 로직을 독립적인 데이터 프로덕트로 분리할 때입니다.

한편 원래의 비즈니스 콘텍스트와 동떨어진 집계 과정과 변환 과정으로 인해 데이터 프로덕트가 비즈니스의 현실과 다르게 변형될 수 있습니다. 이 경우, 해당 데이터 프로덕트는 더 나은 데이터 프로덕트를 모델링하기 어려운 완벽한 모델링의 땅$^{land\ of\ perfect\ modeling}$으로 표류했을 수 있습니다. 이러한 땅에서는 유지 관리 비용이 증가하며 데이터 프로덕트를 이해하고 활용하기가 더 어려워집니다. 해당 상태에서는 데이터 프로덕트가 변환을 복잡하게 거치고 있는지, 왜 복잡하게 거치고 있는지 다시 살펴보고 실제 비즈니스 콘텍스트로 되돌아가야 할 때입니다.

사용자가 없는 데이터 프로덕트는 존재하지 않는다

누구나 데이터 프로덕트를 사용하나요? 보고용 데이터를 제공하거나, 머신러닝 모델을 학습하거나, 다운스트림 데이터 프로덕트에 공급하는 용도로 데이터 프로덕트를 사용되나요? 아니면 언젠가 필요할지도 모를 가상의 사용 사례를 위해 데이터 프로덕트를 만들었나요?

데이터에 관심이 있는 사람들은 언젠가 조직에 어떤 데이터 프로덕트가 필요할지 미리 결정하고 싶은 유혹을 받습니다. 어쩌면 놓칠지도 모른다는 두려움 때문에 그런 가상의 데이터 프로덕트를 만들게 되는지도 모릅니다. 비즈니스의 현실을 디지털로 더 빨리 포착할수록 인사이트를 도출할 수 있는 기회를 더 쉽게 제공할 수 있다는 데 동의합니다. 그러나 미리 데이터 프로덕트를 구현하는 과정에서 발생하는 선행 투자 비용과 실제로 포착해야 하는 데이터에 대한 지식 부족은 앞에서 언급한 이점을 능가하지 못합니다. 따라서 15.3.1절에서 소개한 비즈니스 기반 실행 접근 방식에 따라 사용 사례를 먼저 발견한 다음, 필요한 데이터 프로덕트를 신속하게 빌드하는 것이 좋습니다.

16.5 인력

조직 설계를 결정하는 요인 중 하나인 **인력**에는 직원의 역할, 역량, 개발 및 교육, 채용 과정을 포함합니다. 이번 절에서는 데이터 메시가 영향을 미치는 요인 중 다른 요인과는 구분되는 인력적 요인에 대해 소개합니다. 구체적으로는 데이터 메시를 구현하는 데 필요한 인재, 기술, 그리고 사고방식을 창출하기 위해 새로 생기거나 변화하는 역할과 책임, 새로운 개발 경로에 대해 설명합니다.

먼저 변화하거나 신설되는 역할에 대해 간단히 살펴보겠습니다.

16.5.1 역할

2장과 3장에서 데이터의 도메인 오너십 원칙과 제품으로서의 데이터 원칙을 소개할 때, 각 도메인 팀 내에서 활동할 새로운 역할(데이터 프로덕트 피처를 대상으로 우선순위를 정하는 데이터 프로덕트 오너 등)에 대해 소개한 적이 있습니다.

4장에서 소개한 셀프 서비스 데이터 플랫폼 원칙은 내부 기술 제품으로서 제공되는 플랫폼 특성을 촉진하는 플랫폼 프로덕트 오너의 역할에 중점을 둡니다.

거버넌스 의사 결정을 도메인에 통합함으로써 데이터 거버넌스 책임자, 데이터 스튜어드, 데이터 커스토디안과 같은 기존 거버넌스에서의 역할을 변화시킬 수 있습니다.

궁극적으로, 데이터 오너십을 도메인별로 탈중앙화함으로써 조직 내 데이터 책임자(**예** 데이터 분석 책임자)의 책임과 역할을 변화시킬 수 있습니다.

데이터 프로덕트 오너의 역할

데이터 프로덕트 오너는 도메인 내에서 개별적으로 데이터 프로덕트를 관리하는 작업을 맡습니다. 이때 서브도메인 및 데이터 프로덕트의 수와 복잡성에 따라 여러 명으로 이루어질 수 있습니다. 이러한 데이터 프로덕트 오너는 데이터 프로덕트의 비전과 로드맵에 대한 의사 결정을 촉진하는 역할을 맡습니다. 또한 데이터 소비자의 만족도를 지속적으로 측정하고 소통하는 역할 역시 담당하며, 데이터 프로덕트 팀의 구성원이 데이터의 품질과 부유성^{richness}(데이터가 풍부한 정도)을 개선할 수 있도록 돕기도 합니다. 그리고 다른 프로덕트 오너와 협업하여 도메인 데이터 프로덕트의 수명 주기(데이터 및 스키마의 변경, 수정, 폐기 시기)를 관리합니다. 이렇게 많은 업무를 담당하면서 상반된 요구를 하는 데이터 소비자들 사이에서 절충안을 찾아 제공함으로써 균형을 유지해야 합니다.

데이터 프로덕트 오너는 데이터 프로덕트의 성공 기준과 비즈니스 KPI(데이터 프로덕트의 성과와 성공성을 측정하는 일련의 객관적인 지표)를 정의하고, 지속적으로 모니터링하며 개선합니다. 데이터 프로덕트 오너는 이러한 메트릭을 사용하여 데이터 프로덕트의 상태에 대한 가시성을 확보하고 데이터 프로덕트 팀이 데이터 프로덕트를 개선하는 데 도움을 줍니다.

데이터 프로덕트의 성공성은 다른 프로덕트와 마찬가지로 데이터 소비자의 만족도와 밀접한 관련이 있습니다. 예를 들어, 데이터 소비자의 만족도는 순고객추천지수(소비자가 다른 사람에게 데이터 프로덕트를 추천하는 정도), 데이터 프로덕트 소비자가 데이터 프로덕트를 검색하고 성공적으로 사용하는 데 걸리는 리드 타임의 감소, 데이터 프로덕트 사용자 증가 등을 통해 측정할 수 있습니다.

도메인 데이터 프로덕트 개발자의 역할

도메인에서의 데이터 프로덕트를 빌드하고 운영하기 위해서는 앱 개발 팀의 역할을 데이터 프로덕트 개발자가 관여할 수 있도록 확장해야 합니다. 데이터 프로덕트 개발자는 자신과 협업하는 애플리케이션 개발자와 긴밀히 협력하여 도메인 데이터 시맨틱을 정의하고 애플리케이션 콘텍스트(운영 데이터)에서 데이터 프로덕트 콘텍스트(분석 데이터)에 이르는 데이터를 매핑하는 작업을 수행합니다. 이들은 원하는 데이터를 생성하는 변환 로직뿐만 아니라 데이터 프로덕트의 사용성과 보증을 빌드하고 유지 관리합니다.

이렇게 서로 다른 분야와 협업하는 과정에서는 서로 다른 스킬셋이 융합하거나, 기존 개발자에게 데이터 프로덕트 개발자가 될 수 있도록 여러 기술을 숙련하는 능력이 제공되는 등 부수적인 효과가 발생합니다.

플랫폼 프로덕트 오너의 역할

플랫폼 프로덕트 오너의 역할은 데이터 메시 플랫폼에만 국한되지 않으며, 어떤 기술 플랫폼이든 반드시 필요한 역할입니다. 멀티플레인 플랫폼 서비스는 플랫폼 내부 사용자, 데이터 프로덕트 개발자, 소비자가 업무를 수행하기 위해 사용하는 프로덕트입니다. 플랫폼 서비스의 성공은 사용 편의성, 만족도, 플랫폼 서비스를 강제하지 않고도 쉽게 채택할 수 있는지에 달려 있습니다. 플랫폼 프로덕트 오너의 역할은 플랫폼 서비스의 우선순위를 정해 플랫폼 사용자 경험을 설계하고 빌드하는 것입니다. 플랫폼 프로덕트 오너는 플랫폼 서비스가 데이터 프로덕트 개발자, 소비자, 운영 팀, 거버넌스 등의 전반적인 여정에 어떻게 부합하는지를 정의하는 초기 활동을 주도합니다. 그런 다음 플랫폼 프로덕트 오너는 플랫폼 설계자, 개발 팀과 긴밀히 협력하여 플랫폼 사용자 경험을 빌드하는 방법을 개선합니다.

플랫폼 프로덕트 오너는 사용자(여기서는 데이터 개발자, 데이터 프로덕트 오너 등)에 대한 깊은 지식을 가지고 있어야 합니다. 플랫폼 프로덕트 오너는 과거에 파워 유저[23]였던 경우가 많으며, 데이터 생산자나 데이터 소비자의 여정을 직접 경험한 경우가 많습니다. 이들은 플랫폼의 일부로 사용하거나 빌드, 아니면 구매하게 될 기술에 대한 환경을 합리적으로 이해하고 있습니다.

이러한 플랫폼 프로덕트 오너의 역할에는 사용자 조사, 프로덕트 검증, 피드백 수집, A/B 테스트 등과 같은 프로덕트 오너십 기술product ownership skill이 필요합니다.

기존 데이터 거버넌스 부서의 역할 전환

오늘날 다양한 데이터 거버넌스 기능이 데이터 거버넌스 부서에서 운영됩니다. 그러나 세부적인 구조와 역할은 조직마다 다릅니다.

그럼에도 불구하고 데이터 메시는 경영진의 역할을 데이터 스튜어드, 데이터 커스토디안, 데이터 이사회data council의 구성원 등으로 변화시킵니다.

아래 내용은 거버넌스 역할의 변화에 대한 몇 가지 예시입니다.

오늘날 데이터 스튜어드는 중앙 거버넌스 팀에서 운영하고 있으며, 하나 또는 여러 도메인의 데이터 품질 문제를 관리, 조사, 해결하는 업무를 담당합니다. 데이터 메시를 사용하면 해당 역할은 도메인으로 이동하여 데이터 프로덕트 오너의 역할로서 도메인의 일부가 됩니다. 다시 말해 현재 중앙 거버넌스 팀에서 해당 역할을 맡고 있는 사람은 도메인 팀 내 데이터 프로덕트 오너의 역할로 전환하거나, 플랫폼 팀에서 데이터 품질 테스트, 관찰 가능성, 복구 작업을 자동화

---

23 옮긴이_ 운영 체제를 탑재한 각종 전자기기를 사용하거나 다룰 때 '일반' 사용자 수준을 넘어 능숙하게 다루고 이를 사용하고 활용할 줄 아는 사람들을 가리킵니다(출처: 위키백과).

하는 데 도움을 주는 스페셜리스트로 활동할 수 있습니다.

오늘날 데이터 커스토디안은 실무적으로 데이터 소스에 대한 일상적인 작업과 데이터 유지 관리 작업을 담당하는 경우가 많습니다. 해당 역할은 데이터 메시에서 더 이상 사용되지 않으며, 해당 역할은 도메인에서의 데이터 프로덕트 개발자가 하는 역할로 전환됩니다.

정책에 대한 책임을 지는 최고 의사 결정 기구인 데이터 이사회도 여러 도메인 대표들이 참여하는 연합 모델로 전환됩니다.

이러한 사례는 거버넌스를 자동화하거나 연합하기 위해 나아가기 위한 출발점으로, 동기식 제어와 병목 현상을 제거하면서 변경 권한을 가진 사람들에게 책임성을 부여합니다.

최고 데이터 분석 책임자의 역할 변화

오늘날 기술 조직은 최고 데이터 분석 책임자^{Chief Data and Analytics Officer}(CDAO), 최고 기술 책임자^{Chief Technology Officer}(CTO), 최고 디지털 책임자^{Chief Data Officer}(CDO) 등과 같은 임원에 의해 분야별로 운영됩니다. 전통적으로 CDAO는 비즈니스 가치를 창출하기 위해 전반적인 엔터프라이즈 차원에서 데이터를 생성하고 활용하며 거버넌스를 책임지는 등 데이터와 관련된 모든 일을 담당해왔습니다. 필자와 함께 일한 많은 CDAO는 데이터 플랫폼을 빌드하면서 분석 데이터를 번영하고 수집하며, 대시보드와 머신러닝을 모델링하는 등 비즈니스에 필요한 여러 분석 솔루션을 빌드하는 일을 담당했습니다. 짧게 요약하자면, 데이터 전문성이 필요한 역할은 기능적으로 CDAO의 조직에 속합니다.

데이터를 전문화된 관심사에서 일반화된 관심사로 전환하고, 데이터 관련 책임을 교차 기능 도메인 팀에 분산시키며, 데이터 전문 지식을 나누는 것은 모두 CDAO의 역할이 **인에이블먼트 역할**^{enablement role}로 전환하는 데 영향을 미칩니다. 즉, CDAO의 역할이 CDO나 CTO와 긴밀하게 협력적인 관계를 맺는 역할로 전환하는 데 영향을 미친다는 것입니다. CDAO는 고도로 전문화된 영역에 대한 책임을 계속 맡게 될 것입니다. 어떤 영역이 고도로 전문화된 영역으로 발전할지, 그리고 인에이블먼트 역할이 정확히 어떤 모습일지 말하기는 아직 이릅니다. 그럼에도 불구하고 조직은 CDAO의 책임 하에 데이터 책임을 탈중앙화하는 것과 중앙화하는 것 사이의 갈등을 해결해야 합니다.

16.5.2 스킬셋 개발

데이터 메시 전략은 적어도 디지털 솔루션 개발(애플리케이션, 서비스, 프로덕트 등)에 관련된 모든 사람이 데이터를 평가하고 이해하며 사용하는 데 필요한 스킬셋^{skillset}을 확산시켜야 합니다. 이를 통해 데이터 스페셜리스트와 다른 모든 사람 사이의 조직적 사일로를 없앰으로써 기술, 언어, 이해 사이의 유기적인 상호 관계를 촉진시킬 수 있습니다.

새로운 기술을 습득하는 데 도움이 되는 조직 구조를 만드는 것은 좋은 출발점이지만, 조직은 의도적으로 설계된 **데이터 리터러시**^{data literacy} 프로그램[24]을 만들고 실행하는 데 투자해야 합니다.

데이터 교육을 강화하는 것 외에도, 사람들이 데이터 메시가 도입하는 새로운 역할과 책임을 발휘할 수 있도록 새로운 경력 개발 경로를 설계해야 합니다.

교육이 민주화를 주도한다

다양한 역할과 기술 수준을 가진 사람들이 조직 전체에서 데이터를 공유하는 작업에 더 많이 참여하도록 하는 것은 많은 조직에서 공통적으로 추구하는 목표이며, 이를 데이터 민주화^{data democratization}라고 합니다. '민주화^{democratization}'라는 단어의 어근을 따라 올라가다 보면 'dēmos', 즉 '사람(시민)'이라는 어근이 있습니다. 또한 교육은 사람들의 인식 수준과 참여 수준을 높입니다.[25] 실제 연구 결과에 따르면 사람들의 교육 수준이 사회 전반의 민주주의 수준에 직접적인 영향을 미치는 것으로 나타났습니다.[26] 하지만 이러한 영향에 대한 논의는 다음 기회에 다룰 예정입니다.

데이터 메시를 성공적으로 구현하는 것은 이전 패러다임에서 기대했던 것 이상으로 데이터를 공유하는 일에 참여하는 것에 달려 있습니다. 데이터 메시에서는 제너럴리스트 기술자가 데이터를 제공하고 활용하는 일에 참여한다고 가정합니다. 또한 데이터 프로덕트 매니저, 애플리케이션 개발자, 시스템 설계자가 더 이상 데이터에 대한 지식과 책임을 외부로 돌리지 않는다고

---

24 옮긴이_ 데이터 리터러시란 데이터에서 의미를 탐색하고 이해하며 소통할 수 있는 능력을 뜻합니다. 즉, 데이터 리터러시 프로그램은 사용자에게 이러한 능력을 이루는 데 도움을 주는 프로그램을 의미합니다. 그 예시로 파워 BI(Microsoft Power BI)나 태블로(Tableau)와 같은 시각화 프로그램을 들 수 있습니다.

25 옮긴이_ 즉, 교육을 통해 사람들의 참여 수준을 높여 민주화를 이뤄낼 수 있습니다.

26 에두아르도 알레만(Eduardo Alemán) 및 김예지(Yeaji Kim)의 논문 "The Democratizing Effect of Education" 『Research & Politics Vol. 2. Issue 4. October–December 2015』(SAGE Publications. 2015)

가정합니다.

데이터 메시는 사람들이 데이터 스페셜리스트가 되길 기대하지는 않지만, 각자의 데이터에 대한 전문가가 되길 바랍니다. 다시 말해 데이터 메시에서의 플랫폼은 전문성의 정도를 낮춥니다. 또한 데이터 메시 플랫폼은 교차 기능 팀이 협업하여 대다수의 제너럴리스트가 데이터와 사용 사례에 대한 언어, 사고 모델, 그리고 공감을 확립하기를 기대합니다. 마찬가지로, 플랫폼은 데이터 스페셜리스트가 소프트웨어 엔지니어와 함께 데이터를 관리하거나, 또는 적용하거나 공유할 때 소프트웨어 엔지니어링 관행을 상시적으로 익히기를 기대합니다.

조직 전반의 데이터 교육 프로그램은 여러 대상을 참고하여 구성됩니다. 아래 목록에 데이터 교육 프로그램을 구성할 때 참고해야 할 대상을 몇 가지 적었습니다.

디지털 솔루션 빌드, 지원, 관리와 관련된 모든 인원

디지털 솔루션을 빌드하거나 지원, 관리하는 것에 관련된 모든 사람은 어떤 데이터가 좋은 데이터이며 이러한 데이터를 어떻게 활용될 수 있는지에 대한 인식을 가지고 있어야 합니다. 이들이 조직 내 특정 산업에 적용되는 머신러닝 애플리케이션(생성 애플리케이션 generative application, 최적화 솔루션, 추천 시스템, 이상 징후 감지 서비스 등)에 대해 배움으로써 창의력과 참여 의욕을 높일 수 있습니다. 이들은 누구나 데이터 분석과 데이터 시각화에 대해 배웁니다. 데이터 분석 작업은 기존의 디지털 워크플로우를 개선하는 새로운 작업입니다. 이러한 데이터 분석 작업에 대해 교육함으로써 데이터에 대한 인식과 공감, 호기심을 불러일으키도록 기대할 수 있습니다.

경영진 및 의사 결정권자

경영진은 데이터 메시가 조직과 관련된 이유를 깊이 이해하고 데이터 메시에 기반하는 원칙을 알아야 합니다. 데이터 메시를 실행하는 동안 단기적인 전술적 요구tactical need와 장기적인 전략적 요구strategic need 사이에서 균형을 맞춰야 하는 중요한 의사 결정에 직면하게 될 것입니다. 데이터 메시의 장기적 효과와 단기적 결과에 대해 깊이 이해하는 것은 올바르게 결정을 내리는 데 도움이 될 수 있습니다.

제너럴리스트 기술자

데이터 프로덕트 개발자나 데이터 사용자로서 데이터를 공유하는 데 기여하는 인구를 늘리기 위해서는 새로운 도구에 대한 숙련도가 필요합니다. 기술적으로 제너럴리스트 개발자는 플랫폼 인터페이스와 서비스, 데이터 프로덕트를 거버닝하는 표준과 정책에 대해 교육을 받아야 합니다. 이러한 개발자는 데이터 프로덕트의 지속적 제공 프레임워크에 대해 이해하면서 작업해야 합니다. 이때 플랫폼과 거버넌스의 교육은 인에이블먼트 활동으로 지속적으로 진행될 수 있습니다.

데이터 스페셜리스트

데이터 엔지니어나 데이터 과학자 같이 많은 데이터 스페셜리스트가 도메인의 교차 기능 팀에 합류할 것입니다. 이들은 엔드 투 엔드 방식으로 결과를 제공하는 스트림 팀에서 작업하게 될 것입니다. 이들은 더 이상 하나의 기술만 사용하면서 작업하지 않습니다. 다시 말해 스페셜리스트는 새로 배우는 소프트웨어 엔지니어링 관행에 이미 알고 있는 기술을 접목시켜 더욱 긴밀한 협업과 통합을 이루도록 합니다. 데이터 스페셜리스트를 대상으로 하는 교육 프로그램은 이들이 코딩, 테스트, 지속적 배포와 같은 소프트웨어 엔지니어링 관행을 배울 수 있도록 도와야 합니다.

플랫폼 엔지니어

데이터 인프라 엔지니어는 (애플리케이션을 빌드하고 호스팅하는) 컴퓨팅 인프라와 운영 인프라에 더 가까이 다가가야 하며, 컴퓨팅 인프라 엔지니어는 데이터 인프라 환경을 더 잘 이해해야 합니다. 데이터 메시는 데이터와 애플리케이션 플랫폼이 서로 원활하게 통합할 것을 요구합니다.

유연한 조직에는 유연한 인재가 필요하다

데이터 메시는 전문화되고 고립된 팀을 교차 기능적이고 협업적인 팀으로 전환하는 것을 수용합니다. 또한 데이터 메시는 (1) 플랫폼을 통해 데이터에 대한 전문성의 정도를 낮추고 (2) 데이터 리터러시의 수준을 높이는 강제적 기능^{forcing function}[27] 두 가지에 의존합니다. 이는 대다수의 제너럴리스트 기술자 집단이 데이터 프로덕트와 솔루션에 적극적으로 기여하도록 하기 위한 것입니다. 조직은 경력 차원에서 제너럴리스트 기술자 집단과 데이터 전문가 집단 사이에서 지식의 간극을 줄이기 위한 경로를 설계해야 합니다.

---

27 옮긴이_ 보통 사용자의 실수로 인해 예상치 못한 결과가 발생하는 것을 예방하는 기능을 의미합니다(출처: 위키백과).

16.6 프로세스

16.4절에서 데이터 메시를 구현하는 데 영향을 받는 조직의 구조에 대해 설명했다면, 이번 절에서는 프로세스와 기능의 변경 사항에 대해 살펴보겠습니다.

일반적으로 프로세스는 **수직적 프로세스**^{vertical process}와 **수평적 프로세스**^{horizontal process}라는 두 가지 범주로 나뉩니다. 수직적 프로세스는 조직 계층 구조에 따라 위아래로 의사 결정이나 정보가 흐릅니다. 예를 들어, 예산과 관련된 의사 결정은 모든 부서의 요청을 취합한 다음, 중앙에서 우선순위를 정하여 중앙 집중식으로 이루어지는 경우가 많습니다. 수평적 프로세스는 동등한 위치에서 의사 결정이나 정보를 전달한다는 점에서 래터럴 프로세스^{lateral process}라고도 하며, 엔드 투 엔드 방식을 통해 조직의 경계를 넘어 결과를 얻기 위한 작업 스트림을 중심으로 설계됩니다. 대부분의 데이터 메시 프로세스는 수평적입니다. 예를 들어, 새로운 데이터 프로덕트를 제공하는 작업은 수평적 프로세스입니다.

지금까지 아래 목록과 같이 데이터 메시와 관련된 주요 프로세스에 대해 몇 가지 알아보았습니다.

데이터 메시 실행

15장에서는 더 큰 데이터 전략에 따라 조정되고 주도되는 데이터 메시 구현을 실행하는 중요한 프로세스에 대해 설명했습니다. 이때 더 큰 데이터 전략은 진화적이고 점진적인 비즈니스에 기반한 씬 슬라이스^{thin slice}를 통해 실행됩니다.

이는 『Digital Transformation Game Plan』²⁸에서 **씬 슬라이싱**^{thin slicing}이라고 부르는 프로세스를 모델로 합니다. 씬 슬라이싱이란 비즈니스와 기술의 모든 측면을 세분화하여 필요한 변경 사항과 장애물을 파악하는 프로세스입니다. 해당 프로세스는 수평적 프로세스입니다.

데이터 가치 교환

데이터 메시는 데이터 제공자와 소비자 사이에서 최소한의 마찰과 상호작용으로 데이터 프로덕트를 가치 교환 단위로 공유하는 네트워크입니다. 이때 데이터를 교환하는 과정은 플랫

---

28 게리 오브라이언(Gary O'Brien), 궈 샤오(Guo Xiao), 마이크 메이슨(Mike Mason)의 저서 『Digital Transformation Game Plan』(O'Reilly, 2020)

폼에 의해 촉진됩니다. 10장에서 데이터 프로덕트 개발자 여정과 데이터 프로덕트 소비자 여정이라는 두 가지 프로세스에 대해 설명했습니다. 이러한 프로세스는 수평적 프로세스입니다.

글로벌 정책 정의

5장에서 연합 거버넌스 그룹이 글로벌 정책과 표준을 수립하는 방식에 대해 설명했습니다. 이러한 방식은 수직적인 프로세스입니다.

피드백 프로세스를 통한 데이터 메시의 동적 평형 유지

마찬가지로 5장에서는 데이터 메시의 상태, 즉 동적 평형을 유지하기 위해 자동화된 피드백 루프 대신 프로세스를 중앙에서 제어하는 것을 없애는 방법에 대해 소개했습니다. 예를 들어, 데이터 프로덕트를 생성하는 과정을 중앙에서 통제하는 대신 긍정적인 피드백 루프와 부정적인 피드백 루프를 도입하여 중복되고 원치 않는 데이터 프로덕트의 수를 줄입니다. 이러한 프로세스는 수평적 프로세스입니다.

16.6.1 프로세스의 핵심 변경 사항

데이터 메시는 데이터로 가치를 창출하고 가치를 교환하는 스케일 아웃 시스템scale-out system을 생성하는 특성이 있습니다. 그 과정에서 데이터 메시는 병목 현상, 딜레이, 지속 불가능한 수동적인 작업을 제거할 수 있는 모든 기회를 모색합니다. 또한 피드백 루프와 레버리지 포인트 같은 요소를 도입하고 자동화함으로써 중앙 집중식 제어의 필요성을 줄일 수 있는 기회를 찾습니다.

병목 현상을 제거하고 데이터의 변경 사항에 신속하게 대응하면서 데이터 공유 시스템을 확장하는 과정을 진행하다 보면, 여러분 조직만의 데이터 공유 프로세스를 향상시킬 수 있을 겁니다.

아래 목록은 데이터 메시를 실행함으로써 변화하는 프로세스의 몇 가지 예시입니다.

각 도메인으로 이관되는 조직의 의사 결정 구조

데이터 모델링, 데이터 품질 보장, 데이터 보안 검증 등 기존에 중앙 집중적인 거버넌스 팀이 담당하던 많은 프로세스가 도메인에 위임됩니다.

자동화

데이터 메시의 구현 범위를 확장하기 위해서는 기존의 수동적인 프로세스를 반드시 자동화해야 합니다. 이러한 수동적인 프로세스의 예로는 데이터 액세스 작업, 데이터 품질 검증 및 인증 작업 등이 있습니다.

자동화와 팀 간의 회의를 통해 대체되는 동기화

중앙 집중식 동기화를 요구하는 프로세스는 확장성과 민첩성을 저해합니다. 이러한 프로세스에 직면할 때마다 분산된 방식으로 동일한 결과를 얻을 수 있는 다른 방법을 찾아보세요.

예를 들어, 새로운 데이터 프로덕트와 오너를 식별하는 프로세스는 데이터 프로덕트 오너 집단에서 정할 수 있는 사항이라고 결정할 수 있습니다. 아마 이러한 과정에 관해 일종의 회의처럼 데이터 프로덕트 팀을 어떻게 할당할 건지를 주제로 논의한다고 상상할 수도 있습니다. 이러한 회의는 다른 팀끼리 동기화를 이루는 장으로서 이미 다른 팀에 존재하는 프로덕트를 대규모로 생성하거나, 변경하거나, 아니면 할당하는 것을 막을 수 있습니다.

앞에서처럼 팀끼리 회의를 하는 대신, 수동적인 동기화 프로세스를 팀에서 프로덕트 오너십을 자체 평가하는 데 사용할 수 있는 일련의 글로벌 휴리스틱으로 대체할 수 있습니다.[29] 이때 자동화된 피드백 루프와 레버리지 포인트를 도입하면 시간이 지나면서 중복된 데이터 프로덕트를 제거할 수 있습니다.[30]

정리하기

이번 장에서 여러분에게 드리고 싶은 말은 데이터 메시를 실행하기 위해서는 다각적인 조직 변화가 필요하다는 것입니다. 갤브레이스가 **전략, 문화, 보상, 구조, 인력, 프로세스**로 요약한 조직 설계 요소를 기반으로 수정하는 것에 대해, 데이터 메시의 씬 슬라이스를 제공하는 것과 함께 반복적으로 검토하길 바랍니다. 무브먼트에 기반하여 조직적인 변화를 보편화하고(16.1절

---

29 5장에서 글로벌 정책의 예시로 설명했습니다.
30 5장의 피드백 루프와 레버리지 포인트의 예시에서 이에 대해 설명했습니다.

참조) 작은 것부터 빠르게 시작하여 가치를 보여줌으로써 투자자들에게 안정적으로 지원받을 수 있어야 합니다. 이러한 지원을 바탕으로 지속과 확장이 가능하며 변화에 유연한 데이터 메시로 성장해야 합니다.

데이터 메시 전략에 부합하는 액션과 동작을 유발하는 문화적 가치(16.2.1절 참조)를 정의하고 전달하세요. 다행히도 인간의 내적 동기(숙련도, 자율성, 목적, 16.3.1절 참조)와 데이터 메시를 구현하는 데 필요한 작업 사이에는 본질적으로 일치하는 부분이 있습니다.

조직마다 정확한 구조는 다를 수 있지만, 필자가 제공한 템플릿을 사용하여 데이터 메시 팀 토폴로지(16.4.1절의 '데이터 메시 팀 토폴로지' 참조)를 기반으로 팀과 상호 작용 모드를 설계하세요. 데이터 프로덕트의 경계는 조직 내 핵심 팀인 데이터 프로덕트 팀에 직접적인 영향을 미칩니다. 데이터 프로덕트의 경계를 정할 때는 앞서 소개한 휴리스틱(16.4.2절 참조)을 사용하고 개선하는 작업을 통해 조직에 맞는 휴리스틱을 빌드하여 팀이 쉽게 자체 평가하고 독립적으로 결정할 수 있는 시스템을 만드세요.

새로운 역할을 도입하거나 기존 역할을 변화시키는 것(16.5.1절 참조)은 가장 어려운 변화 중 하나입니다. 이번 장에서는 이러한 역할 변화에 대해 간략하게 설명했습니다. 새로운 역할로 이동하는 사람들, 특히 기존의 거버넌스와 중앙 집중식 데이터 팀 구조와 관련한 역할로 이동하는 사람들에게 친절하게 대하세요.

데이터 메시로 데이터 아키텍처를 전환하는 과정에서 조직 내 팀 사이에서 발생하는 동기화와 수동적인 프로세스를 제거하고, 규모를 달성하기 위해 일부 의사 결정 계층^{decision-making hierarchy}을 이양하는 등 프로세스에 변화가 발생합니다. 이렇듯 데이터 메시로 전환함에 따라 기존 프로세스에서 변화하는 부분에 대해 핵심적인 것만 간추려 설명했습니다(16.6절 참조).

어떤 변화가 있더라도 변하지 않는 것은 없습니다. 팀 구조, 역할, 프로세스가 여전히 데이터에서 대규모로 가치를 얻는 데 방해가 되고 있는지 지속적으로 관찰하고 평가하며 변화하세요.

이 책을 끝까지 읽은 여러분의 끈기와 호기심에 경의를 표합니다. 앞으로 데이터 메시를 실행하는 여정에서 행운과 즐거움이 가득하길 기원합니다.